冯友兰 著

冯友兰学术自传

人民出版社

晚年的著者

中国公学读书时期的著者

（1915年初，与任载坤订婚时摄于上海）

1915 年冬，北大哲学门教授马叙伦辞职，以示对袁世凯恢复帝制的抗议，学生们请他合影

（后排左起第三人为著者）

1918 年 6 月在北大哲学门毕业合影

（前排左起第五人为校长蔡元培，第六人为文科学长陈独秀，第四人为教授马叙伦，第七人为教授梁漱溟，第二排左起第四人为著者）

抗日战争前夕全家摄于清华园乙所

(后排中为太夫人吴清芝,左为夫人任载坤,右为著者;前排左起为长女钟琏、长子钟辽、次女钟璞、次子钟越)

1941 年 4 月清华校庆时领导成员在西南联大工学院迤西会馆合影留念

(左起:施嘉扬(工学院长,兼联大工学院长)、潘光旦(教务长)、陈岱孙(法学院长)、梅贻琦(校长,兼联大校务委员会常委)、吴有训(理学院长,兼联大理学院长)、冯友兰(文学院长,兼联大文学院长)、叶企孙(研究委员会主席))

1946 年 5 月 4 日国立西南联合大学纪念碑揭幕仪式上的著者。纪念碑上覆盖着联大校旗

国立西南联合大学纪念碑

（碑文为著者所撰。1946 年 5 月 4 日此碑建立于昆明西南联大原址（今为云南师范大学所在地）。1990 年 5 月 4 日此碑复制件在北京大学内落成，著者曾出席落成典礼）

1951 年 11 月初在印度德里大学接受名誉文学博士学位
(前排左起第二人为著者,第三人为丁西林,第五人为
印度总统兼德里大学校长普拉沙德)

1982 年 9 月 10 日,美国哥伦比亚大学授予名誉博士学位

冯先生在读书

冯先生与人谈话

著者自书三松堂横额

1981年7月10日著者书此联自勉

（此前，著者曾于《康有为“公车上书”书后》中说：“上联说的是我的学术活动的方面，下联说的是我所希望达到的精神境界。我打算把这副对联亲自写出来，悬于壁上，以为我的座右铭。”）

目录

冯友兰学术自传

自序

古之作者，于其主要著作完成之后，每别作一篇，述先世，叙经历，发凡例，明指意，附于书尾，如《史记》之《太史公自序》，《汉书》之《叙传》，《论衡》之《自纪》，皆其例也。其意盖欲使后之读其书者，知其人，论其世，更易知其书短长之所在，得失之所由。传统体例，有足多者。

本书所及之时代，起自19世纪90年代，迄于20世纪80年代，为中国历史急剧发展之时代，其波澜之壮阔，变化之奇诡，为前史所未有。书于其间，忆往思，述旧闻，怀古人，望来者。都凡四部分：曰"社会"，志环境也；曰"哲学"，明专业也；曰"大学"，论教育也；曰"展望"，申信心也。长短不同，旧日小说家所谓"有话即长，无话即短"也。揆之旧例，名曰"自序"。非一书之序，乃余以前著作之总序也。世之知人论世、知我罪我者，以观览焉。

"三松堂"者，北京大学燕南园之一眷属宿舍也，余家寓此凡三十年矣。十年动乱殆将逐出，幸而得免。庭中有三松，抚而盘桓,较渊明犹多其二焉。余女宗璞,随寓此舍,尝名之曰“风庐”,谓余曰:已名之为风庐矣,何不即题此书为风庐自序?余以为昔人所谓某堂某庐者,皆所以寄意耳,或以松,或以风,各寄所寄可也。宗璞然之。

书中所记,有历历在目、宛如昨日者,而俯仰之间,已为陈迹。余亦届耄耋,耳目丧其聪明,为书几不成字。除四、五、六章外,皆余所口述,原清华大学哲学系涂生又光笔受之,于书之完成,其功宏矣,书此志谢。

冯友兰

1981年11月

一 社会

第一章　清末帝制时期

1895年12月4日(农历乙未年十月十八)我生在河南省唐河县祁仪镇祖父的家里。祖父名玉文,字圣征,有三个儿子。我的父亲行二,名台异,字树侯。伯父名云异,字鹤亭。叔父名汉异,字爽亭。父亲后来成了清光绪戊戌(1898年)科进士。伯父、叔父都是秀才。在祖父教育下,我们这一家就成为当地的书香之家,进入了"耕读传家"的行列。

听家里传说,祖上是从山西省高平县来到河南省唐河县做小生意的,后来就在唐河县的祁仪镇落户了。祖父曾经去考过秀才,本来是可以录取的,不知道怎么跟当时的县官闹了点别扭,有人劝祖父去疏通,祖父不肯,就没有录取。祖父从此就不再去应试了,一生没有取得任何功名。可是他的诗作得很好。他作的不是应付科举的试帖诗,而确实是一种文学作品,传下来的几十首诗,编为《梅村诗稿》。他的诗有一种冲淡闲适之趣。当时邻县的新野县有位名士赵一士,为这部诗稿题了一首诗:

身处人间世,
心怀太古春。
风流伊上叟,
击壤作尧民。

是以邵雍的《击壤集》来相比的。

我的伯父也能作诗,他把他自己的诗编为《知非斋诗集》。父亲也能作诗,有《复斋诗集》。我的一个姑母也能作诗,可惜十几岁就去世了,留下的诗,家里的人编为《梅花窗诗草》。

我们这一门有一种作诗的家风。我有一个偏见,认为作诗必须有一点天赋才行。宋代的严羽说:"诗有别材,非关书也。诗有别趣,非关理也。"(《沧浪诗话·诗辨·五》)这两句话说的是实际情况。有些人学问很大,可以下笔千言,但写出来的诗并不是诗,尽管可以完全符合格律,也可以分成一行一行地写出来,但就是不是诗。

我祖父大概有一千五百亩土地,在我们那一带还不算大地主。在清朝末年,我们那一带土地很集中,大地主有两万多亩土地。有几千亩土地的地主很不少。祖父带着他的子孙生活,家里经常有二三十口人吃饭,也算是个封建大家庭了。

照这个大家庭的规矩,男孩子从七岁起上学,家里请一个先生,教这些孩子读书。女孩子七岁以后,也同男孩子一起上学,过了十岁就不上学了。在我上学的时候,学生有七八个人,都是我的堂兄弟和表兄弟。我们先读《三字经》,再读《论语》,接着读《孟子》,最后读《大学》和《中庸》。一本书必须从头背到尾,才算读完,叫做"包本"。有些地方读"四书"不仅要背正文,还要背朱(熹)注,不过我们的家里没有这样要求。

当时一般的私塾,叫学生读一些记诵典故和词藻以备作八股文、试帖诗之用的书,如《幼学琼林》、《龙文鞭影》之类,我们的家里也没有这样要求。在我们家的私塾中倒读过一本新出的书,叫做《地球韵言》,这是一种讲地理的普及读物。地理在当时也算是一种"新学"。我们家的那个私塾,也算是新旧兼备了。照我们家里规定的读书顺序,于"四书"读完之后,就读经书。首先读《诗经》,因为它是韵文,学生们读起来比较容易上口。我于读完《诗经》之后,就随母亲到武昌去了。

我的父亲成进士以后，以知县任用，分发到省里去。照清朝的传统的办法，分发到哪一省，是由吏部抽签决定的。在清朝末年，这个朝廷公开卖官，一个人捐给朝廷多少钱，就可以得到一个什么官，当时称为“捐官”。即使是由科举得来的官，在吏部分发的时候，也可以出一笔钱，不由抽签，而由自家指定，愿意到哪一省，就到哪一省去。除了本人原籍那一省之外，其余的省可以自己指定，称为“指省”。我的父亲以母老为辞，不愿到边远地方去，用“指省”的办法，分发到湖北。因为湖北是河南的邻省，唐河县跟湖北省枣阳县是邻县，唐河这条河在襄樊入汉江，一直通往汉口。我们家乡这一带，按政治区域说属于河南，按经济区域说属于湖北。我们那一带的贸易往来和货物出入，都是通过唐河、汉江，到汉口的，所以汉口、武昌这些地名，对我们那一带人说都是很熟悉的。我的父亲是哪一年往汉口、武昌去的，我现在记不清楚了，只记得他是一个人先去的，去了以后还回来过一次，那一次他是到襄樊出差，公事完毕后到家里看看。当时父亲在武昌还没有得到固定的差使，只是一个人在那里候补。所谓“候补”，就是等着哪一个县的县官有了缺，去补那个缺。补上了缺，称为“得缺”。本来这些有资格候补的人，都是科举出身的，后来因为有捐官，所以候补的人越来越多了，可是缺还就是那么些，所以“得缺”越来越困难。朝廷又开了一种卖官的办法，就是候补的人可以再花一笔钱，买到一个优先补缺的权利，称为“遇缺先”。没有“遇缺先”特权的人，就成了“遇缺后”了。所以《官场现形记》写的那些情况都是有的。

大概在光绪三十年左右，我父亲终于在武昌得到一个固定的差使。那时候，在武昌做两湖总督的是张之洞，他办了一些洋务，一些新政，其中有一样是办新式教育，在武昌办了一所外语学校，叫“方言学堂”。学校的监督(相当于后来的校长)由当时的一位大名士梁鼎芬担任。我父亲被委派为会计庶务委员(相当于后来的总务长)。

梁鼎芬当时是武昌府知府,方言学堂监督是他的兼职,他大概也不经常到校办公,所以我父亲实际也管除了教务以外的学校各种事情。有了这个比较固定的差使,一个月有比较固定的收入,于是写信回来同祖母商议,叫我母亲带我和弟弟景兰、妹妹淑兰(沅君)三人上武昌安家。当时唐河老家这个大家庭的人,听到这个消息,都觉得是一种空前未有的头等大事。因为在地主阶级中,家眷向来是不出门的。当时我听见大家庭中的人纷纷议论,原则上同意我母亲带着我们去,可是路怎么走,经过了很长时间的讨论。那时候京汉铁路已通,我们可以先坐马车到驻马店,再在驻马店上火车到汉口。我父亲上一次回家又去武昌时就是这样走的。可是有人说不行,因为像样的人家的妇女坐火车,起码坐二等,三等就男女混杂,不成体统。坐船倒可以,可以自家包一条船走,跟别人不混杂。可是船家必须很可靠才行。商量来,商量去,终于决定坐船。我有一个姑母,家住唐河河岸附近,她有个佃户有船,坐这个佃户的船,最可靠了,就决定托她向佃户说好,包他的船到汉口。这个姑母家离我家有三十多里,先到她家里,再到河边去上船。这条船是内河运货的小船,在船舱里只能坐着,不能站起来。一上船,船家就告诉我们船上的许多禁忌,特别是说话,有些字像"翻"字、"滚"字都不能说。上船后,走了两三天到襄樊。到襄樊的头一天晚上,船家又来告诉,说明天进汉江,这是大河,跟我们家乡小河不同,在小河里说句把错话还不要紧,在大河里可不能说错话。进了汉江,一路顺利,大概一个星期就到汉口了。船先停在汉口,派人到武昌给父亲送信。父亲来了,说武昌房子什么都预备好了,不过要过长江,若是下了这条船,再上渡船,又下渡船,太麻烦,最好就开这条船到武昌。船家一听说要他开船过江,吓得惶恐万状,说他这船从来没有进过大江。经过说服,他勉强答应了,但是嘱咐大家,把窗子都关上,一句话都不要说。渡过长江,搬到租的房子里边。从乡下来的大人小孩,一到这房子里边,都不舒服极了。

在武昌租的房子,外边只有一条很窄的巷子,里边只有一个天井。说它是天井,倒也名副其实,站在院子里看天,真像《庄子》所说的井底之蛙,坐井观天。我母亲尤其觉得不习惯,院子没有内外之分,很不成体统,不像个样子。后来搬到黄土坡,天井比较大一点,大门外还有一条比较宽阔的马路,院子还是没有内外之分。不过母亲不久也就看惯了,习以为常了。

当时最大的问题,是我们这几个孩子上学的问题。经常听见父亲和母亲讨论这件事情。如果我要再大几岁,父亲就要我上方言学堂了。父亲很重视学外文。方言学堂的学生也受到很优厚的待遇,除了管吃管住外,每月还发几两银子,作为零用。据说将来出路也很好,一定可以在外交界大小混个事。可是我岁数不到,没有办法。附近也有小学,当时父亲和母亲商量,还是以不上小学为好。因为父亲相信,在学新知识以前,必须先把中文学好。他认为,没有一个相当好的中文底子,学什么都不行。再者我们都是外省人,小孩到小学里人地生疏,言语不通,他们很不放心。因此他们决定一个办法,叫母亲在家监督我们读书。母亲小时候上过几年学,认识一些字,有些字只能读其音,不能解其义。不过那时候教小孩们读经书,无论哪个先生也都是着重读和背,只要读熟了能背就行,本来就是不注重讲解的。所以他们认为只要母亲监督着我们读,读熟了向她背,能背就行。遇见母亲不认得、念不出的字,就记下来,等父亲晚上回来再教。用这样的办法对付,我读完了《书经》、《易经》,还开始读《左传》。

照他们的计划,父亲还要经常出题,叫我们作文章。实际上只作过一篇文章,题目是《游洪山记》。住的地方黄土坡,离洪山不很远。我们家的厨师,经常带我们到洪山去玩。有一次在洪山碰见一个洋人,带着一条洋狗,那条洋狗见着生人就乱咬,我的腿也被它咬了一口,并没有大伤。我们的厨师带我去找那个洋人,那个洋人拿出了几毛钱,我们不要,我们说,我们并不是为这几毛钱,只是要警告你,你的狗不能乱咬人。回家以后，我把这些情况说了，父亲大加赞赏，说这种态度很好。

我和景兰各写了一篇《游洪山记》，无非是描写了一些风景之类。父亲一看说都不行，不值一看，他说写这类文章，要有寄托，要能即景生情，即物见志。他也写了一篇，作为示范。原来太平军围攻武昌的时候，湘军将领罗泽南率领一支湘军来解围，他冲破了重围，已经冲到城墙跟前，喊叫城内清兵开城门出来接应。可是城内清兵拒不开城门，既不敢出来接应，也不敢让他们进去。太平军又合围了，就在洪山下边打了一仗，湘军败了，罗泽南也阵亡了。父亲作的游记，就借着这件事情发挥，说人应该有大志，做大事，不能仅只游山玩景，白费了有用的岁月，如果如此，那就要为山灵所笑。

我们虽然主要是在家里念书，但是也不是与当时武昌教育界完全隔绝。因为父亲也在当时教育界之内。遇见一般学校都要做的事，他也要我们做。当时武昌的学校，无论大小都要穿制服。制服上身是一件浅蓝色短褂，镶上云字头的青色宽边，很有点像当时军队穿的号衣。下身长裤，也是浅蓝色。父亲也叫母亲给我们兄弟俩都做了一套。还教我们唱《学堂歌》。《学堂歌》是张之洞作的，当时大、中、小学堂都唱。歌词开头说：

天地泰，日月光，听我唱歌赞学堂。

圣天子，图自强，除却兴学别无方。

下边分说当时所谓各种新学的要点和意义，有些现在看着是很平凡甚至是错误的。有一段讲地理，说：

中国圆，日本长，同在东亚地球上。

讲历史的有这两句：

论乡贤，屈原尚，忠言力谏楚怀王。

后来我上大学以后，读到《荀子·成相篇》，才知道他这歌用的是《成相》的调子。他大概以为《成相》是楚国的调子。我们这些小孩也学唱这个歌,其实也无所谓唱,因为本来没有谱子,只要大声念,再把腔拉长一点,就算是唱了。

父亲和母亲订的这个教育方案,对付了几个月,又出问题了。父亲得了一个兼差,被派跟着粤汉铁路的勘测队去勘测粤汉铁路的路线,名义是"弹压委员",实际的职务大概是替勘测队办一些同地方上交涉的事。这个队一直勘测到湖北跟湖南交界的地方,就回武昌了。回来不久,又被派当川汉铁路勘测队的弹压委员,跟着勘测队勘测川汉铁路的路线。这两条铁路都是张之洞新政计划的一部分,可是从我父亲回来以后,就没有听说下文了。粤汉铁路一直到抗战开始才刚刚修成。川汉铁路成为辛亥革命的一个导火线。一直到最近几年才修成由汉口经过襄樊到重庆的铁路,人们现在可以从汉口坐火车直达重庆了,这也就是川汉铁路了。

这都是以后的事,我父亲当时参加了这两条铁路线的勘测工作,写了几大本日志。他当时所勘测的川汉铁路路线也是经襄樊的,他在日志中写有一些按语。其中有一段是讨论在襄阳设火车站的问题。他提出了关于设火车站的位置的几个方案,指出这几个方案各有利弊。按语说:

谨案:自黄龙观以北,即沿岘山东麓行。虽逼近山脉,皆一律坦平。惟自全家营至观音阁,约七里余,逼近襄河,崩溃可虑。且越大沟三道,桥工亦巨。若由崔家营左首,即绕全家湾西面,沿山行,可无此虞,惟须越太山庙后山岭、石灰窑后山岭,至铁盖山,尤峻,开山费亦不赀。左山右河,无可绕避,殊无善策。及至襄阳,细访绅耆,始知岘山偏西,有一鄙道,两面皆山,中间颇为宽平。卑职等即于初九日由襄冒雪往勘。自北而南,沿路经过之村市,曰七里店、分水岭、邵家坟、蒋家沟、吴家岗、康家嘴、王家嘴、百姓营,至柳林桥仍与原勘之路相会。较之全家营、观音阁一带,实为稳固,惟共越大小沟九道,山潦盛涨,流颇冲激,一律建桥,亦属不易。且较远十二里余,合计与原勘之路,造桥、筑坝、开山费亦相等。至襄樊绾毂水陆,将来铁路告成,转输较便,商贾愈繁,起造车站,非宽平之地,不能容受。查襄阳城东提标操防营东首,地势平旷,且直接樊城货船停泊之所,起卸既便,且有操防营就近弹压保护,甚为适用。惟将来若拓展轨道,北接秦豫,于此造桥过江,正对樊城中段,所毁市廛必多。且两岸地多浮沙,桥基必不坚固。惟襄阳城西关外,旧称檀溪湖者,近已淤为平陆,宽平约四五里,右环老龙堤,左接城垣,气势团聚。将来铁道若由七里店出山,此地又适当其冲。对岸为襄防营兵房,已出樊城西北首。地与山近,岸根稳固,造桥似为尤便。惟地系淤成,内含砂砾,将来若建高楼巨厦,不知有无崩陷。统俟覆勘再定。

由此可见,我父亲虽然名义上是弹压委员,但他所关心的和所做的大概不仅止于职务范围以内的事。照他的日志看起来,他虽不懂铁路技术,但关于技术方面的事,他是关心的,也可以说是最关心的。

我想父亲是很有收获的,但是对于我们这几个小孩的读书却有一定的影响。因为他几个月不在家,我们读书遇见不认识的字,念不出来的字,也没有地方去问了。我那时候正在读《易经》,卦辞、爻辞确实也不容易记。等到父亲回来查问,母亲说已经"包本"了,但是背得不很熟,究竟算不算"包本"呢?他们想了一个抽查的办法,叫我自己抽出我认为是比较熟的一部分,在父亲面前再背一遍。幸而《易经·系辞》那一部分我在读的时候虽然不懂,但觉得很有意思,而且其中有些韵文,比较容易记,我就自报重背《系辞》,果然当着父亲一背,就通过了。不过经过这一次周折,他们原来订的那一种教育办法,看起来是行不通了。他们就另想办法。在别的办法想出来以前,别的事情又发生了。

大概在光绪三十三年的时候,我母亲娘家来信,说我的外祖母病了，叫我母亲回家去一趟，见见面。外祖母有一男一女，儿子先已去世了，现在只有这一个女儿。我母亲坚决要回家去看看。还是走水路，同我们县城里的一家商店合租了一只船，他们装货；我们坐人。大概是春夏之交的时候，母亲带着我们三个小孩顺着汉水北上。可能是货装得太多了，又是上水，走了好几天，才走到沙洋。到了沙洋，又遇见逆风，船简直走不动，只好停在沙洋。一停就是好几天。正在焦急的时候，父亲派人追来了，信上说，他已经"得缺"，署理崇阳县，衙门之中，非有太太坐镇不可，叫我母亲不要回家了，赶快转回武昌，一同到任。我母亲当时很为难，最后还是照父亲的话办，另雇了一只船，舍了原船，转回武昌。因为船轻，又是下水，不几天就到武昌了。船停在鲇鱼套，这是武昌的一个港口，停的船很多，真是帆樯如林。派人给父亲送信，父亲来到船上，说到崇阳去的事还没有筹备完全，需要再等几十天才能走。在这几十天之内，也不必再租房子了，给船家说说，把他这只船包租一个月，你们就住在船上等吧。事情也只好如此，我们就在鲇鱼套的船上住下了。

父亲怎样忽然"得缺"了呢？也没有捐过"遇缺先"。原来在我们离开武昌以前，武昌政局就起了变动。张之洞被召到北京，当内阁大学士、军机大臣，所遗总督之缺，由原布政使（藩台）代理；原藩台所遗之缺，由原按察使（臬台）代理。这时候臬台已经是梁鼎芬了，他是知道父亲的，所以在他代理藩台的时候，一遇见缺就派出我父亲了，也算是有个"遇缺先"吧，不过不是用钱捐的。这是我的推测，并没有听见父亲这样说。

父亲所说的筹备的事，大概包括有：聘请幕僚，选择家人，还有制造仪仗家具之类。原来一个新县官到任，衙门是空无所有的，新县官需要带领自家的班子和比较好的家具陈设，去接收那个空衙门。经过了几十天，这些事都齐备了，就另外雇了两只坐人的船。坐人的船跟运货的船大不相同，船舱很高，人可以在船舱里随便走动，桌几床铺,应有尽有。在父亲组织他的班子的时候,我们三个小孩的教育问题也跟着解决了。父亲同母亲商量,无论怎么样也得给小孩请一个先生,在当时官场中称为"教读师爷"。有人向父亲推荐了一位据说是从日本回来的留学生,枣阳人,恰好是我们唐河的邻县,觉得很合适。

行期决定以后,所带的东西都纷纷搬到那两只船上。其中有两乘轿子,一乘大的,一乘比较小一点。还有些比较高级一点的家具陈设,还有一套仪仗。有一部分随船走的家人也都搬上船来,其余的人分别自己到崇阳去报到。船沿长江往上游走,走了一天,到了金口,第二天就从金口转入长江的支流,经过一些小湖,走了三天,到了汀泗桥,船停下来了。说是要从汀泗桥改走陆路往崇阳去。崇阳来接的人,也都到了。父亲先走,母亲带着我们小孩第二天走。第二天早晨,母亲带着沅君坐头一乘轿子,我和景兰坐第二乘轿子,我还带着我在武昌养的一只猫。这只猫很聪明,从武昌到沙洋,又从沙洋回武昌,它都跟着。每天晚上住宿的时候,码头上的船可以多至几百,鲇鱼套的船更是数以千计,可是我这只猫晚上还要出去玩耍,玩耍以后居然能找着自己的船安稳地回来。在汀泗桥坐轿的时候,把它装在一个布口袋里,放在我的座位下面,它也不闹,就在那里面睡觉。从汀泗桥走了一天,到下午四五点钟的时候,说是已经到崇阳城外了。有个人来对我说,城里面抬了大轿来接,太太已经改坐大轿了,叫景兰到前面陪沅君坐前面原来的轿,我这轿就剩了我和我那只猫了。安排已定,听见前面仪仗摆开,继续行进。母亲的大轿进城门的时候还有三声炮响。那时候衙门还没有腾出来,另外为新官安置了公馆。到公馆的时候又是三声炮响。在公馆住了差不多一个月,衙门腾出来了,又是全副仪仗,把母亲接进衙门里,沅君坐在母亲轿里,我和景兰跟在轿后面走。到了衙门口,又是三声炮响,我们都跟着进了衙门。父亲给我们讲,一个官的仪仗,除了他本人之外,太太可以用,老太太也可以用,老太爷不能用。老太爷如果到了他儿子的衙门,只可以跟一般人一样悄悄地进去,老太太到了,却可以用全副仪仗,大张旗鼓地进去。太太也是如此。太太可以用她丈夫的仪仗,老太太可以用她儿子的仪仗:这就叫“妻以夫贵,母以子贵”。后来我看见报刊上讨论女子教育问题,有所谓“贤妻良母主义”,我想,封建社会妻以夫贵、母以子贵,大概就是对贤妻良母的补偿,这也是妇女“三从”的一种表现。

我跟着父亲在衙门里住的时候,对衙门的建筑也作了一些观察。建筑是朴素的,但是有一定的格局、体制。这种格局和体制表示县官在一县中的地位。衙门的大门上边,挂了一块竖匾,上写“崇阳县”三个大字。竖匾表示以上临下的意思。进了大门,绕过仪门,就是大堂。大堂前面两侧各有一排房子,这是县衙门的六房办公之地。东边一排三房是吏、户、礼;西边一排三房是兵、刑、工。在里边办事的人,叫“书办”。他们都是“吏”,吏和官不同。官是朝廷派来的;吏是土生土长的。官是经常变动的,常来常往的;吏是永久性的,几乎是世袭的,如果不是父传子,也是师传徒。大堂正中,有一座暖阁。暖阁中间有一张桌子、一把椅子。这就是县官的公座公案。暖阁的上边有三个大字:“清慎勤”。后来我才知道,这三个字是明太祖规定的,清朝也把它继承下来了。暖阁的前边有两个高脚架子,一个架子上边放一个黄布卷,另一个架子上边放一个黄布包着的盒子。我猜想,这个盒子里面应该是印,那个黄布卷里面应该是敕。这两件东西,表示县官是皇权的代表。他是代表皇帝在这里办事的。照原来的制度,县官是由吏部选派的,他应该是奉敕来的。可是到了清朝末期,各省长官权力越来越大,县官实际上是由省里委派,就是吏部派来的县官,省里也可以叫他不到任,而委派有“遇缺先”资格的人。就我所看见的,大堂上那两个架子上的东西都是空的:那个黄布卷里面就是一根木棍,盒子里也是空的。就是这两个空的象征,也是等县官坐大堂的时候才摆出来,以吓唬人民。大堂后边,就是“宅门”。这个称号表示此门以内就是县官的私宅。宅门进去,是二堂。二堂后边,还有三堂。进了宅门,往西边拐,就是花厅,是县官会客的地方。花厅西头,有一个套间,叫签押房,是县官办公的地方。花厅后边,隔一个院子,就是上房。母亲领着我们都住在上房里面。还有厨房和其他零碎房屋,都在东边的院子里。这个格局和体制,大概各州县衙门都是一样。这表示这个衙门的主人也就是这一县的主人。就一县说,县官就是这一县范围之内的统治者。从前人说,县官是“百里侯”,衙门在格局和体制就表示他是“百里侯”。从前有两句诗:

> 不睹皇居壮,
>
> 安知天子尊!

皇居之壮,还不仅在于它建筑上的伟大宏丽,更重要的还在于它的格局和体制。当时我有这一点想法,后来到北京见了故宫,我的这种想法就更明确了。像北京故宫这样伟大宏丽的建筑,当然要比一个县衙门高出千百倍,简直是不能比,但是故宫和一座县衙门在格局、体制上是一致的,可以说县衙门是一个具体而微的皇宫,皇宫是一个放大了千百倍的县衙门。

就北京的故宫说,皇宫的本体是紫禁城。紫禁城的外围是皇城。皇城的正门是天安门。天安门还有一段前卫的皇城,横断长安街,一直延伸到离前门门楼不远的地方。这段城墙现在已经拆了,成为天安门广场。这段城墙横断长安街的地方,东西各留有三个门洞,称为“三座门”。这段墙的南端又有一座门,明朝称为“大明门”,清朝称为“大清门”,清朝亡了以后改称“中华门”。现在都已经拆了。“大明门”或“大清门”这些称号的意义,就等于县衙门大门竖匾上写的“某某县”的意义。“大明门”或“大清门”,表示这个门内的主人是明朝或清朝的最高统治者,如同县衙门大门竖匾上写的“某某县”,

表示这个衙门的主人就是这个县的统治者。在天安门和大清门中间那段前卫墙的外边,东西各有三座大衙门,东边三座就是吏、户、礼三部,西边三座就是兵、刑、工三部。这相当于县衙门大堂前边的东西两侧那两排房子。从天安门进去,经过端门、午门到太和殿,太和殿就是"大堂",是皇帝正式坐朝的地方。从太和殿进去,中和殿是"二堂",保和殿是"三堂"。保和殿后边是乾清门,乾清门就是"宅门",此门以内,是皇帝的私宅。乾清门以外是外朝,以内是内廷。从乾清门进去,就是皇帝的私宅乾清宫,乾清宫就是"上房"。就格局和体制说,皇宫和县衙门是一致的。县衙门的格局和体制,表示县官在封建社会中的地位。县官是封建政治机构中直接跟老百姓打交道的官职,旧时称为"亲民之官",它的地位很重要,权力也很大,是封建社会政治机构中的一个主要部分,至少在原来制定官制的人的意图中是如此。在每个朝代的末期,政治越来越腐败,当权的人不知道怎么样从根本上改变这种现象,而只是在上面多加机构,多设管官之官,在县官之上又增加些重叠机构,于是县官的地位就显得低了,县官的权力就显得小了,这是叠床架屋的政治机构造成的结果。

以上是我观察县衙门的格局、体制所得的一些猜想。再就衙门里的人说,县衙门里边住的是县官和他的家属,以及由县官带来的幕僚和家人等。在新旧官交替的时候,县衙门完全是空的,原来的人都跟着旧官走了,新官带着自己的一班人马来接替。就我所看见的说,跟着我父亲来崇阳上任的有三位幕僚,当时称为"师爷"。一个是"刑钱师爷",一个是"书启师爷",一个是"教读师爷"。还有十几个家人。还有伺候家人的人,衙门里称为"三小子"。还有一个厨房,实际上是个小馆子,独立经营,给衙门里的人包饭,预备宴会筵席之类。总共算起来,总也有三四十人。这些人之中,除了厨房的人是由厨房老板负责之外,其余的人都是跟着官来的,他们的生活、工资都由官负责,他们都是官的私人,与国家政府没有关系。可以说,他们都是跟着官来吃崇阳县老百姓的。

在这些人之中，地位最高、工资最多的人是刑钱师爷。当时的官衙和老百姓的关系，主要是两件事情，一件是交粮纳税，一件是打官司。捐税这一类的事称为“钱谷”，讼狱这一类事称为“刑名”。这两类事情都是很细致很复杂的，无论什么出身的县官，都搞不清、管不了，都得请这方面的专家们来帮助。大县的衙门，需要两个师爷，一个叫刑名师爷，一个叫钱谷师爷。小县的衙门，一个师爷就兼管了，称为刑钱师爷。这一类的师爷，在衙门里地位很高，官见了他们也要称他“老夫子”。他们最瞧不起教读师爷，说教读师爷是少爷的先生，我是老爷的先生。他们工资最高，可是生活却很“苦”。照规矩，他们是不能跟衙门以外的人接触的，就是跟衙门以内的人也很少接触，他们只带着他们的眷属住在衙门内单独的小院子里，自家把自家隔离起来。那些家人们都没有工资，县官只给他们派职务，他们可以在他们职务范围之内，收些照例的收入。这些收入是公开的，送的人并不算贿赂，收的人也不算贪污。当时称之为“陋规”，虽然认为它“陋”，还是照此“规”行事。我们到了衙门的第二天，父亲在二堂上贴了一张用红纸写的手谕，派定跟来的家人的职务。我看见，家人看了这个手谕，有的很高兴，有的显出失望的样子，大概因为有的职务收入多，有的职务收入少。有些职务显然是不会有什么收入的，例如有一种职务叫“执帖”，在官出去拜客的时候管送片子（名片），投帖子，送手本。还有管签押房的倒茶送水的。这些职务显然是没有什么出息的。对于担任这一类职务的人，父亲在手谕中就批明向担任有收入的职务的人提成，或一二成，或三四成不等。这样调剂，担任没有收入的职务的人也有收入了，担任有收入的职务的人也不能独享其收入，也叫“有饭大家吃”吧。在这些职务中，专管词讼的最重要，收入也最多。老百姓的词讼，在六房中是刑房管，可是刑房也得通过管这种事的家人才能把案卷送到官面前。担任这种职务的家人,大概收入最多,作弊的可能也最大,他可以在整个过程中"上下其手"。总之,羊毛出在羊身上,家人们这些收入,归根到底还是都出在老百姓身上。总的看起来,衙门的各种事情,都得通过家人才能办理,而这些家人又都是县官的私人,他实际上是把统治一县的大权都集中在他一个人的手里。照官制上看,也设置了一些"佐杂官",帮助县官处理一县的事情,可是经过县官这样的集权,那些辅佐的官就没有事情可办了,成为闲员、冗官了。县官成为一县的专制主义"中央集权"的统治者。后来我看到梁启超写的一篇文章,讲中国封建时代专制主义的中央集权政治发展的过程。他从中央政府当权的官职名称上看出来封建君主越来越集权,越来越把权力收归他的私人掌握,实际上是归他一人掌握。一个县衙门中的集权的演变,也是如此,也可以说明这一点。

家人们的收入都有安排了。师爷们的工资,衙门的一切费用,按说是从县官的工资里面开销了,县官的工资有多少呢?我在父亲的办公桌上看见一个往上报销的稿子,县官和那些佐杂官,都有所谓"养廉"。县官的"养廉"是每年四五两银子。顾名思义,"养廉"并不是俸禄,只是一种补贴。朝廷怕这些官们钱不够花,以致贪污,所以给他们一点补贴,养他们的廉。至于俸禄呢?据我当时所知道的,是没有的。县官、衙门的一切开销,还有县官一家的生活,怎么维持呢?母亲对我讲,原来老百姓向县官交粮,交的是铜钱。朝廷规定的粮额是按银子算的,每两银子折合铜钱两串(每串一千文)。县官收了老百姓的铜钱,拿铜钱去买银子,上交国库。银子和铜钱的比价,是经常变动的。遇见银子便宜的时候,县官可以用少量的铜钱买多量的银子;银子贵的时候,县官只能用多量的铜钱买少量的银子。无论买多买少,用两串铜钱买一两银子,总有余额。这个余额就是县官的收入。自从鸦片战争以后,中国的白银外流,银子的价钱越来越贵。在我们刚到武昌的时候,一两银子只值七八百铜钱。可是当父亲在崇阳的时候,要买一两银子就需要一千二三百铜钱。银价贵了,就使县官的收入减少了。县官的收入,无论增加或减少,朝廷是不管的。实际上,朝廷是把这一块地方包给县官了,县官只要把每年规定的银子定额上交国库,就算尽职了。县官实际上等于一个封君,他所管的一县就是他的“采邑”。所不同于古代的封君者,就是古代的封君把采邑的收入全归自家享受,而县官则必须照定额向国库交银子。在这些地方,可以看出来古代分封制的残余痕迹。县官确实像个百里侯。我不知道湖北省内别的县是不是这个样子,更不知道别的省是不是这个样子。细节上可能有些不同,但是我猜想,基本精神大概是差不多的。

自从教读师爷(即我们的先生)到衙门以后,我们读书就上了轨道了。功课有四门:古文,算术,写字,作文。经书不读了,只读古文,读本是吴汝纶所选的《桐城吴氏古文读本》,一开头就是贾谊的《过秦论》。读古文虽然还不能全懂,但是比经书容易懂多了。并且有声调,有气势,读起来觉得很有意思。算术是加减乘除从头学起。此外是写大字,每星期作文一次。功课不紧,往往一个上午就上完了。父亲不准我们出衙门闲逛乱跑,我们也从来没有出过衙门。我的大部分课外时间都消磨在父亲的签押房里。在签押房里有两大箱子书,还有一些新出的刊物,我在签押房总是趴在床上翻看那些新旧书籍。当时有一种刊物,叫《外交报》,其中发表的文章,都是讲世界知识和国际情况,这些文章我很爱看。父亲见我在那里翻书,从不责怪,也不问我翻的都是些什么书。有时父亲不在签押房,我也在他的办公桌上翻看一些文件。上面所说的关于“养廉”的事,就是在这种情况下翻看到的。我在父亲的办公桌上,常看到礼房送来的报告,上面总是写着,某月某日是个什么日子,大老爷应该穿什么衣服,到什么地方,行什么礼。办公桌上最多的,还是关于词讼方面的状子和其他公文稿子。父亲的时间大半用在这些方面。一般的处理办法是,管词讼的家人把老百姓的状子送到父亲的办公桌上,父亲就给刑钱师爷送去,让他拟批,刑钱师爷把他所拟的批,写在一个纸条上,送回来,父亲看了,如果同意,就交给家人传下去。父亲有个小象牙图章,上面刻"实事求是"四个字,就凭这个图章,作为他跟刑钱师爷往来送条子的凭据。父亲审问官司,总是坐大堂公开审问,无论什么人,都可以到大堂前边站在两旁观审。我和景兰有些时候跑到大堂,站在父亲的椅子后面,看父亲审问。在一件案子结束的时候,父亲就用朱笔写个"堂谕"。"堂谕"就等于判决书,但是其中并不引用法律条文,只是按照情理就判决了。有一件案子,情节是三角恋爱或多角恋爱的事,父亲于审讯之后,写了一个堂谕,这个堂谕是一篇四六骈体文章。文章叙述了事情的经过,然后作出判决说:

> 呜呼!玷白璧以多瑕,厉实阶离魂倩女;棼朱丝而不治,罪应坐月下老人。所有两造不合之处,俱各免议。此谕。

这样的判决书,现在我们看起来,简直是个笑话。可是在当时,据说是一县传诵。在《聊斋志异》中有许多这样的判词。这件案子和这篇堂谕,如果蒲松龄看见,可以入《聊斋志异》。在清末民初的时候,中国公布了一部新民法,其中规定和奸无罪,在当时引起很大的争论。父亲在崇阳的时候,大概还没有这部民法。但是他这篇堂谕的精神,却是合乎这种新精神的。

在光绪三十四年元旦,县城中有许多民间文艺队,走到县衙门来表演,表示拜年,全衙门的人都观看了。表演中有狮子、龙灯之类。我们的先生——教读师爷就狮子作了一首顺口溜:

> 狮子狮子□□□,来到县前抖一抖。我闻狮吼能醒人,请向人间大声吼。

父亲也就龙作了一首:

> 神龙神龙□□□,来到县前撞一撞。奉劝神龙莫作雨,若要作雨芝麻酱。

意思就是说,在当时情况下,人不可有作为。如果有所作为,会给你引来麻烦。这是父亲的牢骚之词。在当天晚上,衙门的人在三堂举行了一个晚会。其中有猜灯谜,那时候我的伯父也从老家到崇阳来了。他出了一个谜:

慈禧太后的生日。——打一字。

据说是很难猜,赏格也最高,当时我想,慈禧太后生日是十月十日,就是个"朝"字。我跑到父亲跟前,悄悄地说:"是个'朝'字吧?"父亲连连点头,高兴极了,我就跑去把谜揭了。

在那年夏天,下面出了一条人命案。父亲下乡去验尸。回来到衙门时,我看见"排衙"。"排衙"是一种仪式。大概因为验尸一类的事是不吉利的事,县官回来在大堂下轿,不进宅门,先坐公座,跟随的人两边排开,有一个人跪在中间,高喊:"大老爷天喜!"喊了以后,县官离开公座,走向宅门,宅门预先挂了一大串鞭炮,县官一脚跨进宅门,鞭炮就响了,大概是相信,经过这一阵鞭炮,一切污秽不吉利的东西都可以驱除了。父亲回来以后,隔一两天就病了。起初是伤风感冒之类。可是那一天,父亲在上房卧室里坐着,母亲在卧室对面的房间里给我们做面条(因为厨房的"例饭"都是米饭,我们是习惯于吃面食的,隔一段时间就给我们做一顿面食吃)。我们正在围着母亲看她做面食,只听得对面卧房里扑通一声,我们跑过来一看,父亲已经横躺在床上,呼吸急促,张着口喘气,不能言语了。延至下午三四点钟的时候,父亲就一句话没有说,与世长辞了。当时只说是"紧病",现在看起来是"脑溢血"。终年四十二岁。我当时虚岁是十四岁,实际上还没有过十三岁的生日,只有十二岁半。景兰十岁,沅君八岁。以后全凭母亲把我们带领长大,教育成人。

老家里得信之后,派三叔来崇阳料理丧事。发出讣闻,定期开吊。母亲与三叔商定,先传出话去,银钱礼物,一概不收,只收悼念文字。开吊之日，收到挽联挽幛很多。有一个秀才很有才，父亲很喜欢他，还为他平反了一件冤案。他送来一副挽联：

是上国栋梁，大任能胜，可惜无端遭摧折；

真下民父母，诚求务中，谁教哭泣失瞻依！

这种诚挚之词，大概不仅是为他个人感恩而发。

那些师爷、家人大都是久在官场中混的，他们都说：老爷在世，爱惜官声，为的是得到上司重视。现在老爷不在了，趁官印还没有交出去，可以想法弄一点钱，将来少爷们可以用。他们说县里办法是报亏空，说亏空了多少银子不能上交，上司会照顾你们，想法替你们弥补。据他们说，凡是官死在任上的，他的家属大概都是这样办，这也许是事实。因为我父亲的前任也是死在任上的，父亲说他来崇阳上任的时候，上司也嘱咐说，要给前任弥补亏空。究竟弥补没有，弥补多少，我就不知道了。另外一个办法就是在契税上作一点假。凡是老百姓买卖产业，买主都要把卖主的卖契送到衙门来，称为“草契”，户房从布政司那里领来正式契纸，把草契中的买价抄到正式契纸上，请县官在草契和正式契纸上盖印，这样买主才算是得到政府承认的产权，政府按买价数目抽百分之几的税。据说有些买主情愿不要布政司正式契纸，只求县官在草契上用印，这样，他可以少交一点税，而县官也可以把他所交的税不往上交，因为没有用上边发下来的契纸，上边也无从查考。母亲坚决反对这些办法，说无论人死人在，都应该是一个样子，不能因为人死了就可以弄虚作假。可是衙门的人，不听她的，还是报了亏空，印了些草契。亏空报了多少，上边究竟照顾了没有，照顾了多少；在契税上究竟弄了多少钱；我都不知道。只记得，母亲屡次含着眼泪告诉我们说，他们是拿着你父亲的脸面去要赖。

原来崇阳县城外面就有一条河，通着长江。要扶着父亲的灵柩上路，就不可能走汀泗桥那条旱路了。出了县城就上船，一直到武昌鲇鱼套，在那里听说慈禧和光绪都已经去世。

我们又在鲇鱼套换船，从汉水溯流而上，走了大概一个月，于夏末秋初，回到老家。

父亲做了一任县官，没有什么宦囊。从前父亲进京应考，亲戚朋友帮助了些路费。照当时一般习惯，这些钱都是不必还的。可是母亲认为这是一笔债务，必定要还清。陆陆续续还了一些。最后只剩下一家还没有还。这家数目比较大，有二百多两银子。这件事，成为母亲心理上的一个大负担，经常同我们说，要还这笔账。这一次居然把这个账也还了。这也可以说是出自宦囊吧。除此之外，据我所知，自从母亲带我们到武昌以后，以至又回老家，没有往家里送过钱，也没有向家里要过钱。这是和母亲的俭德分不开的。上边所说的，母亲向我们讲衙门的收入，她同我们算这笔账，意思就是说要节俭。母亲的节俭，真可以说是无以复加了。原先在老家的时候，照老家的规矩，每房可以用一个女佣人。工钱由私房出，大“官中”只管饭。在乡下，工资很便宜，一个女佣人一年的工资只有几百个铜钱。在那个时候，母亲用了一个女佣人。来武昌的时候，带了一个厨师和一个女佣人。那个女佣人到武昌以后，过了几个月，说是过不惯，就先回老家了。此后，母亲在武昌就没有用女佣人。快往崇阳的时候，我听见父亲和母亲商议，说是否要带个女佣人，或是带个丫头。母亲都说不要。到崇阳以后，一算账，觉得照当时银子和铜钱的比价，县官的收入比以前至少要少三分之一。母亲觉得很紧张，就再不提佣人的事了。至于吃饭，父亲每天陪着我们的那位先生在花厅吃。照老家的规矩，教书先生的地位是很高的，每顿饭必须家里有一个主要人陪着吃。父亲照这个规矩，在衙门里把我们的先生作为上宾，不以一般的师爷相待。母亲带着我们在上房里吃饭。吃的是厨房的“例饭”，从没有叫添菜，加点心，更不用说有什么宴会了。有一次，父亲回上房晚了，觉得有点饿，叫厨房送点点心来。送来了一盘烧卖，父亲没有吃完，还剩下几个，母亲就分给我们这三个小孩子吃了，觉得很好吃。

可是我们三个不敢向母亲要求,叫厨房送点心。上房的地面也很大,每天怎么样打扫,全家人的衣服,洗洗涮涮,缝缝补补,大概都是母亲一个人做了。她向来不叫我们做这些事,也不记得有人来帮忙。母亲对我们说,她刚来冯家的时候,管厨房,过了几天,有位上辈的人说,这个新媳妇很行,能置五顷地。又过几天,那位上辈人说,不对,不只五顷,能置十顷地。

到老家以后,诸事都安顿了,母亲第一件事就是安排我和景兰怎样上学。她和伯父、叔父说,友兰的父亲说,无论学什么学问,都需要先把中文底子打好。她主张还是请个先生到家,教我们打好中文底子。伯父、叔父都同意了。以后两年时间就在家里从先生读书,同学的有伯父的儿子五哥,还有几个表兄弟。头一年请了一个老年的先生,后来又换了一个年轻的先生。这位年轻的先生,是省里高等学堂的学生。他倒是教了我们一些比较新的东西,还教我们读黄宗羲的《明夷待访录》。可是后来他又上开封上学去了。经过这两年的经验,母亲对我们上学的问题又惶惑起来了。一则因为,要请到合适的先生真不容易。二则她想到,光叫我们在家里上学,没有一个资格,恐怕于我们前途有妨碍。说到资格,当时人的心中,还是以科举的资格为标准。无论什么资格,他都要把它折合为科举的资格,心里才落实。好像习惯于旧历的人,谈到新历的月日,他总首先要把它折合成旧历的月日,他才觉得心里清楚。按当时清朝所定的学校制度,在县城里设小学,在省城里设高等学堂,在北京设京师大学堂。学校分为这三级,恰好原来科举功名也有三级:县一级的功名是秀才,省一级的功名是举人,中央一级的功名是进士。成了进士,就算是登入仕途,可以做官了。把这两个三级折合起来,县里小学毕业就相当于秀才,省里高等学堂毕业就等于举人,在京师大学堂毕业就等于进士。有很多人推测,朝廷将来会把这三级的功名赏给这三级学校毕业的学生。实际上当时并没有这样规定,不过这样地传说,多数人认为这样做也合情理。传说纷纭,母亲心里也怀疑:如果光叫小孩在家念书,将来连一个秀才的功名也没有,那就很不好。说到秀才,母亲深深知道这个功名的分量。她常对我们说,你父亲听某一个名人说过,不希望子孙代代出翰林,只希望子孙代代有一个秀才。父亲解释说,这话很有道理。子孙代代出翰林,这是不可能的事。至于在子孙中代代有个秀才,这是可能的,而且是必要的。这表示你这一家的书香门第接下去了,可以称为"耕读传家"了。照封建社会的情况说,一个人成了秀才,虽然不是登入仕途,但是可以算是进入士林,成为斯文中人,就是说成为知识分子了。以后他在社会中就有一种特殊的地位。比如说,如果见了县官,一般老百姓要称县官为"大老爷",自称"小的"。秀才见了县官则称"老父台",自称"生员"。如果打官司,输了,对于一般老百姓,县官可以打屁股;但对于生员就不能打屁股。如果要责罚,也只能打手心,像先生责罚学生那样子。秀才是绅士的最低一级。绅士最低一级对于老百姓就算高高在上了。秀才有一种制服,叫"蓝衫",是用绸子缝制的一种像大衣一样的衣服,穿上这种制服,就可以做一种事,叫"礼生"。人家有红白事的时候,都要行礼,要请四个秀才,站在礼堂两旁,高声赞礼。这个职业,倒是有很古的来源,所谓"儒",就是这种人,一个人成了秀才,就成了"儒"的继承人。《论语》中有句话:

汝为君子儒,毋为小人儒。

这句话,我认为向来都不得其解。什么是"君子儒"?什么是"小人儒"?谁也说不清楚。照我们老家一带旧习惯,红白事所行的礼是很复杂的。除了"礼生"之外,还有一种人,这种人我们叫做"伺候客的"。哪家有红白事,就去,帮助伺候客。这种人对于那些烦琐礼节也很熟悉,他们也是有师父教的。在行礼的时候,他们就站在行礼的人的旁边。礼生赞一句礼,行礼的人往往还是不知所措,这就需要

"伺候客的"在旁边作具体指导。应该跪的时候,他们就按他跪下去;应该"兴"的时候,他们就拉他站起来。我认为,这种人就是"小人儒"。因为他们懂得那些礼,所以也可以称为"儒";但是他们的身份却是仆役的身份,所以称为"小人儒"。我认为,这是《论语》上那句话的确切解释。大概在奴隶社会中,相礼的人有贵族,也有奴隶。懂得礼仪的奴隶也可以帮助行礼的贵族应付行礼的场面。

话说得远了,再回到本题。县立的高等小学确实与以前的县学有相似之处。照明清两代的教育制度,每县都有一个县学。县学有两个官员,负责县学的事,一个叫"教谕",一个叫"训导",统称为老师。考秀才就是这个县学招生的入学考试。考上以后成为秀才,秀才是县学的学生的名称。从前称考上秀才为"进学",进学也不是县官和老师所能决定,还得经过学台的复试,最后才能成为秀才,成为县学中的正式学生,所以他们见县官自称为"生员"。秀才之中有些称为"廪生",每年可以得到一定的津贴,这就等于公费或奖学金。这种相似之处,使母亲怀疑,如果不上县立小学,将来是否可以得到与秀才相当的资格。恰好这年的暑假,县学招生了,伯父主张,叫他的儿子——我的五哥,同我和景兰去报名,母亲同意了。实际上在当时,因为请不来先生,我们在家里也无书可读。我没有应过以前考秀才的那种考试,这一次应考也算是得到一点类似的经验。考试由县官主持,他坐在大堂之上,旁边站着礼房的书吏,他用红笔在某人的名字上一点,礼房就叫这一个名字。他们大概受过专业训练,叫名字声音洪亮而清晰,下边被叫的这个人,答应一声:"有!"就走上去领卷子,到衙门里边指定的地方坐下,等着题目发下来,只考了一篇策论式的文章,就完卷了。过了几天,县官把取中的人都叫在一起,在大堂前面排队,县官在队伍面前走一趟。当他走到我跟前的时候说:"你的文章很好。"据说在以前考秀才的时候,县官这样地夸奖,是一种殊荣。我们进了学堂以后,我和五哥、景兰住在一间宿舍。学校虽小，学生的派头却相当大。当时学生的宿舍称为“斋”，斋里有伺候的人，称为“斋夫”，专给学生们倒茶送水。过了一个时候，消息传来，我们这一次入学考试，不知道有哪一点手续不合，省里不承认我们这一班。县官也没有办法，只得把我们这一班算是预科。我们这一班里，有不少人都已年过二十，可是还算高等小学的预科，等于初等小学，学生们很不满。议论了一番，也没有办法，只好上下去。我的堂兄四哥，已经在这个高等小学的最高一班，到年假就毕业了，可是也出了问题。当时的小学没有教科书，每门功课都由教员自己弄些材料，上堂讲，学生记，在黑板上写，学生抄。后来也弄来一架油印机，有些课用油印机把教材印出来，学生免得抄写，觉得很方便。可是省里又来了通知，说是在学生毕业的时候，学生们都得交上他们亲手抄写的教材，油印的教材不能承认，不承认就不能毕业。那些快要毕业的学生们，都慌了手脚，赶抄以前发的油印教材。日夜不停地抄。有的请人代抄。四哥还叫我抄了好几本。不过最后终于都毕业了。伯父就考虑四哥上开封升学的问题。我的堂兄大哥、二哥当时都已经在开封上学。大哥上的是优级师范，二哥上的是中州公学的法政专科。当时民间办的学校，一般称为“公学”。公学是相对于清政府的官办学校而言的。当时的老百姓对于清朝政府已经不信任，一般都认为，民间办的学校，都比官办的好。这个中州公学，确实是当时河南的一些比较进步的绅士所办的。它除了法政班之外，还设有中学班，中学班恰好在年假后招新生。高小毕业，或有同等学力的人，都可以报考。伯父决定叫四哥去报考。大哥、二哥向我母亲说，说我也应该去。母亲也同意了。

过了新年，大哥、二哥、四哥和我四个人，还有些别的同学，一同起身往开封。先坐马车到驻马店去坐火车。当时从北京到汉口的火车，夜间不走，从北京到汉口要走三天。第一天由北京走到彰德，就停下了。旅客们都要拖带着行李下车住旅馆，等第二天再上车继续前进。第二天,从彰德走到驻马店,又停下来,旅客们又折腾一番,到第三天才到汉口。彰德和驻马店,称为"宿站",旅馆业都特别兴盛。驻马店本来是一个小集镇,忽然变成宿站,很快地发展起来。在我们去的时候,那些旅馆,都还是搭的席棚。我们到驻马店已经是下午四五点钟的时候,头一件事情就是到火车站去看火车,在火车站台上,忽然觉得似乎是地动山摇,只见火车头拉着列车,威风凛凛,差不多从南北两方,同时开进站来,当时觉得很壮观。火车停下以后,旅客们拖带着行李走出车站。车站门口,有各旅馆的接客伙计,手里拿着小旗,夹道呼喊,各报自己旅馆的名字。旅客们接到某一旅馆的小旗,就把行李交给那个伙计,交代以后,他就自由自在地走向旅馆,行李由伙计负责。第二天早晨,伙计又带着行李,送旅客上车,代旅客找好座位,把行李安置好,然后向旅客告别。服务很周到,态度也好。他们也没有学过"旅游学",也没有受过外国旅游学专家的训练,他们都是土生土长的人,照着传统的旅馆业的规矩,就把事情办得很好。我们于第二天坐火车到开封。我们要投考的中州公学的中学班,设在开封南关外,据说是从前的一个书院。考试又分为初试和复试两次。我初试考了第二名,复试第一名。四哥和其他高小毕业的人都落在后边,当时我自己也有点惊奇。中州公学的监督是杨源懋,他的官衔是翰林院编修,在开封以绅士资格办中州公学。他不常到学校来,也没有和学生讲过话。不过所请的教员都是有比较进步的思想的人,据说有些人还是同盟会的人。当时我感觉,这个中州公学,好像是同盟会在河南的一个机关,因此学生们对于他都很敬佩。暑假回家。暑假过后再来,才知道杨源懋在暑假中病逝,同学们都很惋惜。在他的灵柩上火车回原籍的时候,全体学生都跟在灵柩后边,哭着送到车站。听见旁边过路的人说:这是谁?有这么些孝子!

第二章 民国时期

暑假后不久，辛亥革命就开始了。武昌起义一举成功。清朝政府惊慌得不知所措，派陆军部尚书荫昌率新军前往镇压。荫昌带兵到了信阳，连湖北境也不敢进，就在信阳驻下了。整个中国都震动了。各省起义的消息每天都有，也不知道哪是真的，哪是假的。各学校的学生都纷纷回家，大哥、二哥说，我们也以回家为好，怕的是将来路不通，家里接济不到。当时我也不知道，是铁路真不通，还是大哥他们怕铁路不通。他们决定不坐火车了，在开封雇马车，顺着通铁路以前的大路回家。我倒很愿意这样走，因为想看看铁路通以前人们旅行的情况。从开封出发，走了一个上午，到了朱仙镇。原来旧日的大路有一定的站，每隔四十五里就是一站。一天规定走两站。走完两站，即使天色尚早，也不再走了。因为再走，就走不到下一站，那就要破站。照当时走路的规矩，无论冬夏，每天都是早上四五点钟出发，遇见有卖吃食的地方，随便吃一点作为早点，走到上午十一点左右，就到一站。坐车的人都下来吃午饭，车上也要喂牲口。这叫“打尖”。打尖以后再走四十五里，到下一站，无论天早天晚，都要住下。走路的规矩是每天都要起早走，宁可早一点到宿站住下，这叫做“赶早不赶晚”。每一个站都是一个县城或者大集镇，都有很多的旅店。车一进街，各旅店的伙计都跑出来截车，拉住马叫住他的店。赶车的人都有他们自己的熟店，都把车往他的熟店赶。车一进店门，停在大院里，赶车的把鞭子一扔，就不见了。有店家的伙计替他卸车，把牲口牵到槽边去喂。又有些伙计帮着坐车的人搬行李,送到房间里。这些客店一般都没有伙食,自有附近的小馆子派人来问饭,客人随便点菜点饭,吃完睡觉。第二天天不亮,店家的人就来打铺盖卷,搬行李上车,牵牲口套车。一切都齐备了,赶车的人才出现,拿起鞭子又上路了。我从小说上知道有这些情况,亲自经历一遍,觉得很有意思。车走到汝坟桥,住在一个店里,墙上都题满了诗。当时走路,最怕的是连阴天,路不能走,只能呆在旅店里,等候天晴。那种苦闷、焦急、无聊的心情,真是难以忍受。能够写字的人,大概都要在墙上写下几句,以为消遣。我听说我父亲在汝坟桥的一家店内,在墙上写了几首诗,当时很传诵,我就在我们这个店里墙上找,事有凑巧,他住的果然就是这家客店。我一找就找着了他的题壁诗,共有六首:

记得新春话别时,临歧温存挽征衣:曾闻天上玉堂好,莫为思侬愿早归。

文场一战竟抛戈,知尔同声唤奈何!料得相逢应慰藉:妾家薄命累郎多!

苦教夫婿觅封侯,柳色青青怕上楼。谁料天涯仍落拓,相逢莫问黑貂裘。

珠玑才调锦年华,久别当知初念差。一掬临风相思泪,而今应长海棠花。

年来事事不如人,惯逐群仙步后尘。自注:己丑中试第九十二名。才藻如卿堪第一,奈何偏现女儿身!

萱堂辞罢感长征,晨馐夕膳代奉迎。归去慈帏仍健羡,晓妆台下谢卿卿。

父亲于己丑年中举人,到戊戌年成进士,这些诗大概是己丑至戊戌年间,父亲会试落第回家过汝坟桥,在客舍写的。

一路顺利,回到了唐河县城。母亲也在唐河县城。原来唐河也办了一个女学,县里人们觉得,初办女学,如果没有一个有名望的妇女参加,恐怕办不起来。他们就请母亲到女学里负责管理学生,名义是学监。我到女学里去见母亲,母亲谈起了办学经过。她说,她自己给自己起了一个名字,叫吴清芝,还印了名片。这是她第一次走出家庭的范围,到社会上办事。她本来是一个极有才干的人,有机会到社会上做一点事,自然很高兴,心情很舒畅。但是她教学生的宗旨,仍然是贤妻良母。她对我说,她向学生们说,旧规矩还是要遵守的,叫你们来上学,是教你们学一点新知识、新本领,并不是叫你们用新知识、新本领代替旧规矩。这正是张之洞的“中学为体,西学为用”的思想。当时革命的形势日益发展,可是实际影响还没有到偏僻的小地方。在唐河一带,清朝的统治还没有动摇。县城里各学校都还在照常上课。母亲还只能留在县城的学校里。我跟着三个堂兄先回祁仪镇。

到快要过年的时候,革命军的队伍已经开到襄樊,安民告示贴到了河南境内。告示上写的官衔是“安襄郧荆招抚使”,不用清朝官名。安襄郧荆指的是湖北省的安陆、襄阳、郧阳和荆门这一带。告示一到,我们那一带都震动了。清朝在南阳设了一个军事据点叫“南阳镇”,有个南阳镇总兵镇守。当时那个总兵很顽固,声称要和革命军决一死战。后来他接到报告,说革命军漫山遍野而来。他一听就溜了。这样,并没有经过实际战争,南阳、唐河这一带就“光复”了。“光复”是当时用的一个名词,凡是革命政权建立了的地方,都称为“光复”,意思是说,从满人手里把失地收复了。伯父原是个很守旧的人,有人传话来,说革命军就要到祁仪镇,叫号召群众欢迎。伯父也很高兴,说这就快过年了,哪家没有酒肉,都愿意招待。看到这种情况,我想书本上常说的“传檄而定”,大概就是这个样子吧。那个总兵是“望风而逃”,革命军是“传檄而定”。这是大势所趋,人心所向。清朝的政权就是在这种情况下垮台的。可是,当时真正的群众,劳动人民,并没有发动起来,也没有人想到去发动他们。在革命中,活动的人还多半是知识分子。他们活动的动力，是三民主义中的民族主义，他们反对满人的统治，同时也反对外国洋人的侵略。在乡村，欢迎革命的，也是一些比较开明的绅士。他们实际上也是知识分子。我现在想起来，当时的斗争，是绅权和官权的斗争。在当时的封建社会中，官和绅本来是一样的人。知识分子经过科举做了官，在他做官的地方他是官，回到他原籍他就是绅。在清朝末年，实行了一些新政。在新政中，往往用了些本地绅士，特别是教育一项，官是无能为力的。在教育界，绅权很快就发展起来了。父亲在武昌的时候，我听见他同母亲商议，说他有些朋友劝他辞去湖北的官，回河南当绅，说绅比官更有前途。我觉得，当时父亲心中也有所动。可是后来没有那样做。我还听父亲说，当时的总督张之洞要派一批人到日本学法政，梁鼎芬推荐父亲去，他以母老为辞，谢绝了。当时有不少的官，跑到日本去住几个月，回原籍就转为绅了。我现在觉得辛亥革命的一部分动力，是绅权打倒官权，就是地主阶级不当权派打倒地主阶级当权派。三民主义中的民权主义和民生主义，不但当时的一般人不懂，当时革命队伍中的人也不是都很懂的。我也主张辛亥革命是资产阶级民主革命。但我也认为，当时的资产阶级力量是很软弱的。所谓官权与绅权的斗争，正是表现了地主阶级内部的矛盾，辛亥革命一起来，绅权便自然成为革命的一个同盟军，一起反对当权的地主阶级，即以清朝皇帝为代表的地主阶级当权派的统治。等到清朝被推翻以后，原来参加革命的那一部分地主阶级，就又同资产阶级发生了矛盾和斗争，因此资产阶级又来了个"二次革命"。其结果，还是失败了，以袁世凯为代表的地主阶级篡夺了革命的果实，在中国开始了北洋军阀的统治。

孙中山先生所宣传的，是资产阶级思想，可是那些都是上层建筑，在中国并没有坚强的经济基础。他主要是以舆论宣传为武器和封建势力作斗争，这显然是不够的。中国的旧民主主义革命的失败，是先天就注定了的。

中华民国成立了。我于民国元年春天又到开封中州公学上学，可是从杨源懋去世以后，学校大不如前，教师的阵容也不整齐。湖北有个绅士名叫陈时，说他奉父命捐款在武昌办了一所学校，叫"中华学校"，以黎元洪为校长。当时黎元洪的威望很高。我想转到武昌上学，写信回去同母亲商量。大概是因为武昌是旧游之地吧，一说母亲就同意了。我到武昌上了中华学校。校舍是原来的粮道衙门。这所学校后来改名为中华大学，出了一个有名的学生，就是恽代英。我在中华学校不久，又听说上海中国公学要招生了。这所学校倒有一段光荣历史。在日本的中国留学生，有一次不满意日本政府对中国学生的待遇，集体回国，自办学校，名为"中国公学"。创办的时候，也出了一个有名的学生，就是胡适。在辛亥革命的时候，中国公学也停办了。这时候中国公学又恢复招生，推举黄兴为校长。用黄兴的名义向各省发出电报，叫各省选派学生。河南省很重视这件事，决定拔选二十名学生，到上海中国公学上学，每人每年发官费二百两银子。河南省决定以后，发出通告在开封招考。我同几个同学回到开封应试，被录取了，我就于民国元年的冬天同其余十九人一起到上海，进中国公学。

中国公学原来定有一个开学日期。我们这二十人在开封考试以后，就赶往上海，如期报到。校舍在吴淞炮台湾。校舍是一座按当时标准说相当漂亮的洋楼，单独地建筑在炮台湾车站附近，四周并无居民。电灯也是自己发电。我们到的时候，学校并没有开学，只有一座空校舍，连一个主要的职员都没有。我们既然到了，就只好搬进去住。渐渐地有些主要职员来了。到了民国二年春天，终于开学了。校长黄兴没有露过一次面。教师都是上海别的学校的教师来兼课，到了上课时间才坐着火车来，下课就又坐着火车走了。当时的上海，完全是一个殖民地城市，商店欺负内地来的人。进了商店，或者在马路上行走,如果不会说上海话,就被他们骂为“江北佬”。但是如果你能说一两个英文名词,他们马上就尊敬起来。我们住在校舍,四无邻居,闲了到江边走走,倒也觉得有点像世外桃源。我只是喜欢到河南路棋盘街那一带,那里书店很多,我喜欢买书,那二百两银子花不完就买书,也买了一些大部头的书,如“廿四史”之类。关于在中国公学学习的情况,将在后面详说。

我在中国公学上到1915年暑假,就算是大学预科毕业了。就在上海考入了北京大学,暑假后进北京大学。关于在北大学习的情况,也将在后面详说。

现在要说的是,北大当时的学生,在学习上是自由极了。本系功课表上的课,学生不爱上就不上;别系的课,爱上就去上。教师那里没有点名册,从来不点名。学生要上哪一课,只需在上课时到课堂上坐下就行了。就是与北大毫无关系的人,也可以进去听讲。在上课之前,有一个人站在课堂门口,手里拿一堆油印的讲稿,当时称为讲义,进来一个人,就发给他一份,从来不问他是谁。往往有不应该上这个课的人先到,把讲义都拿完了;应该上这个课的人来了倒得不到讲义。可是从来也没有因此发生争执,后来的人只怨自家来得太晚。当时北大中国文学系,有一位很叫座的名教授,叫黄侃。他上课的时候,听讲的人最多,我也常去听讲。他在课堂上讲《文选》和《文心雕龙》,这些书我从前连名字也不知道。黄侃善于念诗念文章,他讲完一篇文章或一首诗,就高声念一遍,听起来抑扬顿挫,很好听。他念的时候,下边的听众都高声跟着念,当时称为“黄调”。在当时宿舍中,到晚上各处都可以听到“黄调”。黄侃也常出题叫学生作诗。有一个本系的学生不会作诗,就叫我替他作。我作了几首拟古诗十九首的诗,他抄好送给黄侃,黄也居然加圈加点,还写了赞赏的批语。

我的这种课外学习,倒是在我家里发生了作用,那就是:我把我的一知半解传授给我的妹妹沅君,引她走上了文学的道路。

自从我们从崇阳回老家以后,沅君就不上学了。我从北大放假回家,在家中也常念诗念文章,沅君听了很爱慕,就叫我教她。我照着黄侃的路数,选了些诗文,给她讲,教她念。她真是聪明绝顶,在一个暑假的很短时间内就学会了,不但会讲会念,而且会写,居然能写出像六朝小赋那样的小品文章。等到我第二次暑假回家,沅君的学问就更大了。北京传来消息,说是北京女子师范学校要招国文专修科。这个学校是当时北京女学的最高学府。我们都主张叫沅君去应考。沅君也坚决要去,她对母亲说:"如果是说我花钱,我将来什么都不要。"意思就是说,将来出嫁的时候不要嫁妆。当时的地主家,出嫁一个女儿,陪送嫁妆,是很大一笔花费。母亲在这一方面也很愿意花钱。记得姐姐出嫁的时候,陪送的嫁妆就很丰富。顺便说一下我们那一带的风俗。有钱的人家,是女家花钱,男家可以向女家提出要求。没有钱的人家,是男家花钱,女家可以向男家提出要求。这些不同的情况,其实是一个道理,归根到底还是一个"钱"字。没有钱的人家,娶了一个媳妇,就是家里添了一个劳动力,一个劳动力就是一笔财产。这个女家是凭空失去一个劳动力,而且这个劳动力是从小养活、培养出来的,所以有权向男家要彩礼,提要求,以为补偿。在有钱的人家,嫁女儿到男家,是替女儿找了一个继承财产的机会,男家的产业终归要归他女儿,所以男家觉得有权向女家提要求,讲条件。我的一个堂嫂——五嫂,回娘家的时候诉说在婆家受委屈,她的父亲就对她说:"你当去接受人家那几顷地是容易的吗?"一语道破了其中的秘密。父亲在的时候,已经把沅君许婚于唐河的一个人家,所以沅君这时候说出了这样坚决的话。母亲本来是喜欢叫儿女读书的,也就同意了。在当时我们这一带,一个女孩子要进京上学,是一件动人听闻的大事。有人提醒母亲说:是否和男家商量商量。母亲说:既然已经决定去,就不同他们商量了。如果商量了他们不同意,事情就更不好办。又有人提醒说:即使不商量,也得去打个招呼。母亲说:既然不商量,也不必打招呼。在暑假快结束的时候,母亲就毅然决然,不顾别人议论,让我和景兰、沅君三人一同进京。到北京报考,果然考上了,于是沅君就开始走上了文学创作和学术研究的道路。

关于孙中山所领导的革命力量同以袁世凯为首的封建势力的斗争经过,我在北京上学的时候,见到一些,也听到一些。在辛亥革命的时候,袁世凯凭着他所训练的北洋新军,抵挡住革命军;一方面又利用革命军的声势,吓唬清朝的隆裕太后。在上海召开的南北和议中,提出了清帝退位、交出政权的条件,并且答应在清帝退位以后,仍可以自称为皇帝,在颐和园内过他的小朝廷生活,民国以异邦君主之礼相待,每年还给他皇室经费几百万两银子。袁世凯对隆裕太后说,这是革命党的最后条件,如果再打下去,连这个条件也没有了。一面又叫当时在武汉前线的将领段祺瑞领衔发出通电,要求宣统退位。隆裕太后没有办法,就下了交出政权的诏书。内容说,着袁世凯组织政府,接管政权,结尾说:"余与皇帝可以优游林下,共享太平之福,岂不懿欤!"于是南北和议成功,孙中山辞去临时大总统,南京临时参议院选举袁世凯为临时大总统,黎元洪为副总统。五族(汉、满、蒙、回、藏)共和,建立民国。1912 年为民国元年。这段过程,完全用的是中国封建社会改朝换代的形式。就中国封建社会说,改朝换代、转移政权的形式有两种:一种是暴力的,称为"征诛";一种是非暴力的,称为"揖让"。辛亥革命以至民国成立,兼用了这两种形式。就革命军对清朝政权说,这是"征诛"。就袁世凯对清朝政权说,这是"揖让"。就袁世凯说,他以为他奉隆裕太后之命组织政府,是清朝把政权让给他的。宣统退位,仍可在他的小朝廷之内自称皇帝,民国也以异国皇帝待他,这种安排,也是中国封建传统思想的表现。照汉朝“春秋公羊家”所讲的,一个朝代的新王,都要封前一朝皇帝的后代为一国的诸侯,这个诸侯还可以在他本国之内称王,维持着前一朝的制度,新王也以宾客之礼相待。民国对于清朝王室的安排,正是这样,所以民国一开始就打上了中国传统势力的烙印。以后就是袁世凯所代表的封建势力跟民国的一步一步的斗争。袁世凯当选为临时大总统以后,设在南京的临时参议院要求他到南京去就职,袁世凯拒绝了,说是北方没有他坐镇就不行。在袁世凯授意下,北京发生了一次兵变,军队在大栅栏一带和东安门一带抢东西,烧房子。袁世凯就对参议院说,军队一听说他要走就变了!参议院没有办法,就改为派代表到北京送当选证书,袁世凯便于民国元年(1912)3 月 10 日在北京就任临时大总统。

他于民国二年(1913)10 月 10 日就任正式大总统的时候,就更跋扈了。照他的布置,在太和殿举行就职仪式。正式国会认为,应该由他们的代表在太和殿中间面向南站立,袁世凯面向北接受证书。袁世凯不同意,认为他应该面向南站立,国会的代表应该面向北站在下边,向他呈递证书。由于他的坚持,国会的代表让步了。在就职那天,他面向南,代表们面向北,本来是国会授权于袁世凯,可是这样一安排,倒好像是国会代表向袁世凯上“劝进表”。

当时清朝已经退位的皇帝,并没有搬往颐和园,还住在紫禁城内,当他的小朝廷的皇帝。只把乾清门以外的三大殿交出来了。袁世凯把中南海改建了,作为总统府。1915 年我到北京的时候,袁世凯已经住进中南海。当时中华门还正在改建。新华门原是南海西南角的一座楼,名为“宝月楼”。改建的人把楼的下层打通,作为一个门洞,楼的上层作为门楼,倒也富丽堂皇。就我所看见的,这座楼的改建用了几个月的时间。成为新华门以后,门外又围了一层铁栅栏,长安街的行人车马,只能绕到铁栅栏以外走,不准穿过铁栅栏。在新华门东边的土山上,立了一个大桅杆,桅杆的斗子上边,经常有一个人站在上面瞭望,看起来很是威严。当时的临时政府,由袁世凯当总统,还有唐绍仪当总理。南京的临时参议院还制定了一个临时宪法,称为“约法”。照约法的规定,临时政府中实际当权的是总理而不是总统。袁世凯虽然当了总统,而南方仍寄希望于总理。可是袁世凯不管约法那一套,自以为总统就是皇帝,总理是他的助手,顶多也不过是像清朝的大学士、军机大臣之类,唐绍仪一切都应该听他的。唐绍仪斗争不过,就不辞而别,挂冠而去。孙中山先生看见约法不能发生作用,就发动第二次革命。当时南方还有很多省,掌握在革命派手里。但是当时的人民,对于第二次革命的必要都不很了解;原先追随孙中山的同志也不见得都了解。袁世凯得到了临时大总统的名义,把中华民国这面大旗,拿到他自己手里了。照他的逻辑,他就是民国,反对他的人就是民国的背叛者,说起来也好像是振振有词。第二次革命在很短的时间内就失败了,但是革命派还有一张牌,那就是正式国会。约法上规定,临时政府要举行大选,选举正式国会,由正式国会产生正式政府。袁世凯倒是举行了大选。他为什么还要举行大选呢?上面说过,辛亥革命的一部分动力是绅权和官权的斗争。大选是绅权的进一步发展。选举法规定,对于选民的资格有许多限制,必须有一定数量的财产,还要有一定的文化程度,才可以有选举权,其余的公民都没有选举权,这正合乎绅权的需要。在当时的社会中,尤其是在乡村中,有一定数量财产和一定文化程度的人,就是当地的绅士。当时离辛亥革命为时不远,参加过辛亥革命的人仍有很高的威望,选举的结果还是革命派得了国会的多数席位。这是对革命派的一个很大的鼓励。当时他们把一些有革命倾向的小党联合起来,组织成国民党,这是当时国会的多数党。保守顽固的人也联合起来,把不属于国民党的小党派组织起来,组成统一党(后改称进步党)。这两党对峙,很有点像资本主义国家两党政治的局面。国民党自以为他们是多数党,应该由他们组阁。早在二次革命之前,他们就内定原来同盟会的宋教仁为领袖,准备在国会开会的时候推他出来当总理,组织内阁。在国会开会的前夕,宋教仁从上海往北京来,国民党的人都兴高采烈,到上海北站送行的人很多,可是宋教仁刚进车站,还没有来得及上火车,就被袁世凯派去的凶手暗杀了。国会开会了,第一件事情就是选举总统、副总统。照约法的规定,由国会的参议院和众议院组成总统选举会,进行选举。在选举的那一天,刚刚开会,国会就被袁世凯组织的"公民团"(其实是流氓团)包围了。"公民团"声称是向国会请愿,要求选举袁世凯为正式大总统。选举会进行第一轮投票,袁世凯、黎元洪得的票比较多,但是都没有得到三分之二的票数,需要进行第二轮投票,就袁、黎二人决选,这就不要三分之二的票数,只要多数就行了。外边的公民团大吵大闹,说必须当天把袁世凯选举出来,如果选不出来,就不准议员们出来回家吃饭,也不让送饭。议员们进行第二轮投票,投票结果,袁世凯当选为正式大总统,黎元洪当选为副总统。"公民团"这才解除了对国会的包围。宋教仁被暗杀了,国民党组阁的计划失败了。但是照约法的规定,国会还可以在许多方面限制总统的权力。袁世凯又用了一个阴谋。先制造舆论,说国民党的议员都是与第二次革命有关的,都是民国的背叛者,应该取消他们的议员资格。他用了一个很有戏剧性的办法达到了这个目的。这段过程,可以用话剧的形式写出来。

(在一个国民党议员的家里。半夜。来了几名警察。)

议员:有什么事?

警察:上边要看看您的议员当选证书。

议员:我是国会议员,在国会开会期间,谁也不能干涉我的自由!

警察:这不是干涉您的自由,上边不过是看看您的当选证书,看完了就送回来。

议员:(简直没有办法,就把当选证书交给警察,气愤地)明天开会,我要在会场里向你们的上边提出质问!(警察拿着当选证书走了。)

(第二天。议员去国会开会,到国会门口,被警卫挡住。)

警卫:你是什么人?来干什么?

议员:我是议员,来开会。

警卫:拿当选证书来看看!

议员:昨天夜里巡警把我的当选证书拿去了。

警卫:你既然拿不出当选证书来,你就不能进去。

议员:我每天都来开会,你难道不认识我吗?

警卫:上边的命令,认证不认人!

(议员无可奈何,只好回家。)

有些没有被拿去证书的议员倒是进去了,但是他们是少数,不够法定人数,会也开不成了。这样,袁世凯不用解散国会的办法就把国会搞瘫痪了。

我在外边上学的时候,唐河老家里也举行了三次选举:一次是临时省议会议员的选举,一次是正式省议会议员的选举,一次是正式国会议员的选举。我的三叔父也在两次省议会议员的选举中出来竞选,一次成功了,一次失败了。我在放假回家期间,也听到家里人说到这些选举的情况。原来这些议员并不是由选民直接投票选出来的,选民通过许多资格限制,有了选举权,但是还不能直接选举议员,他们只能选举能选举议员的选举人。他们先选举了选举人,选举人在一定的地方集合,选举议员。竞选人并不需要发表演说,宣布政见,完全靠封建关系拉拢选举人。在选举人集合的地方,竞选人都设有自己的招待处,看见选举人到了,就往自己的招待处里拉,好像旅馆的伙计拉客一样。拉进去以后,招待吃喝。所以每一个竞选人,无论当选或不当选,都得花费一笔资金。有个人对我说:作一次竞选,非卖几十亩地不可。乡村的经济,是自然经济。虽然是地主,也受自然经济的限制。他们虽然有许多土地生产生活资料,可就是没有现钱。就拿我们家里说,遇见要花钱的时候,虽然数目不大,也需要临时开仓,取几斗粮食到街上去卖。作一次竞选人要花很多的钱,这在地主们看起来,是很不容易的。我当时就想,看起来选举制度是并不容易实行的。而民主政治,主要的是靠选举。西方的国家究竟是怎么办的?后来我渐渐地知道,资本主义国家的选举,主要是靠政党推动的。竞选人的竞选费用,也是靠政党支持。而政党的经费,又是靠资本家供给的。总要有一些富可敌国的资本家才能拿出钱来,支持他们认为合适的政党。而政党又用这些钱支持他们认为合适的竞选人。在封建社会里,只有国家才有很多的钱,这个国家机器掌握在统治者手里,它决不肯用国家的钱支持那些跟它不合的人竞选议员。像中国当时的那些政党,我总怀疑它们办政党的钱是从哪里来的。它们如果没有一定的经费,连个办公处也维持不了,更不用说宣传政策、竞选议员了。所以在封建社会里,要想跟政府相对抗,非用武力割据的办法不可。辛亥革命所以能推倒清朝,用的是武装割据的办法。袁世凯以统一为名,消灭武装割据,这就使他取得了一尊的地位。他有兵权财权,而跟他持不同意见的人,什么都没有。那就只好像上面所说的那些被收走了当选证书的议员那样,啼笑皆非了。

袁世凯果然不满足于中华民国总统的地位,他想当皇帝,行帝制,完全恢复封建统治。于是玩弄一些制造舆论,强奸民意的办法,看起来好像王莽篡汉的时候所行的那一套。我听说,刘师培(申叔)的夫人另有一个办法。刘申叔是筹安会发起人之一。筹安会是首先发动恢复帝制的一个组织。刘申叔本人是一个学者,在当时学术界有相当地位,在政治上却是一窍不通,懦弱无能。据说他的夫人很有些阴谋诡计,她向刘申叔说:"你们搞的这一套,太麻烦了。我有一计,到十月十日国庆,大总统在天安门阅兵,等军队走到天安门前的时候,忽然哗变,拥上城楼,把黄袍披在大总统身上,叫他非当皇帝不可。大总统作出不得已的样子,当时即皇帝位,宣布改中华民国为中华帝国，废除中华民国的年号，改元洪宪。然后由军队拥着他回新华宫（当时已有些人称中南海为“新华宫”），这不就结了！”这是用赵匡胤的办法代替王莽的办法。我不能断定这个传说是真是假。如果是真的，我也不知道他们向袁世凯提过没有。无论如何，这个赵匡胤的办法是众所周知的，袁世凯和他的左右也不会不知道。不过他不这样办，宁愿用王莽的办法，这是有原因的。

袁世凯所考虑的大概是国际上的外交承认问题。如果他用赵匡胤的办法，照他的估计，大概国内不会有什么反抗，但是国际上未必能够得到外交承认。他认为，必须在国际方面都安排好了，才可以正式登基。他派特使到日本去商量，可是还没有出发，日本就挡驾了。他用王莽的办法，一方面是要欺骗国内人民，更重要的还是欺骗国际舆论。一个新的政权的建立，本来是靠它自己在国内的实力，并不靠外国的承认，只要它能在国内维持有效的统治，外国迟早是要承认的。可是当时中国并不是一个真正独立的国家，统治者必须得到外国特别是帝国主义国家的支持。袁世凯所代表的中国封建势力，必须与帝国主义相勾结，才能维持它的政权。清朝的皇帝已是如此，袁世凯在清朝办过多年的外交，自然也明白这一点。没有同外国特别是帝国主义勾结好，他是不敢上台的。承认就是一种支持的表示。袁世凯的这种考虑，是他的殖民地心理的表现，也是当时中国的殖民地国际地位的反映。中国革命派打算用约法的条文束缚住袁世凯，他们想着这好像是紧箍，只要袁世凯戴在头上，纵然他有孙悟空的神通，也得服帖。可是法律的威严，靠的是它背后的实力，如果没有实力支持，它只是一纸空文，束缚不了人。好像紧箍还得有观音菩萨的咒，才能发生作用，如果不念那个咒，孙悟空即使戴上紧箍，也不会觉得头疼。历史中的斗争，是靠实力进行的，没有实力，专靠理论，是不行的。理论只有在它和实力相配合的时候才能发生作用。这个道理，就是马克思所说的，理论掌握了群众，就成为物质的力量。如果没有掌握群众,它就不是物质的力量。不是物质的力量,在实际的斗争中是没有作用的。实力有两种,一种是军事上的,一种是经济上的。用形象的话说,一种是刀,一种是钱。有个笑话说:关帝庙、财神庙的香火很旺盛,有很多人去烧香。孔子的庙前很冷落,很少人去烧香。孔子有点牢骚。有个聪明人问孔子:你有关公的大刀吗?孔子说:没有。又问:你有财神爷的钱吗?孔子说:也没有。那个人就说:你既然没有关公的大刀,又没有财神爷的钱,那当然没有人理你,你何必发牢骚呢!这虽然是个笑话,但说的也是社会上的实际情况。孙中山先生在当时,经常同军阀联系,为的就是想把他的理论同刀和钱联系起来。可是后来总是为军阀所抛弃。我在美国上学的时候,有一天在杜威先生家里吃饭,看见报纸上说,孙中山和奉系军阀张作霖合作了,杜威先生问我说:孙中山已经上过很多当了,为什么现在还要这样做?岂不是又要上当吗?我也无话可答。后来了解,孙中山在当时如果不联系某一派的军阀,他的主张就没有人理睬,他是不得已而为之。后来孙中山先生知道在当时中国的情况下,非武装割据不可。于是就到广东,成立政府,有了钱了;又办黄埔军官学校,自家练兵,有了刀了。钱也有了,刀也有了,就有了 1927 年北伐的胜利。

在这两种实力中,经济实力还是最根本的。经济实力来源于社会生产。有某种生产力,就有某种生产关系,这是一个社会的经济基础。在这个基础上,建立它的上层建筑,上层建筑是为经济基础所决定的,必须适合于经济基础。如果上层建筑落后于经济基础,这就要有社会革命。如果上层建筑同经济基础比较起来太先进了,那它就是无本之木,无源之水,也是不能存在的。辛亥革命也是当时经济基础要冲破旧的上层建筑的一种表现。所以能推倒清朝的统治,得到部分的成功。但是中国的经济基础,基本上没有达到资本主义社会的程度,还没有为资本主义的上层建筑准备好条件。经济基础基本上还是封建主义的,硬要把资本主义的上层建筑加到封建主义的经济基础上面,这就行不通了。不管理论上怎么说,中国社会还是走它的历史道路,那就是袁世凯的帝制,后来的军阀混战。五四运动把中国革命推进了一步。那个时候,马克思主义已经在中国广泛流传。人们对于社会和历史的认识比较清楚了一点,提出了"民主与科学"的口号。我认为这个口号到现在还是适用的。"民主"本来是辛亥革命的时候就提出来的,五四运动加上了一个"科学",这就意味着用科学和技术进行产业革命了。民主是产业革命的产物。民主的中心思想是"天赋人权"。产业革命用机器大生产,把人从家庭中解放出来,成为个人。个人向来就是个人,但是在产业革命以前,个人之为个人是不自觉的。产业革命解放以后,个人自觉地成为个人。他有他自己的能力和才智,以创造他自己的事业,只要条件允许,他愿意怎么创造就怎么创造,不受任何条条框框的拘束,这就叫自由。每个人都是这样,这就是平等。这是他生来就有的权,所以称为天赋人权。什么东西都不能压倒个人的人权,只有一个东西可以压倒,那就是"多数"。一个有人权的人,不服从于任何东西,只服从于一个东西,那就是"多数"。少数服从多数。社会上的任何争执,都要靠这个原则来解决。政治上的争执,也要靠这个原则来解决。具体的办法就是选举,如果没有真正的选举,那就并没有民主。

我并不崇拜西方的资产阶级社会的民主,我知道在那里这种理想也不能真正地实现。

我也是五四运动时代的人,但是我在北大 1918 年就毕业了,没有赶上 1919 年 5 月 4 日那一天。我在北大毕业以后,回到开封,在一个中等专科学校教国文和修身。有几个朋友商议,也要在河南宣传新文化,响应五四运动。我们大约有十几个人,每人每月出五块钱,出了一个月刊,叫《心声》。我当时担任功课比较少,就叫我当编辑。我写了一篇发刊词,其中说:今更以简单之语,声明本杂志之宗旨及体例曰：

本杂志之宗旨，在输入外界思潮，发表良心上之主张，以期打破社会上、教育上之老套，惊醒其迷梦，指示以前途之大路，而促其进步。

这个刊物的内容很平庸，但在当时的河南这是唯一的宣传新文化的刊物了。

在1918年，我和任载坤结婚。载坤字叔明，是辛亥革命的前辈任芝铭先生的第三个女儿。任芝铭先生是清朝的举人，但是他反对清朝，在他的本县新蔡县反抗县官，还组织人劫狱，因此他的举人被革了，还受通缉，长期不能在家。他没有儿子，只有六个女儿。他在河南最先提倡妇女解放，叫他的女儿们都放脚，并送她们到外边上学。他的大女儿馥坤，二女儿纬坤（后改名任锐），都在清朝末年就在北京进了北京女子师范学校，任纬坤当时就参加了革命工作，在进步报馆里做事，和孙炳文相识。孙炳文是四川人，当时在北京京师大学堂预科上学。他们二人，不要“父母之命，媒妁之言”，自由恋爱，自由结婚，在当时是一种创举，也受到许多的诽谤。后来孙炳文烈士于第一次国共合作分裂时牺牲。任载坤于民国初年进了北京女子师范学校。我在上海上学的时候，有个同学是任芝铭先生的学生，介绍我与载坤订婚。我也不知道他向任芝铭先生怎么说的，一去信就得到回信，表示同意。我也写信回家告诉母亲，母亲也同意了。这一点也可以见母亲的开明。对任纬坤的一些诽谤之词，也传到她耳中，可是她向来主张女子要读书，愿意有一个读书的儿媳妇，就毅然同意了。

这样，我们两家定了亲。只有一个条件，就是必须等载坤在北京女子师范学校毕业以后才能结婚。当时北京女子师范学校设本科和专修科，关于婚姻问题，专修科没有什么限制，本科则只收未婚学生，如果中途结婚，就要中途退学。当时在北京，北京大学是男子最高学府，北京女子师范学校是女子最高学府，我们两个人各居一个最高学府。恰好我们都是在1918年毕业。我们同时毕业以后，就在开封结婚了。我们结婚以后，一同回唐河。当时有人担心，怕回到唐河以后，母亲就不让叔明再出来了，也许要留她在家里帮助照料。我知道不会的。果然到家以后，住了几天，开学的日期快到了，母亲就催着我们走。她说："我不要媳妇在家帮助照料，也不要媳妇在我面前伺候，我不要媳妇这样，我只希望你们在外面好好地做事，有了小孩我替你们照管。"于是我们就又回到开封。叔明在河南女子师范学校任预科算术教员。

我的岳父家里，是有革命传统的。在抗日战争时期，岳父亲自送他的第六个女儿，也是最小的女儿任平坤(后改名任均)到延安参加革命。我和叔明结婚以后，也从他们家里接触到一些革命气息，得到一些革命的消息。

就在这个暑假，景兰上美国留学去了。当时军阀混战，各省的财政都很困难，教育经费尤其困难。当时河南设有一个"教育款产经理处"，由教育界推人出来自己管理，出入都不经过财政厅。河南的教育界有了钱，就想多办点事。他们认为，河南出的人才太少，要有个办法多出人才。办法是在开封办了一个"留学欧美预备学校"，招收学生，毕业以后，由河南用官费把他们送出国留学。到1918年，第一批学生毕业，河南省决定送二十名到欧洲或美国留学。别的学校的学生，很有意见，说留学预备学校也无非是中学程度，为什么这个学校的学生毕业以后官费留学，而别的中学毕业的学生就不可以？为了平息这种意见，河南教育当局决定，再公开招考二十名，同留学欧美预备学校毕业的学生一起出去留学。那时候景兰在北京大学预科上学，就报名应试，他的专业是地质学。我不能报名，因为那一批留学限定要专学理工科。1918年夏天,景兰就往美国去了,母亲先是舍不得,后来也同意了。

河南在民国元年已经送出去过一批到欧美的留学生,我在开封的时候那批人陆续回来了,所以那一批的名额中也出了缺额。当时的教育部把各省民国元年送留学生的名额都收为教育部的名额,钱还是由各省自己出,不过原来是哪一省的名额,仍由那一省的人补缺,补缺的两次考试,第一次由那一省自己主持;第二次由教育部主持,作为复试,复试及格才算录取。1919年河南出了一个缺,并把这个缺定为哲学,我考取了初试,又到北京来复试,也通过了,于是也取得了出国留学的资格。恰好五四运动的一个学生领袖傅斯年,也来到教育部应试,他是1919年在北大中文系毕业,来考山东的官费的,他也通过了。他打算往英国,约我一同去,我因为母亲愿意我弟兄两个都在美国,于是就跟傅斯年分手了。大约在9—10月间由开封到上海。当时有一部分在美国的华侨,办了一个"中国邮船公司",有两只船,一只叫"中国",比较小一点,一只叫"南京",比较大一点。这个公司以爱国主义相号召,说中国人要坐中国船。我们决定坐这个公司的船,而且要坐"南京"号,因为这只船比较大。可是在我们到上海的时候,"南京"号已经开了,我们没有赶上,要坐"南京"号只好等待下一次航行。我们就住在上海等,终于坐上了"南京"号,于12月到纽约,上了哥伦比亚大学的研究院。当时在美国,上研究院是很容易的,上本科倒是很难,要经过各种考试。上研究院不需要经过任何考试,因为北京大学是他们承认的大学,只要拿出北京大学的文凭一看,就报上名,入了学了。

到美国以后,觉得样样新奇,跟中国不同。我当时作了一个对比,归结起来说,中国是个"官国",美国是个"商国"。在中国,无论什么事,都要经过像进衙门那样的手续。就拿北大说吧,北大的学生无论对学校有什么请求,都得写呈文呈报校长,等着校长批。校长的批示,也用玻璃匣子装着挂出来,上面写着“校长示”。美国则不然,即使国家最大的事,也往往用商业广告的方式宣布出来。我在纽约街上看见贴了些大标语,上边写着:“加入海军,周游世界!”原来那时候正在动员群众参加海军,就用“周游世界”这种利益以为号召,并不用“切切此令”等形式。其实这种分别就是封建主义和资本主义的分别。

美国人赚钱的方法,也真是无孔不入,而中国人则是有孔不入。有个中国同学,在街上被一辆汽车撞倒了,受了一点微伤。第二天就有律师找上门来,对他说:“照法律你可以提出诉讼,叫车主赔偿你的损失。你要是愿意起诉,你也不必操心,一切手续全由我们办。等到赔偿费要来了,给我们分几成就可以了;即使得不到赔偿费,我们也不向你收费,你可以坐在家里拿钱好了。”这位中国同学照中国的规矩,想着既然没有大伤也就算了,觉得不必起诉了。当时我在美国东部,景兰在美国西部,相距很远,到美国后还没有见面。暑假到了,我就到景兰住的地方过了一个暑假,又回纽约。回到纽约以后,看到在暑假中寄来的一封信,那是一家铁路公司寄来的。打开一看,里面写着:“听说你要到西部去旅行,请你坐我们的火车,可以买来回票,价钱打八折。”我心里奇怪,他们怎么会知道我要到西部去?而买来回票价钱八折,可以省不少的钱。我当时不知道有这个办法,来回都是买单程票,没有占到这个便宜。我想,铁路公司为什么叫买来回票而且打折扣呢?原来美国有许多铁路公司,到一个地方不只靠一条铁路线,要是在一家公司买了单程票,将来回来时是不是再走这条铁路线就不一定,很可能旅客要换一条铁路线。要是买来回票,那么旅客回来时就非走原线不可了。这家公司卖出了一张来回票,就等于它卖了两张单程票,虽然是打了折扣,但总比只卖一张单程票好。而旅客呢,虽然来回都必须走这条铁路线,不能再走别的铁路线换一个样子,但是也可以少花一点票钱,这就是两得便宜。各种交通工具在卖票的时候,都是这样打算盘。旅客也都知道买一张来回票,比买两张单程票便宜,不过我们这些不会做生意的人不知道而已。

在当时的美国,种族歧视是普遍的现象。听说在美国南部,这种现象更是显著。他们先把人分为两种,一种是白色人,一种是有色人,凡不是白人,都是有色人。黄人也是有色人。但是他们又把黄人分为中国人和日本人。日本强盛,美国人认为日本人要比中国人高一级。他们看见穿戴比较整齐的黄人,都先问:你是日本人吗?如果说不是,是中国人,他们的敬意就差得多了。他们对于中国人,有两种称呼,一种是 Chinese,这是一般的称呼;一种是 Chinaman,这是含有侮辱性的称呼。我们在街上走,在有些地方,往往有小孩子跟着叫:Chinaman! Chinaman! 遇见这种情况,我们只好赶紧走开。往往有些房间出租,下边写着:"不租给有色人"或者"不租给中国人"。有个日本朋友告诉我说,他有个朋友到理发店去理发,刚坐在椅子上,那个理发师就问:"你是哪个民族的人?"他说:"我是日本人。"那个理发师说:"我不给日本人理发。"这个日本人就问:"你是哪个民族的人?"那个理发师说:"我是犹太人。"这个日本人说:"我的发也不让犹太人理!"站起来就走了。

我在美国上学的时候,碰到一次美国的总统大选。到了投票的一天,我到附近的几个投票站看了几遍,也看了他们的选票。选票上印了一大串各党候选人的名字,选民只许在名字上打上同意或不同意的符号。原来美国选举总统,并不是直接选举,而是间接选举,选民所直接选举的并不是总统,而是总统选举人。各州的选举人都选出来以后,他们再到华盛顿开会,选举总统。所以选票上印出来的,是各党派所提名的总统选举人的名字。不知道从什么时候开始,间接选举慢慢地改为直接选举。不过没有改变选举的形式,在形式上还是间接选举。但是在各党所提名的选举人的旁边加上几个字:

"为某人",这个"某人"就是这个党的总统候选人的名字,就是说,这些选举人都是要投那个"某人"的票的。这样,这个间接选举在实质上就变为直接选举了。可以说是形式上没改,而内容上改了。中国有句话说:"换汤不换药",说的是只改形式,不改内容。美国的这种办法,可以叫作"换药不换汤"。他们讲究的是实际不是形式,而中国这一方面倒是只讲形式不讲实际。我想这也是资本主义和封建主义的一种不同吧。封建主义办事,靠官僚。官僚主义有一个办事的方法,叫"瞒上不瞒下"。因为掌握官僚升降的人,是上,而不是下。官僚们只需在形式上作一点布置,瞒住上面的眼就可以了。下面有什么意见,他是不管的。"笑骂由他笑骂,好官我自为之",这是官僚们做官的一个妙诀。当然也有上下都瞒的,叫"欺上瞒下"。美国大选时的选举票上,把两大党所提名的选举人的名字都印上,也印有几个小党所提名的候选人的名字。听说,新出现的小党,要想把它们所提名的人的名字印在选票上,是很不容易的,要通过许多的限制,经过许多的手续,还要交一笔保证金,保证这个党能够得到选民投票数的百分之几,如果得不到,保证金就被没收了,而且在下一次选举中,也没有印在选票上的资格了。所以选举基本上为两大党所垄断,所操纵。在投票和开票的时候,都有两党的代表监视,谁也不能在其中作弊。这就是互相监督。

在我去美国的时候,北京大学的"五大臣"也到美国了。有一个中国资本家名叫穆藕初,在第一次世界大战期间办纺织业发了大财,他捐了一笔款给北大,叫送五个五四运动中的学生领袖出国留学,所给的费用,比一般官费学生都多。我们那时候的官费是每人每月九十美元,穆藕初给的费用是每人每月一百二十美元。北大选出了五个人:段锡朋、罗家伦、周炳琳、康白情、汪敬熙。当时称为北大"五大臣出洋"。清朝末年曾经派五位大员出国考察宪政,时称"五大臣出洋",现在是戏用这个典故。还有一个孟寿椿,本来也可以去,但是因为名额限制，不能去。这五个人都自愿每月只要一百美元，把多余的钱凑起来增加一个名额，叫孟寿椿也去了，实际上是“六大臣”。在这六个人中，段锡朋和周炳琳都在纽约上了哥伦比亚研究院。罗家伦上了普林斯顿大学研究院。两下距离不远，罗家伦一有空就到纽约来。我们这些北京大学毕业的和其他经过五四运动的人，同当时别的中国留学生显然有些不同。不同的是，对于中国的东西知道得比较多一点，对于中国政治和世界局势比较关心。缺点是英文比较差，社交比较差，穿戴比较随便。在当时的中国留学生中，显然有两大派。一派就是像方才说的那些人，这一派以北京大学毕业的人为典型。还有一大派，不仅专业学得好，英语也流利，社交活跃，衣冠整齐，但对于中国的东西知道得比较少，对于政治不大感觉兴趣。这一派以清华毕业的人为典型。还有些人讲究搞恋爱，学跳舞，以及吃喝玩乐之类，这些人毕竟是个别的，是很少的一部分。当时的中国学生，男的多，女的少，女的不到男的十分之一，在恋爱问题上竞争是很激烈的。当时就有一个笑话，说是搞一次恋爱，要有一年睡不着觉。先是看中一个满意的对象，闹单相思，这要三个月想得睡不着觉。以后是进行追求，这要三个月忙得睡不着觉。追求有点成功，看起来有点希望，这就要三个月喜欢得睡不着觉。最后是吹了，前功尽弃，这又得三个月气得睡不着觉。这虽然是夸大其词，但是搞恋爱确实是极其麻烦的事。

在中国留学生中，大部分还是好好学习的，但是对于学位的态度很有不同。有些人不要学位，随便选课。有些人认为，只要个硕士学位就够了。因为要想得到博士学位，就要选一些学校要求选而实际上没有多大用处的功课。例如外国语，英文在美国当然不能算外国语，要得博士学位，必须要学第一外国语、第二外国语，那就是在英语之外还要再学两种外国语。有些学校承认中文也算是一种外国语，有些学校不承认。所以很多留学生，只要得一个硕士就够了。我是想要得个博士。我的想法是,学校所规定的那些要求,就是一个学习方案,它所以那样规定,总有一个道理。照着那个方案学习,总比没有计划,随便乱抓,要好一点。

在我上学的最后一年,景兰也从他所在的学校毕业了,也到纽约来上哥伦比亚研究院。这一年,河南的官费不能按时寄来了。当时在华盛顿,有两个留学生监督。一是清华的留学生监督,专管清华学生;一个是中国教育部的留学生监督,管各省去的中国学生。各省都按期把它们所负担的经费寄给教育部的留学生监督,他按期分发给学生。这时候各省都不能如期寄款给留学生监督。我们的学费和生活费都发生问题了。留学生监督向各学校作了保证,学费可以缓交,但是生活费他无法解决。这些留学生可以自想办法,各谋生路。办法之一,就是在附近找些小事,得一点报酬。比较普通的是在附近的饭馆内做侍者。这在美国是普通的事,做事的人并不觉得难为情,别人也不另眼相看。美国的学生这样勤工俭学是常事,有些人是因为父母的收入不多,不能供给他上大学;有些人是特意不靠父母,靠自己的力量上学。他们的想法是,只有独立,才能自由,经济上的独立,是一切独立的基础。我觉得,这种思想也表示资本主义和封建主义的不同。认为劳动可耻,能上不能下,这是封建主义的等级思想。不以劳动为耻,能上能下,这是资本主义的思想。我也在附近的一个饭馆里找了一点工作。任务是把顾客用过的盘子收拾起来送到洗盘子的地方。每天做一点钟,可以在那个馆子里吃一顿"正餐",包括一汤一菜,一份咖啡,一份甜食,面包随意吃,当时定价美金五角。有一天,纽约中国城内有一个什么会,找一个中国留学生去讲演,他们叫我去了。讲的有点长了,耽误了上工的时间,我出了地下铁路的站门,赶紧往饭馆里跑,到了那里,营业已经开始了。老板大怒,说你以后也不必来了!我失业了。可是也得到一种补偿。不久我那次讲演的一个听众,写信给我说,他很喜欢哲学,现在正在读哲学史教科书,可是英文生字太多，查起来很费事。他想把每天的生字写下来，标明书的页数，叫我填上相当的中文字，每个字给报酬若干，他想叫我当他的"活字典"。我想这倒不算困难，即使有些字我这个"活字典"不行，还可以替他查"死字典"。我记不清每个字的价钱确切是多少，但是总的说起来，一天也不少于五角之数。后来我又到另一家饭馆找到一点工作。任务是刷盘子。这个工作比我原来那个工作还要省力一点。原来那个工作需要来回走动，在顾客多的时候，来回跑还来不及。这个工作不需要来回走，只是站在一个地方，等别人把用过的盘子送来以后，把盘子竖在一块木板上，然后把木板推进到一个水箱里，拧开水龙头，就有开水放出来冲洗，过一两分钟把水箱打开，盘子已经被冲得一干二净了。然后把盘子取出来，放在一起，等着别人来取。

我也向哥伦比亚大学请求过奖学金。杜威先生给我写了一封推荐信。信相当得长，最后一句话说："这个学生是一个真正学者的材料。"这个请求没有成功。据说是送进去的时间太晚了。不过他们也给了我一个闲差事，任务是管图书馆里面的中国报纸，工资每月八元。图书馆也订了几份中国报纸。所谓管中国报纸，就是中国报纸到了，由我到收发信件的地方把报纸取出来，送到图书馆中文书籍阅览室，把报纸上了夹子，放在架子上。这样简单的工作，也不是每天都有，因为当时的邮政交通靠邮船，不可能每天都有邮船从东方来，平均每星期有一次。我看到同学们中间有人收到新从中国来的信，就到学校收发室取出中国报纸送到图书馆。这样轻松的工作，大概也就是照顾吧。当时我有这三个财源，每月收入三十多元，再加上断断续续的官费，维持生活也就够了。

像这样对付，总算是把生活问题解决了。到了 1923 年暑假，我的论文答辩通过了，景兰也得到了硕士，我和景兰同别的同学一道，经过加拿大回国了。我们回到开封，母亲已经先到开封等候我们，把家都安置好了。我在出国前已有一个女儿,景兰已有一子一女,都跟着我母亲在老家,由我母亲抚养。这时这三个小孩都跟着祖母到了开封,全家大团圆。

这时候,河南的教育界也起了变化。原先的留学欧美预备学校升级了,改为河南的省立大学,定名为"中州大学"。师资缺乏,要靠我们这一批留学生回来补充。我们在回国之前,中州大学都已经同我们取得联系。我被内定为文科主任(相当于后来的文学院长),回到开封以后,就走马到任。

中州大学的校址,原来是河南省的贡院,就是各县的秀才在开封考举人的那个场所。原来的房子都已经拆了,但是还留了一两排号舍。号舍的建筑是一排一排的像长廊那样的房子,每一排都有一个照着《千字文》"天地玄黄……"的次序排列的代号,每一排房子都有许多隔断墙,隔成许多像鸽子笼那样的格子。在考试的时候,每一个应考的人占一个格子。这样的格子如果在中间挖一个坑,那就是一个天然的厕所。我们也就是这样做的。有一两排号舍,被保存起来改为厕所。不知道来历的人,还认为真是为厕所而建筑的。如果仔细一看,原来的《千字文》代号和号数还在墙上刻着。就这样一块地方,一个应考的人进去,要住两三天,这是他睡觉的地方,是他做饭吃饭的地方,也是他做文章的地方。这样折腾两三天,身体不好的人,或者再有潜伏的疾病,很可能会发作,又得不到适当的治疗,可能就会死亡。如果有这种情况,社会上就会说这个人上辈子必定做了些什么坏事,冤魂来报仇了。这个人除了功名无分,而且还蒙受了恶名,谁也不能替他平反。

在第一次国共合作以后,中国的两个革命势力汇合起来了,声势浩大,力量雄厚,为全国人民所拥护。那时候设在广州的国共合作的国民党中央,派人到各省发展组织,各省陆续成立了国民党省党部。

派到河南来的人,是我岳父的老战友,也是亲戚。他曾经在日本留学,追随孙中山先生。民国成立,他在国会中任参议院议员。他于1924年在开封开始组织国民党省党部。成立那一天,我被选举为执行委员会的候补委员。当时对于"候补"这两个字很多人有不同的理解,有些人认为所谓"候补"者,就是在正式委员有缺的时候,把他补上。如果没有缺,他不过虚有其名而已。我当时是这么了解的。我不知道当时主事的人是怎样了解的。事实是,我在开封并没有出席过省党部执行委员会的会议。听说后来执行委员中出了缺,把我补上了。不过那时候我已经不在开封了。

我在中州大学,一切都很顺利。也常有外边的朋友,约我到他们那边去。这种事情我刚回来的时候就有了。我刚到开封,傅佩青来找我,说他在北京,担任了好几个大学的哲学课,每月可以收入四五百元,他有别的事要离开北京,叫我去接他的事。我的母亲听说了,就劝我说:"这可不行。中州大学前好久就请你了,你也答应他们了,这是众所周知的。如果刚回来就变卦,这可不好。"我当时就谢绝他了。说一个人可以兼好几个大学的课,听起来好像是笑话,其实当时就是这个样子。当时在北京一个任课最多的人,在他自己的功课表上,可能每天都排满,而且还可能有重复。有重复怎么办?那就轮流请假。这也难怪他们,因为当时军阀混战,教育经费被挪用了,学校的工资发不出来,专守住一个大学,实在是不能维持生活。开封没有这种情况,因为有独立的教育专款,上边已经说过。这一次的邀请我没有去,以后的邀请还是不断而来。这个中州大学的组织,有一个校长,还有一个校务主任。他们两个的分工是:校长对外,办一点奔走应酬的事;校务主任对内,处理校内事务。到1925年,原来的校务主任李敬斋走了,继任的人还没有找到,我通过一位朋友向校长张鸿烈开诚布公地说:"我刚从国外回来,不能不考虑我的前途。有两个前途可以供我选择;一个是事功,一个是学术。我在事功方面,抱负并不大，我只想办一个很好的大学。中州大学是我们在一起办起来的，我很愿意把办好中州大学作为我的事业。但是我要有一种能够指挥全局的权力，明确地说，就是我想当校务主任。如果你不同意，我就要走学术研究那一条路，我需要到一个学术文化的中心去，我就要离开开封了。”校长没有同意我的要求，不过对我的开诚布公的态度很赞赏。因为当时的风气，在一个大学中，如果某一个人要想达到一个什么目的，他会用一些阴谋诡计，挑动学生起来同校长为难。我的态度是宁可自己离开，也不挑动学生。关于我要离开的事，我对学生严守秘密，于 1925 年暑假乘大多数学生不在学校之时，我就悄悄地自己走了。张鸿烈后来也离开中州大学了。他是因为有人用阴谋诡计，做不下去了而离开的。我们在别处也碰见了好几次，他屡次都向我表示感激之情。其实没有什么可以感激的。因为当时我还有路可走，还有一种前途。

我有一个北大的同学，在广州广东大学做文科主任，约我去。后来燕京大学又来约我。我还在纽约的时候，燕京大学有一位教授，名叫博晨光（L. C. Porter），他是美国人，到美国去休假，在哥伦比亚大学教中文。他想在中国留学生中找一个人帮他的忙，找来找去就找着我了。他在中文方面，遇见他解决不了的问题就来找我，好在课程的要求也不很高，没有碰见我所不能解决的问题。在我回国的时候，他说，他也要回燕京，他希望在回中国以后，继续同我合作，把一些关于中国哲学史的资料翻译成英文。在 1925 年春天，我接到他从北京寄给我的一封信，信中说，燕京大学同哈佛大学合作，办了一个哈佛—燕京中国研究社，找了些人作研究工作。他说他已经同有关方面说好了，约我到燕京，一半时间在哈佛—燕京社作研究工作，一半时间在燕京讲一两门课。我当时觉得这个机会不错。地点在北京，那是当时的中国学术中心，而且有一半时间作研究工作，可以少教一点课。我当时认为，在学校教课是一种苦事，好像是替人家当奶妈，放着自己的孩子不能喂，去喂别人的孩子。当时我已经答应了广东大学，只可以先到广州去一趟，再到北京。我照着这个意思，回复博晨光，说我计划于1925年暑假后到广州，去一学期，从1926年春季开始到燕京。燕京也同意了。我所以要先到广州一趟，倒并不专是为守约，更主要的是，我想到广州看看这个革命根据地。当时的人心都倾向广州，好像在抗战时期倾向延安那样。那时候，孙中山先生已去世了。广东一省，又为本省的几个军阀所割据。所谓革命中心的国民政府的权力，只能及于广州这个城市。我在离开开封以前，碰见于右任。我问他："广州的情况怎么样？是不是可以去？"他回答说："革命的人可以去，不革命的人不可以去。"我当时是想当一个革命的人，就决定去了。大概在八九月间，从上海坐海轮到广州。那个时候，香港大罢工还没有结束，国民政府封锁香港，我们坐的船从香港背后绕过香港，进珠江口到广州。我原来是抱着国共合作的希望的，可是一到那里，所看见、所听说的是国共分裂和斗争。表面上还都说是国民党，可是实际上内部斗争很厉害。当时国民政府军队的总司令是许崇智，参谋长是蒋介石。我到广州就病了，住在医院。有一天夜里，听见街上有人马骚乱的声音，又有枪声，可是时间不长就平息了。第二天看报才知道，昨天夜里参谋长把总司令赶跑了。许崇智下野，蒋介石自称总司令。那时广东大学的校长是邹鲁，他是当时国民党右派的一个重要人物，后来组织西山会议派。广东大学上课不久，邹鲁就被撤职了。继任的是陈公博。这是国民党内部左右两派斗争的进一步的表现。右派的教授和学生反对陈公博，学生罢课，有一部分教师辞职，纷纷离开广州到上海去。我本来只打算在广东大学一个学期，正苦于没有一个借口可以离开，学校一乱，我就乘机也离开广州回到上海。陈公博派人留我，劝我念北大同学之情，不要离开。我说我与燕京有约，本来就要离开的，并不是反对新校长。

我于1925年底从广州回到上海。虽然只在广州停留了几个月，但是我来广州的目的也算达到了。我的目的,本来是想到广州看看中国革命发展的情况。我看到了左派和右派的斗争,看到了蒋介石所发动的政变,看到了香港大罢工。香港罢工的群众运动,给我很深的印象。有一次,我同一个朋友在大街上看到拥护香港罢工的群众游行,成千上万的人排着队伍,拿着标语,喊着口号,像潮水一般涌过来。这是我从来没有见过的场面。我和那位朋友差不多同时都说:"可怕!可怕!"我直觉地感到,20年代的中国革命和辛亥革命不同,这个不同不是范围大小不同,而是深度不同;不是量的不同,而是质的不同。中国革命已经是从量变到质变了。用马克思主义的话说,辛亥革命是资产阶级民主革命,20年代的革命是无产阶级领导下的新民主主义革命。用当时的话说,辛亥革命是政治革命,20年代的革命是社会革命。用我在上面所说的话说,辛亥革命一部分是绅权与官权的斗争,是绅权打倒官权的革命;而20年代的革命提出了打倒土豪劣绅的口号,这就是对于绅权进行革命了。按我的家庭出身和个人所受的教育,我的思想感情都打上了绅权的烙印。所以看到群众游行的队伍,就觉得"可怕"。

我从广州到上海,在船上碰见了那些广东大学反对陈公博的教授,到了上海,同他们住在一个旅馆里。他们拿出了一个反对陈公博的宣言,让我签名。其实我之所以离开广州,跟他们之所以离开广州,完全没有关系。可是我碍于情面也在上边签名了。从上海回到开封,我的岳父已经从报上看到那个宣言,他见到我,就说:那是一个反共宣言。我在开封住了几天,就一个人先到北京来了。

那时候,燕京大学在西郊的校舍还没有建成,先在城里上课。博晨光对我说,除了原来所说的那两种工作外,还另外有一种工作叫我担任。原来从外国到中国来的外国人,如果打算多住一段时间,往往是自己租一所房子,找一个人教他学中文。这种人名义上是先生,可是地位上是听差。这种办法可能来源已久,据我的猜想,可能上溯到明朝。在20年代,有些外国人想了一个集体学习的办法,他们搞了一个组织,叫"华语学校",名义上叫学校,其实是可以长期居住的旅馆。初到北京的外国人,住进去,比住北京饭店便宜,没有自己租房子的麻烦,而且这里还设有学习班,可以学习中文。以前的那些先生们,都到这里来教中文了。后来有些外国人想要多学一点中国文化,提出了比较高的要求。华语学校计划加一点关于中国文化的课程。博晨光说请我到华语学校帮一点忙,开一门课,并且替他们组织一套关于中国文化的讲演。这些讲演,并不由我讲,我只管组织人去讲。我在华语学校,开了一门课,讲《庄子》,每星期讲一次。商务印书馆出版的我的英译本《庄子》(没有全译),就是那门课用的读本。那一套关于中国文化的讲演,每星期举行一次,我替他们组织了一些人,其中有梁启超、王国维,还有黄侃、顾颉刚等。我在华语学校只做了一年,以后燕京大学搬到西郊,我也不再到华语学校去了。华语学校和燕京大学不同。华语学校是美国人为在北京的外国人(其中多数是美国人)学习中文而办的一个机构,和中国的教育完全没有关系。燕京大学是美国人为教育中国学生而办的一个学校,是中国教育界的一部分。

从鸦片战争以后,美国和其他外国人派人到中国传教,设立教会。教会以慈善事业为名,办医院,办学校。这些教会学校到了清朝末年,大大小小,数目很多。但都是各个教会各自为政,没有统一的组织。在中国政府所办的学校数量不多、质量不高的时候,教会学校在中国教育界有相当大的势力,有相当大的影响。五四运动以后,教育界的爱国主义高涨,中国政府所办的学校数量也多了,质量也高了,形成了压倒教会学校的优势,这一点在大学这一级特别显著。那些教会学校,也作出对策,把各地区的教会学校联合起来,组织起来,提高教育质量,以抵抗中国政府所办的学校的压力。就大学这一级说，在各地区，每一区就有很多的教会大学。它们把中国分为华北、华中、华南、华西等区，把每一区的教会大学归并联合，每一区只留一两个主要的教会大学，燕京大学就是华北区的一个主要的教会大学。

燕京大学成立以后，在北京城里找个地方上课，一面在西郊建筑新校舍。在民国初年，西郊废园很多，有的为当时的军阀所霸占，有的任其荒废。燕京大学看中了一个废园，原来的名字叫“淑春园”，据说是和珅的园子，民国初年为陕西军阀陈树藩所占有。据说燕京同陈树藩商量，作为半捐半卖，把这个废园让给燕京，半卖的价钱是二十五万元。燕京得到这个地基以后，就在美国募捐。谁能捐出一座楼的建筑费，这座楼就以他的名字为楼名。对着西校门的那座楼，原来名叫“贝公楼”，据说是有个叫 Baker 的人捐建的，这座楼的规模比较大，是燕京的主楼。当时圆明园还有不少残余的东西可以利用，这座楼的楼基，是圆明园的一个殿基，门前的一对麒麟和台阶，都是从圆明园搬来的。西门内的那一对华表，也是从圆明园搬来的。照封建社会的传统制度，皇帝的宫门口有两对华表。在门外的一对，上面的兽头向外，叫“望君出”；门内的一对，上面的兽头向内，叫“望君归”。天安门内外的那两对华表就是这个样子。圆明园宫门口的两对华表，都还完好，一对在燕京，还有一对在北京图书馆。

当时的教育部，有一个规定，教会学校的校长必须是中国人，不然就不承认它的存在。当时的教会学校都照办了，燕京大学的校长是吴震春（字雷川），辅仁大学的校长是陈垣（字援庵）。这些校长都是一个招牌，只有同教育部动公事的时候才用他们的名字。当时的教会选择中国校长，也有它们的标准。一个标准是，最好是清朝的翰林；另一个标准是，必须是教会的信徒。吴震春和陈垣都是清朝的翰林，吴是耶稣教的信徒，陈是天主教的信徒，都是最合适的人选。当时燕京的实际校长，照公事上说叫校务长，是司徒雷登。吴震春只在中文系开一两门课程。我同他叙起来，才知道他也是戊戌那一科的进士，和我父亲是“同年”。在科举时代，“同年”是很重要的社会关系。他同我谈了些关于科举的情况。

各省的举人，到北京来应试，称为会试。会试有两个阶段。第一个阶段，在北京的贡院里举行，被取中的人称为“贡士”，贡士的第一名为“会元”。第二个阶段是殿试，在保和殿举行。按说殿试应该是非常严肃的大典，可是实际上并不如此。说是天子临轩，其实皇帝从来也没有到过。只有些王公大臣在那里监试。说是监试，实际上不过在殿上走来走去，任凭那些贡士们抄书。抄书是公开的。当时石印已经很流行，商人们把一些殿试应用的书，用很小的字印出来，携带也很方便。这些书的内容，都是作殿试策应用的陈词滥调，应试的人只要把这些陈词滥调拼凑成篇，就可以了。应试的人，照制度是坐在地面上，每人面前有一个矮桌子，在那个桌子上写作。后来市面上有一种可以折叠的桌子，应试的人自己买一张这样的桌子，自己把它背到保和殿，写作的时候，把桌子展开搭好，在上边写作，把原来的矮桌子当凳子。进去要用一天工夫，可是连个小便的地方都没有，如果要小便，就走下台阶，在殿基旁边小便。吴震春说到这里，我想起我们家里就有这种可以折叠的桌子。是用从前“洋”油桶用的那种马口铁做的，据说是父亲参加殿试的时候用的。吴震春说，参加殿试的人，都是戴着大帽子，穿着大褂子，堂皇得很，可是背上背着一个桌子，虽是折叠的桌子，看着也很不雅观。他说，应考的人特别要注意卷子的形式。殿试用的卷子，是用好几张连史纸裱起来的册页，上面只有竖格，没有横格。抄起来要合乎一定的规格，写到皇上或有关皇上的字眼，都得抬头，抬头的前一行需要写到底，不能写到中间就抬头。所以抄卷子以前，要把款式都排好，在抬头前一行不能写到底的时候，就需要加上一些可有可无的废话；或者减去一些可有可无的废话；这种编排很重要，如果不合款式，无论内容怎么好也是白费。至于写错字、掉字也是不好的。所以在正式抄上卷子之前，得先抄一遍，把款式排好。当时在琉璃厂，有专门编排款式用的纸，大小篇幅跟正式卷子一样，只是每一竖格都裁开，只留上面一部分不裁，好像一件蓑衣，称为“蓑衣格”。参加殿试的人，都买一本这样的蓑衣格，把文章作好以后，先抄在蓑衣格上，把格式都安排好了，又仔细校对几遍，确实没有掉字、错字，这才开始抄在正式卷子上。抄的时候，把蓑衣格铺在正式卷子的那一行的左边，然后不管文意，只是一个字对一个字地往正式卷子上抄，抄完一行，就把蓑衣格上的这一行撕掉，把下一行铺在卷子上，照着机械地抄写，这样就可以保证没有错误。卷子上的字，有一个小葡萄那么大，要写得“黑大光圆”。这样的卷子交上去，虽然不一定取得比较高的名次，但可以保证没有错误，不至于受到挑剔。殿试对于贡士，照例没有去取，只分别等级高低和名次先后。前十名照例由皇帝亲自决定，用朱笔写在卷子上。

这些都说明到了清朝末年，科举制度腐朽到什么地步。从这种制度选拔出来的人才，当了官僚，办理国家大事，国家怎么能不腐朽！中华民族怎么能不日趋衰败！科举制度之所以腐朽到这种程度，当然有很多原因，但其本身也有其致命的弱点，腐朽到这样的程度也是势所必至的。科举制度是以文取士，专凭一篇或几篇文章决定去取。可是文章的好坏，很难有一个客观可凭的标准，题材也不能不有所限制。在第一级、第二级的考试中，即在秀才、举人这两级的考试中，主要是一篇文章，其题材以“四书”为限。在当时的边远省份或穷乡僻壤中，找本书就是困难的。如果考试的题目，不预先限定个范围，那些边远省份、穷乡僻壤的人，就无法准备了。限定以“四书”为出题的范围，这就是预先告诉他们一个准备考试的方法，使他们心中有数。可是“四书”就是那么几本，经过元、明、清三朝，“四书”中可以作为题目的字句，差不多都出过了。做这些题目而中试的卷子，差不多都为当时的书铺刻板印刷出来，销行各地，成为众所周知的东西。有些人在预备考试的过程中，先从这些文章里选出一些读熟背熟；也有的人先请几位老手拟定一些题目,预先作出文章来读熟背熟。到了考场中,可能会碰见同他们所背熟的那些文章的题目相合的题目,他就可以直抄下来。所以到后来,主持考试出题的人往往出一些"截搭"题,就是破坏"四书"原文的字句,挑出几个字作为题目,或者是把原文一句的后面几个字同下一句前面几个字联系起来,毫无意义,可是硬要叫应试的人以这个毫无意义的题目作出一篇文章来。这样的题目可能不会同以前科场中出过的题目重复,但是要从毫无意义的题目作出一篇有意义的文章,那个意义是什么样的意义,也就可想而知了。

八股文本来就是只讲形式不讲内容的。说到形式,八股就是个形式。照这个形式,文章开始第一句叫"破题",在这一句里,作者要把他自己对于题目的了解,简单扼要地说出来。下边紧接着一两句,继续说明,叫做"承题"。下边是"起讲"。八股文自以为是"代圣人立言","起讲"就是开始大讲他怎么样代圣人立言。下边要有几大段,发挥破题的意思。这几大段,以两大段为一个段落。在这些段落中,后一段要和前一段成为对偶,就像一副长对联。全篇文章,有这样的八个名堂,所以称为"八股"。其中有些要成为对偶,所以也称为"八比"。全篇文章,看起来整整齐齐,念起来也声调铿锵,但是内容是什么呢?没有内容。尽是些大话、空话、假话。中国古代本来也讲究言之有物,可是八股正是言之无物,其妙处也就在于此,因为如果言之有物,那就可能发生正确与不正确的问题,会引起麻烦的。就考官一方面说,也有他们的苦衷。这样代圣人立言的文章,写起来无非就是朱熹的注解中的那一点意思,陈词滥调,千篇一律,很难说哪个一定好,哪个一定坏,只可在规格上注意。规格是有一个比较客观的标准的,所以以文章取士,到后来必定流为八股。这也不能说是某一个人的发明。文章合乎规格,最容易为考官所欢迎,久而久之,规格就成为大家所公认的规矩了。这就和达尔文所讲的生物学中的

“适者生存”是一个道理。在这个问题上我有一些体会。我在清华的时候,每年要看成千本新生入学考试的国文卷子。在这些卷子中,真正好的很少,真正坏的也不多,大多数都是中流的。这些中流的卷子,大多是千篇一律,很难说哪一本一定是七十分,哪一本一定是八十分。看得多了,就觉得头昏眼花,很难抉择。当时采取了一种办法,一本卷子要几个人看,各人打各人的分数,最后把这些分数加起来平均。这种办法可以避免一些主观的偏见,但还是没有一个比较客观的标准。有一年新生入学考试,陈寅恪主张用对对子的办法。他说,一副对联虽然只有几个字,但可以测量出来考生对于中国语言的知识和对于中国文学的了解。可以有一个比较客观的标准,看卷子的人也省事。大家觉得他的主张也有道理,就请他出了一个对对子的题目。他出的是:

孙行者

有个考生对的是:

胡适之

从这副对联中,可以看出来这个考生知道在中国语言中什么是实词,什么是虚词,什么是名词,什么是动词。用胡对孙,说明他知道“猢狲”的故事。这确实是一种测验。在当时社会上对于对联不很了解,以为对对子是复古,也有人以这次考试为笑谈,所以以后也没有沿用,没有推广。

再说科举的第三级进士的名次最后决定于殿试。殿试并不考经义和诗,出题的人用皇帝的名义,提出一些学术上或政治上的问题,叫贡士们解答,贡士们的卷子叫“殿试策”。这是用汉武帝考“贤良文学”的办法。董仲舒的“天人三策”,是殿试策的代表作。董仲舒是一代大师,用他的整个哲学体系回答了汉武帝所提出的问题。可是像董仲舒这样的大师,中国历史上能有几个?那些举人们有许多连《汉书》这个名字就未必知道,而出题的人还是摹仿汉武帝的腔调提出了些连他自己也不知道是什么的问题。这个殿试策怎么作呢？那就只好用些陈词滥调，驴唇不对马嘴地写上一篇。看卷子的人怎么办呢？也只好不管他写的内容是什么，只在规格上挑剔，在字迹的工整上评定优劣。这就在当时造成一种风气，认为翰林们必定会写字。我曾经请吴震春给我写一幅字，吴震春说，翰林最不会写字，他们写的字从书法家的观点看完全没有艺术价值，而且一个人如果会写翰林所会写的那种字，他就永远不可能写书法家的有艺术价值的字了，不可救药了。这倒也是实际情况。清朝的乾隆皇帝搞了个《四库全书》，一共抄写七份，总有以千万计的字数，都是叫翰林们主持办的。这些人中间，当然也有些人有真才实学，但那是他们个人的成就，与他们是进士、翰林没有关系。

燕京大学是一个教会学校，我本来是反对教会学校的，我觉得，教会学校出身的人，有一种教会味，其精神面貌，跟中国人办的学校出身的人，有显著的不同。有一个朋友，用英文写了一篇批评教会学校的文章。他说："有人说教会学校也出了些人才，我说这些人才并不是因为受了教会学校的教育而成为人才，而是虽然受了教会学校的教育也还是人才。"他的英文原文是 not because of but in spite of，就更妙了，我很欣赏他的这句话。可是我在燕京正是为教会学校教育人才，心里觉得不安。当时北京的教育界是非常困难的，为数不多的教育经费，也被军阀们挪用了。学校发工资往往只发几成，甚至有发百分之几的。有一个教授，同时在四个大学里教课，到了年节，四个大学都发不出工资，当时称为"四大皆空"。教育界的人所羡慕的有两个地方：一个是清华，一个是燕京。这两个地方都是每月工资照发。我在燕京占了一个地位，并且还是半教书半研究，在当时的北京教育界中是可遇而不可求的，但是我总觉得在燕京不是个长久之计。当时我的几位比较熟的北大同学，都回国了。傅斯年在广州广东大学当文科主任，我给他写信说：燕京不是我们的"安身立命之地"。

傅斯年他们在广州,也觉得广东大学不是"安身立命之地"。因为他们觉得在广州政治运动太多,不能作研究工作。不过机会终于来了。

国民革命军从广州出师北伐,节节胜利,在很短的时间内就打到了武汉。因为蒋介石的叛变,日本在济南的阻挠,北伐暂时停顿。

1928 年,蒋介石又联合阎锡山、冯玉祥,继续北伐,赶走了张作霖,势力一直达到北京。罗家伦不知在什么时候当上蒋介石的秘书,1928 年暑假中,南京的国民政府任命罗家伦为清华校长,到北京来接收清华。他来的时候,只带了一个秘书,差不多是单枪匹马来的。到北京才开始组织班子。在纽约常同罗家伦和我在一起的北大同学杨振声,这时候也在燕京。罗家伦把我们两个从燕京"挖"出来,列入他的班子之中。那时候,北方久处于军阀统治的水深火热之中,凡是南边来的人,都非常受欢迎。司徒雷登也看到燕京将来是要和南京国民政府打交道的,燕京、清华又是邻居,不敢得罪罗家伦,而且要特别表示好意,就答应放杨振声和我离开燕京。我在燕京两年多,在讲课这方面,我开始写两卷本的《中国哲学史》。原来说要同博晨光合作翻译中国哲学史资料,但他也是燕京的一个忙人,时间不多,只翻译了一篇《庄子·天下篇》,没有正式出版。在清华那边,教授和学生们也都震于北伐的声威,表示欢迎。我们这个班子就顺利地把清华接收了。罗家伦聘请杨振声为教务长,我为哲学系教授兼秘书长。我们是靠着北伐军的余威进入清华的。开始作了一些重要改革,这些改革将在本书第三部分中叙述。使我满意的是,这是个中国人办的学校,可以作为我的安身立命之地,值得我为之"献身",所以就呆下去了,一呆就呆了二十多年,一直到 1952 年院系调整才被调整到北大。中间经过了抗日战争和西南联合大学时期,这些都将在第三部分叙述。

1930 年,冯玉祥、阎锡山反对蒋介石的战争开始了。他们三个,本来是联合反对张作霖的,把张作霖赶出关以后,他们之间的矛盾就尖锐了，以冯、阎为一方，以蒋为一方，展开了大规模的内战。这场战争，北京的教育界也受其影响。有一天晚上，清华学生会开大会，反对罗家伦，要求他辞职，可是这个议案没有通过。第二天，罗家伦就和几个比较熟的人商量对策。这时候，杨振声已到青岛大学当校长去了。当时有两派意见。一派认为，学生会虽然开了大会，提出了议案，但是议案没有通过，学校当局尽可以认为没有这回事，照常工作，不必有所表示。另一派认为，学生会开大会讨论校长问题，虽然没有通过什么议案，但是校长不能装着不知道，必须有所表示，表示只能说，自己不孚众望，引咎辞职。我是赞成第二派意见的。当时我想，学生的这次大会，虽然没有什么决议，但是总是对于校长的一个挑战，一个侮辱，如果校长没有什么表示，那就是接受了这个侮辱，不敢反击。表示辞职，也是一种反击的办法。况且学生会虽然在这次大会中没有得到什么结果，难保没有第二次以至第三次大会。如果等到学生通过要求校长辞职的议案，那时候再说辞职就晚了，被动了。罗家伦考虑的结果，接受了第二派的意见，一面打电报往南京表示辞职，一面又亲笔写了一个布告，布告里表示自己已向教育部辞职，又向学生说了些责备的话，发了些牢骚。学生会果然开第二次大会，通过了要求校长辞职的议案。罗家伦也就离开学校往南京去了。事后有人责备我，说我不应该主张罗家伦辞职。我反复考虑，在当时的政治形势下，罗家伦不能维持清华的局面，是必然的。因为我们这些人，在当时的学术界和教育界中，还都是后进，没有什么特殊表现。罗家伦之所以得到清华校长的职位，完全是依靠政治上的势力。赶走张作霖以后，蒋介石直接指挥的军队，当时称为“中央军”，并没有开到北京。当时南京国民政府任命商震为北京卫戍司令，商震是属于阎锡山系统的人，这一任命就表示，南京承认北京是阎锡山的地盘。不过当时，阎锡山还在表面上服从南京。对于北京的教育界他没有插手。罗家伦就是乘这个机会来接收清华的。冯、阎同南京决裂,凡是靠南京势力的人,本来都应该撤回南京,在北京是站不住的。况且像清华这样的学校,在教育界和学术界有相当高的地位,在财政上又有充分的来源,阎锡山和他那一派的人,岂有不想抢去之理?所以罗家伦的辞职,是见机而作。如果能在学生开会以前就先表示辞职,那就更主动,用当时的话说,那就更"漂亮"。

照当时清华的组织,校长之下有一个校务会议,成员是校长、教务长、秘书长,还有文、法、理、工四院院长,以校长为主席。学校的事情都由校长提交校务会议讨论,通过后由校长执行。我进清华的时候,有个秘书长的官衔,我只作了一个学期就辞去了。当时的院长,是由教授会提名两个候选人,由校长选择一个聘任。我于1929年初辞去秘书长,1931年7月,教授会提名我为文学院长候选人,以后我就是文学院长了。1930年夏罗家伦离开学校以后,校务由校务会议维持,曾推选我为主席,主持学校的日常工作。

果然不久阎锡山就派来新校长了。新校长是乔万选。他也是清华毕业的学生,他以校友的资格拉拢教授,可是在教授们中对这个新校长没有热心的,学生更是反对。他上任来了,一到大门口,就被学生挡驾,只得扫兴而归。大概阎锡山和他手下的人,认为清华不是好惹的,所以对于挡乔万选的驾这件事,没有追问,也没有再派人来。后来冯、阎失败了,阎锡山的势力退回山西,南京的势力又回到北京。可是南京教育部对于清华的问题,没有作出什么处理。罗家伦也没有回来。

在蒋冯阎战争初起的时候,河南有一个军阀叫万选才,接管了河南省政府,他托人向我表示,要我回开封当河南中山大学校长。河南中山大学就是原来的中州大学。他并且派了我父亲的朋友张嘉谋作为他的代表,来北京下聘书。这位老先生到我家里,高举聘书,放在桌上,然后一鞠躬,说:"这不但是河南当局的意思,也是河南几千万人的希望,请你回去。"这时我已经到清华了。如果当时我还在燕京,我可能就接受聘书,在河南中山大学找一个“安身立命之地”。可是我已经在清华找到“安身立命之地”了,就婉言谢绝。罗家伦和傅斯年也都劝我不要走。有个河南朋友张仲鲁替我出主意,说是可以暂且答应万选才,但可以说清华暂时离不开,不能马上就回去,由我推荐一个人代理。这样可算是留一个退步,如果清华弄不好,也可以有一个立足之地。我用了这个主意,对万选才这样说了,并推荐张仲鲁作为代理校长。于是万选才就聘请我为河南中山大学校长,未到任前,由张仲鲁代理。这种做法,在当时也不是个别的,有些人身兼数职,有些职务由他亲自担任,有些职务由他的亲信作为代理人,由他遥控。这就成为学阀。我当时也开始走上了学阀的道路。不过,不久冯、阎就失败了,万选才也跟着下台了。因为有这一段插曲,在南京的势力又回到北京以后,有人对我说,南京对我很不满,认为有“附逆”之嫌,如果没有这一段事,南京本来要派我接替罗家伦的。可是接替不接替我也不在乎,因为到清华以后,干了些时行政工作,我觉得在清华当个教授于我最合适。当时清华的教授真是够舒服了。每个教授开三门课,有些人把这三门课都集中在三天之内,每星期就有整个三天的囫囵时间归他自己支配。当时清华的人有一种说法,说是清华有神仙、老虎、狗:教授是神仙,学生是老虎,职员是狗。

1930年7月下旬,有一天夜里,有人散了些匿名传单,说我把持校务,任用河南人,统治清华。其实,当时在清华做事的河南人只有几个,而且有些是我代理校务会议主席以前就来了的。这些匿名传单所说的“事实”都是捏造。不过当时我想,有这些匿名传单,是一种信号,说明不知道又有哪一方面的势力要进清华了,我要见机而作。我就向南京教育部打电报,说学校秩序不能维持,请催罗校长返校,或另派新校长。经过一段时间,南京教育部以部令派周炳琳代理校务。周炳琳不干。当时有一种流行的见解:一个大学的校长,最好是由本校的毕业生担任。如果是由别的大学毕业的人担任,那就等于把这个大学作为那个大学的殖民地了，有亡校之痛。周炳琳对我说："现在清华人对于北大人就有这种想法，罗家伦走了，又一个北大人接，恐怕不好。"周炳琳没有接受南京教育部的委派。又过一段时间，南京教育部派人对我说："周炳琳不接，那就由你接吧，不过还是代理校务的名义，以部令发表。"我想周炳琳说的那种情况是有的，他没有接受南京教育部的委派，我更不能接了。我也向南京教育部辞谢了。又过一段时间，南京政府发表正式命令，任命吴南轩为清华大学校长。他当时是复旦大学教务长，南京人不知道为什么找着他。大概南京的人和吴南轩本人都以为原先罗家伦能顺利地接收了清华，吴南轩为什么不可以。他们不知道形势不同了。在 1928 年，国民政府的北伐，是受到人民拥护的，罗家伦是乘北伐之余威，打着革命的旗帜，进入清华的。罗家伦本人在当时的学术界和教育界是后进，不能说有什么威信，但是作为五四运动的一个学生领袖，他还不失为一个全国皆知的名人。可是 1931 年就不同了。北方的人民包括学生在内，反对军阀的统治，北伐军是打倒军阀的，但是后来看出来，他们也不过是新军阀而已。北伐的余威没有了，革命的旗帜也不能号召了。而吴南轩本人确实是无名之辈，不过他终于来了。带来了一个新教务长，是个清华毕业的校友，他大概想靠这位教务长和清华的教授们拉关系。他到校了，原来的校务会议向他办交代。交代以后，四个院长同时辞职，吴南轩表示挽留，说是务必要合作，并向四个原来的院长发出聘书。我们对他说，我们愿意合作，但是照清华的办法，院长要由教授会提名，请校长召集教授会，如果教授会提名中还有我们，我们就接受聘书，不然就不能接受。大概吴南轩也听说清华教授会在学校中有很大的权力，在学生中有很高的威望，所以要借这个院长聘任的问题，和教授会较量一下，给教授会一个下马威。他坚持说，聘任院长是校长的职权，教授会不能过问。他看我们坚决不接受聘书，就在教授中物色别人，可是教授们都不理睬。他就在校外聘请院长,聘来了一个文学院院长,也是清华毕业的校友。这位院长走马到任,教授会看见吴南轩真是要较量了,就拿这位文学院院长开刀。教授会开会了,说是照清华的旧例,院长必须由教授兼任,新来的这个人既不是教授,又没有担任功课,谁知道他是什么人,决议不承认这个新来的院长。如果在别的学校,吴南轩可以给这位院长先发一个教授的聘书,可是在清华不行,因为在清华,一个教授的聘请,需要经过许多的手续,而这些手续都不是校长所能无视的。吴南轩和教授会相持不下,学生就说话了,学生对于吴南轩本来就不满,这时就站在教授会这一边。学生会也通过决议案:驱逐吴南轩。在这番较量中,吴南轩失败了。他虽然已经进校,接了校长的权,但是不得不悄悄离开学校,回南京去了。后来蒋梦麟对我说,他在大学中搞了几十年,经过许多风潮,发现了一个规律:一个大学中有三派势力,一派是校长,一派是教授,一派是学生,在这三派势力中,如果有两派联合起来反对第三派,第三派必然要失败。吴南轩的失败,说明了这个规律,他就是在教授会和学生会的联合反对之下而失败的。

吴南轩走了以后,南京也没有来追查,原来的校务会议仍旧维持校务。又过了一段时间,南京教育部以部令发表,派翁文灏代理校务。罗家伦到清华的时候,创办了一个气象系,以翁文灏为系主任。后来他离开了,但总算是清华的旧人。他兼的职务很多,也不能常驻在清华办事。他派了一个秘书长,替他处理日常工作。他对我说,他兼管的机关很多,在每一个机关内,他都派了一个 number two,他是 number one,他不在的时候,number two 就替他办事。在这个时候,河南中山大学校长又出问题了,有一些人又酝酿叫我回去。翁文灏对我说,你还可以在清华,在那里派一个 number two 就行了。上边已经说过,我曾经有过这样的思想,也做过这样的尝试,觉得不妥,再不这样做了。我留在清华做个教授,就足够我"安身立命"了。不久,梅贻琦从美国回来,南京国民政府正式任命他为清华大学校长。这大概是南京早已内定了的。只因梅贻琦远在美国,还没有回来,所以迟迟没有发表。梅贻琦也是清华人,在清华学校还没有成立的时候,中国政府就已经用美国退还的庚子赔款,送了一批学生到美国留学,梅贻琦和胡适都在这一批人之中。清华称这一段时期为史前史,他们这一批人是清华史前史时期中的人。他在清华人中是老前辈。他留学回国以后,在清华当物理学教授,后来又兼任教务长。1928 年他以教务长代理校长,罗家伦就是从他手里接收清华的。罗家伦当了校长以后,推荐他到美国当清华留美学生监督。他是清华人的老前辈,又是清华学校的旧人,又远在美国,与国内的政治派别都没有联系,没有什么色彩,在当时说,确实是一个清华校长的合适人选。南京派他来,可以说是得人。他在清华当校长,一直到 1948 年底清华解放才离开。他也确实有一套当校长的本领,这在下边第三部分再详说。

我在 1933 年暑假,又出国了。照清华的办法,教授任职满五年,可以申请出国休假一年,清华发给他相当于一个留学生的费用和来往路费。我于 1928 年到清华,到 1933 年满了五年,可以享受这个权利。同时我还收到英国的一个邀请。英国有一个组织,名叫“英国各大学中国委员会”,定期邀请中国学者到各大学讲演,宣传中国文化。这个委员会向我发出邀请,我就先到英国,在伦敦大英博物馆附近找了个地方住下,预备讲稿,并到博物馆看书。

到了英国,最初感觉到的,就是中世纪封建社会的遗风还是显著地存在。在美国,人们互称 mister;在英国,还有一种称谓 Esquire。我没有听见在口头上谁称谁为 Esquire,但是在通信中,信皮上写 Esquire 的很多。那时候,张荫麟也在英国,他给我写信,信皮上写 Esquire Fung,旁边又用中文写“冯大老爷”,这当然是他的戏称,也可以看出 Esquire 大概相当于“大老爷”吧。我的计划是,以半年在英国,以半年在欧洲大陆各国旅游。我拟了十个讲演题目,写了十篇讲稿,内容都是从我那两卷本《中国哲学史》中抽出来的,没有什么新的东西。讲稿写成以后,我寄了一份给罗素先生,他回信说:英国人对中国的东西知道得太少了,应该对他们多讲讲。信不是用打字机打的,而是用笔写的,这表明信是本人亲笔。我又给他写了一封信,说这些讲稿如果出版,请他写一篇序文。这次回信,是用打字机打的,由他的秘书署名,说罗素不能作。本来这些讲稿没有什么新的内容,英文也不够出版的标准,用了以后,我就把它收起来了,没有再向外拿。可惜的是,罗素先生的那封亲笔信后来也遗失了。

那个中国委员会,得到我的讲演的题目,就分送到各大学,问他们是不是需要我去,若要去,讲哪个题目。大概有十来处回信,表示欢迎,我带着讲稿,周游了这些大学。每到一处,都住在一个教授家里。虽然总的时间不长,但也觉得,对于英国社会的这一部分,有比较深一点的了解。

英国近代化的大学是有名的,但是这些大学,并不是照着一个预定的计划,在短时期内建立起来的。以牛津、剑桥为例。这两个大学,都包括许多学院,这些学院并不是按学科分的,每个学院原来都是一个独立的单位,各有各的名称,各自为政,其内容都差不多。按校舍方面说,每个学院都有三个组成部分:一个是教堂,一个是讲堂,一个是教室和学生的宿舍。其课程也都差不多,主要的课程都是神学。原来这些学院,都是从教会发展起来的,可以说这些学院本来就是教会的一部分。在中世纪,学问掌握在教会僧侣们的手里。这些僧侣们一方面修行,一方面传授知识。这些学院就是僧侣们传授知识的场所。这些学院都是从教会的修道院转化过来的。这些学院的教师和学生在上课的时候都要披上一件长袍子,我想这可能是修道院的修道士的制服,至少也可以说是从他们的制服转化过来的。原来这些学院,都是各自上各自的课,可能是在有些时候,某一个学院出了有名的教师,或者是某一个学院请来了有名的人作讲演,别的学院的人都慕名而来,一起听讲。后来成为制度,就把各学院联合起来,在各学院之上设立一个组织,这就叫大学。大学开课,各学院的人都去上课,上了课以后,回到本学院,由本学院的教师辅导。久而久之,在大学一级讲课的教师称为教授(professor),各学院的教师称为辅导(tutor)。在牛津、剑桥上学的学生,有辅导这一级的帮助,学习得比较扎实。他们的这种制度,有其历史的根源,不是其他学校所能学习的。牛津、剑桥的那些学院,建筑都很宏伟,代表各个时期的建筑艺术,这也不是在一个时期由某一个政府照着一定的计划建成的。每个学院的建筑都有它的历史,有它的出钱建筑的人。这些人都是当时的贵族,如王、后、王子、公主,或者是当权的宫廷人员。他们出钱修建,大概也有向教会祈福的意思。像北京的西郊,有许多寺庙,大都是皇后妃嫔以至于当权的太监出钱修的。如果这些庙宇都集中在一起,再加上些传授知识的地方,那就可以称为中国的牛津、剑桥。我没有研究过牛津、剑桥这两个大学的历史,上边所说的,有很多是我的推测,可能不对,但总的说起来,英国的近代化大学,是从中世纪教会修道院演化而来的,它们的那些宏伟的校舍,原来是当时贵族们的布施,这个说法大概是不错的。

欧洲的大学有一个特点,是学期短,假期长,特别是暑假。暑假大概是从5月到10月。在学期中间,还有一些宗教的纪念日,加起来,一个学年上课的时间大概不多于半年。课程也比较简单,主要是一些基础课。当时有一个笑话,说如果光从课程表看,中国北大、清华的毕业生,可以教美国的哈佛;哈佛的毕业生可以教英国的牛津、剑桥。

像牛津、剑桥那样的大学,重点不在于传授知识,而在于训练学生怎样生活,生活包括有玩要,明显一点说,就是教学生怎样享福。这是封建贵族传下来的学风。这就和美国不同。英国的大学生言谈举止都要求有一定的风度,衣服有一定的规格。学生们到教授家里吃饭,都要穿晚礼服,美国的大学生不讲究这一套。在美国的中国学生,差不多只有一套衣服,上课穿它,有什么宴会应酬也穿它,这固然是由于没有钱添置衣服,也是由于没有这个需要。英国教授的家庭和美国教授的家庭也不相同。美国教授的家庭,很少有用女仆的,什么事都由教授夫人办。英国教授的家庭,多数用有女仆,招待客人有一定的规格。住在英国教授的家里,夫人总是问:明天早晨什么时候起床?到了那时候,就有一个女仆送来一杯牛奶或咖啡之类,叫客人坐在床上喝,喝了才下床,这大概也是封建贵族们的习惯。不过这也添了客人的花费,在离开的时候,得给赏钱,一般是每住一天,赏女仆一个先令。

英国人对皇室,一般都是很尊敬的,我感觉到这种尊敬是真诚的。在英国,有一个国家大典,是开国会。开国会的时候,英王参加,人们都希望在国王到议会的路上瞻仰一下他的丰采。我在伦敦也见过一次。在国王出来以前,从白金汉宫到西寺议会所在地,沿途街道两边,都站满了人。那时候的国王是乔治第五,即现在女王的祖父。国王的派头,和中世纪一样,前边摆着全副銮驾,銮驾过后,国王坐着六匹马拉的马车,从路中间慢慢地走过,在车中不断地向两旁的人群点头招手,人群报之以欢呼。皇族的成员坐着车跟在后面。我听见人群中小声指点议论,说那一位是某王子,那一位是某公主。人群中当然有一部分人是看热闹的,像我就是看热闹的,但是多数的人似乎是出于真心的敬爱。我想,英国人的一个特点,也许是一个优点,就是善于保护传统,而加之以新内容,这就是我们所常说的“旧瓶装新酒”。中国常有一些人用这句话嘲笑讽刺一些改革不彻底的事情。我想,只要是新酒,用个旧瓶子装着有什么不可以?怕的是新瓶装旧酒!“新瓶装旧酒”是“换汤不换药”。“旧瓶装新酒”是“换药不换汤”。只要药换了,那就可能解决问题。至于叫它什么汤头,关系不大。英国在这一方面,是个典型。

欧洲封建时代的国王,都有一个城堡。英国国王的城堡在伦敦,名为伦敦塔,已经成为英国的故宫博物院。这座城堡,是历代英国皇室的内部斗争和宫廷政变的见证。讲解员告诉游人们,什么地方是某王子被害的地方,什么地方是某皇后遇难的地方。若多知道一些英国的历史,听起来就更有兴趣了。后来我在欧洲大陆上,也看到一些法国、德国的国王、贵族的城堡。德国有一个城堡,在大门的进口处挂了一杆大秤。据说,当日这个城堡的主人宴客的时候,每个客人进门时候都用大秤称一次,宴会散了,客人出门时又称一次,如果发现哪个客人重量没有增加,那就证明他没有吃饱,还得进去再吃。这些城堡虽然大小不同,但在规格上都差不多,大都是建筑在一个小山上头,在下山的路口,有坚固的城门,接着城门,是又高又厚的城墙。城堡的后面是一个悬崖。城堡的里面,有教堂,有国王办事的地方、居住的地方,有贮存粮食和兵器的仓库。虽在山上,但总有一口井,以防城堡被围的时候,水源断绝。从城堡的建筑和内部的设备看,真似乎可以作为子孙万代之业。如果内部没有叛变,专从外面进攻,是打不进去的。那些国王和贵族,自己是不能打仗的,总还要依靠别人替他守住城堡,一旦到了失道寡助、众人都离心离德的时候,只有人从外面攻、没有人在里面守的时候,再怎么样坚固的城堡,也是要陷落的。真是像孟子所说的:“城非不高也,池非不深也,兵革非不坚利也,委而去之,是地利不如人和也。”这些城墙,从建筑上看,真是“金城汤池”,但在欧洲封建社会没落的时候,它们也挽救不了国王、贵族的命运。

我有一种爱好,就是收藏旧兵器。我家里的上辈,有一代是习武的。在我的祖母的房里,遗留下来许多兵器,我小的时候常同堂兄弟们拿出来玩。家里有个护院的拳师,教我们使用这些兵器,所以养成一种爱好。我在北京的时候,喜欢逛古董铺,我所收罗的并不是夏鼎商彝,而是明清两代遗留下来的旧兵器。东四牌楼附近有一个小巷,叫弓箭大院,是从前制造弓箭的地方。我在那里收罗了上百支的箭,箭有各种各样的箭头,特别是响箭,制造精致。这些东西,我藏有几百件,曾在清华开过一次展览。解放以后,我都捐献给历史博物馆了。历史博物馆又把它转送到别的博物馆去了。北京的军事博物馆内,在旧兵器那一部分中,有许多我能认出来是我收藏过的。在欧洲,我喜欢看这些城堡和军事博物馆,我发现欧洲的城堡的建筑和兵器的制造,和中国的比较起来,互有短长。在城堡的建筑上,欧洲的城墙每隔一段距离,都有像晒台一样的平台,伸出墙外,这是预备在敌人攻到城墙根下的时候,上边守城的人可以从上面往下倒滚油或开水,杀伤敌人。中国的城墙每隔一段距离,也有一段突出去,从它的两侧的箭眼,可以向左右两方放箭杀伤攻到城跟前的敌人,但是没有像欧洲城堡那样的平台。欧洲的城堡的城门,只有一层;中国的城堡的城门有两层,一层明的,一层暗的,明的一层是左右分开,暗的一层是一个闸,是从城门楼上垂直放下来的。这道闸门,在平常的时候,用绞索把它绞上去,绞索缠在一个横梁上面;在紧急的时候,把管制绞索的机关打开,闸门就从上落下,把城门封闭。这一种设备,欧洲的城堡好像没有。在火药发明以前,有一种石炮,我在意大利的一个城堡上见过。说是一种炮,实际是一种弩,用一根大木棍,在其一端安置有一个像人的手掌的东西,把石头凿成的一个圆球,大约有足球那么大,放在那个手掌中,把这根木头的另一端系在弩弓上,弩弓张开,那根木头 翻,就把石弹甩出去了。这种兵器,我在中国有些书上看到过,但对其原理、作用,不得其解。见了实物,就明白了。欧洲军事博物馆里所藏的甲,都是鱼鳞甲,用一块一块的铁片联起来,做成像一件衣服那样,披在身上,像鱼的鳞一样,所以叫"鱼鳞甲"。中国还有一种锁子甲,用金属做成许多小环结,一环一环套起来,像一种表链那样,然后把这一条一条的链子联结起来,做成像衣服的东西,披在身上。这种锁子甲,穿起来比鱼鳞甲贴身灵活得多,可是在欧洲没有看见,不过他们的鱼鳞甲比中国的鱼鳞甲更完善。欧洲中世纪的战士们不仅上身穿甲,腿脚都有甲,脸上也有甲,马也用鱼鳞甲裹起来。在欧洲的军事博物馆里,差不多都有像真人真马一样大的模型。一个骑士,全身披甲,只有两只眼没有被甲盖住。马也是全身披甲,只露两只眼能够看路。骑士披了这样笨重的甲,怎么上马呢?我从电影上看到,原来要搭一个架子,把骑士吊起来,放在马上。我不知道这是不是真的,但照情况看也只好这么办。骑士骑在马上,手里拿着一杆长枪,向前冲,看样子也只能向前冲,左右回旋都是不容易的。这样全副武装的人马,冲进步兵队伍里,那真是像一辆坦克一样。可是那个骑士如果摔下马来,他也就再也爬不起来了。骑士本来是像中国侠客那样的人,应该是视死如归,死不旋踵。他却穿那样多的甲,把自己裹得那样严密,这说明他已经是贪生怕死之辈。随着封建社会的腐朽,骑士们也腐朽了,堕落了,他们的那些坚甲利兵,并不能长久维持封建国王和贵族的统治。

我也看了英国的罗马长城,那是罗马人在英国修的长城。这个长城,同中国的长城就不能相比了。从长度上说,它是从英国西海岸到东海岸,大概有几百里长;而中国长城则长达六千七百公里。论高度,罗马长城只有半人高,看样子一抬腿就可以上去;而中国长城在居庸关一带则有两三丈高。当然,中国现有的长城有些部分是明代修建或重建的,在时间上比罗马长城晚,但中国现有的长城也是全凭人力修建的,并没有用什么机器,当时也没有什么机器可用。

上面所说的城堡武器之类,我都没有作过比较认真的研究,对于欧洲历史,我更不熟悉。我说有的东西,那是真有,因为是我看见的;我说没有的东西,不一定真没有,不过是我没有看见而已。我所说的,只是我个人一时的感触。

中国是个统一的大国,美国也是个统一的大国。我在 1919 年到美国,从旧金山上火车,走了几天几夜,一口气到了纽约,从西海岸到东海岸,当时并不觉得有什么特殊的感觉。可是在欧洲旅行就不同了。从一个地方到另一个地方,往往坐火车走几个钟头,甚至一两个钟头,就由一国到另外一国了,火车就得停住,旅客们就得拿出护照,到海关办手续,说的话也不同了,用的钱也不同了。用中国历史的标准看,欧洲是一个诸侯割据的局面,到了欧洲,就好像回到中国的春秋战国时代。试想象在春秋战国时代坐火车旅行:从北京出发,那是燕国;到了邯郸,那是晋国(战国时期是赵国);再往南走,到了河南的卫辉,那是卫国(战国时期是魏国);不远就到了郑州,那是郑国;不远又到了许昌,那是许国;不久就经过上蔡的地方,那是蔡国;到了信阳,那是申国;过了信阳,就进入楚国。不到一天的时间,就经过了八个"国家"。由此就感觉到中国的统一之可贵。欧洲虽也有过几次统一,但都未能维持很久,到了近代,就成了近代化的春秋战国。到了现在,欧洲需要一个欧洲合众国,结束诸侯割据的局面。但是搞了十几年,才仅仅完成了一个欧洲共同体。中国比欧洲早统一了两千年,这是中国历史的特点。这个特点,是优点也是缺点。我有一个想法,认为这也是中国封建社会长期存在的一个原因。像中国这样的大国,各地方的经济发展,是不平衡的,但因为是一个统一的大国,经济发展落后的地方,往往拖住了经济发展先进的地方的后腿。例如福建、广东这些地方,在宋代就成了和外国通商、交通的港口,如果听其自然发展,像这样的地方很可能比较早就有了近代化的生产,有了资本主义的生产方式。但它们上边有一个统一的政府,这个统一的政府是封建社会的上层建筑,是建筑在内地封建经济基础上的。因为它是个专制主义中央集权的政权,它就能压住像福建、广东这些经济上先进的地方,不让它们改变它们的上层建筑。西方有一句话说,一个舰队的速度,决定于其中最慢的船。中国的封建社会的统一的政权,到了后期,没有起先进带后进的作用,而起了使后进拖住先进的作用。历史上的事情，总是利害交织在一起的，这是历史发展的辩证法。

美国是没有历史的。这并不是说它真没有历史，只是说它的历史不在美国而在欧洲，美国是欧洲的延伸。要知道美国的来龙去脉，那就非到欧洲去看看不可。我这一次的欧洲之行，算是补了这一课。我于1934年离开英国，到巴黎住了一个月，那时候，沅君也在巴黎。后来从巴黎到瑞士，又从瑞士到德国。意大利是我在1933年秋到欧洲时就经过了的。我当时很希望去苏联。关于苏联革命后的情况，有人把它说成是天国乐园，有人把它说成是人间地狱。我想亲自去看看究竟是个什么样子。我在柏林向苏联的旅游局办手续，他们说要打电报向莫斯科请示。等了一些时候，他们说回电来了，可以去。我就从德国经过波兰，一直到莫斯科。我不懂俄文，既不能同一般苏联人说话，也不能看报，只能看一种用英文出版的小报，那也是官方的报纸。照着苏联旅游局所规定的行程转了几个大城市，我所得到的印象是，苏联既不是人间地狱，也不是天国乐园，它不过是一个在变化中的人类社会。这种社会可能通向天国乐园，但眼前还不是。我在莫斯科，由中国使馆介绍，找到了一位汉学家，中国名字叫伊凤阁。他久住北京，那时在莫斯科大学担任教授。据我听他所说的情况，当时的莫斯科大学，跟欧洲大陆其他国家的大学，差不多。也就是说，它和帝俄时期的莫斯科大学差不多，组织上和教学上都是这样。因此我就不相信资本主义国家报纸所说的，苏俄割断了历史传统，把以前的文化都不要了。莫斯科的教堂很多，都是东正教的。有几个大的教堂，已经收为国有，其中是空空洞洞的，但不少小的教堂还是照常活动，做礼拜的人也很拥挤。因此我也不相信资本主义国家报纸所说的，苏联人没有信教自由，苏联没有宗教了。我在公园中，看见有许多成双成对的夫妇，推着小孩车，在公园游玩休息，因此我也不相信资本主义国家报纸所说的，苏联不要家庭了。资本主义国家的报纸,每天所报道的消息,大都是关于政治的和在政治上出头露面的人物的,有时甚至把他们的穿戴都作详细的描写。而苏联的报纸(当然我根据的是那个英文小报)所报道的几乎完全是工农业生产情况和劳动模范等先进人物。当时我想,这大概就是苏联的新社会和旧社会不同的地方吧。我得出一个结论:封建社会"贵贵",资本主义社会"尊富",社会主义社会"尚贤"。我在当时所谓"贤",是指有学问有技术的人,我所想的大概就是像资本主义国家的人所说的 technocracy(技术政治)。就是说,政治应该掌握在有技术的人的手里。这并不是社会主义,不过当时我想,"尚贤"是最合理的。这虽然是对社会主义的误解,但这说明我对社会主义发生了好感。

司马迁有句话说:"好学深思之士,心知其意。"我当时自以为,"贵贵"、"尊富"、"尚贤"就是封建社会、资本主义社会、社会主义社会的"意",对于这三种社会,我都"知其意"了,并且归结为那六个字。其实"知其意",谈何容易!对于一种社会要"知其意",不但要"好学深思",还得要实践,要亲身在其中生活。现在看起来,我虽然不能说是"知其意",但是却有一个"知其意"的条件,那就是曾经生活在这三种社会之中。

我离开苏联,到了捷克的布拉格,参加在那里举行的国际哲学会议第八次会议。我在国内的时候,先用英文写了一篇文章,题目是"Philosophy in Contemporary China"(《哲学在当代中国》),在这个会上念了一遍。

在布拉格开完会以后,我就回国了。当时国内对于苏联的情况都有很大的兴趣。找我谈话、作讲演的人很多。我作过两次讲演,一次是讲我所见的苏联情况,一次是作为中国哲学史问题的讲演,题目是《秦汉历史哲学》,但这是借题发挥,所要发挥的是我在当时所了解的唯物史观(历史唯物论)。这是一种借古喻今的讲演。讲的是秦汉的历史哲学，可是听众都知道我要说的是什么，纷纷议论说："冯先生变了。"究竟是不是变了，我不敢说，但确实引起了一场灾难。

就在这个时候，就是1934年11月28日，我在办公室正要下班回家吃午饭，秘书长打来一个电话说："你先别出去，有个人要来找你。"等了一会，果然来了一个人，他对我说："警察总监请你去说一句话。"我说："什么时候？"他说："现在就走。"后来我听当时在办公室的助教说，他看见那个人拿了一支手枪，暗中对着我，不过当时我没有觉察。我同他出来，上车走了。到了警察局，那个人叫我坐在门房等着，他就走了。我坐在那里，一直没有人过问。大约过了两个钟头，有个人进来拿了一个收条，上面写着："收到冯友兰一名口"。他把收条缴给管门房的人，就叫我出来。走到院中，已经有十几个人在那里排队站着，带我的那个人叫我也站到队中，拿来一副手铐要给我带上。我问他："我犯了什么罪？"他不回答，只说："你也带上一个。"带上了手铐，那个人就叫队伍往外面走，走出大门，就上一辆闷子车。车门锁了以后，车就开了。我想："这莫非就上天桥？"（天桥是当时的刑场。）我当时心里很平静。我想：这样看起来，古人所谓"从容就义"，也不是很难的事。车走了不久，就停了。下来一看，原来是前门西火车站（当时还没有总火车站。京汉铁路的终点站在前门西边，称为西火车站；京奉铁路的终点站在前门东边，称为东火车站）。我们这一批囚犯走进车站，上了一列火车中的闷子车，车就开了。大约走了四五个钟头，车停了，闷子车的门开了，叫我们下车。到站台上一看，原来是保定。那时候蒋介石在保定设了一个"行营"，我才知道，原来是把我解到保定"行营"来了。我们这批囚犯，又被押上一辆卡车，开到一个大衙门，看样子，大概是清朝的总督衙门。我想，这大概就是"行营"了。下车以后，我和其他的难友就被分开了。我被单独带进一个房间，看样子是一个职员的办公室。进去以后，有个人进来,给我解开手铐,就出去了。过了一会儿,他又进来说:"你最近到外国去了吗?"我说:"到欧洲去了一趟。"他说:"请你写一写,你到过什么地方,见过什么人,说过什么话,都写下来,今天晚上就写完。"我本来是以一个普通旅游者的身份在欧洲游历的。我看见的东西,所遇到的人,所说的话,也和普通旅游者一样,没有什么特别。只是在捷克的布拉格参加国际哲学会议的时候遇见了南京政府的司法院院长居正。他告诉我一些孙中山在日本东京时的轶事。我如实写了。那个人来了,看了以后,也没有说什么,只说:"套间有一张床,你就睡在那里吧。"到了第二天上午,那个人又来了,说:"你写的上边已经看了。军政部何部长已经来电报。"他拿出何应钦的电报,上面说:"冯友兰如无重大嫌疑,着即释放。"那个人说:"上午没有往北京的车,下午有车就送你回北京。"他又说:"上午没有事,上街逛逛吧!"他带我上街,到莲花池公园转了一圈,又到一个小馆子里吃了一顿饭。下午3点钟的时候,他送我上火车。到了北京西火车站下车,那个人对我说:"你可以回家了。"我说:"还要办什么手续吗?"他说:"不用。"说完就走了。恰好我的兄弟景兰正在那里等着上车往保定。原来我家的人在我被捕以后,费了很大的气力,才打听到我在保定。他们四出托人往南京打电报。由景兰带着我的生活日用品和御寒的衣服到保定去找我。我们兄弟相见后就一起回清华了。第二天看我的人接踵而来,每来一批,我就把经过述说一次。到了后来,真是觉得舌敝唇焦。又看报纸,知道我被捕的消息已震动全国。鲁迅在这一年12月18日致杨霁云的信中说:"安分守己如冯友兰,且要被逮,可以推知其它了。"(《鲁迅书信集》下卷,695页)这些话极有代表性。可见特务的无法无天,到了什么地步,而南京的政治,也由此可见。真是民无宁日,人人自危。我于一夜之间,成为举世闻名的进步教授,南京政府则进一步暴露了他们的法西斯凶恶面目。

我在这个时候,好像走到一个十字路口。我可以乘此机会与南京政府决裂,大闹一场,加入共产党领导的革命队伍的行列。或者是继续我过去的那个样子,更加谨小慎微,以避免特务的注意。有人对我说:"你不该轻易回来。你可以对行营那些人们说:'放不放由你,走不走由我。你们必须说明,为什么逮捕我?根据什么法律,是谁下的命令?'"这是劝我走前一条路。当时清华的学生准备开会,清华的教授也准备开会。我如果走前一条路是会得到全社会的支援,可以大干一番。可是我没有那样的勇气,还是走了后一条路。"冯先生变了",但是没有变过来。

事情过了以后,梅贻琦要我往南京,他同我说:"你也到南京去走一趟,叫他们看看你这个共产党是什么样子。"我们一道去南京,我在南京住了几天,就一个人先回来了。当时眼看着日本就要大举侵略中国,华北是很难保了。我想,要抓紧时机,到没有看过的地方去看看。我顺着津浦路,先到泰山,后到济南。以前我在中州大学时候的校长张鸿烈,现在在济南当山东建设厅厅长。到济南找着他,他极热情地招待我。在济南的原中州大学的老同事都向我说:"你是学问事业都成功了。"我住了两天,就回北京来了。

当时的北京,可以说是危在旦夕,我的母亲想早一点离开这个危险的地方,回唐河老家去。她对我说:"我要回家去,照料家里那一点财产。你们在外边干得也都还不错。在你们小的时候,我也没想到,你们会有这个样子。你们的收入,你们自己支配,我不向你们要钱,你们也别向我要钱。我回去看守住那一点财产,作为你们的退步,你们如果在外面站不住了,回去还有碗饭吃。"母亲交代了以后,就回唐河去了。

当时有人建议说,要想用国防力量保护北京,那显然是不行的。不如宣布北京为不设防城市,专靠北京的文物古迹,招揽世界游人,依靠国际舆论,保护北京。南京虽然没有公开地采纳这个建议,但实际上是照着这个方向做的。当时的北京市政府,对于北京的文物古迹,以及道路交通,也已做了一些保护、修补的工作。这是寄希望于空想,一种自欺欺人的办法。到了1937年7月7日,久已看着要发生的事情,终于发生了。那一天上午,我同几个朋友,在香山饭店吃饭,下午回到清华,有人给我打电话,说西直门关了,出了什么事,不知道。第二天才知道,中国军队和日本军队在卢沟桥开火了。当时在北京的中国当局,还企图把这件事情作为一件小事马虎过去。过了几天,我在城内欧美同学会参加任之恭的结婚典礼,礼毕吃了饭以后,得到消息,说西直门关了。清华的人都不能回去,新夫妇在清华预备的新房也不能用了。当时我在城内什刹海南边白米斜街有一所房子,我就回到那里住了一夜,第二天天刚亮,就听见飞机声、炸弹声响成一片。日本人动手了。街上谣言很多,有的说,中国兵打胜了,收复了南苑。过一会又说收复了丰台。又有的说已经打到长辛店了。到了下午,炸弹声和枪炮声都停止了,出现了暂时寂静。晚上,听见通往西直门的那条大街上,车马过了一夜。等到天明,消息传来,说当时北京城里中国军队最高指挥官宋哲元已经走了,中国军队完全撤出北京,向西北方而去。原来北京已经完全被放弃了。

从这个时候起,一直到我们南迁,清华园完全成了一片真空。我们参加校务会议的这几个人,还住在清华,说的是要保护学校。我在图书馆内对图书馆的工作人员说:中国一定会回来,要是等中国回来,这些书都散失了,那就不好,只要我们在清华一天,我们就要保护一天。有一次,夜里我和吴有训在学校里走,一轮皓月当空,四周一点声音都没有,吴有训说:"可怕,可怕,静得怕人!"后来日本军队正式进入北京,日本人到处接管,我们就觉得,在政权已经失了以后,保管是没有意义的,事实上是替日本保管,等它来接收。这就决定南迁。

北京不守,本来早就在人们的意料之中。应变的计划,清华早已有了准备，几年之前，已经着手在长沙设立分校，并动工在长沙岳麓山建筑校舍，图书馆的图书，已经陆续运到长沙，已经决定在新校舍建成后，把几个研究所先行搬去。所以此时对于全校南迁没有多的讨论、争执就决定了。实际上是除此之外，也没有别的路可走。

可是这些在北京的校舍怎么办呢？有个人建议，说：可以把这些校舍卖给美国使馆，只要一块钱，作为象征性的买价，美国使馆花了这一块钱，就可以说这是美国的财产，挂上美国旗，日本人就不敢来了，等到我们回来，再花一块钱把这些校舍赎回来。这种办法，如果不是笑话，也至少是一点效果也不会有的。可是当时竟然有人这样想，这是当时中国人的殖民地心理的表现。

实行南迁的办法是，发出通知，叫教师和学生于暑假后开学时，在长沙集合，学校迁到长沙。教授们去的，学校发给路费，其余的人自想办法前往。在北京，留下一个庶务科主任，应付一些小事，能应付多久就应付多久。决定以后，南迁的人和留守的人，都痛哭而别。

当时走的人，都先到天津，因为京汉路已经不通了。南下都得经过津浦路。我和吴有训两个人一起走，先到济南，住在张鸿烈家里。济南也是一片紧张，这位厅长家里，已经都挖好防空洞了。我们从济南到郑州，等着换京汉路火车往汉口。在郑州住的时候，我建议上馆子吃一顿黄河鲤鱼。我说，不知道什么时候才能回来，有机会就先吃一顿。在郑州，又碰见熊佛西，三个人一同去吃黄河鲤鱼。熊佛西喜欢养狗，他说起许多狗的故事。北京有许多人都离开了，狗没法带，只好抛弃了。那些狗，虽然被抛弃了，可是仍守在门口，不肯离去。我说，这就是所谓丧家之狗，我们都是丧家之狗。

我们到了长沙，才知道南京教育部已经有命令，叫北大、清华、南开在一起成立长沙临时大学。以原来三校的校长为常务委员，主持校务，在长沙把临时大学组织起来，就三校原来的院长、系主任选出临时大学的院长、系主任，以北大文学院院长胡适为文学院长，以北大哲学系主任汤用彤为哲学系主任。当时最困难的问题是校舍。清华在岳麓山的校舍又只建成了很小一部分,不能用,只好把理、法、工三个学院设在长沙市内,把文学院设在长沙以南一百多里地的南岳市。南岳市是衡山脚下的一个市镇,南岳庙就建在这里。在南岳市附近几里地的地方,有一所教会学校,叫"圣经学校",当时在空着,临时大学就把这座校舍租过来作为文学院的校舍。这座校舍正在南岳衡山的脚下,背后靠着衡山,大门前边有一条从衡山流下来的小河。大雨之后,小河还会变成一个小瀑布。地方很是清幽。在兵荒马乱之中,有这样一个地方可以读书,师生都很满意。在这里,教师同住在一座楼上。楼在山坡上,每次到饭厅吃饭,要上下爬二三十级台阶。大家都展开工作。汤用彤写他的中国佛教史,闻一多摆开一案子的书,考订《周易》。学术空气非常浓厚。但是想到时局,又都觉得凄然。

我有一次爬山,走到一个地方,叫"二贤祠"。据说是朱熹和张栻聚会的地方。祠里正房叫"嘉会堂"。堂中立了一块横匾,上写"一会千秋"。我作了几首诗,其中二首是:

二贤祠里拜朱张,一会千秋嘉会堂。
公所可游南岳耳,江山半壁太凄凉。

洛阳文物一尘灰,汴水繁华又草莱。
非只怀公伤往迹,亲知南渡事堪哀。

在有一次会上,朱自清朗诵了这两首诗,全体师生都感到凄怆。

不过当时的生活,也还有另外一方面。有一次在饭厅吃饭,菜太咸,有人说,太咸也有好处,可以防止人多吃菜。闻一多随口用汉儒解经的套子说:

咸者闲也,所以防闲人之多吃也。

他还作了一首诗:

惟有哲学最诡恢：金公眼罩郑公杯，

吟诗马二评红袖，占卜冗三用纸枚。

这是为了嘲戏哲学系的人而作的。哲学系的金岳霖眼睛怕光，经常戴一副眼罩。郑昕喜欢喝酒。第二句是指他两人说的。当时吴宓有一首诗，其中有"相携红袖非春意"之句，我认为不很得体，第三句就是指此而言。第四句是说沈（冗三）有鼎，他正在研究周易占卦的方法，用纸枚代替蓍草。

我们住的那座楼旁边有棵腊梅。那时腊梅正开，站在楼上栏杆旁边，恰好与腊梅相齐。有一天闻一多同我又说起吴宓的那一句"红袖"诗，他随口说出了一句诗：

每饭不忘"红袖"句，

我随口应了一句：

凭栏唯见腊梅花。

这样的"好景"也不长。南京失守以后，日寇进逼武汉，长沙也受到威胁。我们只好再往西南迁移。于是就舍去南岳，继续向昆明撤退，当时的说法叫"转进"。

由长沙向昆明"转进"的日期终于到了。1938年2月，大部分学生编成队伍，由长沙步行往昆明，还打算沿途作些调查研究。教授们愿意而且能够步行的也同学生大队一起出发。其余的人，各自选择道路，到昆明聚齐。有一部分人坐火车到广州，经过香港、越南，到昆明去。有一部分人坐汽车经过广西到越南，转往昆明。我加入了走广西的这一路。同伴有朱自清、汤用彤、陈岱孙等。我们先到桂林，由桂林坐船到阳朔，这是广西山水风景最好的一段。在桂林，先租定汽车，到阳朔等候，我们到了，就弃舟登陆，坐车向南宁进发。一天晚上，到了南宁，说是离中国边境镇南关只有几十里了，明天一早就可以到镇南关。第二天早晨，已经快到镇南关了，经过一个县城叫凭祥县，当汽车穿过城门的时候，我的左臂碰在城墙上，受伤了。幸而出了镇南关走不多远，就到了越南的同登，那里有火车通到河内，晚上就到了河内。

在一家法国医院检查的结果，说是左上臂骨折，要住院医治。我当时就住了医院，自清、岱孙两兄留在河内陪我，到景兰来才离开。西医的骨科，对于骨折没有什么别的医疗的办法，也没有什么药吃，就只叫躺在床上，把左臂伸直，在左手上拴了一条绳，绳的那一头缀上几公斤重的一块铁，以保证左臂不动，说躺它个把月，断骨自然就接上了。以后到的经过河内的人都来医院看望我。景兰已经绕道香港先到昆明了，又回到河内来看望我。他们都不能在河内久留。后来梅贻琦也经过河内，走的时候，留下他的秘书沈刚如同我做伴。我躺在床上，没有什么事情可以做，也不能做什么事情，回忆北京失陷以后的事，作了一些诗，大部分现在已经忘记了，记得的还有三首：

兵败城破日色昏，抛妻舍子别家门。
孟光不向门前送，恐使征人见泪痕。

水尽山穷路迂环，一车疾走近南关。
边墙已满英雄血，又教书生续一斑。

窗外骄阳升复沉，淹留不料到如今。
为问南行诸友伴，可都顺利胜风云？

我住医院最后的那一段时间，也能下床走了。有人说，河内有一座孔庙，可以去看看。那座孔庙久已失修了，但还可以看出原来的规模，它的体制和北京的孔庙一样。进了大门，大院子里还有历届进士的题名碑。照封建时代的科举制度。每科的进士都在文庙的院子里立一块题名碑。北京文庙里进士题名碑，从元朝开始，一直到清朝末年最后一科，每科都不缺。其中有些很讲究，石头高大，字画工整；有的很差。据说这些差别是由于那一科的进士中有没有有钱的人。照规定,这些题名碑是由礼部拿钱修的,那笔钱经过当事人的七折八扣,发到施工人手里,就为数不多了。如果这一科的进士中,没有有钱的人出钱,这一科的碑就很简陋,敷衍了事。如果这一科的进士中,有有钱的人拿出钱来,碑就修得好一点。我看了越南的进士题名碑,体制也和中国的一样,不过每科人数都很少,只有十几个人。当时我想到,中国的封建文化,真是远及四邻。中国是不愧为世界的古老国家的。

我在医院里躺了一个多月,胡子就长出来了,出院的时候我也没有剃,就留着胡子往昆明去了。闻一多参加学生大队步行到昆明,沿路也没有剃胡子,到昆明也把胡子留起来了。他的胡子在日本投降的时候就剃去了,我的胡子一直留到十年动乱时期才剃去。

到了昆明以后,才知道长沙临时大学的名字已经改为西南联合大学了。那时候,从北京迁出来的高等院校,有的往西南,有的往西北。往西北的合为西北联合大学,往西南的成立西南联合大学。内部组织还是和长沙临时大学一样,由北大、清华、南开的校长担任常务委员,组成常务委员会,主持校务。添了一个师范学院,加上原来的四个学院,共五个学院,五个学院的校长也列席常务委员会。胡适已经出任中国驻美大使了,联合大学的文学院院长由我担任。当时昆明的校舍不敷分配,又把文学院分设在蒙自。蒙自原来是中国和越南通商的一个重要城市,那里设有海关。后来滇越铁路通车了,蒙自失去了原来的重要性,海关也迁走了。海关衙门空着,联大文学院就设在海关衙门里面。我又从昆明转蒙自,文学院的师生大部分也都到了。那座海关衙门久不住人,杂草丛生,好像一座废园,其中蛇类很多。有一位同事,晚上看见墙上有条大裂缝,拿灯一照,原来是一条大蟒倒挂下来。

到蒙自不久就接到北京的信。叔明带领四个孩子,和朱自清、周作人等几家眷属,都从北京转道天津、香港,到越南了。几天后,我在蒙自接着她们。据叔明谈,知道他们从香港到海防这段海路上遇见大风,冒了很大危险。我们在蒙自住了不久,昆明的校舍问题已经解决了,文学院又从蒙自回到昆明。

在昆明受到的战争直接威胁是空袭。开始,有些人过分夸大空袭的危险,说像昆明这样大的城,用五百磅的炸弹,四角各扔一个,这座城就全完了。于是人们就开始考虑到选择居住的地方,要分散,不要集中,要远离军事目标。人们就开始向城外迁移,用当时的话说,叫做"疏散"。我们刚到昆明时租的房子在登华街,接近闹市,因为要疏散,就搬到小东城角,这是小东门内靠近城墙的地方。雇人把城墙挖空,里面架上木料,就成了一个防空洞。这个防空洞还可以通向城墙外边,城墙内外各有一个洞口,如果一个洞口被堵塞了,还可以从另一个洞口出去。人们一看都说很好,只要不是直接命中,是很保险的。修好以后,我们全家,左邻右舍,一听见空袭警报,都钻进这个防空洞。不过有了这个防空洞,还得保护它,这就不是一家的力量所能做到的了。其中的木料往往被人偷走,渐渐地就剩下一个空土洞了。这就考虑要疏散到城外乡村里去。先疏散到离城七八里的村子。后来又疏散到离城十七八里的村子,叫"龙头村"。这个村子是昆明郊区比较大一点的集镇,又叫"龙泉镇"。疏散到这个地方的人很多,有西南联大的人,也有中央研究院历史语言研究所的人,还有北大的文科研究所。有些人就在老乡们的房前屋后空地上盖了简易的房子,同老乡们订下合同,将来走的时候,所盖的房子就无偿地归此地主人所有。这样,龙泉镇就成了当时的一个文化中心了。那时候有两个这样的文化中心,在东郊区就是这个龙泉镇,在西郊区就是大普吉,疏散到那里的大半是清华的人,清华的几个研究所就在那里。这两个中心,都是无意中自然集合而成,并非出于有计划的安排。出于有计划的安排的,是西南联大新校舍。西南联大原先借用了昆明的几个学校的校舍和几个会馆的房子。后来在北城墙外边弄来了一大片空地，在其上建筑了一些简易平房，虽然简易，可是应有尽有：有宿舍，有教室，有图书馆，有大饭厅，肝胆俱全。有了这座校舍，联大可以说是在昆明定居了。

在第二次世界大战开始以前，日本向昆明空袭是从武汉出发，到达昆明是在上午10点钟左右。人们摸到了这个规律，就把每天活动的时间提前，联大也将上课的时间提前，到10点左右就把上午的课上完了。下午3点以后上课，这中间是准备空袭疏散的时间，一有空袭警报，师生们都向新校舍后面的一些土山上疏散。有座土山中间有道峡谷，我们称之为“一线天”，都认为那里是一个很安全的地方。空袭时到那里去的人最多。有一次，一颗炸弹落在“一线天”门口，掀起的土把华罗庚埋起来了，幸亏很快就解除警报了，附近的人才把他扒出来。又有一次，一颗炸弹正落在西仓坡清华办事处院子里，有一位工友不幸遇难。

第二次世界大战发生，日本占领了越南，昆明本是后方名城，这时变成了前方重镇。日本向昆明空袭，改从河内出发，距离近了些，到得早了些，但基本上还是在中午那段时间内。后来美国空军飞虎队到昆明来了，日本的空袭渐渐少了。昆明街头出现一些洋人，他们的皮夹克背上印有“来华助战洋人，军民一体保护”十二个大字，这是恐怕他们降落到偏僻的农村遭到误伤。

整个抗战时期，昆明在日本空袭中所受的损失，并不像原来想象的那么严重。有一次空袭，在疏散的群众中，我听见有个人议论说：“哈哈！原来听说只要五个炸弹就把昆明炸成平地，到了现在掉下来的炸弹至少有五千个，可昆明还是这个样子。”就当时的武器力量说，空袭昆明这样的城市的效力主要是心理上的。

当时联大的学生，多数是从沦陷区来的，他们的经济来源常常接济不上，生活困难，就只好在昆明找点小事做一下，可以说是勤工俭学。他们所做的事,大小都有,从坐办公室一直到当公共汽车售票员。当时昆明正午12时放午炮,有一个同学做了放午炮的工作。有一次联大赛足球,时间是正午12点,同学们看见这位专管放午炮的同学也来了,就问他:"你怎么有工夫来?"他说:"我要来看足球,就把午炮提前放了。"

因为通货膨胀,物价飞涨,教师们的生活也是很困难的。一个月的工资加到几百万,不到半个月就完了。教师们多是靠兼职兼薪,以为贴补。大多数的人是卖文,向报刊投稿,得一点稿费。能作古文的人,向当地富贵人家作"谀墓"之文,这样的生意最好,因为可以得实物报酬。到了抗战末期,联大一部分教授组织了一个卖文卖字的会。说是要卖字,闻一多还给我刻了两个大图章,以备使用。不过还没有开张,日本就投降了,我的图章始终没有用上。到1946年我们将要离开昆明的时候,教师们大都把原来从北方带来的东西在街头拍卖了。家属们坐在街头摆地摊,占了很大一块地方,持续几个星期之久。

我家先住在龙头村的村子里,后来搬到一个旧庙里,那座庙修在村边的小土山上,已经没有神像了。这座庙有两层院子,后一层是龙泉镇镇公所,前一层的北房是一个公司的仓库,东厢住一对德国犹太人夫妇,据说男的原是德国外交部官员,被希特勒赶出来的。我家住在西边厢房里。旁边是个小学,叔明一度在院里设了一个油锅炸麻花,学生下课了就来买麻花吃。

梅贻琦夫人韩咏华约集了几家联大家属,自己配方,自己动手,制出一种糕点,名叫"定胜糕",送到昆明的一家大食品商店冠生园代销。据她说,初次送货去的时候,还不敢说姓梅,只说是姓韩。还有一家眷属在云南大学及联大附近,开了一个小馆子。

还有潘光旦吃耗子肉的事,也盛传一时。他的兄弟是个银行家,在重庆,听说他吃耗子肉,赶紧汇了一点钱来,叫他买猪肉吃。其实潘光旦并不是为了嘴馋,而是为了好奇。也确有一些嘴馋的人,像云南的地方军队,就经常往农民家里打狗,把狗拖去杀了吃。有一次他们打狗,来到一个农民家里,恰好潘光旦就疏散在那一家里。他早年在清华当学生的时候,踢足球伤了一条腿,只剩下一条腿,以后走路总是架着拐子,可是能够照常上下楼梯、跋山涉水。这时他听见有军队来打狗,就出来拦住,问:“你们为什么打狗?”那个带头的说:“是上边叫我们来打的,吃了狗肉可以治湿气。”潘光旦说:“你们的上边是谁?”回答说:“是龙大少爷。”(龙云的长子)潘光旦说:“好了,龙大少爷我们都是熟人,你们都回去吧。”有个兵插嘴问:“你说你跟龙大少爷是熟人,你知道龙大少爷住在什么地方?”潘光旦装着大怒,用手一指,说:“你说话小心点!你知道我这条腿是怎么丢的!”那个带头的大概认为潘光旦一定是一个有战功的高级军官,就回头向兵们说:“走吧,走吧。”那些兵都悄悄地走了。在我疏散的那个地方,也有过这样打狗的事,可惜我没有潘光旦的勇敢和机智,怕的是“秀才遇见兵,有理说不清”,就没有出来拦阻。

当时周培源一家疏散得很远,住在昆明城外的西山脚下,离联大新校舍约有四十里。周培源只好自己养一匹马,骑马来到教室跟前,把马一系,就进教室,保证了按时上课。

当时有一个问题。我每天都在联大上课或办公,只能住在城里,周末才回家。孩子们也不在家,常常只有叔明一个人在家,很觉得孤单,简直有点害怕。对门的犹太人有个朋友,是德国人,养了一条狗,说是很聪明。他的朋友要回国了,要给狗找个新主人,就送到我家来了。那是一种矮狗,一身白色长毛,还能拿耗子。我猜想,它大概是一种猎狗。我们给它起了个名字,叫玛丽。玛丽来了几天,忽然不见了,遍山寻找,毫无踪影。对门犹太人说,大概是又回到原来的主人家了。到它原来的主人家门前一看,玛丽果然在那里,门已经锁了,可是它还在外边守门。又把它唤回来。我们住的那座旧庙,进了大门,是一条甬路,我家和对门犹太人的家是以甬路为界。进了大门往镇公所去的人也是向东拐。玛丽就认定这条甬路是我家的界线,凡是进了大门往西拐,或是看着像是要往西拐的人,它都要拦住,它很凶猛,往往把人咬伤。可是对于主人非常温驯忠实,遇见只有叔明一人在家的时候,玛丽总跟着她,寸步不离,晚上就卧在床前,把头枕在门槛上,两眼向外面望着。叔明说:有了玛丽,真是解决了大问题!我们离开昆明时,把玛丽带到重庆,住在叔明的大姐家里。离开重庆时,因为坐飞机不能带狗,就把玛丽留在重庆了。后来叔明的大姐来信说,玛丽丢了几个月,又自己回来了,脖子上带了一块贵阳的牌子。可能是它顺着来重庆时的路,要回昆明找我们,走到贵阳被人家扣留了。以后又从贵阳跑回重庆的。《晋书·陆机传》说:陆机"有骏犬,名曰黄耳",常在他的老家与洛阳间传递家书。从玛丽的事看来,有关黄耳的记载也不是不可能的。

我的女儿钟(宗)璞写了一篇小说《鲁鲁》,"鲁鲁"的原型就是玛丽。

联大文学院从蒙自迁回昆明后不久,有一天,蒋梦麟约我们五位院长到他家里谈话。他说:"重庆教育部有命令,大学院长以上的人都必须是国民党党员。如果还不是,可以邀请加入。如果你们同意加入,也不需要办填表手续,过两天我给你们把党证送去就是了。"当时只有法学院院长陈序经表示不同意,其余都没有发言表态。我回家商量,认为我已经有过被逮捕的那一段事情,如果反对蒋梦麟的提议,恐怕重庆说是不合作,只好默认了。过了几天,蒋梦麟果然送来了党证。

当时重庆教育部设了一个学术评议会,说是可以参加讨论国家教育、学术方面的重要事情,我被指定为这个会的成员。接着就往重庆参加这个会。头一天开幕的会上,看见来了一个面团团如富家翁的人，他说，“现在教育界有些不同的意见，议论纷纷，很不好。”我悄悄地问坐在我旁边的傅斯年，这个人是谁？傅斯年说：“这就是孔祥熙，骂到你们头上了，你得发言批评他。”孔祥熙发言完了，我就接着发言说：方才孔院长（行政院院长）说有不同的意见，不同的意见是有的，但要看是一些什么意见。中国的哲学史上，有程朱与陆王的两派之争，当时有人说，程朱、陆王之同异，是不可和之同异，亦不可无之同异。有些同异，就是不可无的。散会的时候，孔祥熙还跑过来和我拉拉手。这次会有一个任务，是评选抗战以来最佳学术著作。投票的结果，我的《新理学》当选第一等，发给奖金一万元。金岳霖先生的《论道》也被选为第一等，可是第一等规定只有一个名额，所以《论道》就屈为第二等了，发给奖金五千元。当时通货膨胀还不十分厉害，一万元还算是一个相当大的数目。这种评议，就只举行过这一次，不知道因为什么缘故，以后就没有人再提评选的问题了。

在我又一次到重庆的时候，孔祥熙说，他要办一个孔教会，请我当会长。我的回答有两点，一点是，没有办这种会的必要，第二点是，如果要办，我也办不了。

蒋介石在重庆办了一个中央训练团，叫他手下的人，轮流集中受训，每半年为一期。训练的目的，是培养他们对于蒋介石的个人崇拜、盲目服从的感情。训练以后，发给每个受训的人一把短刀，上刻“不成功便成仁”六个字，鼓励他们为他拼命。其中比较重要的人，蒋介石还叫他们和他自己单独照一张相片，在相片中，蒋介石坐在椅子上，那个人恭恭敬敬地站在椅子后面。他想借此同那些人培养一种封建关系。训练团中，也开了一些知识性的课程，聘请当时各大学的教授担任。我也被聘请担任一门，题目是“中国固有道德”。时间是每届中两三个星期不等。再加上教育部的学术评议会开会，我到重庆的次数就多了，每年总要去一两次。1943 年，我利用清华第二次休假的机会，一半的时间到重庆，为国民党的中央政治学校教了一点课;另一半时间到成都华西大学,作几次临时讲演。

蒋介石有一个办法:凡是从别的城市到重庆去的比较知名之士,他都照例请吃一顿饭。我差不多每次到重庆,他都送来一张请帖,请去吃饭。吃饭的时候,客人先到,坐在客厅。蒋介石先到客厅旁边的一个小房间里,请他所要单独接见的人进去单独谈话。每个人进去,谈几分钟就出来。他也随着出来到客厅,说几句应酬话就一起到餐厅。每次吃饭,大约有二十人。中餐西吃,坐定以后,边吃边谈。座中也经常有别的城市的头头,蒋介石看见这些人总是问:"你们那里现在怎么样?"如果回答说很好,他就不再问了。如果回答说有些问题,他就追问是些什么问题,回答的人如果有些话说得不合他的意,他就发怒,有的时候还当面斥责。所以去参加吃饭的那些头头们,都是战战兢兢的。经过几次这样的场面,我发现一条规律:善于做官的人,如果蒋介石问他所管辖的那个地方的情况,总是说很好。这是一个最简单最容易最保险的回答。说一个"好"字就过去了。假使回答说有问题,甚而至于还要说有什么问题,要对那些问题作一种分析或者请示,那就麻烦了。不但解决不了问题,而且可能还要受到斥责。我心中忽然明白了一个问题:在中国封建社会中,有许多皇帝,也不能说是不聪明,到后来总是把事情办糟。像唐明皇,在安禄山已经打到潼关的时候,他还是照样寻欢作乐,那些掌权的大小官员,在他面前都不敢说真话,因为说假话最容易最保险,而说真话会引起麻烦。大小官员都不得不用官僚主义的一个妙诀,就是前面说过的"瞒上不瞒下"。瞒来瞒去,就只瞒着掌握最高权力的那一个人。等到那一个人也觉得他是被瞒了的时候,事情已经糟到极点,无可挽回了。

在抗日战争进入相持阶段以后,蒋介石和重庆的一些人都觉得,他们似乎可以偏安下去。他们的注意力也顾到了文化方面。蒋介石以其侍从室的名义搞了些提倡哲学的事。顾名思义,侍从室是他个人的侍从，个人的办事机构。事实上，虽然说是个室，下面却设有处、科等组织。实际上是一个太上政府。用侍从室的名义所办的事，可以不经过行政院各部的渠道，也不受他们的管辖，他们不能也不敢过问。当时有一个复性书院，院长是马浮（字一浮），院舍设在四川嘉定，用的款是侍从室出的，开设讲座，招收学生。据说，马浮给学生讲课，仪式是很庄严的，在一个大厅里，铺上红毡，毡上设讲桌讲座，学生先站班，站班以后，派代表进去，启请讲主出来开讲。马先生对于佛学和道学有研究，他着重述而不作，讲稿很少发表。有些他认为是重要而流传不广的道学家的著作，他就刻版印刷发行。在清末民初的时候，杨文会（字仁山）在南京办了一个金陵刻经处，把他们认为是佛学中比较重要而流传不广的著作刻版印刷发行。有些信仰佛教的人，向刻经处捐款，并且指定这些捐款作为刻印哪一部经典之用，以此为功德。这部经典刻成以后，在后面附有这些捐款的人的姓名，以表明他们的功德。复性书院所刻的道学家们的著作，也用这种办法。复性书院成了一个刻经处。

侍从室还出钱办了一个西洋哲学名著编译委员会，主任委员是贺麟（字自昭），还聘请好几位编译员，翻译出来了不少的西洋哲学古典著作。侍从室又同我说，要办一个中国哲学研究委员会，由我当主任委员，可是给的钱很少，每月只有一万八千元。当时通货膨胀已经很厉害，这个数目实际上办不了什么事，也用不了专职的人，我想了一个收买稿子的办法。我知道当时学哲学的人生活都很困难，写了些稿子也没有人过问。我就把中国哲学研究委员会作为中国哲学会的一个附属组织，接收哲学论文的稿子，由委员会赠送稿费，比较短的论文，在《哲学评论》中发表，长的可以作为专著，由中国哲学会代为想办法发表。在这些专著中，收了熊十力的几本书，我的《新原道》、《新知言》也是在这种安排下发表的。这个委员会成立的时候，已到抗战的后期，收买稿子作为文章、专著发表的事情办得不多，到了抗战胜利,这些活动就结束了。

1943年秋天,有一天蒋梦麟邀请西南联大的国民党党员教授,到他家里座谈。谈的内容,是国内形势。蒋梦麟说,陈雪屏就要到重庆去,当局必定问他联大的情况,大家有什么意见,可以谈出来,托陈雪屏带去。大家同意以联大区党部的名义,给蒋介石写封信,表示一点意见,并且推举我起草信稿。过几天,又开一次会,讨论信稿。信稿原件现在遗失了。大概的意思是说,照国内的形势看,人心所向似乎不在国民党;要收拾人心,必须开放政权,实行立宪;清朝末年,清室不肯立宪,使国民党革命得以成功,可为殷鉴。这个信稿通过了,立即发抄,交给陈雪屏。又过了几天,区党部接到蒋介石的一封回信,说他很注意联大区党部的意见,并且说,现在形势虽然危急,但有像联大的这些党员,相信可以转危为安。蒋介石也说是要立宪,可是他所说的立宪,并不是我们原信中所说的立宪。在联大大部分的教授中,包括我在内,所说的立宪,是真立宪,真民主。当时我想,要立宪就要实行真正的选举。如果国民党不能得到多数票,只能怨它在二十年的执政中没有把国家办好,那就得把政权让出来,交给得到多数票的党派。可是蒋介石所说的立宪,是假立宪,是借立宪之名,以巩固他的地位。他所要的选举,是以选举的形式使国民党的专政显得合法。在抗日胜利以后,他果然照着他的意图实行"立宪"。假的就是假的,它是不能解决真问题的。

1945年春天,国民党召开第六次全国代表大会,河南省党员代表大会选举我为出席全国代表大会的代表。我同他们一向并无接触,为什么会选着我呢?原来河南的党员代表大会,在选举时分为两派,竞争很激烈。有一个代表名额,他们相持不下,选不出来,有人建议,提出一个两派都不能反对的人作候选人。他们认为,我有这样的资格,提出我来,就通过了。当选的电报到了昆明,我是不是接受,心中犹豫不决。后来还是接受了。自从卢沟桥事变以后,蒋介石召开座谈会,讨论抗战问题,我被邀参加第三次座谈会,可是开会的日期还没到,北京就沦陷了,抗战势在必行,那次座谈会不开了。以后全国性的会议,都没有邀我去参加。国民参政会也没有我。我当时心中很感不满。我当时想,你上层不找我,基层倒选举我了,我去一趟叫你们看看。这完全是出于为个人打算的私心,不过这种私心,竟使我去重庆参加大会了。一到重庆,大会的预备会选举我参加主席团。会外纷纷议论,说主持大会的人认为,全国的第一流的学者到了,就应该让他进主席团,还给他中委。有个朋友对我说:“你大概是已经被确定要当选中央委员了,但是中央委员对于别人是一种资本,对于你却是一种负担。”当时我觉得这位朋友的话很有道理。在我照例被邀请到蒋介石那里去吃晚饭的时候,他果然单独找我谈话。他说:“大会要选举你为中委。”我说:“我不能当。”他问为什么,我说:“我要当了中委,再对青年们讲话就不方便了。”他说:“那就再说吧。”以后再没有提这件事。我遇见一些各地来的代表,他们说中委的名单已经确定了,我说不是要经过自由选举吗?他们说:“我们的选举权早已不在我们手里了。我们的当选证书早已被人家领头的收去了,他们拿我们的当选证书去领票,要投谁的票他们早已确定了。如果他们认为谁可能不投他们确定的人选,就把谁的选票扣住不发给他。”我说:“我的当选证书怎么没有人来收?”他们都哈哈大笑,说:“你是又当别论。”所以在选举的时候,表面上看,也是每个代表拿着票往票箱里投,但是他们所选的人并不是他们自己决定的。不过无论如何,我总算是于代表之外没有加上别的官衔,没有增加别的包袱。

1944 年底,唐河老家来了一封电报:“母病速归”。隔了不久,又来一封电报:“母故速归”。我同景兰赶紧回河南。因为路上不好走,交通很困难,我们没有让沅君同我们一起回老家,她那时也在云南,不过不在昆明。我们从昆明坐飞机到重庆,从重庆坐轮船到宜昌。那时宜昌已被日本占领,我们只好在宜昌上游的三斗坪的对岸上岸。一上岸就翻越荆山山脉,向北走,在山里走了两三天,才顺着一个山谷走出山区。那个谷口好像一个大门,出了大门到了平原,觉得一片宽阔。车也是大的,牛马也是大的,还有河也是大的,一打听那条大河就是汉水。往下游走就到襄樊。我们不走襄樊,就在那里上渡船过了汉水,到了一个大市镇。刚从山里出来,觉得那个市镇简直是大得很,原来那就是老河口。第二天换坐公共汽车,走了一天到了南阳。从南阳又坐公共汽车,走了一天到了唐河。到唐河找着堂兄大哥,见大哥穿着孝服,就知道母亲确实已经去世了。从唐河坐牛车,又走一天,到了祁仪镇老家。只见一柩在堂,一灯荧然,母亲再也不能见了。母亲在世的时候常说,她在老家,我们在外边,大概不能相见了。因为她向来希望我们安心做我们的事,如果不是病重,她决不会打电报打扰我们;如果真是病重,打电报恐怕也来不及了。事情果然就是这样,不出她之所料。听姐姐说,母亲的病是积劳而得。她晚年决心要修建一座冯氏宗祠,在她去世之前已经动工。她已经是八十多岁的人了,走路很困难,可是常常到工地去监工,还要动员族人合力完成这件事。姐姐又说,母亲在家,凡兴置产业,都要照样置两份,原来的产业也都分成两份,预备我和景兰之用。母亲为冯家承先启后,可以说是完备周至,无以复加了。母亲常对我说,中药六味地黄丸对于她的身体很合适,不管得了什么病,吃了六味地黄丸都见效。我说:"那你可以常吃。"她说:"常吃干什么,还要活一百岁吗?"我揣测她的意思是说,她在承先启后这方面应该做的事都已经做了,责任已经尽了,多活几年也没有什么意义。用中国哲学家的话说,这是"明于死生之道",是很难有的一种觉悟,很难达到的一种精神境界。也正是像张横渠《西铭》所说的:"存,吾顺事;没,吾宁也。"那时候已经快到春节了,就赶紧发丧开吊。我作了一篇行状、一篇祭文。

《祭文》说：

维人杰之挺生，皆造化之锺灵，但多伤于偏至，鲜能合乎中行：或仁爱而优柔，或刚断而寡情，或方正而迂阔，或干练而无诚，或豁达而疏略，或谨慎而不宏，或豪施而奢汰，或俭约而吝砼。惟吾母之懿质，集诸德之大成。使晚生以百祀，当女权之已明，作领袖于社会，宜冠冕于群英。值时代之不偶，屈长才于家庭，譬鹍鹏之巨翼，乃水击于池中，谢经国之远略，而造福于诸冯。闻吾母之来归，事重闱于高堂，作新妇之匝月，已见惊于族党，称才调为第一，父咏叹于篇章。父得助而高骞，乃游宦于武昌，受高贤①之知遇，始为宰于崇阳，虽牛刀之小试，亦驹隙之不长，忽遘疾而奄化，坠鹏程于初翔。无一言之遗命，留群雏于孟光，扶一柩而北驾，备廉吏之凄凉。既相夫之已毕，惟事亲与抚孤，凛劲节于冬雪，存冰心于玉壶。终慈日之余辉，游儿曹于上都，虽节衣而缩食，惟馈给之无虚，不相累以庶务，令专志于远图。县女学之初创，尊吾母为大家，集婉娈之庶姬，开一时之规模，以闺门之肃雍，加学校之诗书，惜为时之过暂，虽有志而未舒。及儿曹之名立，始开颜而息肩，欣诸孙之入抱，若玉树之竞鲜。觇皇居之壮丽，观长城之蜿蜒，乘遄飞之逸兴，吟孟姜之诗篇②。维天道之消息，盖无平而不陂，值东师之渝盟，忽袭我之东陲，知来日之大难，母闻信而兴悲，忧子孙之萍漂，虑国家之黍离。既频惊于风鹤，乃遄返于园田，修松竹之三径，备儿曹之南旋。谓战争之有止，斯聚会之有年，乃一时之离别，竟永诀于人天。呜呼哀哉！母晚年之家居，惟专志于宗祠，凡堂庑之创建，思一人而任之，日聚资而蓄材，盖数年之于斯，迄客秋而始营，亲

① 梁鼎芬。

② 母居北平，一日游八达岭，甚欢，口吟孟姜女民歌。

监督于始基，日夙兴而夜寐，工未竣而身危。岂劳苦之太过，形疲敝而不支，抑责任之已毕，神逍遥而永辞。自况譬于阵殁，虽形苦而神怡。乃人道之完尽，非澌灭而无馀，不曰死而曰终，宜正名以称誉①。母既返于故里，寇旋入于北平，儿初守于学校，继间关而南征。经武昌之故居，望崇阳之旧封，吊屈贾于长沙，怀朱张于祝融。当百代之巨变，对千古之遗踪，昔所怀而未达，今受感而始通。如有鲠之在喉，乃述作以为工，据所见而立说，岂好辩以为雄。维抗战之七载，媳备著于辛劳，日斤斤于盐米，夜频频于尺刀，胼双手于澣浣，疲一身于厨庖，致爱护于夫子，尽养育于儿曹，幸痼疾之已去，勉支持于作操。琏②幼依于祖母，备受母之恩勤，今远嫁于星岛，久不通于音闻，即吾母之永逝，亦欲告而无因，惟确知其无恙，母无用于忧心。应盟军之东至，辽③从军而远征，渡怒江而西进，旋奏绩于龙陵，继歼敌于遮放，今次师于畹町。斯吾母之遗体，为国家之干城，虽名位之微卑，亦告慰于尊灵。尚幼稚之璞越④，祝福体之安康，书鸟篆于鸾笺，欲进贴于母床，藉献岁之发春，博欢笑于一觞。奈慈舆之不留，空涕泪之淋浪。离昆明而巴渝，经夔府而东航。忆昔日之传言，父为神于此乡，想慈舆之已临，或并坐于堂皇。冀深宵之入梦，奈竟夕而渺茫，忆吾母之夙论，叹有生之无常，况人死如灯灭，随形化而神亡。然噩耗之将至，媳梦柩自北方，似母神之不灭，远寻儿于昆明。信斯道之茫昧，心再思而惝恍。母永逝之匝月，儿始返于故枝，空抚棺而长恸，悔九年之归迟！维抗战之七

① 《礼记·檀弓》："君子曰终，小人曰死。"宋人注："终者所以成其始之辞，而死则澌尽无馀之义。"

② 女钟琏。

③ 子钟辽。

④ 次女钟璞，次子钟越，为母篆书"福体安康"四字。

载,日仓皇于乱离,虽春秋之代序,忘岁月之已驰,冀金萱之长茂,忽承欢之及时,恨已往之不再,痛逝者之难追。叹吾父之至论,怨庄叟之妄辞①。母未完之志事,惟宗祠之续修,观已成之二屋,信坚固而寡俦,俟大事之已毕,即召工而与谋,必继志而述事,如吾母之所筹。八十年之人生,信始终之全完,备洪范之五福,宜无憾于人间。维明日之良晨,请起柩而奉安,留神灵于宗祏,藏形骸于田园,启吾父之旧茔,入吾母之新棺,葬父母于同穴,其永宁于九原。呜呼哀哉!尚飨。

母亲是我一生中最敬佩的人,也是给我影响最大的人。祭文如果有"溢美"之处,那就是她是封建社会的完人,而我没有说出这个限制。还可以补述的,是她教育子女的方法。她向来不在小孩的面前夸奖他。当父亲还在世的时候,母亲问父亲:"照以前科举的标准,你看像友兰这个样子能去考秀才吗?"父亲说:"岂但能去考,碰巧了还能成秀才。"这个话,母亲在我到清华做事的时候才告诉我。她以前没有对我提这番话,也没有向别人说过。

朱自清的《犹贤博弈斋诗钞》中有一首诗题为《读冯友兰、景兰、淑兰昆季所述尊妣吴太夫人行状及祭母文,系之以诗》,诗曰:

饮水知源木有根,
瓣香贤母此思存。
本支百世新家庙,(自注:吴太夫人新建宗祠)
昆弟三涂耀德门。
趋拜曾瞻慈荫暖,
论交深信义方惇。
长君理学尤沾溉,
锡类无惭古立言。

---

① 祖父殁时,父挽联有云:"再休说八千岁灵椿,庄叟妄谈,误尽古今承欢者。"

(《朱自清古典文学论文集》下,七六九页)

朱自清当时并没有把这首诗示我。现在他的诗集出版后我才看到。

我在老家赶着在春节以前把丧事办完了。有消息传来,日本在这个地区要向西进犯。我同景兰赶紧离家到南阳,又从南阳到豫西的河南省政府所在地丹水,听说河南大学在淅川县紫荆关,我同景兰到紫荆关去看望了他们,又回到丹水。那时日本侵略军已经进逼南阳,国民党省政府预备再向西逃,已经束装待发了。我同景兰随同他们经过武关,翻过秦岭,到西安,从西安到天水改乘飞机到重庆,又从重庆乘飞机回昆明。

1945 年 8 月 15 日的晚上,我同梅贻琦在云南财政厅厅长家里吃晚饭,正在吃饭的时候,这位厅长的秘书来对他说有电话,他去接了电话回来说,日本投降了。在座的人都觉得惊喜,可是没有应该有的那种狂欢之情。吃饭以后,在客厅谈话,大家相对无言,这是因为大家都有一种预感,觉得内战要爆发了。出来走到街上,才知道群众确实狂欢了一阵。在主要的街道上,鞭炮的纸屑铺满了一地。

抗日胜利以后,在西南大后方的各单位的人,都要抢先回到他们原来的地方,当时的交通工具远远不敷应用。像联大这样的几千人的单位,移动更是困难。于是就决定在昆明再上一年课,到 1946 年暑假北返,暑假后三校各在原址上课。就在这一年中,联大发生了一些重要的事,最重要的是 12 月 1 日的"一二·一"学生运动,将在第三部分中叙述。

西南联大于 1946 年 5 月 4 日结束。留下作纪念的纪念碑,也于是日揭幕。常委会发出消息,说交通工具仍然困难,专靠学校统一办理恐怕不行,如果个人有办法的可以先走,到重庆集齐。我的同乡白雨生在昆明担任后勤总司令,在日本投降以前就对我说:"将来胜利了,我派车送你们到重庆。"到这个时候,他实践前言,派了一辆吉普，还带一个拖斗，送我们。我的全家和景兰的全家，都坐这辆车于6月底循公路经过贵州，走了大约一个星期，到了重庆。李公朴、闻一多在昆明被暗杀的凶信，我是在重庆看报才知道的。

联大的教授们在重庆住了好久，还没有得到任何交通工具，有人提醒我们说："你们可以在报上发点牢骚。"我们就在报上发表了几篇文章，果然有效，过了不久，当时的航空公司就给我们派了一架运输机。早晨在九龙坡上飞机，中午到西安，吃了一顿饭，下午就到北京了。在西苑机场下飞机，进入城内，只觉得满目萧条，街上行人稀少，两旁房屋陈旧失修，有些地方还有败瓦颓垣。遭了八年的破坏，北京已经不是当年的北京了。

在日本投降后不久，我在昆明接到一封从美国来的信，信是翻译我的《中国哲学史》的布德（Derk Bodde）寄来的。他在抗战前夕离开北京回美国的时候，那部书只翻译了上卷，约定以后有机会再继续往下翻译。这封来信说，他已经在费城（Philadelphia）宾夕法尼亚大学（University of Pennsylvania）当中文教授，并且已经向洛氏基金（Rockefeller Foundation）请得了一笔款项，基金会把这笔款项捐给了那个大学，那个大学就用这笔款项请我去当一年的客座教授，任务是讲一门中国哲学史的课，其余的时间继续翻译《中国哲学史》下卷，大学在9月1日开始上课，请于9月1日以前到校。我回到北京，已经是7月底了。当即筹备出国，于8月初到上海，乘船于8月下旬到旧金山。当我正要离开船的时候，有人告诉我说："有人找你，说是你的儿子。"我出去一看，果然是我的大儿子钟辽。他是从早上坐汽车从洛杉矶来的，来到船上的时候正是我要离开船的时候，时间恰好，若晚来几分钟，我就下了船，不知住哪家旅馆，那就很难找到了。

钟辽是在1945年日本投降以前来到美国的，是国民党的军事委员会外事局送来学习翻译的。日本投降以后，外事局把他们一批人遣散了，每人发给一份回国的路费，如果不回国，在美国生活自理。他知道我将要去美国，所以就没有回国。他知道我坐的船的名字，打听出船到的日期，就从洛杉矶由他的一个原来在云南边境一起打日本的美国朋友开车把他送来了。我们一同上岸，辞谢了他的朋友，第二天就坐火车向费城去了。以后钟辽就在那个大学里上学，我们父子住在一起，一直到1947年我离开费城为止。

1947年是普林斯顿(Princeton)大学建校二百周年。我还在国内的时候，清华就接到他们的一份请帖，请派代表参加庆祝大会。清华就派我为代表，就近参加。到了开会的时候，我从费城去参加，到会的人很多，其中有三个中国人：梁思成，赵紫宸和我。普林斯顿大学赠给赵紫宸和我名誉文学博士学位。

在纽约见到了杜威，谈起我在哥伦比亚上学时的那些老师，大多数都已经不在了。杜威告诉我说，美国的宗教势力，有抬头之势。他说，有一个有钱的老太太，向一个天主教的主教说，"你若能够保证在我死了以后我的灵魂一定得救，我就把我的财产全部献给教会。"那个主教说，当然保证。这位老太太信以为真，就把财产献给教会了。说到这里，我们都大笑不止。我还看到一本新出的书，是一个哲学教授写的自传。他说，有一次他接到一个什么厂的工会的请帖，说是他们要举行一个晚会，请这位哲学教授贡献一个节目。他去了，一看节目单，上边有魔术、杂技、讲故事、唱歌等项目。晚会上演了几个节目以后，请他讲哲学，接着是魔术，他说他心里很不舒服。散会以后，恰好同那个魔术师住在一个旅馆。魔术师看见他郁郁不乐，以为是在他讲完哲学以后鼓掌不很热烈的原故，就安慰他说，干咱们这一行的人，往往遇见观众不大欢迎的情况，这是常有的事，不必介意。这两件事情大概都是实事，因为杜威同我谈话时是当做一件实事说的，而这位哲学教授写的也是他亲身经历。我讲这两件事情，也不是要说笑话，这两件事情可以说是哲学在美国当时的情况的反映。那位老太太,把她的希望寄托于宗教,这说明她的精神境界是空虚的,没有找着一个精神上"安身立命之地"。在这一点上,哲学是可以代替宗教的,而且事实上中国哲学也就是在这一点上代替了宗教。现代西方资产阶级哲学,只讨论哲学中一些问题的细节,一般人听着有莫名其妙之感。好像魔术一样,一会儿这样,一会儿那样。人不能把希望寄托在这些讨论上,这些讨论也实在不能为人所寄托。因此只好转向宗教,把希望寄托在那位主教的一句话上面了。

我在宾夕法尼亚大学用英文写了一部讲稿,于1947年离开纽约时,把它交给纽约的麦克米伦(Macmillan)公司出版,书名《中国哲学小史》,后来有法文、意大利文、南斯拉夫文译本,直到1984年才出中文本。差不多同时,我的《新原道》的英文译本也在伦敦出版,题名为《中国哲学之精神》。

在西方,研究古代文化的有"希腊学"、"埃及学"等等,研究中国文化的称为"中国学"。这些学都是把他们所研究的对象作为博物馆里的东西来研究。这也难怪。因为在解放以前,外国学者来中国的,中国也无非是让他们看看长城、逛逛故宫。除了这一类古的东西之外,再也没有什么新的东西可看。当时我有一种感觉,我在国外讲些中国的旧东西,自己也成了博物馆里面的陈列品了,心里很不是滋味。当时我想,还是得把自己的国家搞好。我常想王粲《登楼赋》里的两句话:"虽信美而非吾土兮,夫胡可以久留?"

到1947年,人民解放军节节胜利,南京政权摇摇欲坠,眼看全国就快解放了,有些朋友劝我在美国长期住下去。我说:"俄国革命以后,有些俄国人跑到中国居留,称为'白俄'。我决不当'白华'。解放军越是胜利,我越是要赶快回去,怕的是全中国解放了,中美交通断绝。"于是我辞谢了当时有些地方的邀请,只在回国途中在夏威夷大学呆了一学期。

在夏威夷过圣诞节,一位美国同事说,有一只帆船游艇,组织人们到别的岛上去玩,每人收五十美元,他全家都去,约我也加入。原来夏威夷是一个群岛,火奴鲁鲁是其中主要的一个,附近还有些别的相当大的岛。我答应了。同去的除了那位教授全家外,还有好几个美国人。我们逛了三四个岛。每到一个岛,就上岸,租一辆汽车,由那位同事自己开车,我坐在他的旁边,手里拿着地图,我说我是领航员,他的夫人和小孩都坐在后边一排。这样在岛上走一圈,就回到游艇上,再到别的岛去。这些岛原先都是些火山,所看见的大部分都是些火山遗址。到了最后一个岛上,就不回艇上了,改坐飞机飞到火奴鲁鲁。这次旅行,没有看见什么新东西,但得到一些关于航海的知识。原来帆船在海上走,既不能撑篙,也不能荡桨,主要是靠风。我小的时候从唐河到武昌,听见船家说:"船使八面风"。意思是说,只要有风,就可以把帆挂起来,船就可以走。船在内河里,这句话就不完全正确,因为如果风从正面刮过来,比如说往南走,恰好遇见正南风,这个风就不能使了。可是在海面上,确实可以使八面风。迎头来的风也可以使。因为可以把帆扯到一定的角度,船就往东南或西南走,走之字形的路。在内河里边,这个办法不行,因为河的宽度有限,如果按之字形往前走,那个之字大了,船就碰着岸了。在海面上没有这个问题,船走的那个之字可以很大很大,所以帆船在海面上只要有风就能走,技术在于把帆扯在一定的角度上。从前没有汽船,帆船就是这样走的。船有大有小,但是这个道理都一样。帆船在海上只要有风就能走,反过来说,要是没有风就一点也不能走。我们坐在那只小帆船上,曾经望见了一个小岛,可是没有风,停了几个钟头,船和岛的距离一点也没有变。我当时想,这就是所谓"海上神山,可望而不可即"。坐飞机回来以后,有好几天,总觉得地是动的。有人向我说:"你真勇敢,你不会游泳就敢坐帆船。"其实我觉得,如果没有特别的风暴,坐帆船也是很安全的。坐小游艇在海上走走,跟坐大轮船的感觉是不同的。

圣诞节过后,第一学期结束了。我就启程回国。在上船以前过海关的时候,查护照的人看见上边打的是一个"永久居留"的签证,就说:"你可以保存这个签证,什么时候再到美国来都可以用。"我说:"不用了。"把签证交给他就上船了。①

1946 年 8 月,我把在抗战时期发表过的一些零星文章,搜集起来,择其可存者,编为《南渡集》,交商务印书馆出版,版已经排好了,正赶上解放,没有印行。

我回到北京以后,叔明告诉我,她的二姐任锐曾经随着延安的军调代表来到北京,也到过我们家。二姐说:"你们可以到延安去,现在延安、北京之间,常有飞机来往,如果你们决定去,全家都可以坐飞机去。"叔明说,二姐已经走了,走的时候交代说:"你们什么时候决定了,可以去找叶剑英同志。"当时我们商量,作出了一个决定,反正我们是不走的,解放军也快要打到北京了,我们就在这里等着他们吧。当时我的态度是,无论什么党派当权,只要它能把中国治理好,我都拥护。这个话我在昆明就已经说过。当时在知识分子中间,对于走不走的问题,议论纷纷。我的主意拿定以后,心里倒觉得很平静,静等着事态的发展。有一次景兰问我说:"走不走?"我说:"何必走呢,共产党当了权,也是要建设中国的,知识分子还是有用的,你是搞自然科学的,那就更没有问题了。"当时我心里想的,还是社会主义"尚贤"那一套。

在 1948 年秋天,南京中央研究院推选我为院士,叫我到南京去开院士会议。在会中,我又当选为院士会议的评议会的委员。这个评议会,大致相当于院士会议的常务委员会。在大会闭会的那一天,蒋介石以"总统"的身份出席了。院士中有曾经参加过戊戌变法的

① 此处记忆有误。——校勘者按

老一辈学者张元济,他在蒋介石的面前放了一炮,他说:大家要看看外边是什么情况,内战愈打愈烈,民不聊生,还要开这种会议,这是自欺欺人,要赶紧停止内战!这些话虽都是大家心里话,可是经他当着蒋介石的面公开地一说,大家都觉得愕然,对张老先生敬佩不已,蒋介石没有回答,主持会的人看见事情有点僵,就宣布散会。晚上,蒋介石请全体院士,到"总统府"吃了一顿饭。

那时候河南大学已经从开封迁到苏州,我乘这次到南京之便,到苏州去看望了那里的朋友们,住了两天,逛逛苏州的园林,从苏州到上海,坐飞机回到北京。

到12月上旬,陈雪屏从南京到了北京。他本来是北京大学教育系教授,后来当了西南联大的训导长,南京认为他有一套对付青年的办法,把他调去当青年部部长。梅贻琦请他吃饭,约了些清华教授作陪。他来北京的目的,大家都已经心照不宣了。在吃饭中间,他果然宣布,南京派了一架专机,来接诸位先生去,如果愿意去,就可以同他一起出发。在座的人都相顾无言,不置可否。

到了中旬,有一天晚上,校务会议在梅家开例会。散会后,别人都走了,只剩梅贻琦和我两个人。梅贻琦说:"我是属牛的,有一点牛性,就是不能改。以后我们就各奔前程了。"他已经知道我是坚决不走的,所以说了这一番告别的话。

14日早晨,听见西北方面,大约是在南口一带,炮声大作,连续不断地打起来。大家一听,都知道解放军已经到南口了。到了中午,解放军已经进到清华北边的清河镇一带。学生们都上到宿舍楼顶平台上观战。到了下午,梅贻琦就坐车进城了。次日,校务会议成员自动集合,商量善后事宜。因为我在罗家伦离开清华的时候,曾经担任过校务会议主席,就推我再当一次校务会议主席,我也只好再作冯妇了。在会上成立了保卫委员会,率领校卫队维持治安,以周培源为主任。

我原来定于那天晚上在家里请客,主客是一位新来的美国社会学教授,社会学系的教授作陪,意思是为那位美国教授接风,并介绍他同社会学系教授见面。厨房的人来问:“晚上的酒席是不是还开?”我说:“照常开。”到了晚上,那位主客没有来,他大概是刚来北京,就看见北京要解放,所以就赶紧打退堂鼓,转回美国去了。可是陪客全到了,校园墙外边枪炮声连续不断,我们仍然吃饭谈笑,一如平日。吃饭以后,有人来报告,说傅作义的军队退到校园以内了,并且在生物馆前面操场里布置了炮兵阵地。我看事情紧张了,清华可能成为战场。我一面通知保卫委员会,请他们同傅作义的军官们商量,请他们退出校园;一面通知各家眷属,如果有需要可以到图书馆楼下躲避。后来听说,傅作义的军官们已经答应不在校园内布置阵地。到了16日早晨,校卫队来报告,说傅作义的军队已经全部撤到城里边去了,他们只守白石桥,动物园那一道防线。校务会议商议,召集全校职工大会,在大会上我代表校务会议宣布说:“现在傅作义军队已经全部撤走了,清华已经先北京城而解放了。我们校务会议的人都决定不走,继续负责。诸位先生去留,各听其便,愿留的当场签名登记。眼前的任务是维持校内秩序,保护学校财产,听候接管。”当时到会的人都签名登记,表示愿意留下。这就是大家都同时参加革命工作了。

第三章 中华人民共和国时期

在傅作义军队撤走以后，解放军还没有到，清华这一带成为“真空”地带。可是社会秩序很好，人民安居乐业。清华校内，也很平静，师生们生活照常。过了几天，解放军才开到海甸（淀，下同），他们没有进清华，只在校门口设置了一个岗哨，有一个解放军同志在那里站岗。清华的师生也都跑到海甸欢迎解放军，同他们谈话，很是亲热。叔明也到海甸去了一趟，回来说，她看见在校门口站岗的那位解放军同志，是赤着脚穿鞋，她打算送他一双袜子。我说：“你去送试试，恐怕他们不要。”她拿了一双袜子，去了不久，回来说：“他果然不要。”解放军的这类行动，使各阶层人民都对于共产党有了无限的敬佩之心。常看见书上说，某某军所到之处“秋毫无犯”，以为这是溢美之词，未必真有那样的军队。可能过去是没有的，解放军可真是“秋毫无犯”。我还想到，不记得什么书上说的一句话：“王者之师，有征无战。”这次解放清华，不就是“有征无战”吗？后来才知道，称解放军为“王者之师”还是不恰当的，他们不是“王者之师”，他们是人民的子弟兵。

有一天，国民党的飞机打破了清华的平静。那天下午，我从家里（乙所）到工字厅后边滑冰场去看滑冰。乙所的西北面是一座小树林，有一条南北向的路从树林中通过，路的北端就是工字厅的前门。我刚走到那条路上，就有飞机在上空盘旋很紧，我转回家去，刚坐在沙发上，就听见一声巨响，把我震得从沙发中摔出来。从窗户里看见甲所那边,有些人披着被子在路上跑,走出门一看,才知道在我刚才走过的那条路上的东边树林里,落下了一枚相当大的炸弹,把树炸倒了两棵,地上留下一个很大的弹坑。我在昆明住了八年,经过不知道多少次的空袭,还没有一枚炸弹落在距离我这么近的地方。这枚炸弹距离工字厅后面的滑冰场很近,有许多大人小孩在那里滑冰。如果这枚炸弹落在滑冰场上,那就不堪设想了。事后调查,校内统共落下十二枚炸弹,可是都落在空地上,没有一个人伤亡,也没有什么财产受到损失。第二天国民党的报纸上却说,南京的空军在西郊轰炸解放军的炮兵阵地,使解放军受到重大损失。为了这件事情,党中央、毛主席给清华打来了慰问的电报。

随着解放军的到来,解放军的许多机关也到了,同我们直接接洽的是军事管制委员会的文管会,他们驻在颐和园西边的青龙桥。文管会的负责人张宗麟也到清华来了。他对校务会议说:"你们好好地维持清华";又对我说:"我们对于你的行动曾经作了估计,现在你的表现跟我们的估计差不多。党中央很重视你。"又过了一段时间,张宗麟又来到清华,发布命令:设立清华大学校务委员会,以原校务会议的成员为委员,以我为主任委员。我随即召开全校师生大会,传达了这个命令,并且说:清华现在是人民的清华了!在解放军举行入城式以后,文管会负责人钱俊瑞到清华宣布:派吴晗为军代表。从此以后,校务就实际上由吴晗主持了。事后我听说,解放北京以前,党中央预先订了一个处理各大学的政策,第一步是"接而不管"。事后我体会到,这个政策是完全落实了。文管会第一次来清华时,本来就应该派军代表的,可是没有派,而是让原来的那些人继续维持校务,只派来联络员进行工作上的联系,先是两个一般的工作人员,后来是原在清华生物系任教员的吴征镒,这就是"接而不管"。过了一段时间才派军代表,这就是真正的接管了。这可见党中央对北京这些大学是很重视的,对于它们的处理也是很慎重的。这是我在回忆的时候才体会到的,当时并没有这样的体会,也不知道有这个政策。

在南京解放以后,清华校务委员会改组,由叶企荪担任主任委员,又加了学生代表为委员。又过了一段时间,我写了一封信,辞去校务委员会委员和文学院院长,理由是能力不胜。校务委员会叫李广田来对我说:"你说的这个理由不对,你担任院长干了几十年,怎么能说能力不胜,应该写政治上的理由。"我另外又写了一封信,说我曾经两次参加过国民党,虽其时均在国共合作时期,但言论行动错误实多,请辞去一切兼职。校务委员会通过了,派吴晗为文学院院长,我只担任本职哲学系教授。我当时觉得有忽然轻松的感觉,真是"无官一身轻"。

有一天,吴有训来找我,说他碰见徐特立,徐老叫他转告我说,这些都是一时的现象,不要灰心,还要继续前进。过了几天,我也在一个会上碰见了徐老,徐老说:"我很想找你详细谈谈,我把我的电话号码告诉你,你什么时候有工夫,打电话给我,我派车去接你到我家住几天。"过了几天,我给徐老打电话,他果然派车来了。到了他家里,他就开始陆陆续续地谈他过去的历史。他说,他过去学作八股,总是学不好,只有一次得到先生的一个比较好的批语,说是"尚有一隙之明"。后来他去法国勤工俭学,学习马克思主义,对于马克思的《费尔巴哈论纲》特别注意,他把那几条抄下来贴在墙上,每天要背几遍。他说,他向来尊重别人的社会地位,一个人的社会地位也是他用劳动得来的,可是"有人说你是唯心。咱们谈谈,谈明白了,以后就可以共同工作了"。我当时不明白徐老的意思,当时我听说,徐老领导了一个委员会,编写中小学教科书,我以为徐老是要叫我去参加那个委员会,我想我对于中小学教育没有兴趣,完全外行,不能参加那样的工作。话不投机,在徐老家里住了一夜,我就告辞,徐老又派车送我回来。

在当时，众人都在反对我的时候，徐老对于我的这种表示，使我对于徐老有知己之感。后来经历得多了，我才感觉到，我当时的了解是完全错误的。在我当时的情况下，徐老的表示大概是代表组织上的意思，并不是他个人的行动。他先讲了他自己的历史，意思是想引导我讲自己的历史。在共产党的思想改造方法中，自己讲自己的历史有自我检查的意思。徐老说，话说明了，以后我们就可以合作了。这个"我们"一方面是我，一方面是党，并不是徐老个人。这个"合作"的意思是很广泛的，并不是只指在徐老当时领导的那个单位的工作。徐老的意思，总的说起来，就是说过去的事只要讲清楚了，共产党还是要你的。可是我当时没有了解这种意思。知己之感应该是对于党的，当然也包括徐老在内。

我是用旧经验了解当时的新事物。这样了解当然是不正确的，所以反应也必然是错误的。上边所说的只是一个例子，还有其他的例子。在清华遭到国民党空袭以后，党中央、毛主席打来慰问的电报，这是对清华的关心，应该大张旗鼓地宣传，可是我是照旧办法，把来电在学校布告栏内一公布，就算完事。还有上边所说的清华刚解放，校务会议让愿留者签名登记。那个时候吴晗还在解放区，他回来以后，向会计课领工资，会计课一查登记表没有他的名字，就不发他的工资。吴晗在一个会上说，清华规定，凡是从解放区回来的都得登记。我不了解"登记"这个名词的新的含义，大概新的含义是对于有问题的人才称为"登记"。这样一传开了，就说是清华认为到解放区去的人有问题，引起了文管会的查问。在刚解放后的一段时期内，学校发不出工资，在教授会上有许多人质问，并要我向上面去催，我当时心里很生气，说我在这里是办学，并不是去讨饭。吴征镒说，这是个思想问题。我当时心里想，我搞了几十年哲学，还不知道什么是思想？后来才知道，解放以后所谓的思想，和以前所谓的思想并不完全一样。在 1949 年 4 月 29 日，清华举行校庆的时候，周总理派人找我,问我有什么意见。照我当时的了解,周总理所要问的“意见”,是对于国家大事有所“拾遗补阙”的那种意见,那时候的国家大事我看不出有什么“遗”“阙”,实在是不知道有什么该“拾”该“补”的地方,只好说没有意见。后来才知道,所谓“意见”比我所了解的广泛得多,大至对国家大事有什么看法,小至对个人工作、生活有什么希望和要求,都可以作为“意见”提。如果我当时有这样的了解,我就会向总理提出,请他把我调离清华,因为我当时觉得,我在清华处境很困难。我举这些例,是要说明,在当时我同共产党接触的时候,虽然说的都是一样的字眼,可是各有各的了解,往往答非所问。在解放之初,许多知识分子都有这种情况,不过我当时在清华处于领导地位,表现得更加明显,更为突出。

1949 年冬天,北京郊区开始土地改革。学校号召全校师生参加工作组。我报了名,叔明也报了名。我们的工作区域是卢沟桥及其附近村庄。卢沟桥本来是一个中外闻名的名胜,又是抗日战争的起点,这就更加有名了。这个地方,是外省的人进入北京的一个关口。紧接着那座桥,有一座城,城墙很坚固。据说,如果北京城不能和平解放,那就要武力攻城,就先以这座城为演习攻城战术的地方。我们到了卢沟桥,同先到的同志会合,全组有十人左右。城内有一所小学,正在放寒假,校舍空着,工作组就在这所小学住下。先是到农民家里吃派饭,后来自己起火。一直到过了春节才把这一带土改搞完。在工作结束的时候,农民派车送我们回清华,在我家吃了一顿饭,他们才依依不舍地告别而去。

在这次土改中,首先要解决的问题,是“谁养活谁”。从地主的立场看,他和佃户的关系,是互惠的关系:地主有地,农民有劳动力,农民种地主的地,成为他的佃户,土地与劳动力两下配合起来,生产的粮食,两下平分,这不是很“公平合理”吗?地主们还认为,可耕的土地毕竟是有限的,农民则往往过剩;地主对于农民,用哪一家作为他的佃户,是可以选择的;而农民对于地主则没有选择之余地;所以地主用这一家农民做佃户,而不用那一家,对于这一家说,是一种"恩赐",是"赏饭吃";而佃户对于地主就是接受"恩赐","侍候"地主了。这种"赏饭吃"的思想,在封建社会是很普遍的,上边对于下边,都是"赏饭吃",老百姓对于皇帝也说是"践土食毛",这样说,下边是被上边养活的。地主说,佃户们种的是他的地,他要是不让这家做佃户,这家佃户就没有吃的,所以是他养活佃户。这本来是地主阶级用以欺骗和麻醉农民的思想,可是沿袭久了,有些农民果然就为这些思想所欺骗、所麻醉,觉得打倒地主阶级似乎不很"合理",觉得"理不直,气不壮"。工作组在开始的时候,反复宣传:并不是地主养活佃户,而是佃户养活地主。经过反复讨论,农民才把原有的错误思想扭转过来,地是农民种的,如果农民不种地,地主们什么吃的也没有。

我当时觉得,这里的关键问题,在于地主们说,地是我的,何以见得地是你的?无非是因为有国家法律的规定,你所靠的无非是国家法律的保护。可是在封建社会中,所谓国家法律,就是你们为了保护你们的利益而制定的。农民革命就是不承认这种国家法律。既不承认这种国家法律,那所谓"地是你的"就没有什么根据了。你无缘无故分去佃户的劳动果实,你不劳而获,这就叫剥削。

经过这次参加土改,我了解了剥削的真实意义,也了解了农村划阶级的标准,这个标准就是看剥削和剥削的程度,受剥削和受剥削的程度。我小的时候,在老家看见有些亲戚、族人,有的雇用长工,自身也参加劳动;有的雇用长工,自身不参加劳动,可是也在做些事,总觉得他们跟真正的地主有所不同,但不同在什么地方,说不清楚。经过这次土改,我知道,前者是富农,后者是经营地主。后者自身不参加劳动,从这个意义说,他是地主;但是他对于农业生产是作了些安排即经营,所以他是经营地主。

我又进一步认识到,“剥削”是马克思主义的一个重要概念。历史唯物主义对于人类历史的分期,也是以有没有剥削为标准。社会的种类虽然有多种,但主要的只有两种:一种是阶级社会,也就是有剥削的社会;一种是无阶级社会,也就是没有剥削的社会。共产主义社会就是没有阶级、没有剥削的社会,无产阶级领导的阶级斗争,就是要以阶级斗争消灭阶级,以达到没有阶级,没有剥削的社会。这种社会,应该是人类的最高理想。这是没有人能否认的。唯物史观的贡献,在于证明在历史发展过程中,这种理想,不但是应该要实现,而且是必然要实现的。这就是科学的社会主义和乌托邦的社会主义的分别。

当时解放战争已经接近了全国性的胜利,北京郊区久已平静无事,但是在我们去没收地主财产的时候,还是有一个武装同志带着武器在前面开路,工作组人员和农民群众跟在后面,成为一支很雄壮的队伍,这是武装革命的象征。没收地主的财产,把他们的土地按人口平均分给农民,这是中国历史中历代农民起义的最高理想,可是向来没有实现过。只有在中国共产党领导的工农联盟的条件下,无产阶级领导农民群众举行武装起义,才能实现这个理想。当时我们的队伍,就是实现这个理想的最后一个阶段的象征。

1951年秋天,中国派了一个赴印度缅甸访问的文化代表团,我也是团员之一。团长是丁西林,副团长是李一氓,秘书长是刘白羽。当时中国还在受帝国主义的封锁。我们先到香港,由香港乘客轮到仰光,由仰光乘飞机到加尔各答,由加尔各答乘飞机到新德里。当时是中印友好的黄金时代,中印两国人民都认识到中印两国是亚洲的两个大国,中印文化是所谓东方文明的两个支柱。在近代,两国都沦落到殖民地、半殖民地的地位。在第二次世界大战以后,又各自建立了完全独立自主的国家。这种共同的文化的历史的背景,使两国人民都觉得亲如兄弟,都认识到两国人民应该携起手来,共同前进,开辟亚洲的新局面,建设亚洲的新文化。我们在印度,到处都受到政府官员和人民群众的热烈欢迎。所到之处,群众所献的花环,如果都戴起来,就要有"灭顶之灾"。走到路上,两边的群众都用鲜花向我们撒来。所过之处,路上铺满了鲜花,有的时候,还被群众包围起来,走不出去。我在佛经上看到有所谓"天女散花"和"香花供养",这时身临其境,才体会到那是怎么一回事。

印度是一个总名称,包含许多小国家,初到印度,好像是初到欧洲一样,好像是回到了中国春秋时代诸侯割据的局面。在印度的历史中,虽然也出现了几个王朝,但是都没有达到真正统一的局面,或者是虽然达到而没有维持下来。英国占领了印度,仍旧维持这种割据的局面。只是在这个局面之上,加上了一个太上皇帝,使之成为大英帝国的一部分。这个太上皇帝就是英王,他统治了印度,但是他的统治,是通过那些原有的小国国王而进行的。这就叫"分而治之"。这也就是帝国主义与封建主义相结合,帝国主义保护封建主义,封建主义代理帝国主义,互相利用,狼狈为奸。所苦的就是印度劳动人民,他们是在双重的剥削和压迫之下过日子。第二次世界大战以后,大英帝国的势力退出了印度,甘地和尼赫鲁的国大党接管了印度的政权,国大党对于印度的统一,做了不少积极的贡献。在全国范围内,以总统替代了英国的总督(副王),但总统并不亲自处理国家事务。国家事务由总理处理。总理向国会负责。国会由选民选举。这完全是英国那一套。在原来的各小国家之内,也实行这一套制度,把原来的君主改为一个不掌实权的虚位,失去政权,由这个国家的总理掌握,总理向这个国家的议会负责,议会由这个国家的选民选举。一个虚君制套一个虚君制,这样一套,那些小国家原来的君主都变成虚君了。中央的总理能指挥各小国家的总理,中央的权力大为扩大。

照印度人讲起来,这是一个不流血的革命,由封建割据不经过武装斗争就改成了中央集权的局面。原来各小国家的小君主,为什么能自愿地交出政权呢?这有一套赎买政策。当时也听说,有人认为,赎买的价钱太高了,计划削减。

当时也有些印度朋友对于社会主义不很了解,或者是很不了解。忘记是在哪个地方,在一次会上,碰见一个人,他双手拉着我说:"你来得很好,我有一个问题,请你给我一个回答。"我说:"什么问题?"他说:"听说在社会主义社会里,人人都平等,那么谁还劳动呢?如果都不劳动,社会怎么能存在下去呢?"我说:"人人平等,并不是人人都不劳动,而是人人都劳动,如果人人都劳动,社会只会更繁荣。"我不知道,他是否已经懂得这个道理。不过他没有接着再往下问。这里明显地摆出一个立场问题。这位朋友,站在剥削阶级的立场,认为不劳动是当然的,如果人人平等,这岂不是人人都不劳动吗?如果站在劳动人民的立场,认为劳动是当然的,人人平等就是人人都劳动。这是很明显的道理。可是站在剥削阶级立场的人,就是看不见。这个道理,也说明社会主义是有前途的,是历史发展的必然的方向;资本主义是没有前途的,是历史发展所要淘汰的。因为资本主义社会,不能使社会中人人都成为资本家,如果人人都成了资本家,还有什么人供他们剥削呢?而社会主义社会却能使社会中人人都成为劳动者,如果人人都劳动了,那就是人人都成了劳动者了,劳动者不需要剥削的对象。无产阶级革命就是要使人人都成为无产阶级,如果人人都成为无产阶级,那也就没有阶级了。无产阶级所领导的阶级斗争,就是要使人人都成为无产阶级,以实现人人都平等的理想,就是以阶级斗争消灭阶级的对立。

无论如何,当时的印度人都认为,中印两国为了脱离殖民地或半殖民地的地位,所走的不是一条路:中国走的是武装革命的路,印度走的是和平过渡的路。这是事实,我们也是这样看,问题在于哪一条路比较优越。我们认为,革命道路优越,印度的左派人士、青年学生也认为是这样,印度的右派人士,以及上层社会中的人,认为印度的道路优越。他们认为,和平过渡的路,走起来像是缓慢,但是不要付出很大的代价;武装革命的路,看起来是直截了当,但必须付出很大的代价。算起账来,还是和平过渡的道路比较合算。主要的问题还不在此,而在"和平过渡"是不是渡得过来。青年们显然有不耐烦的情绪,有个学生对我说,中国的解放虽然比印度晚了一些,可是中国现在已经是遥遥领先了,照印度现在的样子,一千年也赶不上。

总的说起来,印度当局对于中国的代表团是欢迎的,招待的规格是很高的。在新德里的时候,我们代表团中有一半住在总统府。从总统府内的陈设以及服务人员的服装看起来,大概还是以前的那个排场。这个以前,可以上溯到蒙古王朝,至少可以上溯到英国的总督府。德里大学,赠送了代表团团长丁西林和我以名誉文学博士的学位。德里大学是印度的最高学府,照规定,它的校长是由印度总统兼任,在赠送学位的仪式上,总统亲自出席,以校长的身份发给我们证书。在接受证书以后,照例要致答词。我在答词中说,听说印度学术界有一个传统的规矩,一个学者可以把他的研究成果归纳为几句话,作为他的立论,在一种学术会议上提出来,请到会的人辩驳。如果他的立论被驳倒了,那就要自杀以殉。在古代,中国到印度的留学生很多,其中也有立论请听众辩驳的,还没有听说谁被驳倒。现在中国又有一个立论,请求辩驳,不过这个辩驳,并不是用言语进行的,是用实际行动进行的。辩驳的双方,哪一方正确,哪一方错误,也不是用空言所能决定的,是要靠实践才能决定的。中印两国的历史,以及世界的历史,是作出这个决定的裁判者。我所说的这个辩论,指的就是上面所说的两条路线的问题。

我们回国以后,印度派了一个德里大学的代表团来中国访问。北京大学作为接待单位。印度代表团中,有一个德里大学的哲学教授,他对我说,不知道什么原故,印度所缺少的就是像中国这样的朝气蓬勃的气象,奋发有为的精神。他走的时候,我送他到火车站,他又对我说,在中国住了一段时间,我明白那个原故了,这就是经过革命和没有经过革命的分别,印度所缺少的就是一场革命。我当时觉得,他的这个话说得对。在50年代,在中国人民中,无论男女老少,无论哪个阶级、哪个阶层,都有他所说的这种精神。只要共产党一声令下,全国的人都是同心同德,全力以赴。毛主席说:“人总是要有一点精神的。”大概指的就是这种精神。十年动乱,表面上打着革命的大旗,实际上是打击了这种精神,挫伤了这种精神。因为这种精神是一种理想,一种信念鼓舞起来的,一鼓作气,势不可当。经过十年动乱,有些人的理想幻灭了,信念动摇了。气可鼓而不可泄,要是泄了气,再想鼓起来,就不会像泄气那么容易,这是十年动乱给中华民族的最大的创伤、最大的后遗症。我希望这只是我上边所说的那个立论的一个插曲,我也希望中印两个民族虽然各有各的路,但还是要携起手来,共同前进,为东方文明的复兴作出贡献。复兴的东方文明,当然不会和以前的完全一样,但只要它能使东方的民族得到它应有的地位,那就是新的东方文明。

因为印度的地方大,应该看的东西又多,所以我们代表团分为两组,一个科技组和一个文物组,从新德里分两路出发,到各个地方去。我参加了文物组,对于印度在科技方面的成就所见不多,一般的印象是,英国在印度的物质建设方面是做了些事,这是由于它要以此赢利,就当时中印两国的情况说,印度在物质方面如工矿交通之类是比中国发展得多了。至于在文化方面,英国好像没有做很多的事。因为在这方面,它无利可图。大概殖民主义国家,对于殖民地都是这个样子。殖民主义国家,以它的殖民地为它的生产资料的来源和销售产品的市场,这就是说,它从殖民地掠夺原料,运回本国,做了加工,再将成品运回殖民地,卖给殖民地人民,一买一卖,从中取利,这就是剥削。在文化方面,没有买卖可做,既无买卖可做,任凭殖民地人民愚昧也罢,无知也罢,与它无关。而且它正是利用殖民地人民的愚昧无知,以减少他们的反抗,使他们无法反抗,也根本不知道反抗。在文物方面,我们所看到的,大都是印度原有的东西。在这些方面,确是开了眼界。在中国书上,常看见“玉堂”这一类名词,这种所谓“玉堂”,大概是指,这一类地方的社会地位的清高,并不是说真有用白玉盖造的房子。北京的汉白玉,云南的大理石,也不过是作为名贵建筑上的一种装饰品。那些建筑的本身,还是用砖瓦木料建筑起来的。在印度就不然,印度的名贵建筑,如宫殿、陵寝之类,都完全是用石料建筑起来的。有一座妃子的墓,是一座高台,台上有房屋,藏着棺材,整个的建筑,完全是用汉白玉、大理石那一类的石料构成的,没有一点木料,没有一点杂色,真是粉装玉琢。我当时想,这才真可以叫做“玉堂”。像云冈、敦煌那一类的石窟,那一类的雕刻,就够伟大的了,确实是伟大,可是印度有一座整个的庙,是从一座山刻出来的,整个庙有好几层大殿,大殿内有各种佛像,大门前有一对大旗杆,都是从那座山刻出来的,并不是从别的地方刻好运来的。听说全部的工程,用了几乎一百年的时间才完成。印度的建筑师不相信,不用石料专用木料就可以构成大建筑物。他们或者认为,用木料构成的建筑不是建筑。一直到50年代,他们的建筑师们来了,见了故宫,据他们说,他们这才相信专用木料也可以构成大建筑物。

不过在建筑方面,中国也有一点可以见长的,像故宫那样的建筑,无论你说它是建筑或者不是建筑,它的那种宏伟广大、庄严肃穆的气象,是它所特有的。它特有的那种气象,就造成那种气氛。造成气氛,是艺术之所以为艺术的要素。在旧德里,也有一座故宫,名叫“红堡”,也主要是用石料构成的,这批建筑的坚固和雕刻的精致,那是北京的故宫所不及的。但其气象,就小得多了。莫斯科的克里姆林宫也是如此。莫斯科红场是克里姆林宫门前的一个广场,其地位相当北京的天安门广场,但其气象也比天安门广场小得多了。这不仅是一个建筑材料问题,也不只是所占地面的广狭问题,更不仅是建筑师们的技巧问题。一个首都的宫殿,是那一个国家的人民的民族的精神面貌的反映。杜甫的《龙门》诗中说:"气色皇居近,金银佛寺开。"皇居的气象,是随着这个国家的疆域大小和国势强弱不同而不同。北京的故宫,建筑于明成祖的时代,那正是中国封建社会的一个鼎盛的时代,大一统的中国正在巩固的时代,这个大一统的精神面貌,反映在故宫的建筑上,就成为一个宏伟广大、庄严肃穆的气象,这个气象造成一种气氛,这就是故宫的建筑艺术伟大之所在。清朝在沈阳的故宫,其规模气象,和北京的一个王府差不多。这固然是由于它在那个时候人力物力是有限的,当然有一个人力物力的问题,但不仅只是一个人力物力的问题。莫斯科的克里姆林宫只是当时莫斯科公国的精神面貌的反映。旧德里的红堡也只是当时诸侯割据中的一国的精神面貌的反映,所以它们都不反映大一统的精神面貌。由此可见,中国的大一统和中华民族的形成与发展,是现在的中华人民共和国的非常可贵的遗产,我们子孙万代都要继承这个遗产,保持这个遗产。

在印度走了一圈子之后,又回到缅甸。我们来的时候,已经到过仰光,那一次是路过,这一次到仰光,是正式进行友好访问。印度是佛教起源的国家,可是现在已经没有佛教了。缅甸是一个佛教国家。一个佛教国家不仅只在于寺庙的香火兴旺,僧侣众多,而在于信仰佛教成为一种社会制度。照缅甸原来的制度,僧侣是受全社会的供养的。寺庙中的僧侣,自己并不起火做饭,他们每天早晨到社会中各家去就食,说好听一点,就食是受供养;说不好听一点,就食就是乞食。佛教并不以乞食为可耻,而以为乞食是僧侣应有的权利。每家每天都把它所有的最好吃的东西供养僧侣,这是它的义务。社会中的每一个成员,在一生之中,都要用几年的时间在寺庙中当僧侣,只有当了几年僧侣，才算是完成了他应该受的教育。这种制度已成为全社会的风俗习惯。据说这种制度现在已开始崩坏了。这种风俗习惯，已经不如以前那样普遍。可是我们在仰光还是看见，有不少的僧侣成群结队，到各家去就食。也看见，有些小帆船在河中行走，上边有一个青年和他的父母以及家族成员都穿着节日的盛装，往寺庙中去。据说这位青年就是要往寺庙中出家当僧侣，亲属人等都去欢送。过了几年，再把他接回来还俗。

在缅甸访问以后，又坐客货轮到香港，由香港经广州回到北京。当我们在国外的时候，国内进行了"三反"、"五反"运动。在我回到清华时，运动已经接近结束了。接着就是高等学校的院系调整。党中央对于北京的大专院校，已经经过了"接而不管"、"接管"这两个阶段，现在就要进入第三个阶段"院系调整"了。在调整的过程中，与我直接有比较大的关系的，是清华和北大的合并，清华以工科为主，把原来北大的工科方面的院系归并到清华，把清华文法科方面的院系归并到北大。清华还设在原来的校址，成为一个多科的工科大学，但仍保持"清华大学"的名称。北大迁到原来燕京大学的校址，当时称为综合大学，也仍保持"北京大学"的名称。原来的燕京大学和辅仁大学因为是外国人办的，当时认为是帝国主义对中国进行文化侵略的工具，都取消建制，其院系各归并到其他学校。在哲学系方面，调整的幅度特别大，全国各大学的哲学系除北大外都取消了，全国只有一个哲学系，其他大学哲学系的教师都集中在北大的哲学系。

调整集中以后，教师进行评级，因为过去的政治关系，我被评为四级教授，不过这样时间不长，到 1954 年又推翻了 1952 年的评级，重新评级。系领导通知我说，我被评为一级教授，并且说，国务院在全国设了五十个名额的学术补贴，我也在这五十名之中，每月于一级教授工资之外，加补贴三百五十元。可是后来这个补贴的计划并没有实行。听说当时科学院也要仿照苏联的制度,设院士和通讯院士,后来也没有实行,仅设了学部委员,我也被选为哲学社会科学部学部委员(后来又被选为常务委员),每月给补贴一百二十元。科学院成立哲学研究所,把北大哲学系的教师调去了一部分,我也被任为兼职研究员,并兼任中国哲学史组组长。

瑞士的日内瓦市办了一个国际文化交流会,每隔两年开大会一次,邀请各国人士到会,就预先指定的题目作讲演或参加讨论。1956年9月开第十一次会议,中国被邀请的人,是郭沫若和我二人,指定的题目是《传统和创新——实际世界中的古和今的争论》,郭沫若没有去,只有我一个人去参加。北大的领导加派了任华作为我的秘书,一同前去,以便在路上照料;如果会中临时出现讨论的问题时,可以商量应付。我的讲演的题目,是《中国文化的三个主要传统》。我认为这三个主要传统是民主、科学、和平,讲演中引证了中国哲学史中的一些资料以为说明,这些说明是有意义的,特别是提出和平这一个传统,在当时更具有现实的意义。但是就这次会议所提出的题目说,有点文不对题,因为我在讲演中,只说到传统,没有说到创新,因此也就没有说到古与今的斗争和辩论,而这一点正是这次会议所要讨论的问题。这个题目本来是我感兴趣的,也可以说是我一生中最感兴趣的问题。可是当时我正在思想改造的过程之中,旧的看法已经抛弃了,新的看法还没有建立起来,思想上处于青黄不接之际。虽然写了一篇讲演稿,但是其中并没有什么自己的新的东西。不过这一次我在国外停留比较久,听到一些当时资本主义国家对中国的一些看法,以及我国外事工作中的一些问题。

我在动身往日内瓦以前,就先用中文写好了一篇讲演稿,写好以后,找人翻成法文,经过几次修改,才把翻译稿定下来。到了瑞士,经过中国驻瑞士的大使馆,经过大使馆审查,他们又把译文作了一些修改。可是还有一些问题:在讲演的时候,在会场上还得有一个人念这一篇讲演稿,念是照着稿子念,但是也需要发音正确,口齿清楚。这就要靠大使馆去找这样的一个翻译了。据说,大使馆中,有一个最好的法文翻译,可是当时请假回国去了。除他之外,就找不到合适的人了。大使馆的同志们说,有一个代表团上意大利去了,它有一个翻译据说很好,这个代表团不久还要回到瑞士,可以借用他们的翻译。过了几天,那个代表团回到瑞士了,就问那个团长他的翻译怎么样,那位团长说:“我不懂法文,我也不知道他翻译得怎么样,不过在需要翻译的时候,我说了一大段,他只用几句就翻完了。”翻译的问题,还是不能解决。幸而有一位日内瓦大学的教授,听说我们有困难,就自告奋勇,说他可以在会场上替我念法文稿。

在各个讲演人都讲了以后,就开辩论会。参加辩论的人,向讲演人提出问题,由讲演人答辩。每次参加讨论的人,都有十几个,坐在讲台上,一般的听众,坐在台下。等到我要去答辩的时候,翻译的问题又来了,总不能再去麻烦那位日内瓦大学的教授,只好另想办法。有人忽然想起来,联合国在日内瓦有一个办公处,他们有的是翻译人员,为什么不找他们帮忙呢?找到联合国办公处,请来了一位翻译,可是到时候我说中文,他用法文翻译,只翻译了一段话,就不行了,倒不是他不懂得我的中国话,而是因为他不清楚我说的话的内容。那位主要提问题的人,就改说英文,我的英文虽然不佳,但也可以用英文回答,于是翻译退席,会场上就改用英文了。第二天的法国报纸对于这一场辩论的情况作了详细的报道。

照法国的和瑞士的报纸看起来,他们对于我的讲演,都感觉失望。他们所失望的并不在于我没有提出什么新的观点,而在于我没有提出同中国官方不同的观点,认为和大使馆的调子差不多。他们希望我是一个同官方持不同意见的人。在这一点上我确实辜负了他们的希望。他们对于任华的任务也有些推测,据他们说,中国共产党在派出一个比较有社会地位的人出国的时候,总要还派一个党员干部跟着,作为监视。其实任华并不是共产党员,他是美国哈佛大学的哲学博士,也是一位受过资产阶级教育的知识分子。

在日内瓦的时候,碰见了一位意大利朋友,他说,在意大利威尼斯,不久将开一个类似日内瓦会议的会,要我去参加。我请大使馆打电报到北京请示,回电说可以参加。可是距威尼斯会议的会期还有一段时间,我就住在日内瓦等候,天天同任华跑旧书店。原来我们来的时候,科学院给我们一笔钱,托我们替科学院图书馆买书。任华和我对于这样的事都感觉兴趣,认为是一个好差使。在欧美的大城市中,都有一个区域,专卖旧书。在这个区域中,满街都是旧书店和旧书摊子,喜欢书的人到这里可以随便翻阅,遇见喜欢的书,当时付钱带走。有的时候要想找一种书,好久找不到,忽然在旧书摊上碰见了,好像碰见了多年不见的老朋友,有如获至宝之乐。像北京以前的琉璃厂就是这样的一个地方。它是北京这个大城市的一个特点,可惜现在空有这个地名了。有许多以前有名的旧书店,改成了卖酱油醋的铺子,真是大煞风景。这也有其客观的原因,在封建时代或资本主义国家里,旧书铺的书,有出有入。旧书卖给喜欢书的人,等到他们死以后,他们的藏书就又流入市场。书就像其他货物一样,在市面往返流通。旧书铺有买有卖,它们的书有出有入。可是在社会主义制度下,私人藏书家没有了,收买旧书的就只有图书馆,可是图书馆的书是有入无出的,书一进了图书馆,对于爱好书的人说,就好像是“侯门一入深如海,从此萧郎是路人”。在刚解放以后,旧书是很不值钱的。在提出“百家争鸣”以后,各地区新添了很多图书馆,这些新的图书馆都是“家徒四壁”,到各大城市去收书。有一年我在上海,上海新开了一个古旧书店,开市的那天,我去看,果然古旧书不少。第二天我又去,听书店的人说,发生问题了,有一个地区收书的人来看了一遍,说所有的书他全要。后来同这位收书的人商量,说我们这个店刚才开门,你要把书都包了,我们这个生意怎么做呢。商量的结果,只卖给他一半。在十年浩劫中,古旧书首先遭劫,有些人的书被抢去烧了,或者被迫自己烧了,或者被迫拿到市场上去卖,价钱是论斤的。书的价钱比白纸还便宜,因为它是废纸,只有成为"还魂纸"的资格。当然,这些都是个别的例子,但是古旧书籍有人无出,则是大势所趋,无可挽回的。当然这也是好事,古旧书籍都被收藏起来,不在市面上往返流通。但是古旧书店的货源断绝了,它们的存在也就成为问题了。有人提倡,要恢复琉璃厂,我觉得这也是建设首都的一个方面。但是,琉璃厂的街道房舍是可以恢复的,卖酱油醋的可以叫他们恢复旧业,可是古旧书从哪里来呢?就是弄来一点,也是越卖越少,它们的生意是"无源之水,无本之木",琉璃厂只会成了一个可以凭吊的古迹了。

在日内瓦住了有大概一个月的样子,威尼斯的会期到了。我们就离开瑞士往意大利,到了威尼斯。我在1933年往英国去的时候,已经经过了这个有名的地方,二十多年以后又到这里,觉得风景依然如故,没有多大变动。这个有名的地方,确实是特别,它是在海滨附近的一群小岛上建筑起来的。有些小海岛,硬是人工造起来的。各个海岛之间还有一定的距离,需要用桥把它们联系起来。桥下边的海水就成了街道了,用小木船在上面行走。然后用一座总的大桥把这些小岛和陆地联结起来,好像是一座神山,不但可望,而且可即,不但可即,而且可以通过大桥到神山上游览。仙山琼阁,成了人间福地。这个地方,在欧洲称为"水城"。在中国的城市中,苏州有其意,但是苏州的建筑和园林都是藏在围墙之中,不能有目共睹,不但不可即,而且不可望,这就有些煞风景了。在开会中,有人发言指责中国不重视传统文化,说故宫也被拆了,长城也被挖倒了。我发言说,我是刚从北京来的,并没有这些事实,不但没有这些事实,而且故宫已经重新油漆,长城也受到保护,那位发言人所说的显然不是事实,他在会上散布这些谣言,显然是有意诬蔑,谎言是很容易驳倒的。但是在后来的十年浩劫中,也确有许多破坏古代文物的事情。这些事情虽然在50年代还没有发生,但是有这一类的倾向。这种倾向为别有用心的人所利用,就成为极左路线的一部分了。

1956年是佛教教主释迦牟尼逝世的二千五百周年。当时的印度政府为了扩大印度在佛教国家中的影响,举办纪念大会,邀请佛教国家和世界上佛教徒的团体,派代表团去参加。中国也派了一个代表团。团长是喜饶嘉错,秘书长是赵朴初。团员之中,有西藏的达赖和班禅,有内蒙古的一位活佛,还有中国的僧人和研究佛教或佛学的学者。我不属于这些类型,大概是因为在过去所写的哲学史中,讲了一段佛学,也被邀请,作为团员之一。代表团分为三路出发,达赖和班禅以及他们的随行人员直接从拉萨出发,陆行到中印边境,改乘印度的飞机到新德里。他们两位虽然名义上是代表团团员,但实际上并没有和我们在一起。到印度以后,印度对于他们也是分别待遇,待以外国宗教领袖之礼。有一小部分团员,由喜饶嘉错和赵朴初率领,先到尼泊尔释迦牟尼诞生的地方朝拜,然后由尼泊尔到新德里。我们大部分团员由巨赞率领,经过昆明、仰光到新德里。还有一位蒙古的代表也到北京来同我们一起往印度去。在路上还有一个小插曲。我们从北京坐专机到昆明,到了昆明以后,打算第二天坐飞机到仰光,由仰光改乘到印度的飞机,那架飞机是下午2点从仰光飞往印度的。昆明的民航站站长一合计,说我们赶不上仰光到印度的飞机了,我们这里飞机飞到仰光已经是下午2点多钟了,因为仰光的时间比昆明早一个钟头。我们说,我们可以不可以叫我们的飞机提前一个钟点从昆明起飞?他说不行,因为飞机是靠无线电波导航的,根据中国和缅甸通航的协定,仰光从上午9点才开始向昆明放送无线电电波,所以我们最早也只能在上午9点起飞。我们说,我们已经定了从仰光到印度的飞机票了,若是赶不上,票就作废了,这笔价钱不在少数,国家岂不受很大损失。他说,那也没办法,你们赶紧想法退票吧。我们信以为真,就叫巨赞打电话到北京想办法退票。巨赞就往北京的中国佛教会打电话,佛教会往外交部去联系,然后又打回来电话说,现在是星期六晚上,外交部找不着人。大家没有办法,只好照原定计划,第二天上午9点自昆明起飞。第二天9点起飞,先到缅甸的旧京曼德勒,一看时间还很早,原来时间越往西越晚,缅甸的时间比昆明的时间晚一个钟头,那位站长误以为早一个钟头,所以本来没有问题的事就有问题了。飞机到了仰光,恰好在2点以前。中国驻缅甸大使馆的同志们在飞机场迎接,并且为我们准备好了午饭。他们说,你们到的正好,不早也不晚。大使馆的同志们说,幸亏你们没有退票,买同一架飞机的十几张票,是很不容易的,如果你们误了这一架飞机,短时间内走不了,就误了开会的时间。我们下了飞机,吃罢饭,恰好往印度的飞机到了。到了夜间就到了加尔各答。由加尔各答到了新德里,会合了从尼泊尔来的那一部分代表团团员。不久达赖和班禅也到了,不过他们并不和我们在一起。我们的参观的路线,也不相同。周恩来总理也在这个期间到了新德里。他是去和印度谈判中印边界问题。在那个时候,中印关系还没有破裂,印度在表面上招待周恩来的礼节也很隆重。周恩来到的时候我们都到飞机场去欢迎。周恩来坐的是印度总统的专用飞机,还有四架战斗机护航。在飞机场举行的欢迎仪式中,周恩来坐在台上,达赖和班禅站在两旁,好像两位侍者,象征了西藏是中华人民共和国的一部分,也象征了中华民族的统一。我想这一定给印度人以深刻印象。因为他们都认为达赖和班禅是西藏人的精神领袖。

我们于1956年11月18日离京启程,印度的纪念会活动是11月24日至29日。然后在12月上旬在印度参观。我们在印度的期间,从北到南,又从南到北,参观了释迦牟尼所到过的一些地方,有许多地方都是印度的考古学家新近发掘出来的,修补的痕迹犹新,有的地方修补的工作还没有完成。在我们这个代表团中,和尚和信徒们认为到这些地方是朝圣,我们这些人则认为是参观古迹和印度的考古学工作。印度政府和考古学家也认为这些工作是一种考古的工作。印度政府邀请我们来是为了参加纪念释迦牟尼逝世两千五百年大会。在新德里开了这样的一个大会。尼赫鲁以下的印度领导人都出席了这次大会。可是在我们参观的过程中,虽然到过许多地方,并没有碰见一个印度的佛教和尚或尼姑,在释迦牟尼的墓地(坟墓就是一个很大的土冢,杂草丛生,毫无标志)却碰见了一位中国和尚。他是在民国初年,从四川步行到印度的,路上走了十几年。他到释迦牟尼墓地的时候,那个墓地更是一片荒芜。他在一棵树上,搭了一个巢,晚上睡在巢里,下面很多毒蛇,他也不怕。每隔几天,他到附近的城市去乞食,乞来够几天用的食物,他就又回到树上。一直到最近,考古学家才带着人来把墓地清理了一下,印度政府还为他在墓地附近盖了一间房屋。我们也到他的小屋里坐了一会儿,他那间小屋里可以说是"家徒四壁",但是在墙上挂着一张毛主席像。又在一个地方,倒是看见了一座佛教庙,可是里边住的是一位中国尼姑。除了这一座庙和这两位中国僧侣之外,再也没有碰见关于佛教的活动了。我们都知道,佛教在印度是衰微了,可是没有想到,它不但是衰微,而且可以说是绝迹了。

1957年7月我又到华沙,参加了一次国际哲学会议。这个会议是国际哲学研究所召集的。这个研究所设在巴黎,名义上是一个独立的机构,实际上是联合国的教科文组织出钱办的。它每两年召开会议一次,会议地点每次不同,这一次地点指定在华沙。因为我国当时还不是联合国会员国,以前的会都没有参加。这一次会,我们先派艾思奇到华沙,向波兰科学院哲学研究所了解情况。因为会议既在华沙举行,实际上主持、布置会议的就是这个研究所了。艾思奇回来以后,经过研究,决定参加。派潘梓年、金岳霖和我三个人去,还有一个俄文翻译,以潘梓年为团长。会议于7月17日开幕,7月27日结束。我的发言题目是《中国哲学史中的知行问题》。会议中发现,资本主义国家的哲学界情况和我们当时的哲学界情况,不大相同。我们讲的是马克思主义哲学,着重研究自然、社会和人生中的发展规律。这些研究,在他们看起来都是大而无当、漫无边际的问题。他们所研究的,是他们所谓专业性的问题,在我们看起来,都是钻牛角尖的烦琐哲学。所以谈起来几乎是没有共同的语言,很难交锋。即使有交锋,也往往是答非所问,驴唇不对马嘴。在开会的形式上也有不同。会议规则上规定,宣读论文的时间不得超过十五分钟。讨论时,每人发言不得超过五分钟。他们所谈的都是些小问题,在很短的时间内也可以说明自己的意思。我们所谈的是些大问题,往往说了半点钟还没有真正说到题目。即使在他们中间,因为所讲的问题太专业化了,也往往使人难以了解。有一次,有一个人上去,讲了一大篇,讲了以后,听众都相对无言。有个人问我:“你听懂了他说的是什么没有?”我说:“没有,你呢?”他说:“我也不知道他说的是什么。”这样子开了几天会,并没有什么收获。如果说有一点收获,那就是认识到他们和我们之间有一个鸿沟,不能用语言文字逾越。会后他们对我说,国际哲学会议(即1934年我在布拉格参加过的那个会的会议)要我去参加,我问潘梓年应该如何答复,潘梓年未置可否,大概是认为参加这样的会议没有多大意义。这种认识我也是有的,因此对于他们的邀请也没有作明确的回答。后来接到这个哲学研究所的通知,说是已经选举我为该所的正式成员。以后每两年都有一次通知,说是在什么地方开会。因为对于这个问题兴趣不大,所以也都没有给他们回信。久而久之,就断绝关系了。

在回国的途中，苏联的代表团邀请我们作为苏联科学院的客人在莫斯科住几天。我们到了莫斯科，住在苏联科学院的招待所内，每天到附近的一个饭店里吃饭。苏联的这一类的饭店，也是顾客拥挤，每吃一顿饭需要一个多钟头的时间。而且潘梓年、金岳霖和我都不会说俄文，连点菜的能力都没有，每次都需要那位翻译同志陪同我们去。有一次，他外出到吃饭时还没有回来，我们就没有办法了。金岳霖在招待所的廊子上，用法文和英文大叫："能说俄文和英文的同志们请出来！"没有一个人回答，结果还是等那位翻译同志回来了才去吃饭。

往华沙的苏联代表团团长是苏联科学院哲学研究所所长，是一位美学专家，他在城内有住宅，在城外一个避暑的区域内还有一所别墅。这个地区是一带森林，有资格去住的人可以向政府领一块地，自己出钱盖房子。他邀请我们到他的别墅去看看。他自己开车带我们去。在上车的时候，有一位苏联朋友告诉我们说，这个专家善忘，出门往往忘记带钥匙。并且提醒这位美学专家说："你现在带钥匙了吧？"他说："这回是请客人们去的，那还能忘记带钥匙！"开车以后，已经出了城了，他忽然说："我究竟带了钥匙没有？再检查一下。"他用手一摸口袋，说："是没有带钥匙。"于是又把车开回来拿钥匙。这个避暑区域，离莫斯科城大概有几十公里，是一块大森林，中间建筑了一排一排的木头房子，其中住的都是些显要的人和知名人士，大概就是所谓"三名三高"吧。

我同毛泽东的第一次直接接触是在1949年10月。当时有许多人向毛泽东写信表态；我也写了一封，大意说：我在过去讲封建哲学，帮了国民党的忙，现在我决心改造思想，学习马克思主义，准备于五年之内用马克思主义的立场、观点、方法，重新写一部中国哲学史。

过了几天，有一个解放军骑着摩托脚踏车到我家，送来了一封

信,信封上的下款是中国人民解放军总部毛。我知道,这是毛泽东派专人给我送回信来了。信的原文是:

友兰先生:

十月五日来函已悉。我们是欢迎人们进步的。像你这样的人,过去犯过错误,现在准备改正错误,如果能实践,那是好的。也不必急于求效,可以慢慢地改,总以采取老实态度为宜。此复,敬颂

教祺!

毛 泽 东

十月十三日

我不料毛泽东的回信来得如此之快,并且信还是他亲笔写的,当时颇有意外之感。

信中最重要的一句话:"总以采取老实态度为宜",我不懂。而且心中有一点反感,我当时想,什么是老实态度,我有什么不老实。

经过了三十多年的锻炼,我现在才开始懂得这句话了。我说我要用马克思主义的立场、观点、方法,在五年之内重写一部中国哲学史,这话真是肤浅之至,幼稚之极。学习马克思主义,掌握马克思主义的立场、观点、方法,谈何容易,至于要应用它到哲学史的研究工作中,那就更困难了。要想真正应用它到实际工作中去,那就非把它化为自己的思想的一部分不可。有一个会开汽车的朋友告诉我说:开车开到熟练的时候,车就像自己的身体的一部分,车的四个轮子,就好像自己的两条腿一样。一个人在人丛中走来走去,但不会碰到一个人。一个会开车的人,在众车之间行走,如果车像他的身体的一部分,决不会碰车。哪个地方车能钻过去,哪个地方钻不过去,他是一望而知,不假思索就可以决定的。我想:一个战士用他的武器,到最熟练的时候,也会觉得他的武器就成为像他的身体的一部分,就像他

的手脚一样,达到这种程度,就叫做"化"。学习马克思主义,也得马克思主义"化"了才行,这样的"化"岂是三年五载的时间所能完成的? 没有这样的程度,而要重新写《中国哲学史》,那也不会新到那里,充其量也不过是用马克思主义的字句生搬硬套而已。

可是在那个时候,就说出那样的话,明眼人一看就知道是大话、空话、假话。夸夸其谈,没有实际的内容,这就不是老实态度。

现在回想起来,如果我从解放以来,能够一贯采取老实态度,那就应该实事求是,不应该哗众取宠。写文章只能写我实际见到的,说话只能说我所想说的。改造或进步,有一点是一点,没有就是没有。如果这样,那就是采取老实态度。就可能不会犯在批林批孔时期所犯的那种错误。

1957 年 4 月 11 日,是叔明的二姐任锐同志的"忌日",我同叔明到任锐的墓地(万安公墓)去扫墓,回到家里已经是上午 11 点多钟了。刚一进门,就接到电话,说是毛主席的秘书打来的,说毛主席请我去吃午饭,客已经到齐了,请我马上就去。我向学校要了一辆车就去了。到了中南海颐年堂,看见了金岳霖、郑昕、贺麟,他们先已经到了。那是三间屋子,毛泽东和客人们都坐在西头那一间内谈话。毛泽东问我说:"方才找你找不着,你是在上课吧?"我说:"不是上课。今天是任锐同志的周年,我上她的墓地扫墓去了。"毛泽东说:"任锐同志是孙维世的妈妈。"我说:"是的。"接着,胡绳也到了。毛泽东说:"你们都是打过笔仗的人。"毛泽东问郑昕是哪一省的人,郑昕说是安徽的。毛泽东说:"你们安徽出过曹操,曹操是个大人物,他比别人高明之处,在于他认识粮食的重要。"说着,就起来往屋子的东头那一间去吃饭。江青也带着小孩们从后面出来了。她那时候看着是一个家庭妇女的样子,吃完饭就又带着小孩们到后边去了,终席没有和客人们谈过一句话。照当时的座位次序看起来,那一次的主客是周谷城。在端上饭来的时候,毛泽东说:"我这饭叫四面八方人马饭,其中有各种的米,还有许多豆类,人、马都可以吃,所以叫人马饭。”吃饭以后,又回到西头那一间去谈话。客人们中间有一位人民大学的同志,说他写了一篇关于逻辑的文章,报刊压着没有发表。毛泽东很不以这些报刊为然。这位同志就向毛泽东汇报他的看法和他的文章内容,他讲的时间相当长,毛泽东始终注意倾听。别的客人都很着急,因为他们都想听毛泽东的议论,可是时间被占去了。这位同志一讲完,毛泽东就站起来了,客人们也只好跟着站起来。毛泽东把客人们一直送出丰泽园的大门,看着客人们上车。

1957 年毛泽东的那两篇讲话,《关于正确处理人民内部矛盾的问题》这一篇是在最高国务会议上讲的。我当时是政协全国委员会的委员,毛泽东讲的时候,正是政协全国委员会开大会的时期,出席大会的委员都列席了最高国务会议,听了他的讲话。他讲话的时候,既没有讲稿,也没有拿大纲,就像平常讲话一样,随随便便,有时还加上一些诙谐。会场中的空气非常活跃。在以后听众的发言中,马寅初讲了人口问题、节制生育的重要。

我也应邀参加中国共产党全国宣传工作会议。分组讨论时,我和毛泽东是一组,小组会议就在毛泽东家里开,由他主持,上边所说的颐年堂的当中那一间就是会场。当时我已经发表了《论中国哲学遗产的继承问题》那一篇文章,其中说,一个命题有其抽象意义和具体意义,例如“学而时习之,不亦说乎”,其抽象意义可以继承,而且实际上我们已经继承了。我们常说“学习”,还有一个刊物名叫《学习》。孔子所说的“学习”的内容是诗、书、礼、乐、春秋,或者是礼、乐、射、御、书、数,这是它的具体意义,这是不必继承也不可继承的,事实上我们也没有继承。关于这个问题,在本书第二部分将要详细讨论。现在只说,毛泽东一看见我进去,就说:“学而时习之,不亦说乎?”在开会中间,毛泽东叫我发言,我提出了一些关于中国哲学史方面的问题,我说,照现在的讲法,有些很难讲通。毛泽东说:“那是简单化了。不可以简单化。”在散会的时候,毛泽东拉着我的手说:“好好地鸣吧,百家争鸣,你就是一家嘛。你写的东西我都看。”这一段经过,使我联想到上面所说的在 1949 年徐老给我说的那几句话:“过去的事情说清楚了,我们就可以共事了。”毛泽东叫我参加党的会议,这就是认为可以共事了。原来共产党叫徐老对我做思想工作,经过了将近十年,才算是达到目的。可见过去的事是不容易说清楚的,思想改造也不是三言两语所能见效的。从旧社会过来的知识分子,必须经过思想改造,才能为新社会服务。这是因为我们所经过的革命,是从一种社会制度变到另外一种社会制度,这和以前中国历史中的改朝换代的变革是根本不同的。从旧社会过来的知识分子,绝大部分是为剥削阶级服务的,这些阶级可能是奴隶主阶级,或是地主阶级,或是资产阶级,其所用的剥削方式虽然有所不同,但其为剥削则一。为剥削阶级服务的知识分子,其阶级立场也就是剥削阶级的立场。如果不把这些立场转变为劳动人民的立场,他就不能为劳动人民服务。他可能有为劳动人民服务的愿望,这种愿望也可能是真的,但是事情并不是只凭主观愿望所能决定的。毛泽东说,不可以简单化。这是完全正确的。可是后来正是把这些不可简单化的问题简单化了,而且把简单化推到了极点,这就形成了十年动乱的浩劫。

1962 年,政协全国委员会开大会,我作了一个发言,讲了一点我写中国哲学史新编的情况和将来的计划。当时的执行主席是陈毅,事后有人告诉我说,陈总说我的发言很好,其中讲的有过去,有现在,还有将来。到闭会那一天,毛泽东和中央全体领导同志接见到会的委员,并在一起照相。我恰好站在毛泽东和刘少奇的座位背后的中间。毛泽东来就座的时候,看见我,就拉着我的手说:“你的身体比我的身体好。”我说:“主席比我大。”毛泽东说:“不行了,我已经露了老态。”他又问了一遍《中国哲学史新编》进行的情况,并且说:“你的中国哲学史写完以后,还要写一部西方哲学史吧。”我说:“我只能写中国的，写西方哲学史的任务已经派给别人了。”毛泽东说：“对于孔子，你和郭沫若是一派。”说到这里，刘少奇插言说：“你的发言很好，言简意赅。”周恩来也向毛泽东介绍说：“这一次开会，他是三代同堂：任芝铭任老是他的岳父，孙维世是任老的外孙女，是第三代。”在这一次谈话中，无论是就谈话的内容或谈话的态度说，毛泽东都好像是对待多年不见的老朋友一样。回家以后，我写了一首诗：

怀仁堂后百花香，
浩荡春风感众芳。
旧史新编劳询问，
发言短语谢平章。
一门亲属传佳话，
两派史论待衡量。
不向尊前悲老大，
愿随日月得余光。

1963年，中国科学院哲学社会科学学部委员会开会。闭会的时候，毛泽东又接见。闭会之后，主持会的人，送我一张放大的照片，照的是毛主席和我握手时的相，也照上了其他一些人，一个是周扬，一个是刘大杰，一个是周予同。我就此作了一副对联：

执手感关怀，三人并列文、史、哲；
集会明任务，一笔齐扫帝、反、修。

这是副“绝”对。刘大杰是搞文学史的，周予同是搞历史的，我是搞哲学的，这就是“三人并列文、史、哲”。下联对帝、反、修，但不能再出现“三”字，就来个“一笔齐扫”了。

在中国半封建半殖民地的地位中，凡是中国人都受帝国主义的压迫。在上海黄浦滩外滩公园门口，帝国主义者立了一个牌子，上边写着“华人与狗不得入内”。这个“华人”当然是指所有的中国人。

帝国主义者对中国的剥削和压迫,当然是有阶级的意义,也有民族的意义。帝国主义者,固然也剥削、压迫他们本国的劳动人民,但是对于殖民地的人说,他们是代表他们的整个民族压迫殖民地的人的整个民族。中国共产党领导中国人民推翻了地主阶级的统治,赶走了帝国主义者,挡住了他们的侵略,形象地说,就是推翻了"三座大山"。这"三座大山",不仅压在中国劳动人民的头上,也压在所有的中国人的头上。中国共产党解放了全中国,这不仅是对于中国劳动人民的解放,也是对于全中国人的解放。北大有一位教授,在美国有很好的职业,他听说解放军在解放南京的时候,用江阴炮台的大炮扣留了英国的紫石英号炮舰,他说:"好了,中国人站起来了!"他马上辞职,冒着危险回到中国。"中国人站起来了!"这是毛泽东于中华人民共和国成立的时候在天安门城楼上向全世界宣告的。毛泽东是代表全中国人、整个中华民族说这句话的。在1971年中国进入了联合国,梁漱溟给我来了一封信,说这是一件大事,要找我谈谈。我请他到我家里来。他来了,对我说,中国进入联合国,标志着中华民族和全世界其他民族处于平等的地位了,这是我们在一二十岁的时候就向往的。这说明共产党毛主席确实是领导中国人民,叫中国人民站起来了,确实是推翻了"三座大山",压在大山下面的都翻身了,整个的中华民族都相信这一点,真是对于共产党毛主席有无限的崇敬和热爱。这并不是个人迷信,这是像孟轲所说的"心服","如七十子之服孔子也"。这并不是迷信,因为这是实践证明了的。

上边所说的,不仅是我个人的心情,也是绝大多数中国人的心情。当我尚在美国上学的时候,罗家伦有一次对我说:"不知道为什么原故,有些话在当时那样有威。黄花岗烈士在广州起义,虽然只有七十二个人,可是他们的话,他们的行动,就是有威。他们虽然失败了,但是辛亥革命不久就起来了,实现了他们的理想,完成了他们的志愿。"我说:"原故是很显然的,有些话,有些行动,之所以有威,就是因为这些话和行动,代表全国人民的意志和愿望。”在解放后那几年内,中国共产党毛主席的话和行动,就是代表全中国人的意志和愿望的。所以它们有威。在50年代,共产党毛主席的指示,确实有威。这个威并不是孟轲说的“以力服人”的那种威,而是“以德服人”的威。这不是霸道,而是王道。这些字眼看起来有些陈腐,但是确有其正确的意义。

但是到了60年代,这个威就逐渐削弱了。原因何在,我现在不打算讨论,也不能讨论,因为有些事实我还没有弄清楚。我只能就我所亲自看到的一些现象,如实地记下来,以备别人或我自己将来作进一步研究的参考。

1958年大跃进开始了。各种刊物上都引马克思的话:社会主义国家一天的进步,要等于资本主义国家二十年的进步。各单位都开大会,规定自己的指标,各单位之间互相竞赛,看谁的指标定得高。定高指标叫“放卫星”。科学院的各个研究所在一块儿开会,每个所都报告自己的指标。指标是以字数计算,一个单位说,我们的指标是一年出一千万字;另一个单位就说,我们一年出一千二百万字。那个单位又一合计,说我们再加二百万字,共一千四百万字!这样步步高升,好像打擂台一样,有些地方就是称为打擂台。真是你追我赶,可惜所追赶的并不是实际上的产品,而是纸面上的数字。有些研究所报的指标,也还有些依据,因为他们有些研究员可能有些积存的旧稿,旧稿拿出来也可以算数。可是有些指标,完全没有根据,既没有积存的旧稿,也没有在计划中的新稿,只是随便报数字,以多为贵,反正无论报多少,并不要当场兑现。

有一个研究所报告说,他们的翻译人员,产量最高,每人每天能翻译八万字。大家心里怀疑,要求当面表演。话已经说出来了,只得定期表演。结果证实,无论怎么样也翻译不出来八万字,就是抄写八万字也是不可能的。我们系里一位同志的爱人参加了表演,我们私下问这位同志，叫他讲讲他爱人参加表演的经过。他说，他的爱人的单位的领导，头几天就叫参加表演的人看将要翻译的资料，看了又看，心里已经有了一个翻译的腹稿，到表演那天，上班就写，饭也顾不得吃，写了一天，还是不能达到这个指标。可是人在第二天就累病了，一直躺了好几天才起床。

在农业方面，在县与县之间打擂台，放卫星。各地区之间也打擂台，放卫星。省与省之间，也打擂台，放卫星。经过一次打擂台，卫星就提高一次。到了省与省之间，经过省与省打擂台，卫星就真是高到九霄云外了。当时我们河南省，对于大跃进最积极，在农业方面放的卫星很高。当时的河南省长吴芝圃在《哲学研究》上发表了一篇文章，题目是《跃进的哲学和哲学的跃进》，他的跃进的哲学给河南人民带来了大灾难。因为下级向上级报了指标，上级就要按这个指标向下面征购粮食，没有生产那么多粮食，下级也不敢向上级说我那个指标是假的，再加上天灾歉收，那就只好竭泽而渔了。后来吴芝圃到北京来，到我的家中来看我，带着检讨的意思说："我实在给河南带来很大的灾难。"我说："我们这些知识分子也是报了高指标，不过我们的高指标当时不要兑现，将来也不要兑现，只是说说就算了。生产方面的指标是要兑现的，兑不出来问题就大了。"

1958 年北大的各系，都要下乡参加劳动。我们这个系分配到长辛店附近的黄村。在我们下去之先，黄村的同志来向我们介绍情况，据他说，他们的生产指标是每亩地产十二万斤。他们说我们找到了一个绝招，就是杀狗，用狗肉作肥料。等到我们下去以后，才知道，生产指标又提高了十倍，每亩地要产一百二十万斤，并且设置了试验田，上面写着一百二十万斤。我在村子的打谷场上劳动，看见场上堆积两大垛农作物，还带着秆子，占了打谷场的一半面积。我私下问一位老农，说："你看这两大垛能打多少斤粮食？"他说："大概可以打个四五千斤。"我说："照这样算起来，能打一万斤粮食的农作物，如果运到场内,就把场完全占满了。能打一百二十万斤的粮食的农作物,那就要一百二十个像这么大的场。上哪里去弄这么多的场?"那位老农也笑了。

那时候黄村还是高级社,后来是人民公社,没有看见,也没有听说,社里研究过怎么样种这些试验田,用什么方法能叫每亩生产一百二十万斤粮食。社员们到一块,所谈论的主要的是消费问题。那时候轰动一时的就是办大食堂,吃饭不要钱。吃饭不要钱可真是个新鲜事,从来没有过的。从前有一副传统的对联:

放开肚皮容物

立定脚跟做人

当时改成"放开肚皮吃饭",反正不要钱,尽量地吃,吃得少了算吃亏,吃得多了算占便宜。干部们宣传说:第一步是在本生产队以内吃饭不要钱,进一步是在本公社以内吃饭不要钱,如此推下去到最后走遍全中国,只要带着介绍信,无论到什么地方都可以见饭就吃不要钱,那就是共产主义了。还要订规划,制蓝图,把五年、十年以后的黄村的样子描绘出来。还办画展诗廊,每人都得画画做诗。当时的报刊上,发表了很多豪言壮语的诗。当时报刊上所发表的有一首诗说:

工人阶级一声吼,

地球也要抖三抖!

黄村这个公社,还实行了十二包,一个人从生下来,衣食住行,生老病死,这一类大事,共有十二件,都由公社包了,社员完全不用自己操心。我当时也写了十二首诗,题目叫《赞十二包》。可是没有多久,公社就包不起来了。仅只医药这一包,公社就包不起来。因为药不比粮食,公社总有一点积存的粮食,吃饭不要钱,暂时还可以对付,可是药是要拿现钱去买的,一点不能含糊。社员群众所最缺乏的也是现钱,有一个农村妇女对我说:"社员们固然吃饭不要钱,可就是没有钱。我家里连一分钱也没有,买根针,买根线都是困难的。"随着十二包的作罢,我那十二首诗也不知去向了。中国真是个文字之国,在当时的文字宣传之下,确实使人有一种感觉,仿佛是已经进入了共产主义社会了,至少说也到了共产主义社会的大门之外了。我当时也想,上层建筑对于经济基础的反作用可是真大,如果中国这一次试验能够成功,这可真是中国对于马克思主义的大贡献。

从进入60年代以后,知识分子改造的问题时松时紧,总的说来是越来越紧了。大概是因为,1957年反右的斗争,使共产党某些领导人越来越觉得,知识分子靠不住,是一种潜在的对于共产党的威胁。也可能是,由于1958年的大跃进,共产党觉得,生产已经大跃进了,知识分子的改造也要赶上。也可能是,由于苏联变成修正主义,需要彻底改造知识分子,从根本上防止修正主义。有些人认为苏联变修,就是因为知识分子没有彻底改造,也可能这三种原因都有。无论如何,知识分子改造的势头越来越猛,范围越来越大,首先是拿艺术界几个人开刀,后来就扩大到整个艺术界,整个的文化界,又扩大到整个的教育界,认为当时的学校都是资产阶级知识分子专政,非彻底改造不可。

本来在1962年春天在广州召开了一系列的会议,有文艺界和自然科学界的知识分子参加。据一位参加会议的自然科学家说,会议由陈毅同志主持。在会上,参加的人可以随便提意见,发牢骚,畅所欲言。陈毅同志回到北京,在人民大会堂召集了一个知识分子的会,他介绍了广州会议的情况,并且说:"知识分子的改造大有进步,在三年困难时期表现得都不错,现在的中国的知识分子,虽然还不能说是无产阶级知识分子,但总可以说是人民的知识分子。"知识分子听了这个报告都异常高兴,说这是对于知识分子"脱帽加冕"的大会:脱资产阶级知识分子之帽,加人民知识分子之冕。可惜好景不长,新加的冕不久就被摘掉了,已脱的帽又给戴上了。紧接着就提出了

"史无前例的无产阶级文化大革命"的口号。

我们在学校里的人,起先是跟着批判艺术界和文化界,后来就停课闹革命。在北大哲学系,有一天我们这些教师正在开会学习,忽然有一支由学生和青年教师组成的队伍,气势汹汹地大踏步走进来,大喝一声:"你们全给我站起来!竖起你们的狗耳朵,听我讲话!我们是红卫兵,任务是革你们的命。"这支队伍命令我们首先自己检查,在解放以后写过多少文章,得过多少稿费。写文章就是放毒,稿费就是赃款。我们自己检查,文章有人写得多,有人写得少,有人没有写;稿费有得几千元的,有得几百元、几十元的不等。有一位先生说,我在解放以后,只得过一元五角稿费。大家都惊奇地问,什么文章这样短?他说:"不是文章,是有个出版社叫我审阅一篇翻译的稿子,给我一块五角钱。"旁边另一位先生说:"你还得到一块五角审稿费,我一角也没有得到过。"检查的结果,有些过去没有发表或写过什么文章的人,都得意洋洋;发表过或写过什么东西的人,都垂头丧气。写得越多的人,越觉得丧气。当时都觉得,写得越多,犯罪越大,多写多犯罪,少写少犯罪,不写不犯罪。

北大以内,有许多地方的名称都改了。"临湖轩"改称"反帝院",因为那个地方原来是燕京大学校长司徒雷登的住宅。"南阁"改称"五·二五楼",因为南阁当时是哲学系办公室,而哲学系的人,是于5月25日贴出第一张大字报的。这些还都是徒托空言。不久就开始了抄家的实际行动。有些见过抄家的人告诉叔明说,"你们要准备呀,首先要把铺盖收藏好,他们抄家往往会把被子撕成一条一条的,没有铺盖,天冷了怎么办?"可是我们并没有准备,也无从准备。我们当时相信"坦白从宽,抗拒从严"的政策,要坦白到底。到7月下旬的一天晚上,我正在家里坐着,听见有一支队伍,自远而至,高喊口号:"打倒冯友兰!"我和叔明说:"来了,来了。"我们刚走到门口,就看见红卫兵已经到了院内,他们拿出一张纸,上面写了一个大字:“封”。这一次只是查封。红卫兵告诉我说,“你的这些东西现在都属于人民了!”幸而这张封条不是贴在门上,而是贴在门内迎门的墙上,所以房子虽然被封了,我们还可以出入。又在门外贴了一幅告示,宣布我的罪状,并且规定了对于我的临时制裁,其中包括扣发我的工资,只按家中的人数,每月每人发给生活费十二元。当时我的子女都有他们自己的工作,家中只有叔明和我二人,每月发生活费二十四元。我说:“还有房租和保姆的工资呢?”他们说:“你不必管了,由我们处理。”我和叔明以后就按着每月二十四元的收入生活。有一次我从外边回来,叔明说:“今天有好吃的。”我说:“什么好吃的?”她说:“今天我上街,看见卖羊肉的,我买了一角五分钱的羊肉。”这样的生活,只过了几个月,以后生活费的数目逐渐增加,由二十四元增加到四十多元,又增加到七十多元。又过了一段时期,红卫兵又在我这院门口上贴上六个大字:“冯友兰的黑窝”。当时燕南园住的大部分是教授,差不多每家门口都贴上“某某人的黑窝”字样。又贴出了一个“黑窝表”,写明某号是某某的黑窝,以便串联的人寻找。

燕南园居民委员会也开会,在会场中,各教授家的保姆,都有座位,教授夫人们都站着,让各家保姆向各家夫人提意见。并且宣布,以后各家的夫人全部担负家务劳动,还要打扫园中的道路和公共场所,保姆们不参加劳动,工资照付。只有一个别家的保姆,向叔明提了一条意见,是她担任八大园居民委员会主任时,关于居委会的事。至于我家的保姆,则说相处得很好,没有什么意见。叔明曾任北京大学八大园居民委员会主任将近十年,后来因为心脏病发作辞职。在动乱时期,除了这个保姆所提的一条意见之外,没有一个园子的居民来提意见或贴大字报的。这也是罕见的事。当时因为我的关系,燕南园还是罚她每天带头打扫园子内的道路和公共场所。这样,也持续了两三个月。

我的女儿冯钟璞(宗璞)在科学院哲学社会科学学部工作,她也带上了帽子,这是真正的帽子,用纸糊的高帽子,上面写着"冯友兰的女儿"。我的儿子钟越当时在沈阳航空方面的研究所工作,"冯友兰的儿子"也是他的罪名之一。

我的孙子冯岱正在北京六一幼儿园,因为他的父母远在沈阳,我是监护人。幼儿园的负责人给我来信,叫我把他接出来。我回信说,现在家里有事,让他就住在幼儿园里。幼儿园设在颐和园西边,下了公共汽车,还要走一大段路。叔明给冯岱送衣服被褥,下了公共汽车想坐个三轮车,三轮车都不拉她,她只得一手提着衣包,一手抱着被褥,一直走到幼儿园。她那时已经七十二岁,患有心脏病,这是很不容易的。见了幼儿园的负责人,他们说,园里已经决定叫冯岱"退园"(即开除)了。叔明说:"我们通知他的父母,从沈阳来接他,在未来接他以前,请求还让他在园里住。"那些负责人表现出很为难的样子,勉强答应了。叔明回来对我说:"孩子在幼儿园里不知道受多大委屈。我一到那里,别的孩子都往外跑,喊着冯岱的奶奶来了,可是冯岱坐在那里不敢动。"那时他才五岁。后来他的母亲到北京来了,也不敢进北大来,直接到六一幼儿园把冯岱接到沈阳去了。

在我被宣布罪状的第二天,红卫兵送来了《最后通牒》(这是当时的原名):"限于明天五点以前,把你的封资修的书送到某楼某号室内。"我在限期以内去找他们,原来这个指定的地方就是学生宿舍里他们所住的房间。我说:"我所有的书除了马列毛主席著作以外都是封资修一类的书,数量不少,上哪儿去找运输工具呢?再说送来,你们这里也放不下。"他们一想,觉得是有困难,就说:"那就再看看吧。"后来又有一批红卫兵,到我家里,说:"你的书怎么还不送?"我说了困难。他们说:"这个样子吧:我们在你这书架子上贴上封条,就不必送了。"以后再来的红卫兵,看见上面有封条,也就不再问了。这个办法,算是救了我的书。后来听说,有很多人的书都被搬出去了,搬来搬去,都成了断简残篇。

又过了几天，来了一大批红卫兵。他们不是来查书，而是来查东西。他们叫我站在前边客厅里，叫叔明带着他们到后边去搜查东西，真是翻箱倒笼，上自天花板，下至地下室，都搜查了。我在客厅里看见一个红卫兵拿着一张纸进来，他似乎是发现了一个大秘密。他拿着一张红纸叫我看，厉声地问："这是什么？"原来是一张斗方红纸，四周印上万字花边，原来是在别人家有喜事的时候，在上边写上大字，钉在幛子上用的。他们不知道在什么地方找出了这张废纸。我给他们说明了用途，他们说为什么印上纳粹标志？我说："万字起源于印度，传到欧洲，也传到中国，本来的意思是'吉祥'，形状是卍，就是这纸上印的，纳粹的标志是卐这与中国的万字毫无关系。"这位红卫兵扫兴而去。我倒是很感谢这些红卫兵，因为他们还容我解释，而且还相信我的解释，到底是北大的红卫兵。听说有些街道上的红卫兵，遇见类似这样的情况，他们就不由分说，先把当事的人痛打一顿。这样搜查了一两个钟头，他们走了。我到后边来看看叔明，知道他们把银行存折和其他单据，以及照相机和一些稍为值钱的东西都拿走了。倒是给了一个收据，上边开列拿去的东西，其中有金元宝一只。我很惊异地说，我们哪里来的金元宝？叔明说，就是那个小孩的玩具。

当时北大还没有红卫兵的统一的组织。各系有各系的红卫兵。这个系的红卫兵来抄了家，那个系的红卫兵又来抄，有时发出相反的命令，我们不仅觉得烦扰不堪，而且觉得无所适从。有个系的红卫兵来了，看见我们的桌子上有一张我的大儿子冯钟辽从美国寄回的相片，他们大发雷霆，说："为什么有穿洋装的人的相片，这是崇洋媚外，赶紧把它烧了！"他们看着叔明把相片烧了。刚刚烧完，又来了另一系的红卫兵，看见院内有纸灰，又大发雷霆，说："你们刚才烧了什么？"我们说："烧了一张相片。"他们说："相片怎么能烧？这是消灭证据！"幸而原来的红卫兵还没有走，叔明说："是这些同志叫烧的。”这才算没事。后来,各系的红卫兵协商了一下,达成协议,一个系的红卫兵只能管本系的人,别系的人由他们本系的红卫兵管,互不干涉。于是哲学系的红卫兵来通知我们说:“以后只有我们系的红卫兵来,你们才可以开门让他们进来,如果不是我们系的人,无论什么人来都不要理他们,无论他们怎样打门,都不给他们开。”这样,我们才比较安静一些。

也必须承认,有些群众也还是通情达理的,在大动乱的高潮时期,北大四门大开,随便出入,每天来北大的群众成千上万。有许多人晚上就在北大校园里空地上睡觉。我们那个园里,晚上也睡有许多人,连我的房子的门外平台上也睡满了人。那时已是秋天,夜里相当冷,可是没有一个人要求到屋里来。有一天,我没有在家,家里只有叔明一个人,那天来了几百人要求进屋来看看。叔明不敢给他们开门。有个人出来隔着窗户对叔明说:“你大概是怕我们人多,进去秩序不好维持,我负责把他们组织起来,只进去绕一圈就出来。我保证维持秩序。”他果然把外边的人组织起来,分成小组,每个小组有一个人维持秩序。让叔明给他们开了门,他们果然按着次序,进来走了一圈,又出去了。他们都出去以后,那位组织者问叔明:“你现在相信群众了吧?”叔明说:“你们真是毛主席的好群众,像这样的群众我相信。”

中国旧小说里,经常有一句话,说“福无双至,祸不单行”。我在当时,也是“祸不单行”。正在北大动乱的时候,我得了一场重病。我本来就有小便频数的病,经医生诊断,说是前列腺肥大。以前还可以凑合,后来就成为小便不通了。先到阜外医院诊治,他们说:“如果要根治,需要动大手术,把前列腺割去。如果你决定要做手术,我们就把你转到协和。如果只要治标,可以先吃点药试试。”我当时心里想,北大现在正搞运动,如果去住医院,恐怕被说成是逃避运动。

我对大夫们说,那就先吃点药试试吧。吃了药还是没有效,我就直接往协和走。协和的大夫们,在我的尿道里插了一根管子,小便暂时通了。那时候,在北京走一段路,确实困难极了。外省串联的人,从四面八方集到北京,公共汽车简直上不去。叫出租汽车,站上的人先问,你是不是有问题的人?如果回答说有问题,他就说没有车。我千辛万苦地进了城,在协和看了病。我同叔明就住在钟璞那里。我带着尿道管子,小便还可以通,但是管子容易掉出来,如果一掉出来,小便就又不通了。这样时通时不通,身体越来越支持不住了。浑身不拘什么地方,只要动一动,就得费很大的气力。只得在一天晚上,又到协和去。到协和一看,协和已经不像个医院了,在候诊室里,在廊子上,在过道里,都是一个挨一个的人。有的是等着看病的,大多数是外地串联的人到这里过夜的。医院的人推着饭车在那里卖饭,真像是一个火车站候车室。叔明和钟璞东奔西跑,费了很大的气力,总算是找来了一个大夫。那个大夫帮助插尿道的管子,插不进去。那个大夫说,需要赶紧动手术,不然怕要转成血中毒。我们说,那就动手术吧。那位大夫说,没有床位呀。叔明哭着向他请求,他说:"我们实在没有办法,听说北京医院人少些,你们到北京医院去试试。"我们看协和实在没有希望,就叫钟璞先到北京医院去看看情况。钟璞去了,回来说,那里人确实是少些。于是我们就上北京医院。我原来的医疗关系是在北京医院,那是优待高级知识分子,教授在三级以上都算是高级干部,医疗关系在北京医院,后来知识分子降级了,把我降到阜外医院。因为北京医院以前常去,也许他们有人认识我,很快就找来了一位崔大夫。他说:"要很快动手术,不过今天晚了,我们倒是有一张床位,你可以先住下,我用针刺把小便从膀胱里抽出来,明天再说。"他又很抱歉地说:"这个床位可是在大病房里。"我在那时候倒是觉得只要能在廊子上有一张床,也就感恩不尽了。那一天夜里,只听见医院里吵嚷之声不绝,也不知出了什么事。第二天早晨,叔明和钟璞来了,她们马上就去找医院的人办手续,回到病房里对我说:“医院里昨天半夜里被造反派夺权了,崔大夫还受了批评,说不应该让你进来。”我说:“现在怎么样呢?”叔明说:“医院里说:‘既然进来了,可以先做一部分的手术,但是你们家属得写个保证书,保证无论在什么时候,医院里说叫他走,他就得走。如果你们在这个保证书上签了字,马上就可以动手术。如果你们不同意,他现在就得走’。”我们三个人商量说,事到如今,也只好走一步说一步了。叔明只得签了字。果然马上动手术。事后我们才了解,割前列腺的手术,要分两步走,第一步是在膀胱开一个孔,在肚皮上也开一个孔,插进一根管子,让尿从管子里流出来,用一个瓶子接着,把瓶子挂在腰间。过了一段时候,才割前列腺。北京医院的计划,是只准备作第一步,以后的手术,就诡称病人岁数太大,不能做了。第一步手术做了以后,在医院里住了几天,我同给我做手术的那位郑(也可能是姓陶)大夫也逐渐熟了,我问他第二步手术应该什么时候做。他说应该接着就做。我问对于岁数大的人是不是有困难。他说也没有什么特别困难。我说:“那你就给我做吧。”郑大夫说:“做不做,权不在我,你听听外面,就知道了。”我听听外面,果然有打倒这个、打倒那个的口号。这位郑大夫也就在被打倒之列吧。又过了几天,医院下了逐客令,也不说什么理由,只说:“医院决定叫你马上出院。”我说:“手术还没有做完呢。”他们说:“那我们管不了,反正叫你走就得走。”叔明和钟璞也没有办法。唯一的办法就是向北大革命委员会打电话,电话打不通,或是打通了找不着人。闹了一两个钟头,医院第二次派人来催了。他说:“你们已签过字了,医院叫你们什么时候走就得走,还有什么道理可说!”他说话声色俱厉,我们只好出院,回到北大。

就在出院的第二天,红卫兵来了,说是在第一体育馆开会,叫我去参加。我告诉他我的身体情况。他说不行,要去参加。我只好拖带着尿瓶子走到第一体育馆。那一次,被批斗的人不少,除了北大的人以外,还有周扬、蒋南翔以及一些我不认识的人。批斗以后,他们叫我在休息室里等着,叫别人出去站队。又过了一会,他们说:"你也回家去吧。"我出了体育馆,原来那些被叫出来站队的人,不知都上哪儿去了。操场上的群众,也都散了,一片空荡荡的。事后我才知道,那些别的被批斗的人,都被拉着在校内游行去了。当时称为"游斗"。我算是被免了游斗,这也是红卫兵们的仁慈吧。

我的病并没有根本解决,还是不行,插在膀胱的那根管子,有时候自己会掉出来。原来插在尿道的管子,如果掉出来,自己还可以试着再插。插在膀胱的管子,如果掉出来,那就非找医生不可了。插在膀胱的管子,还需要用橡皮膏把它固定住,日子久一点,肚皮上贴满了那种橡皮膏带,皮肤受不了,只得到北大哲学系革命委员会请求想办法。他们说,他们可以写一封介绍信,叫我们拿着信再到北京医院去试试。我和叔明到了北京医院,找着郑大夫,郑大夫说,他没有权,叫我们去找医院的革命委员会。我坐在过道里等着,叔明拿着信去找革命委员会,一进门就放声大哭。他们问了情由,看了信,研究了一会儿,说这封信只是从政治上证明可以为他做手术,至于从医疗方面看,是不是有做手术的必要,他们还要再研究。叔明说:"还有什么可以研究的,请你们打电话问问郑大夫。"他们就给郑大夫打了电话,郑大夫说绝对有必要。他们没有话说了,只好说,还不知道有空的病床没有。叔明说:"请你们打电话问问住院部。"他们给住院部通了电话,住院部说有一个空位。这个革命委员会的人实在没有法子推诿了,只好说:"你们去办住院手续吧。"我们听了,真是如逢大赦,庆幸有这样的好机会,也庆幸碰见了这样好心的人。当时就第二次住进北京医院。在病房里,碰见了两个病人,他们都是从工厂来的产业工人,他们说:"我们刚一进院,就听说你被赶出医院的事,我们都非常气愤。"

住在医院等着动手术的时候,又发生了一件小的障碍。郑大夫说:"岁数大了,动手术时要输血,不然就可能有真正的危险。要用四百毫升血,医院里没有,你们得自己想办法。"事后我了解,在一般情况下,医院里是供给血的,这大概又是北京医院的造反派给郑大夫出的难题。叔明和钟璞又四下奔走,总算是找到了四百毫升的血。动手术一切都很顺利,手术后又过了两星期,就出院回家了。

哲学系革命委员会发出通知,说是要调整教师的住房。对于有问题的人说,这就是要把他们的住房由好变坏,由大变小。燕南园是北大的一个比较高级的住宅区,住在这里的一般都是教授级的教师。据说,有一个学生曾经立下志愿,说是四十年后要住进燕南园。在大动乱时期,这句话成为一个批判的对象,成为北大资产阶级化的一个例证。对于原来住在燕南园的人说,调整住宅就是要把他驱逐出燕南园。事实上系革命委员会已经在朗润园给我找了一个住的地方,并且叫叔明去看过。据她说,房子只有两间,又潮湿,又阴暗。后来不知什么缘故,他们并没有对我实行调整,可就是采取了另外一种办法,那就是限制我在原来住房内的活动范围。红卫兵叫我搬出我的卧房,搬到另一间房子里,他们把我卧房的门锁了,把钥匙带走了,说是有事可以去找他们。我的衣服都被锁在卧房之内。应当换季了,叔明屡次去找他们要钥匙,他们总是推诿不给。学校里往往在夜里开斗争会,不管与哲学系有无关系,我们都被叫去"接受教育",往往开到很晚,开到深夜。天气很冷,我还是穿着单衣服。卧房门的钥匙要不来,外面只有一个麻袋,还可以自由使用,我就拿它当大衣,披着去开会。后来陆陆续续,有别的住户搬进来,最多的时候,我原来住的这所房子,住了六家。燕南园的其他房子,也都有新住户搬进去。燕南园的人口,一下子增加了一两倍。住进我的这所房子的其他五家,有的是按正常手续搬进来的,有的是用"革命"手段搬进来的。

有一家先来看房子,要住我原来的卧房和书房。我们说:“你可以去找房产科,叫他们发住房证。”有一天,下大雨,那位房客用两辆三轮车拉着他的东西来了。我们要看他的住房证,他说没有住房证,是房产科的科长叫他来的。我们说:“空口无凭,他既然叫你来,为什么不发住房证?”他说:“就是没有住房证!”我们说:“我们一块儿到房产科去问问。”叔明同那位房客冒着倾盆大雨到房产科,倒是看见了那位科长。叔明问他:“是不是房产科把那间房子分配给他?”那位科长也不说是,也不说不是,就是不说一句话。任凭怎么问,他就像木雕泥塑的人,闭口不说一句话。在房产科不得要领,叔明又冒着大雨去找哲学系革命委员会。在那个时候,以聂元梓为首的校革命委员会的领导权已经发生了动摇,反对派已经酝酿夺权。系革命委员会也不敢表态,他们只说:“我们也没有办法,你们看着办吧。”回来以后,那位房客就说:“房子我一定要住,我怕你们没有劳动力腾房子,所以我来的时候已经带了两辆三轮车。如果你们不腾房子,我叫他们帮助你们搬。”言外之意就是说,他要自己动手了。我们只得腾房子,把书房的书像搬运砖瓦那样搬到别的房间里。后来那些书又从这间到那间,那间到这间,搬运过几次。上面说我的书得救了,虽然是得救了,可是经过几次翻腾,书被搞得乱七八糟,一直到现在,还没有完全整理出来。

有一次,我在系里学习会上,说到分房子的问题,我说:“有些住户并没有房产科的住房证,就硬搬进来住,好像是强盗。”这一句话又闯下了祸。系里开了一次批判会,专批判我那一句话,说是我诬蔑工人阶级。我说:“房子原来是我住,我就有责任保护那所房子,如果有人不按正当手续,没有房产科的住房证,就要住房子,我如果不加阻止,那我就是对学校不负责任。我是对学校负责。”在那个时候,这个道理是说不清的。也没有人理睬。

向聂元梓夺权的运动开始了。像社会上一样，北大分为两派，聂元梓的一派是当权派，叫“新北大公社”；另一派是反对派，叫“井冈山”。两派互不相让，派性越来越强，发展到武斗。我的院子里两扇大门也被拆走修筑工事去了。我的房子的背后有一座学生宿舍楼，不知是哪一派在楼顶上布置了阵地，居高临下，往下面打弹弓。我没有看见弹弓的样子，据我猜想，大概是像我在意大利看见的那样的打石炮弹的弩弓，不过子弹比较小，只有胡桃那么大。这个阵地上的人，见有来往的人，就往下打弹子，往往有弹子落在我这院里，有时打在玻璃上，把玻璃打得粉碎。若是打在人头上，伤势也不会轻了。我们这所房子住的几家，都在院子里做饭，做饭的时候都是提心吊胆。

北大的这种两派对立的局面，继续了一段时间，我们这些有问题的人，两派都认为是专政的对象，对于我们，两派各自发出自己的命令。如果某一派借着一个问题把我们批斗一次，其他一派也必然照样批斗一次，我们往往是受到双重的批斗。

在两派对立、武斗的局面下，在北大的人，无论是有问题的还是没有问题的，每天都好像是处在战斗之中。每天所听到的，都是两派互相叫骂的声音，从高音喇叭里喊出来。还有弹弓的声音搀杂其间。最后工宣队、军宣队进校，才把已经分裂的北大又统一起来。

工宣队进校的时候，大张旗鼓，意思是说，知识分子统治学校的局面，是一去不复返了。以后要由工人阶级亲自掌握学校的大权，领导学校了。当时我也觉得，知识分子就是太不争气，照北大的情况看起来，他们是不能领导学校了。

工宣队进校，接管了北大，我当时心里想，这就叫“山重水复疑无路，柳暗花明又一村”。

工宣队照部队的编制，把学校人员组织起来，把每个系编为一个连，师生混合编制，连长由工宣队成员担任。有一天下午，我们正在南阁学习，快到下班的时候，哲学系的连长来了，他说：“你们先不要回家,都跟着我走。”他带着我们,走到朗润园的物料库,里边堆了许多稻草。连长下令说:“每人抱一捆,跟着我走!”走到了外文楼,他命令把稻草放在水泥地上。他说:“你们以后就住在这里,睡在这地上。我派些同学来陪你们。你们现在可以回家吃饭。吃罢饭在家里等着同学去接你们,也可以帮助你们拿东西。”我听说要同学们帮助拿东西,心里热乎了一下。当时有几句成语,说:“小学的学生看老师是亲人,中学的学生看老师是路人,大学的学生看老师是仇人。”现在要同学帮我们拿东西,真是有点受宠若惊呀。我回家吃饭以后,果然有个同学来了,是也帮着我拿了一点东西,可是到了外文楼以后,这些学生就下命令,叫我们把身上的铁器,如小刀之类,都交出来,履行了犯人进监狱的时候所要履行的那一套手续。他们原来是学生,可是在这里是监改人员,要对我们进行隔离审查(后来才知道叫“隔离审查”,当时并不知道这个名词)。原来在外文楼背后有几排平房教室,不知道从什么时候起这些平房改为接受劳动改造的人的住处,当时称为“牛棚”。那个地方总称为劳改大院。我们住在外文楼,隔窗户就可以看见劳改大院中的一切活动。经过观察,我才了解到,我们住的地方,就是劳改大院的边沿,大概是工宣队照顾我们这些年老体弱的人,不叫我们直接去住牛棚,只叫我们与牛棚为邻,稍微知道牛棚中的一点情况。实际上的待遇也确实很不同:住在牛棚中的人就是参加了劳改队,我们在外文楼的人往往看见他们出工去劳动,每个人都是神情沮丧,气象愁惨,排着队慢慢地走向工地。我们住在楼里面的人也有劳动,不过劳动只限于扫外文楼和办公楼外边的马路。扫完了马路就进去学习,学习的主要内容是背语录和老三篇,或者写材料,写关于自己的材料,或是别的单位来外调的材料。在外文楼附近有一个食堂,每到开饭的时候,食堂的人就推着饭菜到劳改大队去卖饭。我们这边的监改人员,隔窗户看见饭车来了,就叫我们在毛主席像前站队,每个人都对着毛主席的像报告自己的名字和当时的政治“帽子”,然后排着队走出来,绕道进入劳改大院,吃完饭再回来。有一次,在站队报名的时候,有一位老年的老资格的心理学家,报了名字以后说:“我是一个有问题的人。”监改人员大怒,说:“什么问题?要说清楚!”这位老科学家说:“我也不知道我是什么问题。也没有人告诉我我是什么问题,只是有人对我说你也是有问题的人,就叫我到这里来了。”他说的倒是实在情况,监改人员就不再问了。在我家里,叔明见我夜里不能回家,很不放心,她每天上午提前吃午饭,吃了饭以后就走到办公楼前边,坐在台阶上,望着外文楼,看见我跟着队伍出来吃饭,她就知道我又平安地过了一夜,还没有死,她就放心了。第二天照样再去等。那里有几块石头,我说那几块石头可以叫“望夫石”。

到了1968年秋天,有一天,监改人员把我叫到他们的办公室里,含含糊糊地说了一大篇,我揣测他的意思是说,你的问题是敌我矛盾,照人民内部矛盾处理。又隔了几天,工宣队的总指挥,一个女工人,到了外文楼,又把我叫到办公室里,问我说:“你在这里住着怎么样?”我说:“每顿吃饭都要到劳改大院,饭菜都凉了,将来冬天下雪,我出去走,怕摔跤。”她说:“你先出去,等我们再商量商量。”过了十几分钟,又叫我进去,总指挥又问:“学生们说你犯了什么错误?”我说:“就是反动学术权威嘛。”她说:“别的还有什么?”我说:“别的没有了。”她说:“那你就回家去吧。”我说:“什么时候?”她说:“现在就回,我现在就派人到你家里去,叫你家里来人接你。”她又说:“你也去收拾收拾东西,可不要叫别人知道。”我就去收拾东西,别人问我:“你要到哪里去?”我说:“我也不知道。”过了一会儿,叔明推着小车来接我了,我们把行李等东西放在小车上,一同推着回来了。一进门,叔明就痛哭,她说:“刚才他们来通知我的时候,我已经大哭一场了。”

为什么对我这样地宽大呢?有人告诉我说:“毛主席在一次中

央的会上提到你和翦伯赞。毛主席说：'北京大学有一个冯友兰，是讲唯心主义哲学的，我们只懂得唯物主义，不懂得唯心主义，如果要想知道一点唯心主义，还得去找他。翦伯赞是讲帝王将相的，我们要想知道一点帝王将相的事，也得去找他。这些人都是有用的，对于知识分子，要尊重他们的人格。'"我不知道毛泽东究竟是怎么说的，我几次向工宣队提出请求，希望看看原来的记录，他们都满口答应，可是事实上是置之不理。无论如何，我之所以能提前回家，显然是由于毛泽东的那个讲话。工宣队还叫我写信感谢毛泽东，据他们说：翦伯赞也写了。

与此同时，我的住房也有了部分的恢复。工宣队让插入这所房子的新住户之中的一户搬走了。我原来的厨房也腾出来了。这就解决了在屋檐下、在院子中做饭的困难。到了1972年，中美上海公报发表之后，我的那个住在美国的儿子带着他的全家回来探亲，要在家里住，工宣队又让新来的住户中搬走了两户，并以我家为"开放户"，就是外国人和华侨可以进入的户。新来的户只剩下一户了，它也于我那个儿子第二次回国探亲之前不久搬走了，至此我的住房才恢复了原状。

在我从外文楼回来以后，过了好几天，也没有人来谈以后要怎么办，我同叔明到哲学系去找连长，问以后怎么办。连长说："那就来参加三十八楼的学习吧。"连长还说："三十八楼是高铺，我给你安排铺位，等铺位安排好了，你就搬来住。"我就又搬到三十八楼。原来我认为在三十八楼学习的人都是没有问题的，我来同他们一起学习，总算是升了一级。后来才知道，在三十八楼学习的也并不是都没有问题，大多数的人也还是有这样那样的问题，也往往经过小规模的批斗。我猜想，在教师中，凡是岁数大一点的人，大多数都是有问题的。不过哲学系的教师，大概分为三等：问题最严重的是进劳改大院里住牛棚，其次是住外文楼，再其次是住三十八楼。不过这三等也并不是专按问题严重的程度分的,也有些是照顾年龄大小和身体强弱而分的。我从外文楼到三十八楼,可以说是升了一等,可是这并不是说我的问题都已经解决了。

在三十八楼住了一段时间,工宣队叫我,还有别的几个人,回家住了。隔了几个星期,不知道为什么原因,又叫我们搬回三十八楼去住。又过了几个星期,听说翦伯赞自杀了。也许是怕我们也自杀吧,又叫我们回家了。以后不久,所有在三十八楼住的人,都回家了。

1972 年 6 月间,谢静宜到我家来了。谢静宜常参加我们哲学系的学习,所以认识。她说,她看见毛主席了,毛主席叫她告诉我说,我给他的信他看见了,谢谢我。毛泽东并且派她向我问候,这使我很受感动。我写了一封感谢信,还作了一首诗,托谢静宜转达。这首诗说:

善救物者无弃物,善救人者无弃人。

若有东风勤着力,朽株也要绿成荫。

1973 年,批林运动转向批孔运动。批孔还要批尊孔。当时我心里又紧张起来,觉得自己又要成为"众矢之的"了。后来又想,我何必一定要站在群众的对立面呢。要相信党,相信群众嘛,我和群众一同批孔批尊孔,这不就没有问题了吗。在这种思想的指导下,我写了两篇发言稿。这两篇发言稿,在会场上念了一遍,果然大受欢迎。有一天,《北京大学学报》的编辑碰见我,说:"你的那两篇发言稿很好,学报要。"我说:"要哪一篇?"他说:"两篇都要。两篇在同一期内都登出来。"果然不久都登出来了。不久,那位编辑跑到我家里来说:"你那两篇文章,《光明日报》都转载了,他们得到了你的同意吗?"我说:"我完全不知道这回事。他们没有征求我的同意,也没有打过招呼。"那位编辑说:"很奇怪,学报也不知道。在一般的情况下,他们是要打招呼的。"这一天的报纸来了,我看见《光明日报》先登了第一篇,并且加了一个“编者按”,还说,第二天要继续转载第二篇。《北京日报》也来接头,说他们也要转载这两篇文章,但是为了避免和《光明日报》重复,希望我把这两篇合为一篇。可以一次就登出来。我照着他们的希望作了,他们也拿去了,说是第二天见报。可是第二天《北京日报》上登的,还是原来的那两篇,并且把《光明日报》的“编者按”也原封不动地照抄下来。《北京日报》的编辑手里拿着“大样”来解释说:“我们原来是用的你新写的稿子,你看已经打成大样了,可是上边说不行,叫我们必须照着《光明日报》的原样转载,不能变动。”为什么?他们也不知道。《光明日报》的那篇“编者按”很受重视,我们在学习的时候,还学习了一次。这些经过,从《北京大学学报》突然要登我那两篇稿子,到《光明日报》突然转载并加了“编者按”,到《北京日报》突然不用我那篇新写的稿子,虽然都是小节,可是都有点不很正常,这是怎么回事呢?这说明什么呢?我猜想,那篇“编者按”大概有个来历。后来在1974年1月25日国务院直属单位批林批孔大会上谢静宜的一篇报告中得到一些线索。那个会我没有参加,别人告诉我说,谢静宜说,在有一次会上,北大汇报批林批孔运动的情况,说到我那两篇文章,毛泽东一听说,马上就要看。谢静宜马上回家找着这两篇文章,回到会场交给毛泽东。据说毛泽东当场就看,并且拿着笔,改了几个字,甚至还改了几个标点符号。后来就发表了,她可没有说是毛泽东亲自叫发表的呢,还是下边的人揣测毛泽东的意思而发表的。也没有说,《光明日报》那篇“编者按”是谁执笔写的。无论如何,自从这两篇文章发表以后,各地方的群众向我鼓励的信,蜂拥而来,每天总要收到好几封。写信的人,有青年,也有老年;有男的,也有女的;有学生,有解放军,有农民,有工人;有的来自黑龙江,有的来自新疆;有些信写得很长,很好,有真挚的感情,有诚恳的希望。在领导和群众的鼓励之下,我暂时走上了批孔批尊孔的道路。我不知道,这是走群众路线,还是哗众取宠。这中间必定有个界限，但当时我分不清楚。

照我现在的理解，这个界限就是诚伪之分。《周易》乾卦的《文言》说："修辞立其诚。"我们说话、写文章都要表达自己真实的见解，这叫"立其诚"。自己有了确实的见解，又能虚心听取意见，改正错误，这叫走群众路线。如果是附和一时流行的意见，以求得到吹捧，这就是伪，就是哗众取宠。1973 年我写的文章，主要是出于对毛主席的信任，总觉得毛主席党中央一定比我对。实际上自解放以来，我的绝大部分工作就是否定自己，批判自己。每批判一次，总以为是前进一步。这是立其诚，现在看来也有并不可取之处，就是没有把所有观点放在平等地位来考察。而在被改造的同时得到吹捧，也确有欣幸之心，于是更加努力"进步"。这一部分思想就不是立其诚，而是哗众取宠了。

1973 年夏天，谢静宜到我家里来，说江青派她来问候我。问候完了，就建议我写封信感谢，还不断有人来催。我当时认为，江青是毛主席的夫人，是代表毛主席的，问候我是落实知识分子政策，是毛主席、党中央对老年知识分子的关怀。我就照这个意思写了一封信。信是写给江青的，但表示感谢毛主席、党中央。这封信交给了校党委。

1973 年这年秋天，有一天，校党委政工组叫我去清华开会，会议由迟群、谢静宜主持，说是要组织力量批林批孔，成立北大、清华两校大批判组。谢静宜拿了一本赵纪彬的《孔子诛少正卯考》给我，说："江青要你看看。不久还要找你谈谈。"后来并没有找我谈。当时宋柏年（北大党委政工组干部）对我说："你不必天天到，当个顾问吧。"我当时的理解是，我只是挂个名，不一定有实际工作。因为宋柏年在此以前曾到过我家里，问我一些成语、典故的意义和出处，叫我帮他查书：大概还是要我帮着做这一类的事吧。

他们有事才来叫我，所以并不经常去。我去参加过一些批林稿子的讨论，查过一些成语、典故的出处，例如“天马行空”最初见于何书，少正卯的“少正”二字是官名还是姓氏，“忠孝节义”四字连用最早见于何书，等等。有时也推敲一些古书，例如《易·系辞》的“尺蠖之屈，以求伸也”的意义。

1975 年他们曾来找我去看长沙出土的帛书《十大经》。他们有一个读书会，叫我去讲过一两次《韩非子》。他们写的有些关于批孔的稿子，有时也送我一份打印本。我当时集中精力修改《中国哲学史新编》，对于这些稿子，只大略翻一下，就放在一边。《论孔丘其人》初稿打印本也给我看过，我当时只认为是一篇考据文章，作为考据看，也算是用了些功夫，不过作为批孔丘，并没有很大意义。

1974 年 6 月 12 日，大批判组通知我进城开会。先到大批判组聚齐上车，也没有说开什么会。车开到人民大会堂，进去一看，到的是北大、清华和中央党校的批林批孔班子。坐下以后，有人悄悄地对我说：“等会儿领导同志来了，你说话别啰嗦。”我不知道他打这个招呼是什么意思，只觉得这次会是不寻常。江青等人和一些领导同志进来了，走过每个人面前时都握手。江青走过我面前时说：“本来想去看你，因为穷忙，没有去。”王洪文首先发言，说：“你们的工作有成绩。”以后进入漫谈。江青发言最多，也最拉杂。归结起来，无非是说，凡是历史上有作为的政治家都是法家，法家的特点是主张统一，反对分裂；主张抗战，反对投降。周亚夫打七国是阶级斗争，也是儒法斗争。漫谈将结束，江青又请叶剑英同志作总结。

叶剑英同志也讲了一段，大意是说，要好好学习马列主义、毛泽东思想。这个会照当时的情形看，是江青主持的。她是这个会的主持人，也是主要发言人。因此我得到的印象是，江青是代表党中央向参加会的人布置评法批儒的任务。当时我认为，她的话必有所本，可能是毛主席对研究中国哲学史的指示。领导同志离开会场以后,有人说:"今天政治局的领导同志,除了毛主席周总理以外,都出席了。"我的眼睛不好,也不知道他说的是真是假。到会的人都兴高采烈,看起来他们都信以为真。

江青在要离开会场的时候,说:"我在下面有几个点,最近要下去看看,你们也可以去。"隔了几天,大批判组将我叫去。到那里以后,谢静宜告诉我说,她们要出去一趟,问我的身体能参加不能。我说能参加。当时我想,自从"文化大革命"开始以后,我还没有出过北京,有机会下去看看也好。谢静宜说现在就要走,叫我回家拿着日用的东西,一齐上火车站。她没有告诉我去干什么。到了火车站以后,迟群、谢静宜已经先到了。她们让我走进一列"专车",车上已经有不少的人。问他们,他们也都说不知道上哪儿去,去干什么。上车等了一两个钟头,车还是不开,我就先睡了。在睡梦中,听见有人说,到了,都下车。下车到站上一看,原来是天津。坐上汽车,到了招待所,这才吃晚饭。吃罢晚饭,已经是凌晨2点多钟了。有人传话来说,大家都睡吧,有话明天说。第二天早饭以后,传下来了三条禁令:一不准写信,二不准打电话,三不准上街。还说招待所有个小花园,在小花园转转可以,可不能出大门。我和同来的人到花园转了一圈,江青来了,原来她住在另一个地方,只有迟群、谢静宜同我们一起在这里住。天津市文化局局长王曼恬,也跟着江青来了。江青召集去的人开会,开会时她先同王曼恬说:"听说你们要请我们吃饭,不必请了,就算是个聚餐会,大家都出钱,这几个钱我们都还出得起。"她问我:"你的工资多少?"我说:"三百三十五。"她说:"比我的工资还多啦!"她又对王曼恬说:"你看,聚餐费都还出得起吧?"接着她就拉拉杂杂地谈起来,也没有说这次来有什么任务,来的人有什么工作,只讲她的历史。她说她小的时候念过私塾。在私塾里,学生有错,先生可以用板子打手心。那种板子又大又厚,挨起来可痛呀。可能是她挨过那种板子。后来她到山东大学，跟赵太侔、梁实秋学一点西洋文学。她说，梁实秋谈话很有意思。诸如此类的话，拉拉杂杂地谈了一两个钟头，也没有让别人说话就散会了。下午，在招待所看了一部香港影片。电影还没有看完，我就觉得浑身发冷，打战，发高烧了。我的左腿有一个丹毒的病根子，想必是丹毒又发作了。迟群送我到医院，医生诊断，果然是丹毒急性发作，就住医院。刚进病房，又来通知，换一个条件比较好的医院。在那里一直住到6月底，家里人还不知道。后来有人先回北京，到我家里说了，叔明到天津来把我接回北京。

在医院的时候，医生对我进行了点滴治疗，躺在床上不能动。迟群来说："一切活动你都不能参加了，你这次到天津，就算参加会而不参加活动。"究竟是什么会，他也没说。后来听医院的人纷纷传说，才知道就在我进医院那几天里开了一个铁路工人主讲的批孔会。说是铁路工人主讲，可是江青讲的话最多。在发言开始以前，会场上宣布说，到会的有某某等人，其中也有我的名字。我这才了解迟群所说的那句话的意思。原来这个会名义上是铁路工人召开的以批儒为目的的会，实际上是江青召开的为自己树碑立传的会。她叫我们这些人去，为的是虚张声势。

我躺在床上，身子不能动，头脑还是清楚的。我以前也看过一些小靳庄的农民诗，我想农民还能写诗批儒，知识分子还不能吗？我就随口作了几首诗，让护士们写下来，越写越多，就成了后来在《光明日报》发表的《咏史》二十五首。其中有一首的两句是说武则天的："则天敢于作皇帝，亘古中华一女雄。"在粉碎"四人帮"以后，这两句诗最受批判，说是捧江青作皇帝。我当时的思想，是从批儒的观点出发的，我当时认为，武则天做皇帝这一个行为，是和儒家的三纲、五伦条条都违反的，若说反儒，她应该算是最彻底的。我不知道江青有做女皇的企图，我之所以不知道，因为我向来不信小道消息，我坐在书房也听不到多少小道消息,我认为小道消息大概都是国内国外的资产阶级编造出来的。我只信报纸上的消息,我对于国内外形势的认识,都是以国内的报纸为凭。至于有些别的句子,有些人随意解释,例如这组诗的最后一首的最后一句说“深谢耆年带路人”。这个“耆年带路人”明明指的是毛主席,可是有人竟然说指的是江青。向来说,“诗无达诂”,可以灵活解释,但是灵活也不能灵活到这样的地步。

在我离开天津的时候,我们原来同去的那些人,大部分都已先回北京了。我是由天津卫生局派了一位大夫把我作为病员送回北京的。到了北京以后,紧接着又参加了法家著作注释工作会议。我那时候身体还没有复原,只参加了一些大会,小组会都没有参加。只是作了几首诗,《咏史》那一组诗的有几首是在这个时期写的。

在会议闭会的那一天,当时的政治局又接见了。还是江青讲话最多,她还说,可以在报刊上另开一个专栏,发表对于评法批儒持不同意见的文章。这不过是说说而已,后来并没有实行。接见以后,会议就闭幕了。在闭幕后回北大的路上,我对大批判组的一位负责人李家宽说:“我以为还有个闭幕式哩。”他说:“政治局接见就是最隆重的闭幕式。”

在这个会议上,《光明日报》的编辑找着我,说他们要发表《咏史》那一组诗,我叫他们去问李家宽。李家宽不同意发表,他说:“对于历史上有些人的评价,还没有定论,如果先发表了,如果与将来的定论不同,那就不好办。”《光明日报》同李家宽交涉了好几次,最后拿了一个校样叫我看,并且说:“决定发表了。你再看看。个别的字修改一下可以,句子不能改了。”这个最后的决定是从哪里来的,是什么人作的,他没有说。

除了《咏史》以外,还在我的其他文章中提到我的几首诗。有一首是我生日自寿的五律,起首两句是:“水击三千里,人生二百年。”

收尾两句是:“愿奋一支笔,奔走在马前。”开首两句出于毛主席早年的诗句:“自信人生二百年,会当水击三千里。”毛主席这首诗虽未正式发表,这两句警句则流传甚广,我暗引了。我这首诗,起首是要学习毛主席对于人生的豪情,收尾是要跟随毛主席继续前进:这个意思首尾一贯,本不费解。所以“奔走在马前”是指在毛主席的马前。可是有人硬说是指在江青的马前,其根据是据说江青好骑马,而不管全诗首尾的联系。这显然是误解。

1976年唐山地震,我住在地震棚里,有一天晚上,我已经睡了,校党委会派人来叫我起来,说江青来了。我赶紧起来,江青已经到了地震棚的门口。她进入地震棚以后,坐了几分钟,说:“地震还要持续很久,你们都要住地震棚,你能带头,很好。”叔明问她身体可好,她说:“在这个时期,好也得好,不好也得好。”一边说,一边就起身走了,外边已经聚满了很多人,大家都高呼:“毛主席万岁!”她走了以后,党委会的人叫我写感想,我说等明天早晨再说吧。第二天一大早他们就来要,我写了两首诗。其中一首说:

> 无数英雄战地天,红旗高举到前沿。
>
> 主席关怀如旭日,万众欢呼胜夜寒。

我当时始终认为,江青是代表毛主席到北大来的。隔了一两天,党委会又派人来说,江青送来了两部电影,在五四广场放映,叫全校的人都去看。我心里想,江青大概是要学报上所说的一个公社领导同志那样,叫社员都去看电影以躲避地震。不过我们这个地震棚也就够安全的了。我对他说,我晚上出去不方便,不去看。第二天,两校大批判组中北大的人来说江青又来了,叫我们去。坐上车,一直开到清华。原来江青先到了清华,在清华工字厅里边的地震棚里讲话。我进去以后,江青就问:“昨天五四广场的电影,你去看了没有?”我说:“没有去。”她说:“昨天晚上宝坻确实有地震。”当时北大党委的领导已经先在那里,江青说:“你们搭棚子还不是办法。”忘记是迟群还是王连龙说:“那您就下命令怎么办吧,两校的人都在这里,马上执行。”江青又说,她所以没有说看电影是躲地震,因为国务院不是这样说的。江青说完,就站起来走了。我坐的车也离开清华,开到朗润园大批判组。有人从里面出来对司机说:“他不参加。”司机就把我送回燕南园。在清华谈的时候,有些摄影记者照了一些照片,后来学校把它放大张贴出来,这些都是新闻照片,并不是摄影留念之类的相片。

以上,我不厌其烦地讲了一些细节,以见“四人帮”是如何利用毛主席、党中央的威信,以欺骗人民,诱人跟着他们走极左路线的。我当时自以为是跟着毛主席、党中央走的,鼓励我的那些群众也是这样想的,至少也是这样说的。可是我当时也确有哗众取宠之心。有了这种思想,我之所以走了一段极左路线,也就是自己犯了错误,不能说全是上当受骗了。

无论如何,经过“四人帮”这一段折腾,我从解放以来所得到的政治待遇都取消了,我又回到解放初期那个时候的情况。这也可以说是“赤条条来去无牵挂”吧。可是又不然,还是有一件大事牵挂着,那就是祖国的旧邦新命的命运,中华民族的前途。

1976年初周总理去世了。我作了一首挽诗,说:

世间梁栋折,天上大星沉。
身负中华重,胸怀亚非春。
辛苦为群众,艰难辅一人。
前程遵遗志,莫让泪沾襟。

到9月间,毛主席也去世了,我作了一首挽诗,说:

神州悲痛极,亿兆失尊亲。
一手振华夏,百年扶昆仑。
不忘春风教,长怀化雨恩。
犹有鸿文在,灿烂照征尘。

在天安门举行的毛主席追悼大会上，我又作了一首诗，说：

纪念碑前众如林，无声哀于动地音。

城楼华表依然在，不见当年带路人。

二

哲学

第四章　20 年代

我开始读书的时候,正是清朝末年的维新派“变法”的时候。初期的变法,废止八股文和试帖诗,代之以策论。其实,所谓策论,不过是一种变相的八股文。无论如何,我总算是免于学习做传统的八股文,开始读一些从西洋的报刊上翻译过来的文章,学了一点当时所谓新学或西学。学的目的还是“学而优则仕”。

在我十七岁的时候,我到上海中国公学上学。当时上海的学校,无论什么课程,都讲究用“原本”,也就是英文本。可是学生的英文程度很差,先生对于课程的业务知识也不高明。无论讲什么课,其实都是讲英文,把某一种科学的教科书,都当成英文读本,叫学生念。无论教什么课,先生教的是英文,学生学的也是英文,这说明中国的教育是越来越殖民地化了。

我有一门课程是逻辑,所用的课本,是耶芳斯的《逻辑要义》。先来了一位先生,他公开地把这本书当一本英文读本来教。有一次,他把我叫起来,问 Judgment(判断)那个字中的 g 字母后面有没有 e 字母。后来又换了一位先生。他倒是有意要讲点逻辑,可是他实在不懂什么是逻辑。我当时对逻辑很有兴趣,就自己学习。这本书的后面有很多练习题,我就自己做练习。有一道题,实在做不下来了,我就去问这位先生,他想了一会儿说:“等下一次告诉你。”可是,他以后就再不来了。现在我还想着,这位先生倒的确是一位认真负责的老师。

我们也难怪这位老师。当时在中国，稍微懂得一点逻辑的人实在是很少有。只有严复把穆勒的《逻辑体系》翻译了一部分，称为《穆勒名学》，又把耶芳斯的那本书的大意，用中文写出来，称为《名学浅说》。这两部书当时很负盛名，可是能读的人并不很多。

我学逻辑，虽然仅仅只是一个开始，但是这个开始引起了我学哲学的兴趣。我决心以后要学哲学。对于逻辑的兴趣，很自然地使我特别想学西方哲学。

中国公学开了两个部，我上的这个部称为大学预科，是高中程度。1915 年暑假，我在那个大学预科毕业了。当时只有北京大学有哲学系，当时称为哲学“门”。我就决定报考北京大学。

当时的北京大学，有文、理、法、工四科，报考文科的预科毕业生很少，因为文科毕业在政治上没有什么出路，只可当个“教书匠”。于是当局就为文科大开方便之门，规定报考文科不要预科毕业文凭，只要有同等学力就行。

我有大学预科毕业文凭，在当时说，也是一种资格。我在上海北京大学招考办事处报名的时候，说是要报考文科。那位办事处的人大为惊异。他说：“你既然有文凭，为什么不报考法科呢？法科毕业后出路好。”我坚持要报文科。那位先生说：“好吧，我给你出个主意，你还是先报考法科，等到入学的时候，如果你还是要上文科，可以申请改科，由法科改文科，那是没有不准的。如果你现在就报文科，将来你再想改到法科，那就非常困难了，你会后悔莫及的。”我听了他的话，就写上报考法科。等到 9 月间入学的时候，我还是申请改入文科，果然一申请就准。当时我在哲学系同班有十三个人，到现在只有我一个人没有改行。

虽然入了北京大学，但是并没有达到我原来要学习西方哲学的目的。当时的北京大学，照章程上说，有三个哲学门：中国哲学门，西洋哲学门和印度哲学门。实际上是印度哲学门压根就没人提。西洋哲学门，本来说是要在1915年开的，可是只找到了一位教授，名叫周慕西，不久他就去世，所以也开不成了。已经开的只有中国哲学门，这个学门已经有了比我高的一班，我们这班算是这个学门的第二班。

周慕西的书，捐到北大图书馆，有一书架那么多，这是当时北大图书馆所仅有的西洋哲学方面的书了，其中还有一部分实际上是宗教的书。

我虽然没有达到学习西方哲学的目的，但是在中国哲学这一方面，我却是大开眼界。我开始知道，那些八股、策论、试帖诗之类的东西，不过是应付科举、骗取功名的一种工具，并不是学问；我虽然读了一些古书，但是对于真正的学问还没有入门，也不知道门在哪里，现在总算是摸着一点门路了。

当时一般人所了解的哲学，基本上就是当时的人所说的"义理之学"。中国哲学门里有三门主要的课程。一门课程是中国哲学史，讲二年。还有诸子学和宋学，这是两门断代哲学史。"宋学"就是宋明哲学史，不过还沿用宋学这个旧名词。此外，还有些专家和专题的功课。

给我们讲中国哲学史的那位教授，从三皇五帝讲起，讲了半年，才讲到周公。我们问他：照这样的速度讲下去，什么时候可以讲完。他说："无所谓讲完讲不完。若说讲完，一句话可以讲完。若说讲不完，那就永远讲不完。"到了1917年，胡适到北大来了。我们那时候已经是三年级了。胡适给一年级讲中国哲学史，发的讲义称为《中国古代哲学史大纲》。给我们三年级讲中国哲学史的那位教授，拿着胡适的一份讲义，在我们的课堂上，笑不可支。他说："我说胡适不通，果然就是不通，只看他的讲义的名称，就知道他不通。哲学史本来就是哲学的大纲，说中国哲学史大纲，岂不成了大纲的大纲了吗？"

我说这两个故事,为的是说明,当时的教授先生们所有的哲学这个概念,是很模糊的。他们看不出哲学和哲学史的分别。也许有一种哲学,用一句话就可以讲完,如果照禅宗的说法,不说话,一句话都不说,倒是可以把它的全部哲学讲完。如果一说话,那倒是讲不完了。我们的教授所说的那几句话,可能就是禅宗的这个意思。但是哲学史并不等于哲学。哲学史是历史。历史是非讲不可的,不讲别人就不知道。既然讲,它总要有个开端,有个结尾。哲学史是写出来的历史,可以写得详细一点,也可以写得简略一点。无论详细或简略,它都不是哲学的大纲。

1915 年的北京大学还基本上是封建主义占统治地位的学校。

蔡元培于 1916 年底到北大当校长,作了一系列的改组和改造,才使北京大学开始转变为资产阶级思想占统治地位,同时马克思主义也开始传播。这就是五四运动在北大的开始。当时我们身在其中的学生,觉得心胸一天一天地开朗,眼界一天一天地广阔。我在 1918 年就毕业了,没有赶上 1919 年火烧赵家楼的那一天。但是在离校的时候,我觉得在北大的三年收获很大。这三年可以分为两个阶段。在第一阶段,我开始知道,在八股文、试帖诗和策论之外,还有真正的学问,这就像是进入了一个新的天地。在第二阶段,我开始知道,于那个新天地之外,还有一个更新的天地。"欲穷千里目,更上一层楼。"我当时觉得是更上了一层楼。

这两个天地是有矛盾的,这是两种文化的矛盾。这个矛盾,贯穿于中国历史的近代和现代。当时的一部分人,不承认这是古今、新旧的矛盾,而认为是东西、中外的矛盾。东西文化不同,因为其根本思想不同。它们的根本思想,就是它们的"哲学"。司马迁说:"好学深思之士,心知其意。"梁漱溟在当时就是作为一个"好学深思之士",讲东西文化之"意"。他作了一个"东西文化及其哲学"的讲演,在当时引起了广泛的兴趣,因为,无论他的结论是否正确,他所讲的问题,是当时一部分人的心中的问题,也可以说是当时一般人心中的问题。因为矛盾是客观存在,是一般人都感受到的,所不同者是对这个矛盾的认识和解释。当时百家争鸣,多是矛盾的体现,对于矛盾的广泛解释和评论,还是比较少的。

从1919年,我考上了公费留学,于同年冬到美国,次年初入哥伦比亚大学研究院哲学系当研究生。我是带着这个问题去的,也可以说是带着中国的实际去的。当时我想,现在有了一个继续学哲学的机会,要着重从哲学上解答这个问题。这就是我的哲学活动的开始。

从此开始以后,直到现在,六十年来,我的哲学活动,可以分为四个时期。第一时期是从1919年到1926年,其代表作是《人生哲学》。第二时期是从1926年到1935年,其代表作是《中国哲学史》。第三时期是从1936年至1948年,其代表作就是抗战中写的那六本书,日本已有书店把它们合印为一部书,题为《贞元六书》。第四时期是从1949年到现在,其代表作是尚未完成的《中国哲学史新编》。时期虽异,研究的对象也有不同,但都贯穿着上面所说的那个问题,都是想对于那个问题作一种广泛的解答,特别是对中国传统文化作一种广泛的解释和评论,虽然随着时期的变化,解释和评论也有差异。

1919年我到美国后,和西方文化有了直接的接触,上面所说文化矛盾的问题,对于我更加突出。那时正是美国在第一次世界大战胜利后的繁荣时期,西方的富强和中国的贫弱,更成了鲜明对比。当时我经常考虑的问题是:自从中国与西方接触以来,中国节节失败,其原因究竟在哪里?西方为什么富强?中国为什么贫弱?西方同中国比较起来,究竟在哪些根本之点上比较优越?

我当时思考的结果,自以为是得到一个答案。西方的优点,在于其有了近代自然科学。这是西方富强的根源。中国贫弱的根源是中国没有近代自然科学。可是问题又来了。中国为什么没有近代自然科学呢？是为之而不能；或是能之而不为？当然我认为是能之而不为。为什么不为呢？当时我认为，这应该在中国哲学中寻找答案。

为了寻找这一答案，我写了一篇文章，题目是《中国为何无科学——对于中国哲学之历史及其结果之一解释》，我在哥伦比亚大学哲学系的讨论会中宣读过这篇论文，后来又发表在《国际伦理学杂志》（三十二卷三号，1922年4月）上。

这篇论文的大概意思是：中国所以没有近代自然科学，是因为中国的哲学向来认为，人应该求幸福于内心，不应该向外界寻求幸福。近代科学的作用不外两种，一种是求认识自然界的知识，另一种是求统治自然界的权力。西方近代哲学的一个创始人笛卡尔说："知识是确切"；另一位创始人培根说："知识是权力。"这两句话所说的就是这两种作用。如果有人仅只是求幸福于内心，也就用不着控制自然界的权力，也用不着认识自然界的确切的知识。

这种说法，实际上就是当时流行的一种说法，认为东方的文明是"精神文明"，西方的文明是"物质文明"。自从西方进入资本主义社会以后，世界上的局面是"西方控制东方，城市控制乡村"（见马克思《共产党宣言》）。东方的人说：东方虽然被压倒了，但是它的"精神文明"还是优于西方的。这是一种自我解嘲之辞。

当时印度的泰戈尔正在美国访问，到纽约讲演。我去找他，谈了一个晚上。他所谈的话大意也是讲"精神文明"。有人给我开玩笑说：他肯同你谈话，这就是"精神文明"。如果照"物质文明"，他要向你要报酬。我把他的这个谈话记录下来，发表于《新潮》三卷一号。

虽然有这些情况，但是我当时认为，我的看法，是我自己得来的，有自己的特点。特点是打破所谓东、西的界限。当时我认为，向内和向外两派的对立，并不是东方与西方的对立。人的思想，都是一样的，不分东方与西方。上边所说的那种对立，是东方哲学和西方哲学之中都有的。我把中国哲学史和西方哲学史联合起来，选出一些哲学家作为代表,以为说明。这实际上是一种中西哲学史比较研究的工作。

这个研究的成果,我写成一部书,当时名为《天人损益论》,是用英文写的。书于1923年写成,作为我在哥伦比亚大学研究院毕业的博士论文。这个英文本在1924年由上海商务印书馆出版。出版时改名为《人生理想之比较研究》。后来商务印书馆要为当时的高级中学出版一部人生哲学教科书,约我把这本书的内容用中文写出来,名为《人生哲学》。这部《人生哲学》实际上就是《人生理想之比较研究》的中文本,于1926年出版。

在这部书的《绪论》中,我把这部书的主要思想做了一个概括的叙述。我认为人所经验之事物,不外天然的及人为的两类。自生自灭,无待于人,是天然之物。人为的事物,其存在必待于人,与天然的事物恰恰相反。实际的世界,有好亦有不好;实际的人生,有苦亦有乐。此为事实,无人不知。哲学史中大哲学家亦无不知。其所争辩,全在于对于此事实之解释及评论。哲学史中,有一派哲学家以现在之好为固有,而以现在之不好为起于人为。依此说,则人本来有乐无苦,现在诸苦,乃其自作自受。诸宗教中之哲学,大都持此说法。又有一派哲学家,则以现在之不好,为世界之本来面目,现在之好,则全由于人力。依此说,则人本来有苦无乐,以其战胜天然,方有现在之情形。中国哲学史中,性善与性恶之辩——即一派哲学家谓人性本善,其恶乃由于习染;一派则谓人性本恶,其善乃由于人为(即荀子所谓伪)——为一大问题。而希腊哲学史中,"天然"或"人定"之争——即一派哲学家谓道德根于天然,故一而不变;一派则谓纯系人意所立,故多而常变;欧洲近古哲学中,有神与无神之辩——即谓宇宙系起于非物质之高尚原理抑系仅由盲力——亦为难解决的问题。凡此诸争辩,其根本问题,即是好及不好之果由于天然或人为。既有如此相反的哲学，则其实现之道，亦必相反。上所说之哲学，其一派谓人为是致不好之源；人方以文明自喜，而不知人生苦恼，正由于此。若依此说，则必废去文明，返于原始。本老子所谓"日损"（《道德经》四十八章），我名此派哲学曰"损道"。其他一派则谓，现在世界，虽有不好，而比之过去，已为远胜；其所以仍有苦恼者，则以人尚未十分进步，而文明尚未臻极境也。吾人幸福，全在富有的将来，而不在已死的过去。若依此说，则吾人必力图创造，以人力胜天行，竭力奋斗，庶几将来"乐园"，不在"天城"（西洋中世纪宗教家圣奥古斯丁所作书名）而在"人国"（培根《新工具》中语）。本老子所谓"日益"，我名此派哲学曰"益道"。

此外尚有一派，以为天然人为，本来不相冲突；人为乃所以辅助天然，而非破坏天然；现在世界即为最好，现在活动即为快乐。我名此派曰"中道"。

属于所谓损道诸哲学，虽皆主损，而其损之程度，则有差别。中国道家老庄之流，以为现在的世界之天然境界即好，所须去掉者只人为的境界而已。此派虽主损而不否认现世。我名此派曰浪漫派。柏拉图以为现在的世界之上，尚有一完美的理想世界。现在世界之事物是相对的，理想世界之概念是绝对的。现在世界可见而不可思，理想世界可思而不可见。我名此派曰理想派。佛教及西洋近代叔本华之哲学，亦以为现在世界之上，尚有一完善美满的世界。但此世界，不但不可见，且亦不可思，所谓不可思议境界。我名此派曰虚无派。属于所谓益道诸哲学，虽皆主益，而其益之程度，亦有差别。如杨朱之流以最大的目前快乐为最好，目前舒适即是当下"乐园"。我名此派曰快乐派。如墨子功利家之流，以为人宜牺牲目前快乐而求将来较远最大多数人之安全繁荣。我名此派为功利派。西洋近代哲学家，如培根、笛卡尔等，以为吾人如果有充分的知识、权力与进步，则可得一最好世界，于其中可以最少努力而得最多的好；人现宜力战天然，以拓“人国”。我名此派曰进步派。至于属于所谓中道诸哲学，则如儒家说天及性，与道家所说道德颇同，但以仁、义、礼、智亦为人性之自然。亚里士多德继柏拉图之后亦说概念，但认为概念即在感觉世界之中，此世界诸物之生长变化，即所以实现概念。宋元明诸哲学家，颇受所谓“二氏”之影响，但不于寂灭中求“静定”，而谓静定即在日用酬酢之中。西洋近代哲学，注重“自我”，于是“我”与“非我”之间，界限分明。黑格尔之哲学，乃说明“我”与“非我”是一非异；绝对的精神，虽常在创造，而实一无所得。合此十派别，而世界哲学史上所已有之哲学之重要派别乃备（参看《人生哲学》18—22页）。

这是全部书的一个概要，也可以说是一个纲领。以下从第二章至第十二章分别从中国哲学史和西方哲学史举出一两个哲学家为某一派的代表以说明某一派的内容。在这部书作为博士论文而举行的答辩考试的时候，杜威先生提出问题，说：这些派别是否有个发展的问题，例如这一派发展到那一派，而不是像一把扇子那样，平摆着？我当时没有能回答这个问题，因为这部书没有打算讲某一个哲学家或某一个派别的思想的发展过程，以及其历史背景，只把它们的思想的某一方面突出起来。好像一个百花展览会所展出的花，不是某一种花或某一棵树的全面，而只是把某一朵花剪下来，作为标本，正是像一把扇子那样，排列在那里。当然排列是照着一定的线索，这个线索就是所谓“天、人、损、益”。至于为什么某一个哲学家或某一个哲学派别主张“天”和“损”，而另一个哲学家或另一个哲学派别却主张“人”和“益”呢？我就归之于哲学家的“气质”和他的在某一方面的“真知灼见”。我引用荀子的说法，认为哲学家们各有所“见”，也各有所“蔽”，他们的“见”和“蔽”是联系在一起的。他们有“见”，也往往为其“见”所“蔽”。我当时只是要证明，哲学的派别，无分于东西；但没有说明，为什么在实际历史中，东方盛行“天”和“损道”，而在西方则盛行“人”和“益道”。

天派及损道理想化天然,求好于过去,向后看;人派及益道理想化人为,求好于将来,向前看。中道则认为,过去已成过去,将来亦无把握,只该求好于现在的活动之中。《人生哲学》说:"天然之美大,并不在其能生绝对完美的结果,而正即在其无穷的演进。天然之永久的活动,正即其完善之所在;其活动之意义,并不在其活动以外之成就,而即在其活动之自身。……道家特重'无为',儒家则尤重'无所为'。道家惟重'无为',故欲尽废'有为',于是一切人为,皆所反对。儒家不废'有为',但谓须'无所为而为'。所谓'无所为而为'者,谓只须于'为'(即活动)中求好,而不必计其活动以外之成就也。"(199—200页)一事之成功,必待多方面之合作,此又非人之力所可致。其结果如何,至不可必。若人全于结果中求好,则所求之好有待于外,而人之生活即不能独立自足(204页)。独立自足的生活,即是合理的幸福。

就《人生哲学》所提的那个线索说,所谓"损道",以世界上的好归之于天;不好归之于人。所谓"益道",以世界上的不好归之于天;好归之于人。所谓好和不好,归根到底,就是快乐与痛苦,幸福与灾难。所谓中道,则认为这两派虽然是对立的,但有一个共同之处,那就是把天、人对立起来,割裂开来。而世界上大部分的痛苦和灾难,正是来源于这种对立和割裂。如果把这种对立统一起来,不作这种割裂,世界上的大部分的不好也就消灭了,没有了。

人和天然,从一方面看是对立的;从又一方面看,人也是天然中之一物,人的存在也是天然的一部分。人的创造也是天然的延续。人的科学技术,战胜天然,但仍是依照、利用天然的规律。人的社会组织,极其复杂,但仍是依照人的天然的本性。从这种观点出发,进行修养,逐渐克服人与天,自己与别人的界限,就可以得到一种精神境界。"此并非一境界,于其中一切皆无,或一切皆已完结。此盖一境界,于其中虽仍有活动与一切事物,而内外(即人己)之分,则已不复存在。”（206页）“儒家之理想境界，即是如此。此境界非仅是天然的，亦非仅是人为的，而乃是天然人为，两相和合，所构成者。”（208页）这就是儒家所说的“合内外之道”，其方法主要的是克去个人的私心。儒家是用道德的行为达到这种境界的。

在西方哲学史中，黑格尔从认识论方面提出了一个类似的说法。他说：“人初只是天然的存在，当其离开此路之时，人即为自觉的主体。于时人与天然世界之间，即有界限矣。但此界限，虽为精神概念中之必要的分子，而却非人之最终的目的。思想意志之一切有限的动作，皆属于此内的分裂境界之中。在此有限的范围内，人各求达其自己之目的，并聚集其自己行为之材料。当其此等追求达于极端之时，其知识与其意志求其自己，与共相分离之狭隘的自己。当此之时，人即是恶，其恶即在其是主观的。”（黑格尔《论理学》，《人生哲学》265页引）

照黑格尔的客观唯心主义体系，这一切活动，都是绝对精神的活动的一部分。绝对精神必须经过这些活动，才能够得到自觉，自觉其是绝对精神。如果把这个全体活动中的部分活动同绝对精神的全体活动分裂开来，单独观之，那就看它是恶的。可是部分不能从全体中分裂开来，必需在全体的活动中才有意义。照黑格尔的说法，从全体的观点看，负的分子亦有正的意义。“恶与好目的相同。恶与好相同，则恶亦非恶，好亦非好，此二者实皆已消泯矣。”（黑格尔《精神现象学》，《人生哲学》267页引）

在西方哲学中，有所谓恶之起源的问题。黑格尔的这种说法，自以为是解决了这个问题。在我们的日常生活中，是有些事情，单独看起来，似乎是恶，是负的分子。比如说，有大战的时候，有一种战略的退却，本是负的分子，但是就一个战争的全局看，战略的退却，是战胜的一个条件，退却为的是前进。照这样看起来，负的分子，也就有正的意义。

在《人生哲学》中,我把所谓十派平列起来,好像是没有什么偏向。实际上,我的偏向是很明显的,那就是"中道"。在《人生哲学》最后两章,第十二、十三章,我提出了"一个新人生论"。这就是我在当时所认为是"中道"的人生论。我说:"今依所谓中道诸哲学之观点,旁采实用主义及新实在论之见解,杂以己意,糅为一篇,即以之为吾人所认为较对之人生论焉。"(《人生哲学》276 页)

这两章是《天人损益论》中所没有的,这是根据 1923 年我在一个地方所作的一个讲演的讲稿重写的。这个讲演稿曾经由商务印书馆印入其所编辑的《百科小丛书》中,题为《一种人生观》。

实用主义和新实在论是当时在中国比较流行的西方哲学思想。

在五四运动的时候,梁启超等人组织了一个尚志学会,约请了美国的实用主义哲学家杜威和英国的哲学家当时是新实在论者的罗素到中国讲演。我在哥伦比亚大学研究院的时候,在这个大学中,恰好也有这两个学派。杜威在那里讲实用主义,还有两位教授讲新实在论。因此这两派我比较熟悉。在我的哲学思想中,先是实用主义占优势,后来新实在论占优势。

实用主义的特点在于它的真理论。它的真理论实际上是一种不可知论。它认为,认识来源于经验,人们所能认识的,只限于经验。至于经验的背后还有什么东西,那是不可知的,也不必问这个问题。这个问题是没有意义的。因为无论怎么说,人们总是不能超出经验范围之外而有什么认识。要解决这个问题,还得靠经验。所谓真理,无非就是对于经验的一种解释,对于复杂的经验解释得通。如果解释得通,它就是真理,就对于我们有用。有用就是真理。所谓客观的真理是没有的。

后来我的哲学思想逐渐改变为柏拉图式的新实在论,认为不仅真理是客观的,一切观念和概念也都是有其客观的对象;这些对象都是独立于人的认识而存在的。但是从人的观点说，怎么样认识真理，那就得靠一种发现的方法。实用主义所讲的，实际上是一种发现真理的方法，所以，也有它的价值。总起来说，新实在论所讲的，是真理本身存在的问题，实用主义所讲的，是发现真理的方法的问题。所以两派是并行不悖的。

根据这些观点，《人生哲学》在这两章中，回答了当时哲学界及一般思想界所讨论的问题，广泛地讨论了一般哲学问题。从宇宙的构成到文学艺术以至宗教，都作了一些解答的尝试。

《人生哲学》是《天人损益论》的中文本。《天人损益论》是一种作学术研究的论文，并不是一本教科书。以偶然的缘故，它被列为当时高中的教科书，这对于它是幸也是不幸。幸的是，它作为当时的高中教科书，得到广泛的流传。不幸的是，当时的学术界，认为它不过是一部中学教科书，没有引起广泛的讨论。

《天人损益论》也不是一部哲学史，它引用哲学史中的大量材料，是用以说明它的论点。那就是，人的思想不分国界，哲学不分东西。但引用既多，也引起我对于哲学史的兴趣，为以后的哲学史工作开辟道路。

《人生哲学》是由《天人损益论》和《一个新人生论》（原名为《一种人生观》）合并而成的。《天人损益论》还不失为一部哲学著作，因为它有一个论点，其论点是否正确，暂置不论，但只要有一个论点，就有个中心思想，这个中心思想就好比一棵树的根，有了根它就会发出许多枝叶，以维持其根的存在，发挥其根的作用。如果一部著作能够这样，它就可以成为一个体系。

用这个标准看，《一个新人生论》就不合格了。作为一本教科书的两章也还可以对付，但严格地说，它不是一个哲学著作，而只是一个初学哲学的人的习作。因为它只是从各派的哲学中收集一些说法，以回答当时所流行的一些问题。它用的是杂家的方法，成为杂家之言,没有一个一贯的论点,也没有一个一贯的中心思想,只是东拉西扯,拼凑而成。这种拼凑,我原来美其名为"糅为"。其实真正的思想体系不是可以拼凑而成的,不是可以"糅为"的。流传的瞎子摸象的故事可以作为比喻。有的瞎子摸着象的鼻子,就说象是一根粗绳子。有的摸着象的腿,就说象是一根大柱子。如果有人把这两种说法拼凑起来,说象既是绳子,又是柱子,这个人实在还不胜那些瞎子。因为瞎子们毕竟和象还有点接触,而这个拼凑的人连这点接触也没有。

真正的哲学总是对于宇宙人生的道理有一点了解,有一点体会,尽管他的了解、体会或偏而不全,但他所说的是他自家所真正见到的东西,并不是抄别人的,那就有一定的价值。

杂家之言好比宴会中的拼盘。无论拼盘做得怎样精致,但拼盘总是拼盘,不能作为正菜。

第五章 30年代

我在30年代的主要工作，就是写那一部两卷本的《中国哲学史》。这个工作在20年代的后期，就开始了。所以要从20年代后半期说起，顺便讲一些当时中国哲学史研究工作的情况。

在五四时期的新文化运动中，在中国哲学史的研究方面，出版了一部具有划时代意义的书，那就是胡适的《中国哲学史大纲》卷上。胡适于1917年到北京大学，暑假后开学，他就担任了哲学系一年级的中国哲学史这门课程。当时印发讲义，到1919年2月，就正式出版了《中国哲学史大纲》卷上。在这部书前面有蔡元培写的一篇序。序文开头说："我们今日要编中国古代哲学史，有两层难处。第一是材料问题，周秦的书真的同伪的混在一处。就是真的，其中错简错字又是很多。若没有做过清朝人叫做'汉学'的一步功夫，所搜的材料必多错误。第二是形式问题，中国古代学术从没有编成系统的记载。《庄子》的《天下篇》，《汉书·艺文志》的《六艺略》、《诸子略》，均是平行的记述。我们要编成系统，古人的著作没有可依傍的，不能不依傍西洋人的哲学史。所以非研究过西洋哲学史的人不能构成适当的形式。"(胡适《中国哲学史大纲》第1页)

序文接着说，"适之先生生于世传'汉学'的绩溪胡氏"，受过汉学的教育，又在美国学过西洋哲学。上面所说的那两种困难到他手里就不难解决。所以他在北京大学讲中国哲学史才满一年，在这短时期内就写成了这部《中国哲学史大纲》。蔡元培认为这部书的特长:第一是证明的方法,第二是扼要的手段,第三是平等的眼光,第四是系统的研究(同上2—3页)。

蔡元培给这部书以这样高的评价,就当时学术界的水平说,并非溢美。就是有一点不尽合事实。胡适的这本书并不是一年之内完成的。他于回国之前先在美国哥伦比亚大学完成了一篇博士论文,题目是《先秦名学史》。这篇论文构成了《中国哲学史大纲》卷上的主要部分。这一部分他确是用过功的。其余的部分大概是他在讲课的时候陆续加上去的。这两部分功力深浅不同,本行的人是看得出来的。还有一点,"世传汉学的绩溪胡氏",与胡适并非同宗。

我在北京大学当学生的时候,给我们讲中国哲学史的教授,基本上都还是没有超出中国封建哲学史家的范围。

秦汉以后封建哲学家们,在讲述自己思想的时候,无论有没有新的东西,总是用注解古代经典的方式表达出来。从表面上看,似乎后来的思想,在古代已经有了,后来人所有的不过就是对于古代经典的不完全的了解。在我们班上,讲中国古代哲学史,就从三皇五帝讲起。讲了半年才讲到周公。当时的学生真是如在五里雾中,看不清道路,摸不出头绪。当时真希望有一部用近代的史学方法写出的中国哲学史,从其中可以看出一些中国古代哲学家的哲学思想的一点系统,以及中国哲学发展的一些线索。当时也有翻译过来的日本汉学家所写的《中国哲学史》。但都过于简略,不解决问题。在这种情况下胡适的书出来了。他用汉学家的方法审查史料,确定历史中一个哲学家的年代,判断流传下来的一个哲学家的著作的真伪,他所认为是伪的都不用了。这就是蔡元培所说的他的书的第一个特长:证明的方法。

用这个方法,他把三皇五帝都砍掉了。一部哲学史从老子、孔子讲起。这就是蔡元培所说的"扼要的手段"。这对于当时中国哲学史的研究,有扫除障碍、开辟道路的作用。当时我们正陷入毫无边际的经典注疏的大海之中,爬了半年才能望见周公。见了这个手段,觉得面目一新,精神为之一爽。

中国封建历史家的与哲学史有关的著作,从《汉书·艺文志》一直到《宋史·道学传》,都是以儒家为正统,其余各"家",或被认为是"支与流裔",或被认为是"异端邪说"。胡适废除了正统与非正统的观念,无论哪一家哪一派的哲学思想都是中国哲学的组成部分。这就是蔡元培所说的"平等的态度"。这是这部书的思想性。在这一点上,这部书反映了五四时期反封建的潮流。

蔡先生所说的这部书的第四特长是"系统的研究"。所指的大概是,用发展的观点,研究哲学流派的来龙去脉。杜威的实用主义,在研究社会现象的时候,本来是注重用发生的方法。上面已经说到,杜威曾向我提出过这个问题。胡适在当时宣传杜威的实用主义,但是限于实用主义的真理论。至于发生法,他很少提起,不过总是受一点影响。蔡元培所看见的就是这一点影响。

我在当时觉得,胡适的这一部书还有一点特别。在中国封建社会中,哲学家们的哲学思想,无论有没有新的东西,基本上都是用注释古代经典的形式表达出来,所以都把经典的原文作为正文用大字顶格写下来,胡适的这部书,把自己的话作为正文,用大字顶格写下来,而把引用古人的话,用小字低一格写下来。这表明,封建时代的著作,是以古人为主。而五四时期的著作是以自己为主。这也是五四时代的革命精神在无意中的流露。

胡适的这部书,就当时的学术界的水平说,是有其特点,所以受到学术界的重视,并非偶然。此外还有一般庸俗的见解跟着起哄。以为一个西洋留学生,刚才回国,就在大学讲中国的学问,很是难得。所以书一出版,就轰动一时,不过两个月就再版了。这也给白话文运动增强声势。当时的一般庸俗见解认为,提倡白话文的人,大概都是不会写文言文,甚至不能读古书的人。不料像胡适这样提倡白话文的人,竟能读古书。而且能读最难读的古书。

但是也有不少人对于胡的这部书,发了些讥笑之词,认为是胆大妄为。

当时我是北京大学哲学系三年级的学生,我们的教授说他不通(已见上)。这位老先生是错了。哲学史并不是哲学大纲。我们学生中间也有人说:"胡适胆大脸厚。"这些讥笑之词,从反面说明,这部书在当时是作为新事物出现的。

胡适的这部书,还有一种更广泛的影响。蔡元培所说的,写中国古代哲学史的两层难处,并不限于写中国哲学史。无论写哪一种专史以至通史,都有这两层难处。第一种难处是材料,第二种难处是方法。写一种中国的什么专史以至通史,必须掌握封建历史家所掌握的那些材料,还要有能力对于这些材料,作精密的审查,严格的取舍,取精用宏,这是第一层。第二层是需要掌握方法,不是和封建历史学家那样,选抄编排,而是要分析史料,并将分析所得,综合地叙述出来。就这两层说,这是资产阶级历史学的要求。至于马克思主义的历史学,还要求在散漫的历史事实之中找出规律性的东西来。

大概在1921年左右,蔡元培以北京大学校长的身份,到美国考察,来到纽约。那时候我在纽约。在一次中国留学生的欢迎会上,蔡元培说:"有一个故事:一个人交了一个朋友,会点石成金。随便一块石头,只要他用手指头一点,那块石头就变成金子了。那个朋友对那个人说,'你要多少金子,我都可以点给你。'那个人说:'我不要金子。我只要你的那个手指头。'"蔡元培说:"你们在这里留学,首先要学的是那个手指头。"那个手指头就是方法,当然还是资产阶级的方法。

在清朝末年,严复算是比较懂得西方哲学的了。但是他的精力主要用在翻译,没有来得及用那个手指头研究中国哲学。胡适是在哲学方面用那个指头比较早的一个成功的人。

在1923—1926年这几年之间，我的主观志愿是想向中国介绍西方哲学。客观的机缘使我作了一些向西方介绍中国文化的工作，最后归到研究中国哲学史。这个最后的机缘是1927年燕京大学给我一个任务，讲中国哲学史。

在这个时候，讲中国哲学史，又多了一层难处。随着马克思主义在中国的传播，在历史工作中，唯物史观也流传开了。对于中国社会史、中国经济史的研究，正在展开，各方面不同的意见，开始论战。我没有参加这些论战，也没有跟着研究。但是，唯物史观的一般原则，对于我也发生了一点影响。就是这一点影响，使我在当时讲的中国哲学史，同胡适的《中国哲学史大纲》有显著的不同。

第一，我认为在中国历史上有两个社会大转变的时代，一个是春秋战国时代，一个是清朝末年中外交通的时代。在这两个时代中，中国社会的各个方面，都起了根本的变化。这实际上说的是，中国社会由奴隶制向封建制过渡，和由封建制向半殖民地、半封建过渡的两个时代，但是我没有用这些名词，因为这些名词在当时还没有确定下来。

我认识到，中国哲学史的发展和中国通史的发展，是相适应的。中国通史的发展，随着上面所说的两个大转变时期而分为三个阶段。第一次大转变时期为第一阶段。第一次大转变时期至第二次大转变时期中间为第二阶段。第二次大转变时期及其以后为第三阶段。通史既然有三个阶段，哲学史也应该有三个阶段。但我的哲学史只打算讲前两个阶段。因为我认为，在第二次大转变以后，还没有大的哲学体系出来，新的哲学体系还正在创造之中。“焉知来者之不如今也”？“来日方长”，“方兴未艾”，历史家所写的，主要是“盖棺论定”的事情。还没有“盖棺”的事情留待将来的历史家。我所要讲的分两个段落，我称为“子学时代”和“经学时代”。

第二,这两个时代不是照着讲历史的一般惯例分的。这两个名称也不是用过去常用的名词,随便加上去的。春秋战国时期是诸子百家争鸣的时期。各家各派,尽量发表各自的见解,以平等的资格,同别家互相辩论。不承认有所谓“一尊”,也没有“一尊”。这在中国历史中是思想自由、言论自由、学术最高涨的时代。在经学时代,儒家已定为一尊。儒家的典籍,已变为“经”。这就为全国老百姓的思想,立了限制,树了标准,建了框框。在这个时代中,人们的思想都只能活动于“经”的范围之内。人们即使有一点新的见解,也只可以用注疏的形式发表出来,实际上他们也习惯于依傍古人才能思想。好像是两腿有病的人用拐杖支着才能行走,离开了拐杖,他的腿就不起作用。即使像王船山、戴东原那样的富有变革精神的思想家,也不能离开五经、四书独立发表自家的见解。王船山说:“六经责我开生面。”他认为,历史给他的任务就是为五经、四书开创新局面。要推倒“经”的权威,那是他连想也没有想到的。所以,所谓“经学”就是思想僵化、停滞的代名词。思想僵化、停滞就是封建时代一切事物僵化、停滞的反映。“经学”和“子学”,两面对比,“经学”的特点是僵化、停滞,“子学”的特点是标新立异,生动活泼。用“经学”和“子学”这两个名词,称谓中国历史的两个时代,这是从两个时代的思想方面的情况,看出它们所反映的这两个时代的整个社会的情况,从反映看出所反映。可以说是“画龙点睛”。

第三,从这些前提出发,第一次大转变时期之所以“百家争鸣”的局面就是很显然了。在春秋时期,原来居统治地位的贵族(我没有说明什么样的贵族)衰落了,原有的社会制度崩坏了(这就是所谓“礼坏乐崩”),原来的社会解体了(就是所谓“天下无道”),原来贵族阶级所养的为他们服务的有专门才能的人,失去了原来的地位,流入民间(就是所谓“礼失而求诸野”)。这些人就是所谓“士”。士本是贵族的最下层,以后成为“四民之首”。他们只好依靠自己的知识才能在社会上自谋生计，自搞活动，自发议论。这样发展下去，就出现了各家各派，形成了百家争鸣的局面。

从这样讲起，我讲中国哲学史，就不是像胡适那样，从老子讲起，而是从孔子讲起。在我的《中国哲学史》中首先出现的人物，就不是老聃，而是孔丘。

究竟孔丘和老聃哪个人在先，在当时是个很大的争论。在社会上引起广泛的兴趣。在胡适以老子为他的《中国哲学史大纲》中出现的第一个人物之后，梁启超提出不同的意见。梁启超是清朝末年戊戌变法时期的革新人物，后来成为君主立宪派。中华民国成立他又追随袁世凯和北洋军阀。五四运动以后，他在政治上很不得意，恢复了讲学的生活。他发表文章，作了一番考据工作，举了一些证据，证明老聃出现在孔丘之后。当时赞成和反对他的都有其人，一时辩论很热烈。他的说法给我不少的帮助，但是我并不是专靠他的考证。我主要是就春秋战国时代的社会形势，得出论断。我认为，就整个形势看，孔丘是当时第一个私人讲学的人，第一个私人立说的人，第一个创立学派的人。所以应该是中国哲学史中第一个出现的人。要说孔丘是第一，就必须证明老聃是晚出。在这一点上，梁启超的证据，对我有用。但如果单独看这些证据，也还是可以辩论的。有些证据好像两刃刀，可以两面割的。我认为像这样的问题，专靠哪一方面所举的理由都是不能完全解决的。必须把各方面的理由综合起来，搭成一个架子，互相支援，才可以站得稳。我认为关于老聃晚出这个问题，是可以搭成这样一个架子的。

在五四时期，有一种“疑古”的风气，像钱玄同就为自己起了个名字叫“疑古”（他原来的名字叫钱复，字中季）。胡适的《中国哲学史大纲》本来自认为是提倡“疑古”的精神。但是在老聃这个问题上，好像他的“疑古”的程度不及梁启超和我。他未免耿耿于怀。因此更坚持他的说法。有人告诉我说，胡适在北大的讲堂上说：“我反对老聃在孔子之后的说法,因为这种说法的证据不足。如果证据足了,我为什么反对?反正老子并不是我的老子。"

"疑古"发展为"辨伪"。在通史这一方面,大作"辨伪"工作的是顾颉刚。胡适的《中国哲学史大纲》本来以"辨伪""自鸣得意"。在先秦的著作中,他指出哪些书或哪些篇章是伪作。审查历史资料是必要的。从古代流传下来,号称为先秦的著作,其中有很多诚然是伪作。例如《鬼谷子》、《鹖冠子》之类。但是有些篇章,如《庄子》、《荀子》中有些篇章,说它们是真固然不对,但说他们是伪也不适当。像《庄子》、《荀子》这一类的书名,在先秦本来是没有的,所有的只是一些零散的篇章,如《逍遥游》、《天论》之类。汉朝及以后的人,整理先秦学术,把这些零散篇章,按其学术派别,编辑起来,成为一部一部的整书。其属于庄子一派的,就题名为《庄子》;其属于荀子一派的,就题名为《荀子》。他们本来没有说《庄子》这部书是庄周亲笔写的,《荀子》这部书是荀子亲笔写的。本来他们也没有意思这样说。后来的人,不知这种情况,就在《庄子》这部书的题名下,加上庄周撰;在《荀子》这部书的题名下,加上荀况撰。再后来的人,就信以为真。"疑古"的人就问:既然是庄周撰,荀况撰,为什么其中有些篇章记载有庄周和荀况死以后的事呢?这些篇章一定是伪。如果明白了上面所说的情况,就知道本来没有人说它们是真,又从哪里来的伪呢?对于误认为它们是真的人,辨伪也是必要的。但对于本来就不以它们为真的人,辨伪也就成为"无的放矢"。这就是真既不存,伪亦不立。关于古代著作的情况,清朝的章学诚在其《文史通义·言公》中说过。在我开始讲中国哲学史的时候,傅斯年也说过,我因而用之。

在这些方面,传统的说法是"信古",反对传统的说法是"疑古"。我的说法,我自称为"释古"。关于"释古"的内容,下面还有说明。

对于哲学史的资料,流传下来,号称是某子某人的著作,首先要看它有没有内容。如果没有内容,即使是真的,也没有多大的价值。

如果有内容,即使是伪的,也是有价值的。所谓真伪的问题,不过是时间上的先后问题。《列子》这部书,我们认为是伪书。说它是伪书,不过是说它不是先秦的著作。但它是有内容的。这个内容所表现的思想,虽然不是先秦时代的思想,大概也是魏晋时代的思想。例如《杨朱》篇所表现的思想,同别的材料所说的魏晋名士的旷达是相合的。所以,如果认为《杨朱》篇所说的就是先秦杨朱的思想,那是不对的。但可能是魏晋名士的思想。《杨朱》篇是有内容的。如果把它放在错误的时代,那就不是历史的本来面目。如果把它放在它真正出现的时代,那却是很好的资料。对于这一类的资料,不加审查就信以为真,那是错误的。但是如果一概抹杀,那也是错误的。资料的真伪并不像一颗珍珠的真伪那样。说一颗珍珠是真是伪,那就断定了它本身的价值。说一个资料是真是伪,并不断定它本身的价值,只断定它的时代的先后。

胡适的《中国哲学史大纲》和我的《中国哲学史》之间的不同,还有基本的一点。这一点,用中国旧日学术界传统的说法,就是"汉学"与"宋学"的不同。蔡元培说,胡适是汉学专家,这是真的。他的书既有汉学的长处又有汉学的短处。长处是,对于文字的考证、训诂比较详细;短处是,对于文字所表示的义理的了解、体会比较肤浅。宋学正是相反。它不注重文字的考证、训诂,而注重于文字所表示的义理的了解、体会。从历史的发展说,在我称之为经学时代的时代,研究学问的人的主要任务是解释儒家的经典。在解释的过程中,首先是要解释文字,这就是考证、训诂。汉朝经师所作的,主要是这一种工作。这种工作做到了一定的程度,就要进一步,了解和体会经典的文字所表示的义理。这本是一件事情发展的两个阶段。可是后来就成为两种治学的方法。前者称为"汉学";后者称为"宋学"。胡适的《中国哲学史大纲》对于资料的真伪,文字的考证,占了很大的篇幅,而对于哲学家们的哲学思想,则讲得不够透,不够细。金岳霖说:

西洋哲学与名学非其所长(见下文)。大概也是就这一点说的。我的《中国哲学史》在对于各家的哲学思想的了解和体会这一方面讲得比较多。这就是所谓“汉学”与“宋学”两种方法的不同。

我想起了元好问的《论诗绝句》中,有一首说:“眼处心生句自神,暗中摸索总非真。画图临出秦川景,亲到长安有几人?”(《遗山先生文集》卷十一)意思就是说,好诗要写出来人们的真实感受。自身没有真实的感受,而勉强要写,只有暗中摸索,终不会是真的。比如要画秦川的风景,有些画家,是临摹前人的画而画出来的。有些人是亲身到了长安,有所感受,凭着他的感受,画出来的。当然前者的画是不会好的。只有后者的画才有可能是好的。这两种画画的不同,在研究学问方面说,也就是“汉学”与“宋学”两种方法的不同。

这是从研究哲学史这方面说的。如果只能懂得以前哲学家的著作的语言文字而不能了解、体会其义理,那就不能写出符合哲学史的本来面目的哲学史。从哲学这方面说,如果认为从古人的语言文字中,可以得到哲学的真理,那也等于认为从摹临前人的画中,可以画出好画。哲学的真理,只有从自然、社会、人生中直接观察体会出来。从这个意义说,无论“汉学”或“宋学”,都不是研究哲学的最好方法。但研究哲学史是有这两种方法。方法不同,所得的结果亦异。

就我的《中国哲学史》这部书的内容说,有两点我可以引以自豪。第一点是,向来的人都认为先秦的名家就是名学,其主要的辩论,就是“合同异,离坚白”。认为这无非都是一些强词夺理的诡辩。战国时论及辩者之学,皆总而言之曰:“合同异,离坚白”,或总指其学为“坚白同异之辩”。此乃笼统言之。我认为其实辩者之中分两派,一派主张“合同异”,一派主张“离间白”。前者以惠施为首领,后者以公孙龙为首领(《中国哲学史》268 页)。第二点是,程颢和程颐两兄弟,从来都认为,他们的哲学思想是完全一致的,统称为“程门”。朱熹引用他们的话,往往都统称“程子曰”,不分别哪个程子。我认为他们的哲学思想是不同的,“故本书谓明道乃以后心学之先驱,而伊川乃以后理学之先驱也。兄弟二人开一代思想之两大派,亦可谓罕有者矣。”(《中国哲学史》876页)现在更明确了,程颢的哲学思想是主观唯心主义,程颐的哲学思想是客观唯心主义。虽同是唯心主义,但有客观、主观之异。

这两点我认为都是发前人之所未发,而后来也不能改变的。

我的《中国哲学史》这部书也有两个大弱点。第一点是,讲佛学失于肤浅。中国佛学的发展也就是有如书中所讲的那些问题。那些都讲了,可是像一个大拼盘,菜并不少,排列也整齐,但是缺乏内部的联系。这是因为我对于佛学没有学通,所以也不能讲透。佛学的资料,浩如烟海,不是几年所能完全搞通的。我就是元好问所说的第二流的画家,没有亲到长安,可是硬要画“秦川景”。只好临摹别人的画,拼凑起来。虽然也是应有尽有,可是不免于“暗中摸索”。深通佛学的林宰平(志钧)看了我的这部分文稿后,说:“讲也就是这么讲,可是总觉得不是那个样子。”这就是“暗中摸索总非真”。

第二点是,讲明清时代,失于简略。像王夫之那样的大家,书中亦是捎带而过。这是因为,当时局势紧张,日本大举入侵的形势已成,北京的沦陷,迫在眉睫。我急于使研究工作告一段落,早日出版,以免稿子在战争中损失。常言道:“慢工出细活。”不能慢工,就出了“粗活”,成了“急就篇”。

我因为要讲中国哲学史,所以也就研究中国哲学史。研究一章就讲一章。但是讲的进度比研究的进度要快得多。我在上课的时候,对于我已经研究过的,就照着我所研究的结果讲,讲得比较细,所用的时间比较多。对于我没有研究过的,我就照着一般的说法讲,讲得比较粗,所用的时间比较少。我的研究也照着历史的顺序,逐渐进展。在讲课中,讲我研究过的部分,也照着历史的顺序,逐步延伸。

当时的教师所讲的课程,本来没有预定的进度。听说在北京大学继胡适讲中国哲学史的一位教师,讲了一个学期,还没有讲完《庄子·天下篇》。

1928年,我从燕京大学转到清华大学,仍然担任中国哲学史这门课程,仍然用逐步延伸的办法,进行下去。终于在1929年完成这部书的上半部。当时有一个朋友,在上海主办一个出版机构,名神州国光社,把这部分稿子拿去,作为《中国哲学史》的上册于1931年先行出版。到1934年全部上下两册都由商务印书馆出版,全书的写作告一段落。

在上册出版的时候,清华大学把它列为《清华大学丛书》,先请专家审查。主要的审查人是陈寅恪和金岳霖。陈寅恪的审查报告说:"窃查此书,取材谨严,持论精确,允宜列入清华丛书,以贡献于学界。兹将其优点概括言之。……今日之谈中国古代哲学者,大抵即谈其今日自身之哲学者也;所著之中国哲学史者,即其今日自身之哲学史者也。其言论愈有条理统系,则去古人学说之真相愈远;此弊至今日之谈墨学而极矣。今日之墨学者,任何古书古字,绝无依据,亦可随其一时偶然兴会,而为之改移,几若善博者能呼卢成卢,喝雉成雉之比;此近日中国号称整理国故之普通状况,诚可为长叹息者也。今欲求一中国古代哲学史,能矫附会之恶习,而具了解之同情者,则冯君此作庶几近之;所以宜加以表扬,为之流布者,其理由实在于是。至于冯君之书,其取用材料,亦具通识,请略言之:以中国今日之考据学,已足辨别古书之真伪;然真伪者,不过相对问题,而最要在能审定伪材料之时代及作者而利用之。盖伪材料亦有时与真材料同一可贵。如某种伪材料,若径认为其所依托之时代及作者之真产物,固不可也;但能考出其作伪时代及作者,即据以说明此时代及作者之思想,则变为一真材料矣。中国古代史之材料,如儒家及诸子等经典,皆非一时代一作者之产物。昔人笼统认为一人一时之作,其误固不俟论。今人能知其非一人一时之所作,而不知以纵贯之眼光,视为一种学术之丛书,或一宗传灯之语录,而断断致辩于其横切方面,此亦缺乏史学通识所致。而冯君之书独能于此别具特识,利用材料,此亦应为表彰者也。”

金岳霖的审查报告说:“……我们可以根据一种哲学的主张来写中国哲学史,我们也可以不根据任何一种主张而仅以普通哲学形式来写中国哲学史。胡适之先生的《中国哲学史大纲》就是根据于一种哲学的主张而写出来的。我们看那本书的时候,难免一种奇怪的印象,有的时候简直觉得那本书的作者是一个研究中国思想的美国人(原稿作“美国商人”,发表时,我征得金先生的同意删去“商”字);胡先生于不知不觉间所流露出来的成见,是多数美国人的成见。在工商实业那样发达的美国,竞争是生活的常态,多数人民不免以动作为生命,以变迁为进步,以一件事体之完了为成功,而思想与汽车一样也就是后来居上。胡先生既有此成见,所以注意效果,既注重效果,则经他的眼光看来,乐天安命的人难免变成一种达观的废物。对于他所最得意的思想,让他们保存古色,他总觉得不行,一定要把他们安插到近代学说里面,他才觉得舒服。同时西洋哲学与名学又非胡先生之所长,所以在他兼论中西学说的时候,就不免牵强附会。哲学要成见,而哲学史不要成见。哲学既离不了成见,若再以一种哲学主张去写哲学史,等于以一种成见去形容其他的成见,所写出来的书无论从别的观点看起来价值如何,总不会是一本好的哲学史。

“冯先生的态度也是以中国哲学史为在中国的哲学史;但他没有以一种哲学的成见来写中国哲学史。成见他当然是有的,主见他当然也是有的。据个人所知道的,冯先生的思想倾向于实在主义;但他没有以实在主义的观点去批评中国固有的哲学。因其如此,他对于古人的思想虽未必赞成,而竟能如陈先生所云:‘神游冥想与立说之古人处于同一境界。’同情于一种学说与赞成那一种学说,根本是两件事。冯先生对于儒家对于丧礼与祭礼之理论似乎有十二分的同情,至于赞成与否就不敢说了。冯先生当然有主见,不然他可以不写这本书。他说哲学是说出一个道理来的道理,这也可以说是他主见之一;但这种意见是一种普遍哲学的形式问题而不是一种哲学主张的问题。冯先生既以哲学为说出一个道理来的道理,则他所注重的不仅是道而且是理,不仅是实质而且是形式,不仅是问题而且是方法。……”(以上两篇《审查报告》见《中国哲学史》附录)

陈寅恪和金岳霖的两篇审查报告都把我的《中国哲学史》同胡适的《中国哲学史大纲》做比较。这是因为在当时,这一类的书,只有这两部。在历史发展的过程中,无论什么事物,都是后来居上。这是因为后来者可以以先来者为鉴,从其中取得经验教训。无论如何,在中国哲学史研究近代化的工作中,胡适的创始之功,是不可埋没的。

有一个荷兰裔的美国人布德(Derk Bodde)在燕京大学做研究生,来清华听我的课。那时候,中国哲学史上册,已经由神州国光社出版。布德用英文翻译我的《中国哲学史》,请我看他的翻译稿子。到1935年左右,他把上册都译完了。那时候,有一个法国人Henri Vetch,在北京饭店开了一个贩卖西方新书的书店,名叫“法国书店”。他听到布德有一部稿子,提议由他用法文书店的名义在北京出版。布德和我同意了,他拿去于1937年出版。这时日本侵略中国的战争爆发了,我随清华到长沙去。布德也回美国去。到1945年日本投降,我在昆明接到布德的来信说,他在美国宾夕法尼亚大学,已经向洛氏基金请到一笔款子,算是捐给这个大学。这个大学用这笔款请我于1946年去当个客座教授,讲中国哲学史,主要是同他合作,继续翻译《中国哲学史》的第二部分。我答应了,于1946年9月到宾夕法尼亚大学,继续翻译工作。同时为了讲课,我用英文写了一部中国哲学史的讲稿。到1947年暑假,布德的翻译工作没有完成,但是我的任期已满。在回国途中,在夏威夷大学停了半年,于1948年3月间回到清华。《中国哲学史》的翻译工作又中断了。我离开美国的时候,把那部英文讲稿留给美国的一家出版公司,这家公司同意出版。

我把这部稿子留给布德,请他做文字上的修饰,并看校样,于1948年在纽约出版了,题名为《中国哲学小史》。后来有法、意和南斯拉夫文译本,一直到1985年才出版了涂又光翻译的中文本。中文本定名为《中国哲学简史》,这是由于1933年商务印书馆曾出版一本我的《中国哲学小史》,避免书名重复的缘故。

1948年布德请了一笔奖学金,到中国来了。于是我们又继续《中国哲学史》的翻译工作。我当时认为,原来写的魏晋那一段太简略,又补充了一些,交他翻译。所以这一段和中文本有一点不同。布德住在北京,经过平津战役,在围城之中,继续他的翻译工作,到朝鲜战争爆发的时候,他已经翻译完毕。他看见中美关系不好,恐怕交通断绝,就带着稿子回美国去了。此后音信不通。一直到1972年邮政通了,我才知道,这部《中国哲学史》英文稿,包括以前在北京出版的那一部分,都已经由普林斯顿大学出版社于1952年出版。听说一直到现在在西方各大学中,讲中国哲学史的,都还以这部书为依据。这是因为一直到现在,还没有新的外文的《中国哲学史》出现。

《中国哲学史》还有日文的翻译本。

《中国哲学史》在上册、下册出版时,我写了两篇《自序》,在其中我对于这部书的某些方面也做了一点自我估价。我说:"吾于写此哲学史时,对于中国古代史,亦往往有自己之见解。积之既久,乃知前人对于古代事物之传统的说法,亦不能尽谓为完全错误。官僚查案报告中,常有'事出有因,查无实据'之语。前人对于古代事物之传统的说法,近人皆知其多为‘查无实据’者。然其同时亦多为‘事出有因’,则吾人所须注意者也。”(《自序一》)又说:“此书第一篇出版后,胡适之先生以为书中之主要观点系正统派的。今此书第二篇继续出版,其中之主要观点尤为正统派的。此不待别人之言,吾已自觉之。然吾之观点之为正统派的,乃系用批评的态度以得之者。故吾之正统派的观点,乃黑格尔所说之‘合’,而非其所说之‘正’也。”(《自序二》)这两段话,可举例以为说明:

刘向、刘歆,研究先秦学术,编辑先秦的著作,认为诸子各出于周朝政府的一个部门。《汉书·艺文志》因之。这种说法,后来成为讲先秦学术源流的正统的说法。章太炎也主张这种说法。胡适反对这种说法。他说:“诸家所自出,皆属汉儒附会揣测之辞,其言全无凭据,而后之学者乃奉为师法,以为九流果皆出于王官。甚矣先入之言之足以蔽人聪明也。”(《诸子不出于王官论》,见《中国哲学史大纲》附录)他作《诸子不出于王官论》以反对刘向、刘歆的诸子出于王官论。

我认为,在诸子出于王官论中,有些说法,诚然是汉儒附会揣测之辞,往往是望文生义,牵强附会。比如说,墨家“出于清庙之守”,这是没有什么理由的。但是,就诸子出于王官论的主要意思说,说诸子出于王官,也是“事出有因”。上面已经说过诸子哲学与贵族政治各部门的关系。所以说他们出于王官,是“事出有因”。但如果把出于王官,理解为在原来的王官部门中,诸子一伙的哲学思想都已完全成立了,那是不可能的,那是“查无实据”。就诸子的起源这个问题说,说出于王官是“正”;胡适的说法,不出于王官是“反”;我的说法,可以说既出又不出于王官,这是“合”。

我认为,在我们讲历史的时候,不能认为古代的人都是下愚无知,他们的见解都荒谬,古人全都错了,只有我们是正确的。这就比如说,古人多么愚笨,旅行就不知坐飞机。古人为什么不坐飞机呢?

理由很简单,就是因为那个时候,还没有飞机。为什么他们不造飞机呢?因为古代科学技术还没有发展到制造飞机的程度。为什么达不到这种程度呢?因为科学技术的发展有一定的过程,需要一定的时间,需要一代一代地积累下来。我们现在的科技,是以古代科技为基础,积累发展起来的。由这个意义说,古人虽不能制造飞机,但对于现在制造飞机的科技,也是有贡献的。

我们对于古代历史的解释,要尽可能把古代已经有的解释包括进去。就上面所说的诸子起源的问题,出于王官论是古代原有的解释,这是“正”。不出于王官论,反对原有的解释,这是“反”。我的说法包括了原有的解释,这是“合”。这也就是上面所说的“释古”。

在《诗经》的国风中,有许多男女情歌。汉朝讲《诗经》的人大都说,这些诗是有所寄托,把君臣之义寄托于男女之情。朱熹推翻了这种解释。他说,这些是“男女相悦之诗”,不客气地说,是“淫奔之诗”。这就通得多了。但“淫奔之诗”,为什么会入于儒家的经典呢?儒家重“男女之防”,为什么对于“淫奔之诗”,津津乐道?这一点朱熹没有说明。在30年代,我听有人说,这一类的诗,本来是古代原始社会中男女求偶的聚会中所唱的诗。这是当时的一种社会制度,无所谓“淫奔”。我当时想这个说法很通。它说明《诗经》上这一类的诗是男女相悦之诗,也是当时的社会制度,也就是当时的一种“礼”。因为是“礼”,所以载于经典。朱熹说它们是“淫奔之诗”,这是朱熹用封建社会的“礼”去看它们的缘故。这也是一个正、反、合的过程。

在《中国哲学史》全书出版后,我又继续研究子学起源的问题,写了一些论文,在《清华学报》发表。比较重要的有四篇:《原儒墨》,《原儒墨补》,《原名法阴阳道德》,《原杂家》。这四篇所讨论的主题,就是子学起源的问题。

对于这个问题,在《中国哲学史》本书中,已经做了一个一般性的解答,但是还嫌笼统。那个解答,只说明了在春秋战国时期,出现

“百家争鸣”的社会基础。但是还没有说明当时的各家为什么有各自特殊的主张,特殊的精神,特殊的面貌。后来我看见傅斯年的一篇稿子,其中说,“诸子不同,由于他们的职业不同。”这个说法给了我启发。我注意到,先秦的著作中,经常提到各种不同的“士”,如儒士、辩士、方士、方术之士等等。我联想到,这些就是春秋战国时期所谓士的不同职业。我本来认为,在贵族政治崩坏时,作为贵族最下层的“士”失去原来的地位,流入民间,成为“游士”。这些“游士”各以其所专长的知识、才能,谋求个人生活,从事社会活动,这是一般的情况。再具体一点说,有各种的“士”,由各种的“士”,出了各种的学说。这就具体地说明了子学的起源。

《原儒墨》和《原儒墨补》说明,儒家出于儒士,墨家出于侠士。儒是一种职业,其专长是熟悉诗书礼乐,通晓古代的典籍、制度。他们谋生的职业是帮助办红白喜事,教书传授知识,这是很明显的。在春秋战国的时候,有侠士这种人,墨翟和他所领导的团体的行动,近于侠士,这是很明显的,但是墨家的主要特点,还不在于此。我当时是这样说,后来就不这样说了。

在《原名法阴阳道德》中,我说,道家出于隐士,阴阳家出于方士,名家出于辩士,法家出于方术之士。这些论断在《原儒墨》已经提出来了。《原名法阴阳道德》进一步作了详细的说明。这篇文章的最后一段,对于诸子出于王官论也作了解释,其大意如上面所说。

《原杂家》认为,杂家的兴起,是战国末期全中国日趋统一的趋势的反映。战国末期的思想家,都有杂家的倾向,《吕氏春秋》是这种倾向的代表。汉朝的思想家也都有这种倾向,《淮南子》为这种倾向的代表。

1936年我收集这一类论文,出了一本论文集,题名《中国哲学史补》,其中主要的是上面所说的几篇论文。还有一篇文章,《秦汉历史哲学》,文章虽不长,但为我带来了一场灾难(见第一部分),原文摘抄如下：

“在中国哲学里，历史哲学，在汉代可以说是最发达。为什么历史哲学在汉代最发达呢？我们知道在春秋战国的时候，中国在经济、社会、政治、思想各方面都起了根本的变动。到了秦汉大一统，中国完全进入了一个新局面。在这个新局面中，人有机会也有兴趣把以前的旧局面，把以前的历史，重新研究估价。于此重新研究估价的时候，往往就可发现，历史的演变也是依着一定的公式。把这些公式讲出来，就成为历史哲学。我们可以说春秋战国是创作时期。秦汉是整理时期。中国的历史哲学，就是汉人整理以前历史的产品。

“汉人的历史哲学约有三派。一派是五德说。此派始于战国末之邹衍。其说以五行为五种天然的势力，即所谓五德。每种势力，都有其盛衰之时。在其盛而当运之时，天道人事皆受其支配。及其运尽而衰，则能胜而克之者，继之盛而当运。木能胜土，金能胜木，火能胜金，水能胜火，土能胜水。如是循环不息，所谓‘自天地剖判以来，五德转移，治各有宜’。历史上每一朝代，皆代表一‘德’。其服色制度，皆受此‘德’之支配，而自成一套。

“五德说之外，有三统说。此派可以董仲舒为代表。三统分为黑统，白统，赤统。每一统各有其一套的服色制度。历史上的一个朝代，若是代表哪一统，他就须用那一套的服色制度。此三统的次序也是一定的：黑统之后，一定是白统；白统之后，一定是赤统；赤统之后，一定再是黑统。

“五德说、三统说之外，有三世说。此派可以何休为代表。本来在《礼运》中，社会制度已有大同小康之分。何休《公羊注》再确定历史的进化，要有三个阶段，即所谓三世：‘据乱世，升平世，太平世。’大概何休所谓太平世与《礼运》所谓大同之治相当。所谓升平世与《礼运》所谓小康相当。

“我们现在又处在一个非常的大转变时期。我们试看以上三种

的历史观,其中是不是有些意思,我们现在还可用。总括起来,以上三种的历史观,包含有下列的几种意思:

"(一)历史是变的。各种社会政治制度,行之既久,则即'穷'而要变。没有永久不变的社会政治制度。《周易》所谓'穷则变,变则通'之言,很可以拿来说这个意思。

"(二)历史演变乃依非精神的势力。上述之三世说中,不必有此意思。但在五德说及三统说中,此意思甚为明显。五德之转移,及三统之循环,皆有一定的次序。火德之后,一定是水德。白统之后,一定是赤统。这一个朝代若是火德,他一定要行一种什么制度。若是水德,一定要换一种别样不同的制度,白统赤统亦复如是。这都是一定的公式,不论人愿意不愿意,历史是要这样走的。这一点意思,我们现在还用得着。所谓唯物史观就有这个意思。依照唯物史观的说法,一种社会的经济制度要一有变化,其他方面的制度,也一定跟著要变。例如我们旧日的宗法制度,显然是跟著农业经济而有的。在农业经济中,人跟著地。宗族世居其地,世耕其田,其情谊自然亲了。及到工业经济的社会,人离地散而之四方,所谓宗族,亲戚,有终身不见面的,其情谊自然疏了。大家庭自然不能维持了。由此例看来,我们就知道唯物史观的看法,以为社会政治等制度,都是建筑在经济制度上的,实在是一点不错。而且说穿了也是很平常的道理。说到这里,又有一个问题。社会政治等制度,固然是靠经济制度,人不能以意为之;但是经济制度,人是不是能以意为之呢?也不能。因为一种经济制度之成立,要靠一种生产工具之发明。例如若没有耕田的工具之发明,人即不能有农业经济。若没有机器之发明,人即不能有工业经济。而各种发明之有无,又需看各方面之环境、机会,不是想有就可以有的。有些人论历史,离开了环境、机会,专抽象地论某个人或某个民族之努力不努力,聪明不聪明,以为人可以愿怎么样就怎么样。我们觉得这种看法,是不对的。

“话虽如此说，我们并不忽视人的努力及其智慧，以及领袖人物的重要。历史的大势所趋，不是人力所能终究遏止或转移的，但是人力可以加快或延缓这种趋势。有人说美国如果没有华盛顿，也一定要有革命，革命也一定成功。究极言之，这话也未尝不可说。但是我们若看美国初革命时所处境况之危险，应付偶有失宜，即有不测之变之情形，我们可以说：如果没有华盛顿，虽然可以说美国的革命终究必成功，但这一次未必成功。有了华盛顿就加快了美国革命的成功；没有华盛顿或有一个反华盛顿的有力人物，就延缓了美国革命的成功。历史如一条大河一样，他流的方向，是他源头的形势所决定的。人力所能作的，就是疏通它以加快它的流，或防范它以延缓它的流。所以我们不忽视人力及领袖，不过我们反对那专就人力及领袖的力量来看历史的说法。

“（三）历史中所表现之制度是一套一套的。这个意思上述三派说法中均有。如五德说以为凡以某德王的，其服色制度皆受此德之支配。如《史记·秦始皇本纪》说：秦始皇以秦为水德，改年始贺朝贺皆自十月朔。衣服旄旌节旗皆尚黑。数以六为纪。……刚毅戾深，事决于法。刻削无仁恩和义。然后合五德之数。’这是水德的一套。如换一德则须另换一套，三统说亦主张每一统皆有其一套。正赤统有正赤统的一套。正白统有正白统的一套。三世说如《礼运》所说大同小康之治，亦各有其一套。现在唯物史观对于历史的见解，亦有这个意思。一切社会政治等制度，都是建筑在经济制度上。有某种经济制度，就要有某种社会政治制度。换句话说：有某种所谓物质文明，就要有某种所谓精神文明。这都是一套的。比如下棋，你手下要只有象棋盘，象棋子，你就只得下象棋。你要下象棋，你就须照著象棋的一套规矩。你手下要只有围棋盘，围棋子，你就只得下围棋。你要下围棋，你就须照著下围棋的一套规矩。假若你不照他的规矩，你棋就下不成。关于这一点，我们只看上面所说大家庭制度与农业经济制度之关系,即可概见。现在人已经离开土地四方乱跑,大家庭制度,一定须改,这是很清楚的。这一点郭象在他的《庄子注》里说的很好。他说:‘夫礼义,当其时而用之,则西施也;时过而不弃,则丑人也。’又说:‘夫先王典礼,所以适时用也。时过而不弃,则为民妖。’现在我们也说:一种的社会政治制度,都是为适合一种的经济制度。在其与经济制度成一套的时候,即是好的。不然,就是坏的。就其本身说,各种社会政治制度,没有绝对的好坏。郭象也说:‘揖让之用于师,直是时异耳,未有胜负于其间也。’

“(四)历史是不错的。这个意思,在五德三统说中,都很显著。每一德当运而实现其一套,另一德当运而实现其另一套。用另一套的人,不能说其前人用别一套者是错的。因为前人用别一套,也是由于客观的必要。三统说中,也有同样的主张。现在我们若用唯物史观看历史,我们也可以有同样的主张。关于这一点,我们可以从两方面来说。第一,我们不能离开历史上的一件事情或制度的环境,而去抽象地批评其事情或制度的好坏。有许多事情或制度,若只就其本身看似乎是不合理的。但若把它与它的环境连合起来看,则就知其所以如此,是不无理由的了。例如大家庭制度,很有人说它是不合理,以为从前的人何以如此的愚;但我们若把大家庭制度与农业经济社会合起来看,就可以看出大家庭制度之所以成立,是不无理由的了。再就历史演变中之每一阶段之整个的一套说,每一套的经济社会政治制度,也各有其历史的使命。例如资本主义的社会的历史的使命,是把一切事业集中,社会化,以为社会主义的社会的预备。在资本主义的社会完全成功的时候,也就是它应该,而且必须让位的时候。这正是从前持五德说者所谓‘四时之运,成功者退’,它退并不是因为它错,是因为它已经完成了它的使命,已经成功。有些人好持一种见解,以为以前的人全是昏庸糊涂,其所作的事全是错的。只有我们才算对了。另外一种见解,以为现在及将来的人都是‘道德日下’，其所作的事，全是错的，只有古圣先贤才对。这两种见解可以说是一样的不对。

“（五）历史之演变是循环的或进步的。关于这一点，五德说及三统说与三世说的主张不同。五德说及三统说以为历史之演变乃系循环的。此二说皆以为五德或三统之运行，‘如顺连环，周而复始，穷则反本’。三世说则以为历史之演变，由据乱世，升平世，而至太平世，乃系进步的。此二种说法，我们若把它们连合起来。我们就可以说历史之演变是辩证的。我们把循环及进步两个观念合起来，我们就得辩证的观念。所谓辩证的意思，说穿了也很容易明白。比如我们写字，小孩子写字是没有规矩胡写。胡写不能成为书家，必须照着规矩写。但是仅照规矩写，也不能成为书家。大书家之字要超规矩。所谓超规矩就是不照规矩而又不离乎规矩，所谓‘神而明之’。就其不照规矩说，似乎是小孩的胡写。但他是用过守规矩的功夫的胡写，与原来小孩的胡写，大不同了。我们评诗论画，有所谓神品，逸品者，就是指那些超规矩的作品。若不能超规矩的作品，顶好也只能算个能品。这些意思在中国思想中很普通，所以康有为、谭嗣同虽没有看过黑格尔及马克思的书，而已经用这个意思来说历史的演变。他们都是讲《春秋》三世及《礼运》的。他们以为在原始的社会中，人是无父子、君臣、夫妇的。后进而有父子、君臣、夫妇。再进则至《礼运》大同之世，人‘不独亲其亲，不独子其子’，又是无父子，君臣，夫妇之世界。但这不是退步，而是进步之极。谭嗣同在他的《仁学》里说，有人拿《易》之乾卦来讲这个意思。乾初九为太平世，指太古人之初生，浑浑噩噩，不识不知之状况。九二为升平世，指人已有国家等组织时之状况。九三为据乱世，指各国相争天下混乱之状况。此谓之逆三世。九四仍为据乱世，九五为升平世，指国界渐泯，世界渐归统一之状况。上九为太平世，指无国界，无家庭，人人平等自由之世界。此谓之顺三世。此顺三世中之太平世，‘人不独亲其亲，不独子其子'，是有点像原始的社会，在其时人不知亲其亲，不知子其子。大同社会是有点像野蛮，但它实不是野蛮，实是大文明或超文明。我们现在的世界，就一方面说实有'返朴还醇'的趋势。就西洋说，在政治方面，从前的民主政治，自由主义，现在不行了。替它的是法西斯党的专制。在经济方面，自由生产，自由竞争，也不行了。替它的是统制经济。在艺术方面，从前的华丽精工的建筑，逼真活现的图画雕刻，现在也不行了。替它的是直上直下四方块的建筑，用笔乱涂，用刀乱砍的图画雕刻。从前西洋的画，是要越像真越好，现在是要越不像真越好。这些现象中，固然有些是倒车，有些却不是倒车，而确是前进。不过这前进中，兼有循环与进步。这就是说，这前进所遵之规律，是辩证的。总之，在历史的演进中，我们不能恢复过去，也不能取消过去。我们只能继续过去。历史之现在，包含著历史的过去。这就是说历史的演变，所遵循的规律是辩证的。

"(六)在历史之演变中，变之中有不变者存。这一点在三统说中最为明显。董仲舒虽主张三统'如顺连环，周而复始，穷则反本'，但又说：'天不变，道亦不变。'这话也不是没有道理的。人类的社会虽可有各种一套一套的制度。而人类社会之所以能成立的一些基本条件，是不变的。有些基本条件，是凡在一个社会中的人所必须遵守的，这就是基本道德，这些道德，无所谓新旧，无所谓古今，是不随时变的。究竟我们所常行的道德中，哪些是跟著某一种社会而有，所以是可变的；哪些不是跟著某一种社会而有，而只是跟著社会而有，所以是不变的，是很难确定。不过有些道德是只跟著社会而有，不是跟著某一种社会而有，所以是不变的；这一点似乎可确定地说。照我们现在想起来，例如'信'之道德，似乎即是一种基本道德。因为社会之组织，靠人之互助，而人之互助，靠一个人能凭别人之话而依赖他。例如我在这里写字，而不忧虑我的午饭是否有，因为我的厨子说与我做饭，所以我可以依赖他。我的厨子也因为我说与他工资，所以他可以依赖我。如果一个社会中个个人皆说话不当话，那个社会就不能存在。人没了社会就不能生存。越是进步的社会，其中的人越是须说话当话。人的生活越是进步，人越离不开社会。孔子说：'自古皆有死，民无信不立。'初看这句话的人说，孔子多么残酷，多么不讲人道，叫人不吃饭也要有信；这真是吃人的话。实则人吃饭固是要紧，但是吃饭的条件如果不具备，人是没饭可吃的，或是有饭不得吃的。

"以上所讲的并不是要恢复五德三统等说，不过汉人的历史哲学中有上述六点的意思。这些意思到现在还可用。我们用一种历史哲学的时候，本来也不过只师其意，不能把它拿来机械地用。这一点是我们现在应当注意的。"（原载《哲学评论》第6卷第2、3期，1935年9月）

我抄过来了这篇文章的大部分，因为这篇文章，是我于1933—1934年在欧洲的所见所闻的理论的结论，标志着我的思想上的转变，认识到所谓东西之分，不过是古今之异。同时也暴露了我的哲学思想中的一些难于解决的困难，我的哲学思想也同我当时的行动一样，"冯先生变了，但是没有完全变过来"。

下面再讲一些当时与我有关的一些哲学界的活动。

当我于1926年到北京的时候，北京有一个哲学刊物，叫《哲学评论》，它是由当时的尚志学会主办的。尚志学会是当时以梁启超为首的一个政治派别——宪法研究会——的一个附属组织。在民国初年，第一次国会成立之后，国民党想以国会的力量，迫使袁世凯交出政权。照中华民国临时约法所规定的，总统一职只是一个空名的国家元首，实际政权掌握在国务总理手里。当时国民党在国会中占多数，它计划凭借这种力量，取得国务总理的职位，组织内阁，掌握政权。为了抵抗国民党的这种计划，袁世凯把当时国会中除国民党以外的小政党联合起来，成为一个仅次于国民党的大政党——进步党。进步党里边有许多派系，梁启超在进步党内部组织了一个宪法研究会，当时称为“研究系”。进步党及其中的派系，原来也是想凭借在国会中的力量，在政治上占一点地位。在袁世凯的暴力之下，国会不能行使职权，国民党失败了。与之对立的进步党也不能不跟着垮台。研究系就把它的活动从政治方面转到学术方面来。它办了一个学会，叫尚志学会。它名叫学会，实际上还是原来那班人主持一切。在五四运动时期，罗素和杜威到中国讲学，尚志学会曾出钱支持。《哲学评论》就是尚志学会主办的刊物，原来主编是瞿世英（菊农）。

我到北京以后，尚志学会的一个主持人林志钧（宰平）来找我说，他们请我主编这个刊物，每年出四期，每期由尚志学会出钱四百元作为稿费和印刷费。稿子的来源和选择，稿费和印刷费的支配，他们概不过问，由我完全负责。我接受了他们的条件，以后《哲学评论》出版了几期，尚志学会果然照条件办事，只是每期送钱过来，其余概不过问。几期之后，《哲学评论》改由开明书店出版发行，条件是他们只管印刷发行，不负担稿费的责任。每期的稿子仍由我编辑，把编辑成了的稿件送交开明书店，他们照样印刷发行。他们不向我要印刷费和发行费，我也不向他们要稿费，两不找。尚志学会还是每期出钱四百元，专作稿费。在这样的安排之下，《哲学评论》的稿费和印刷费都有了确实的着落，进行很顺利。后来抗日战争发生，我和尚志学会失去了联系，开明书店也迁移到当时的大后方。在整个的抗战时期，《哲学评论》还断断续续地出了几期。抗战胜利以后就无形地结束了。

我于1926年到北京以后，在北京几个大学的哲学系工作的人，组织了一个“中国哲学会北京分会”，计划是先在各地方成立分会，再联合起来成立全国性的中国哲学会。中国哲学会第一届年会于1935年4月在北京召开。第三届年会于1937年1月下旬在南京召开。有北京、南京、广州三个分会。当时陈立夫是南京教育部部长，被认为是国民党官方哲学的代表，可是在南京开会的中国哲学会并没有请他以哲学家的资格出席，也没有请他以教育部长的身份到会讲话，因为当时大家都认为哲学应该与政治无关。通过的会章也没有设会长，只设理事会处理会务，因为照当时形势，若设会长，势必选陈立夫担任，这是大家都不愿意的。抗日战争期间，只在1940年在昆明开过一次年会，选举中国哲学会第四届理事会理事，名单（以姓氏笔画多少为序）如下：

方东美　全增嘏　汪奠基　何兆清　吴　康　金岳霖（常务兼会计）　林志钧　宗白华　胡　适　范寿康　冯友兰（常务）　张君劢　张东荪　汤用彤　贺麟（常务兼秘书）　黄建中

中国哲学会以《哲学评论》为本会刊物，仍由我主编。

解放以后，在北京成立了中国新哲学会，原来中国哲学会的会员转入了中国新哲学会，原来的中国哲学会无形中结束了。

中国新哲学会成立了，它认为新哲学是对旧哲学而言的，马克思主义已经取代了旧哲学，原来的中国哲学会也结束了，没有旧哲学也就无所谓新哲学，所以中国新哲学会又把“新”字去掉了，只称为中国哲学会。这个新的中国哲学会，主办一个刊物，叫《哲学研究》，作为《光明日报》的一个副刊。后来科学院成立了哲学研究所，《哲学研究》这个名称就由哲学研究所编辑的刊物用了，《光明日报》的那个副刊改名为《哲学》。

第六章 40 年代

在抗日战争时期,颠沛流离将近十年的生活中,我写了六部书:《新理学》(1939 年出版),《新事论》(1940 年),《新世训》(1940 年),《新原人》(1943 年),《新原道》(1945 年),《新知言》(1946 年)。颠沛流离并没有妨碍我写作。民族的兴亡与历史的变化,倒是给我许多启示和激发。没有这些启示和激发,书是写不出来的。即使写出来,也不是这个样子。

这六部,实际上只是一部书,分为六个章节。这一部书的主要内容,是对于中华民族的传统精神生活的反思。凡是反思,总是在生活中遇见什么困难,受到什么阻碍,感到什么痛苦,才会有的。如同一条河,在平坦的地区,它只会慢慢地流下去。总是碰到了崖石或者暗礁,它才会激起浪花。或者遇到了狂风,它才能涌起波涛。

但是这些都还是外因;外因通过内因而起作用。内因就是我自己的主观志愿和兴趣。在我的《中国哲学史》完成以后,我的兴趣就由研究哲学史转移到哲学创作。哲学方面的创作总是凭借于过去的思想资料,研究哲学史和哲学创作是不能截然分开的。不过还是有不同。哲学史的重点是要说明以前的人对于某一哲学问题是怎样说的;哲学创作是要说明自己对于某一哲学问题是怎么想的。自己怎么想,总要以前人怎么说为思想资料,但也总要有所不同。这个不同,就是我在《新理学》中所说的"照着讲"和"接着讲"的不同。

1931 年我在《大公报》的《世界思潮》副刊上,连续发表了几篇

《新对话》。1937年我在《哲学评论》第7卷第3期上,发表了一篇文章,题目是《哲学与逻辑》。在这些文章中,“新理学”的主要观点已有了萌芽。我也用写书的形式,写了一些初步的稿子。到了南岳以后,我就准备继续往下写。可是原来的稿子离开北京时忘记带了,只得重新写起。几个月之间,将近完成了,又动身往昆明。到了蒙自以后,暂时安顿下来,这才完成了在南岳时所未完成的那一部分。这就是《新理学》那部书。在蒙自有个石印馆。我用石印把这部书印了一二百部,分送朋友们。这是这部书的最初印本。1939年商务印书馆正式出版的铅印本,实际上已经是第二版了。

《新理学》这部书是我在当时的哲学体系的一个总纲。如果把六部书作为一部书看,《新理学》这部书应该题为“第一章:总纲”。所以新理学这个名字,在我用起来,有两个意义。一个意义是指我在南岳、蒙自所写的,商务印书馆1939年所出的那部书。另外一个意义是指我在40年代所有的那个哲学思想体系。以下用不同的符号表明这个区别,以《新理学》表明前者,以“新理学”表明后者。

哲学是对于人类精神生活的反思,人类精神生活所涉及的范围很广,这个反思所涉及的范围也不能不随之而广。这个范围,大概说起来,可以分为三部分:一部分是自然,一部分是社会,一部分是个人。自然就是中国传统哲学中所说的“天”;社会和个人,就是中国传统哲学中所说的“人”;人和自然之间的关系就是中国传统哲学中所说的“天人之际”。人类的生活,无论是精神的或物质的,都是和“天人之际”有关系的,所以中国哲学认为“天人之际”是哲学的主要对象。

《新理学》讲到理、气,这是关于自然方面的;讲到历史、社会,这是关于社会方面的;讲到圣人,这是关于个人方面的。在以后的五部书中讲社会和个人方面的比较多,讲到自然方面的比较少。《新理学》讲自然方面的比较多。“新理学”的自然观是在《新理学》中表现出来的。这也是很自然的。因为在天人关系中，对于“人”的理解和态度，总是以对于“天”的理解和态度为根据的。

“新理学”的自然观的主要内容，是共相和殊相的关系的问题。共相就是一般，殊相就是特殊或个别。这二者之间，是怎样区别，又怎样联系呢？在西方哲学中，首先明确提出这个问题，而又加以详细讨论的，是柏拉图。在中国哲学中，首先提出这个问题，而还没有加以详细讨论的，是公孙龙。所以我在《新对话》中，就用公孙龙的名字代表对于这个问题有所贡献的人。在中国哲学中，这个问题，一直到宋朝的程颐，才有了详细讨论。朱熹又继续这个讨论，使之更加深入。他们虽然没有用共相和殊相、一般和特殊这一类的名词，但是他们所讨论的是这个问题。这个问题的讨论，是程、朱理学的主要内容。“新理学”所要“接着讲”的，也就是关于这个问题的讨论。

这个问题在程、朱理学中表现为理、气问题。他们所说的每一类东西的所以然之理就是那一类东西的共相，其中包括有那一类东西所共同有的规定性。有了这个规定性，这一类东西和其他类的东西才有质的区别，但是仅有这些共相还不能使具体的世界中就有这种东西。共相是抽象的，它必须有一定的物质基础才能具体化。具体世界的总的物质基础叫作“气”。

具体世界中的具体事物，中国哲学称为“器”。《周易·系辞》说：“形而上者谓之道，形而下者谓之器。”具体的事物都是有形的，可以成为感觉的对象。有些有形的东西，虽然不能直接为人所感觉，但仍可以借助于某种工具去感觉它们。例如细菌、病毒之类，人是不能直接感觉的，但是人可以借助于显微镜或其他工具去感觉它们。但是共相是不可能成为感觉的对象的，不是事实上不可能，而是原则上不可能。因为它不是具体的东西，用中国哲学的话说，它是“形而上”的。人可以感觉一个具体的东西，无论它是怎么样的微小，但是不可能感觉共相。中国哲学用有形或无形作为区别抽象或具体的标准。"形而上"的是"道",这个道是"理"的意思;"形而下"的是"器",也称形器。

对于共相的认识,不能用感觉得来,只能用逻辑分析得来。或者笼统一点说,用"思"得来。当时我认为哲学的一个重要任务,是得到对于共相的认识。所以我认为哲学的方法是"思"。

在中国哲学中,程、朱理学的特点之一就是对于形而上和形而下作严格的区分。理是形而上者;器是形而下者。器之所以能成为器,是因为它有一定物质的基础。也就是说,具体的世界之所以能成为具体的,就是因为它有一定物质的基础。具体的世界的总的物质基础,就是"气"。

这样,理学就把整个的宇宙一分为二,一个是形而上的理世界,一个是形而下的器世界。程颐说:"冲漠无朕,万象森然。"这是他形容理世界的话。理世界里面的共相,都是无形的,所以说"冲漠无朕";但是所有的共相都在其中,所以说是"万象森然"。这个理世界,好像一部无字天书,不会看的人看起来,只是一页一页的白纸;会看的人看起来,白纸上有密密麻麻的字。

《新理学》也是这样说的,只是换了两个名称。它称理世界为"真际",器世界为"实际"。它认为,真际比实际更广阔,因为实际中某一类东西之所以成为某一类东西,就是因为它依照某一类东西之理。实际中的某一类东西,就是真际中某一理的例证。可能真际中某些理在实际中还没有例证,但不可能实际中有了例证而真际中还没有那个理。真际比实际更为根本,因为必需先有理,然后才能有例证。如果没有某一理,这个例证从何而来?它又是谁的例证?程朱理学认为,理是"体",具体的事物是"用"。这个话就有这个意思。

我在当时举了一个例说:"必须先有飞机之理,然后才有飞机"。究竟是先有飞机之理然后才有飞机呢?还是先有飞机然后才有飞机之理呢?这在当时成为辩论很热烈的问题。我在1931年所作的《新对话》,就是用对话的形式讨论这个问题,发表我的主张。

当时我认为,真际中所包括的理,是完全无缺的。用程、朱理学的话说,是"万理俱备"。因为理是无始无终的,如果有新加入的理,那些理就是有始的。金岳霖说:真际好比一个电影片子,实际好比一个映出来的电影,电影片子已经包括了全部的电影,在放映的时候,这个片子才一步一步地显现出来。

上面说的这些意思,程、朱理学都已经有了,不过有些意思他们讲得不够明确。"新理学"把他们没有讲明确的地方,明确起来。还有一点,程、朱理学说"气"有清、浊之分。"新理学"认为不能这样说。如果这样说,"气"就是一种具体的东西,而不是一切理所借以实现的总的物质基础,所以"气"是不可言说的。这就使"气"更加抽象了。

这些讨论所要解决的问题是一个真正的哲学问题。那就是"共相"和"殊相",一般和特殊的关系的问题。后来批评和拥护程、朱理学的人,围绕着这个问题,继续进行讨论。这是当然的,因为这是一个真正的哲学问题。他们对于这个关系的说法可分为三种:一种叫"理在事先",一种叫"理在事上",一种叫"理在事中"。这三种说法实际上是两种说法。因为"理在事先"和"理在事上",实际上是一种说法,凡是主张其一的,必也主张其二。

程、朱理学和"新理学",都是主张"理在事先"和"理在事上"。这就是说,在时间上说,理先于具体事物而有;就重要性说,理比具体事物更根本。在新旧理学所讲的理和气的关系中,这二种说法问题不大。因为它们都认为,理和气都是无始无终的,既然都是无始无终,就说不上哪个在先,哪个在后。就具体的事物说,它没有理就不能存在,没有气也不能存在。既然离了理气它都不能存在,也就说不上哪个比较根本,哪个比较不根本。但是就理论方面说,新旧理学的"理在事先"、"理在事上"的主张,是使它们成为客观唯心主义的主要原因。

“理在事先”和“理在事上”的主张,使“新理学”不得不承认,理可以离开气,可以离开具体的事物而单独存在。也许程朱认为“理”本来可以单独存在,所以并不感觉到这个“不得不”,但我却是本来就感觉到这里有问题,这个“存在”是怎么个存在法呢?譬如说,在没有飞机之前,就有飞机之理,如果这个“有”的意思就是存在,它存在于什么地方?如果说它存在于发明人的思想之中,那只是人的思想,并不是客观的飞机之理。如果说它不存在于任何地方,照一般的了解,这就是说它不存在。在西方哲学中,新实在论者大概也觉得有这一类的问题,于是他们就创造了一个词:subsist(“潜存”)。我也沿用了这个词。可是一个真正的哲学问题,并不是用创造一个词所能解决的。有人问我,什么叫“潜存”?我只能说,不存在而又不能说是没有。这是把“有”和“存在”分开来说。其实,“有”就是“存在”。如果不是“存在”,“有”也就没有什么意义了。

关于共相和殊相的关系的问题,正确的回答是“理在事中”,这就是说,共相寓于殊相之中。一类事物的共相和这一类事物,有则俱有,无则俱无,有则同时有,无则同时无,有了飞机这一类的东西,飞机之理也就有了。如果飞机这一类的东西都没有了,飞机之理也就没有了。这并不妨碍上边所说的把宇宙一分为二,分成“真际”和“实际”那个说法。但不能了解为,像讲地理学那样,把一个地球一分为二,分为东半球和西半球。因为地球虽然很大,它也是个具体的东西,可以像切西瓜那样,一刀切成两半,两半都是看得见、摸得着的。宇宙并不是像地球那样的一个具体的东西,虽然其中也有具体的东西。上边所说的把宇宙一分为二成为“真际”和“实际”,是按着抽象和具体这个标准分的。一部分是共相,看不见,摸不着,不可以成为感觉的对象。一部分是殊相,看得见,摸得着,只可以成为感觉的对象。当然,这种逻辑的分析,只可以在人的思想中进行,人可以在思想中把一个具体的事物之中所寓的共相加以抽象,但不可能把这个共相在实验室中分离出来。"新理学"说,哲学是纯思的对象,其方法是纯思。这个话的意义就是如此。

当我在南岳写《新理学》的时候,金岳霖也在写他的一部哲学著作,我们的主要观点有些是相同的,不过他不是接着程、朱理学讲的。我是旧瓶装新酒,他是新瓶装新酒。他提出了一些新的看法,并且创造了一些新名词。例如:他创造了"可能"和"能"这两个名词。"可能"相当于程、朱和我所说的"理","能"相当于程、朱和我所说的"气"。从这些名词可以看出,"可能"当然比现实的范围广得多,可能尚有未成为现实的,但不可能有没有"可能"的现实。现实的必定是可能的,但可能的不一定是现实的。他改用了两句中国成语:"理有固然,势无必至。"现实的必定是可能的,这是"理有固然";可能的不一定是现实的,因为"势无必至"。我们两个人互相看稿子,也互相影响。他对于我的影响在于逻辑分析方面;我对他的影响,如果有的话,可能在于"发思古之幽情"方面。他把他的书题名为《论道》。别人问他,为什么用这个题名。他说:"道字有中国味。"我受他的影响很大,他受我的影响则很小。他曾经说,我们两个人互有短长。他的长处是能把很简单的事情说得很复杂;我的长处是能把很复杂的事情说得很简单。他所说的他的长处确切是他的长处,表面上看起来没有问题的事情,经他一分析,问题会层出不穷。他所说的我的长处,可能是因为思想笼统,分析不够。

如果了解了具体的共相那个道理,"理在事中"的道理就不难了解了。这本来是一个道理的两种说法。每一个普通名词所指的都是一个具体的共相,它的内涵就是"理",它的外延就是"事"。理和事,内涵和外延,本来就是合在一起的,只是人的思维对它们加以分析,才显出它们的分别和对立。这是一个关于认识的问题,并不是一个关于存在的问题。就存在说,本来没有谁先谁后、谁上谁下的问题。

其所以有这些问题,就是因为把关于认识的问题与关于存在的问题混淆了。其原因是,有些哲学家的认识不清,思想混乱。

《庄子》中有一个故事可以引为说明。这个故事说:有一个庖丁“目无全牛”,因为他解牛的经验多了,看见一个牛,就看出它的筋骨脉络之间的空隙,顺着这些空隙下刀,牛的身体就迎刃而解,所以他用的刀,用了十九年还毫无残缺。可能有这种“目无全牛”的厨师,但不可能有不是全牛的牛。一条牛,只要它存在,它必然是个全牛。只是一个有经验的厨师,才能看见一个不是全牛的牛,这是他的认识问题,并不是说有一个只有筋骨脉络的空隙而没有血肉的不全的牛,与全牛一样存在。

后来“目无全牛”这四个字成为一个成语。人们对于一个善于办事的人,说他对他所办的事“目无全牛”,就是说,他看他所办的事,一眼就能看出来那种事的发展变化的客观规律,照着客观规律去办,顺理成章,轻而易举,就把事情办成功了。

某种事发展变化的客观规律,就在那种事之中,这就是“理在事中”。

在宋明道学中,程颐所说的“冲漠无朕,万象森然”,朱熹所说的“洁净空阔的世界”,我原来认为是“真际”,与“实际”并存,因此就发生了“真际”存在于什么地方的问题。其实,“真际”是人的思维从“实际”中用抽象的方法分析出来的,是有“天地境界”的人的精神生活的一部分,这是一个关于认识的问题,不是一个关于存在的问题。程朱的旧理学对于这一点也有一点认识不清,思想混乱。在我的“新理学”中,这种混乱就更暴露出来了。“真际”和“实际”的分别还是有的,也还是可以说的。不过就存在说,“真际”就存在于“实际”之中,不在其外,不在其先,也不在其上。从这个意义上说,“真际”就是“实际”,也可以说“实际”就是“真际”。

1935年,上海有十位教授联合发表了一篇文章:题目是《中国本位的文化建设宣言》。这篇文章,又称为“一十宣言”,因为它是在1935年1月10日发表的。最先登在1935年1月10日出版的《文化建设月刊》第1卷第4期上,后来各日报各杂志均有转载。

这个“宣言”提出了“中国本位的文化建设”所“应该”遵循的五项原则。第一项是:“要特别注意此时此地的需要。”第二项是:“必须把过去的一切,加以检讨,存其所当存,去其所当去。”第三项是:“吸收欧美的文化是必要而且应该的。但需吸收其所当吸收,而不应以全盘承受的态度,连渣滓都吸收过来。”第四项是:“中国本位的文化建设是创造,是迎头赶上去的创造。”第五项是:“我们在文化上建设中国,并不是抛弃大同的理想。”根据这五项原则,“宣言”提出了两条注意:一条是“不守旧”,一条是“不盲从”。又提出三项目标:一是“检讨过去”,二是“把握现在”,三是“创造将来”。(马芳若编《中国文化建设讨论集》1—6页)

这个“宣言”是国民党授意作的。一篇洋洋大文,实际上所要说的,只有三个字:“不盲从”。不盲从什么呢?不要盲从马克思列宁主义,“以俄为师”。这是这个“宣言”实际上所要说的话,其余都是些空话。“存其所当存,去其所当去”;“吸收其所当吸收,不吸收其所不当吸收”。这些话都是“自语重复”,都是废话。

但是,这个“宣言”是以堂而皇之的形式发表的,当时的各报刊都转载了(这自然也是国民党授意的),所以在当时颇为轰动,引起了各方面的辩论。这些辩论所谈的,大都是关于文化的理论问题,形成了五四运动以后又一次的关于东西文化的大辩论。

同“本位文化”论正面对立的,是“全盘西化”论。胡适也说话了。他说:“我是主张全盘西化的,但我同时指出,文化自有一种‘惰性’。全盘西化的结果自然会有一种折衷的倾向。例如中国人接受了基督教的,久而久之,自然和欧洲的基督教不同,他自成一个中国的基督徒。又如陈独秀先生接受共产主义,我总觉得他只是一个中国的共产主义者,和莫斯科的共产党不同。现在的人说折衷,说中国本位,都是空谈。此时没有别的路可走,只有努力全盘接受这个新世界的新文明。全盘接受了,旧文化的惰性,自然会使他成为一个折衷调和的中国本位新文化。若我们自命做领袖的人也空谈折衷选择,结果只有抱残守缺而已。古人说:取法乎上,仅得其中;取法乎中,风斯下矣。这是最可玩味的真理。"(马芳若编《中国文化建设讨论集》中编 14 页)。胡适主张"全盘西化",这并不使人惊异。但照这里说的,他所以主张"全盘西化"的理由,似乎有点特别。他似乎也认为"全盘西化"的主张有点极端,但是只有主张极端,才能在实际上化得恰到好处。恰到好处是个什么样子,他没有说。

我到了昆明以后,当时有一个刊物叫《新动向》,其负责人约我写稿在刊物上连载。不知不觉就写了十二篇。但合起来也有一个中心思想。我把它们合为一书,题名为《新事论》。所谓"事",就是"理在事中"那个"事"。"事论"是对于"理学"而言。

《新理学》着重讲共相和殊相的关系,一般和特殊的关系,讨论它们之间的区别及联系。从表面上看起来,这些讨论,似乎是脱离实际,在实际上没有什么用处。其实并不是没有用处,而是有很大的用处。《新事论》就是试图以《新理学》中关于这个问题的讨论为基础,以解决当时的这个实际问题。《新事论》是《新理学》实际应用的一个例证。

在五四运动时期,我对于东西文化问题,也感觉兴趣,后来逐渐认识到这不是一个东西的问题,而是一个古今的问题。一般人所说的东西之分,其实不过是古今之异。我在 20 年代所作的《人生理想之比较研究》牵涉到这个问题。我的那部书的一个目的就是要证明,各派的人生理想,是世界各国的哲学史中都有的。很难说哪些理想是西方所特有的,哪些理想是东方所特有的。在 30 年代,我到欧洲休假,看了些欧洲的封建时代的遗迹,大开眼界。我确切认识到,现代的欧洲是封建欧洲的转化和发展,美国是欧洲的延长和发展。欧洲的封建时代,跟过去的中国有许多地方是相同的,或者大同小异。至于一般人所说的西洋文化,实际上是近代文化。所谓西化,应该说是近代化。

在这个时候,我也开始接触了一些马克思主义。当时我认为,马克思主义的历史观的一个显著的特点,是不从纵的方面看历史,而从横的方面看历史。所谓从纵的方面看历史,是着重看一个国家或民族的生成和发展,衰老和死亡。从横的方面看历史,是把社会分为许多类型,着重的是看各种类型的内容或特点。我这当然是一个很肤浅的理解,不过这个理解帮助我认识到,所谓古今之分,其实就是社会各种类型的不同。后来我又认识到,更广泛一点说,这个问题就是共相和殊相的关系的问题。某一种社会类型是共相,某一个国家或民族是殊相。某一个国家或民族在某一时期是某一类型的社会,而在另外一个时期可以转化或发展成为另一种类型的社会。这就是共相寓于殊相之中。这个"寓于"是冥合无间,所以在表面上就浑而不分。这就引起了思想混乱。所谓"全盘西化",所谓"本位文化"都是这种混乱的表现。

如果不把这种混乱搞清楚,事情就不好办。中国人是黑头发、黄眼珠。西洋人是黄头发、蓝眼珠。如果真要"全盘西化",你能把黑头发、黄眼珠换成黄头发、蓝眼珠吗?显然没有这个可能,也没有这个必要。你说要"本位文化",中国就真是什么改革都不要吗?某一些改革是必要的,也是可能的。什么是必要的,什么是不必要的,什么是可能的,什么是不可能的,这就需要选择。选择必定有个标准。不然的话,那就只能说,"存其所当存,去其所当去","吸收其应该吸收的,不吸收其不应该吸收的"。话是不错,可是说了等于没有说。

怎样确定这个标准呢?最好的办法是认识共相。看看世界中的强盛的国家，看看它们是怎样强盛起来的，看看它们的特点。这些特点就是它们的殊相之中所寓的共相的内容或其表现。这些国家是殊相，它们的社会性质是共相。它们的人的头发和眼珠的颜色是殊相。共相是必要学的；也是可能学的；殊相是不可能学的，但也不是必要学的。

它们的社会性质是什么呢？当时中国的社会性质又是什么呢？我在当时创造了两个名词，说当时西方的社会是“以社会为本位的社会”，当时的中国是“以家为本位的社会”。它们（西方）原来也是“以家为本位的社会”，后来先进入了“以社会为本位的社会”，因为有了产业革命。产业革命就是工业化。我用了马克思在《共产党宣言》中说过的一句话：产业革命的结果是乡下靠城里，东方靠西方。我说：这是一句最精辟的话。所谓东方和西方的差别，实际上就是乡下与城里的差别（《新事论》44页）。一个国家里有城乡的差别，世界上也有城乡的差别。世界上的乡下就是那些殖民地。世界上的城里就是那些统治和剥削殖民地的国家。

因为《新事论》强调发展生产力的重要，书中似乎也赞成清末洋务派的“中学为体，西学为用”的主张，其实并不是如此。我是主张体用不可分的，有什么体就有什么用，有什么用就可以知道它有什么体。如果要用中国哲学中所谓体、用那一对范畴说，我认为，在一个社会类型中，生产力等经济基础是体，政治、文化等上层建筑是用。体要改了，用会跟着改的。所谓跟着改，并不是说不需要人的努力，人的努力是需要的，不过人会跟着努力的。

对于清末人注重实业（即工业）的主张，我是有同情。因为我认为，他们误打误撞地猜着了所谓西方之所以为西方的要点（详《新事论》49—51页）。他们虽然猜着了一些，但是靠洋务派是不能使中国工业化的。帝国主义和封建主义是中国工业化的阻碍，这就要反帝、反封建，扫清道路。中国解放了，帝国主义赶走了，似乎可以开始工业化了。但中国是否首先要工业化的问题,又辩论起来了。这次辩论,不是用言语而是用实践证明,中国要补课。就补课这方面说,中国现在所面临的问题,基本上还是从上个世纪末年遗留下来的问题,那就是工业化。《新事论》的副题是《中国到自由之路》。这条路就是工业化。

中国现在的工业化比此还有更深远的影响,更重大的意义。我在40年代谈中国的工业化,其目的是企图使中国进入资本主义社会。在旧民主主义革命时期,这是题中应有之义。自此以后,经过新民主主义革命和社会主义革命,就生产资料所有制这方面说,中国已经进入了社会主义社会,所谓现代化是社会主义工业化,不是资本主义工业化。所谓补课,是补社会主义之课,不是补资本主义之课。

用《新事论》的说法说,资本主义还不是彻底的以社会为本位的社会,因为生产资料还是掌握在资本家私人手里,为私人所有。在所有制这方面说,那还是以家为本位的。中国现在是以社会为本位的所有制为前提,进行工业化,这样的工业化成功了,以社会为本位的制度就更加健全,中国的社会主义社会的基础就更加巩固。这就不仅是"中国到自由之路"而已。

在抗战以前,开明书店出了一个刊物,叫《中学生》,发表关于青年修养这一类的文章。我还在南岳的时候,他们向我约稿,当时没有写。到了昆明以后,写了一些,在《中学生》中连载。后来把它们编为一部书,题名为《新世训》。当时我想,这一类的文章,在旧时应该称"家训"。不过在以社会为本位的社会中,读者的范围扩大了,所以称为"世训"。现在看起来,这部书所讲的主要是一种处世术,说不上有什么哲学意义;境界也不高,不过是功利境界中的人的一种成功之路,也无可值得回忆的了。

在抗战后期,有一个刊物,叫《思想与时代》,向我约稿,我陆续写了十篇在其中发表,合起来成一部书,题名为《新原人》。我认为,这部书所讲的是人之所以为人的道理。上边说过,哲学的对象有三大部分。一部分是自然,一部分是社会,另一部分是人生。在"新理学"这个体系中,《新理学》讲自然,《新事论》讲社会,《新原人》讲人生。从这个意义看,照旧的体制,这部书应题名为"原人"。《新事论》和《新原人》都是"新理学"的应用。更广泛一点说,《新原人》也可以说是哲学的应用。

1947年我在美国,遇见一位哲学教授,他说:现在在美国教哲学的人,最怕碰见学生家长。家长问:"你教这些东西,对孩子们有什么用处?"颇觉难以回答。这位哲学教授说的倒是实话。现在西方的资产阶级哲学家所着重研究的多半是一些枝枝节节的小问题。问题越小,越可以成为专门的哲学。专业哲学家必须讲专门的哲学,在一些枝节问题上,钻牛角尖。对于可以使人"安身立命"的大道理,反而不讲了。解决这些大问题,本来是哲学的责任。哲学家们忘记了哲学的责任,把本来是哲学应该解决的问题,都推给宗教了。

文学家们也出来填补这个空白。萨特的存在主义曾经盛行一时,深入到生活中的许多领域。他基本上是一个文学家,他用文学作品宣传存在主义。本来文学和哲学都来源于生活。哲学家和文学家都有他们自己的"主义"。不过他们的思维方法和宣传方法有所不同。哲学家用的是理论思维,并且用哲学著作的形式宣传他们的"主义"。文学家用的是形象思维,并且用文学作品的形式宣传他们的"主义"。在西方现代资产阶级哲学中,也并非没有存在主义的哲学家,但他们还没有像萨特那样有广泛的影响。这就是现代资产阶级的"哲学的贫困"。其所以有这样的"贫困",因为西方现代资产阶级哲学家们没有回答,甚至没有企图回答,人们心中的一些比较普遍的问题,例如"人生的意义是什么"这一类的问题。

在中国,从五四时代以来,人们就在问这一类的问题。《新原人》开始就提出这个问题。但它没有直接回答这个问题。它首先反问,什么叫意义?什么是意义的意义?它说:一个东西的意义和一个东西的性质是不同的。一个东西的性质是它本来就有的,是客观的。它的意义是随着人们对于它的了解而有的,不完全是客观的,有主观的成分。人们对于某一东西有所了解,但各人的了解不尽相同。例如喜欢风景的人和一个地质学家同时来到一个山上。山就是那一座山,但各人的了解不同。喜欢风景的人说这个山很美,他是从美学的观点欣赏这座山。地质学家说:这山是什么样的岩石构成的,形成于什么地质年代。他是从科学的观点了解这座山。他们对于这座山有不同的了解,这座山对于他们就有不同的意义。

对于山的性质也可能有不同的认识。两个地质学家看那座山,对于那座山,可能有不同的认识。一个地质学家可能说,这座山下有铁矿。那一个可能说,没有铁矿。但是这两种认识,总有一个是正确的,一个是错误的。上一段所说的那两种意义,就无所谓哪个正确,哪个不正确。各人有各人的了解,一个东西对于各人有不同的意义,可以各行其是。

人对于事物有所了解,而又自觉他有所了解。这个自觉也是很重要的。人以外的其他生物和人同样生活于自然界中。但人对于其周围的环境有或高或低的了解,而其他生物则没有什么了解。它们只是遇见可吃的东西就吃,遇见可喝的东西就喝。它们在吃在喝,但对于吃喝毫无了解,也不知道它们在吃在喝。人知道吃喝对于他们的意义,而又自觉他们在吃在喝。他有比其他生物高一点的了解和自觉。了解和自觉,《新原人》简称为"觉解"。

人生于自然界中,又是社会的一员。自然和社会是他生活的两个一大一小的环境。他们对于这些环境以及其中的事物,有不尽相同的了解,所以这些环境及其中的事物,对于他们有不同的意义。因此所谓人生,也有不同的意义。各人有各人的人生,不能笼统地问:人生有没有意义?有什么意义?因为人生是各种各样的,不同的人生,有不同的意义。各人的人生,是各人自己创造的。各人的历史,是各人自己写的。各人向各人自己负责。

人在生活中所遇见的各种事物的意义构成他的精神世界,或者叫世界观。这种精神世界,《新原人》称为“境界”。各人的精神境界,千差万别,但大致说,可以分为四种。一种叫自然境界,一种叫功利境界,一种叫道德境界,一种叫天地境界。

自然境界,就社会发展说,是原始社会中的人的境界;就个人发展说,是儿童的境界。据说在唐尧的时候,有一首民歌说:“凿井而饮,耕田而食,帝力于我何有哉!”这个时候的人,能够凿井、耕田,可见他们在生产方面,已经有一定的基础。已经有了“帝”,可见他们已有了社会组织。可是他们认为,社会组织对于他们没有什么意义。后来有些诗人和哲学家,认为这种不知不识、纯朴的生活是很好的,羡慕这种生活,歌颂这种生活。其实这种原始社会中的人,并不自觉他们的生活是纯朴的,也不觉得这种生活值得羡慕,值得歌颂。成年人羡慕小孩子的天真。可是小孩子并不知道他们是天真。如果他们知道他们是天真,他们就已经丧失了他们的天真了。

功利境界和道德境界与自然境界的显著的不同,就是在这两个境界中的人是自觉的。就是说,他们做什么事,同时也自己知道自己是做什么事。社会上有些特别重大的事,其意义和后果往往要经过一段很长的历史时期,才能看得出来。在这种情况下,做这种事的人自己也不知道自己做的是什么事。但就其眼前的意义和眼前看得见的后果说,他是知道他自己所做的是什么事。这就叫“自觉”。

功利境界和道德境界的区别,在于为私还是为公。功利境界中的人无论做什么事,都是为了他个人的利益,都是为私。也可以说就是这些为私的思想,构成了他的精神境界,功利境界。在道德境界中的人,无论做什么事,都是为社会的利益,都是为公。也可以说,就是这些为公的思想,构成了这种人的精神境界,道德境界。

用中国哲学的范畴说,公、私之分,就是义、利之辨。"利"这个字有两种意义。一种指物质的利益,一种指自私自利的动机。追求物质利益或不追求物质利益,并不是区别利和义的标准,问题在于为什么追求,为谁追求。如果是为了自己享受而追求,那就是自私自利。如果是为了社会、为了群众而追求,那就是为公,那就不是利而是义了。譬如说,办工商企业,必须照经济规律办事,只能赚钱,不能赔钱。可是有些人认为,这是资本主义的经营方法;搞社会主义企业,是为人民服务,不是为了赚钱。其实问题不在于赚钱不赚钱,而在于为谁赚钱。为搞社会主义企业而赚钱,使社会主义繁荣昌盛,那才真是为人民服务。

个人是社会的一个成员。个人只有在社会之中才能存在,才能发挥他的作用。他跟社会的关系,并不是像一盘散沙中的一粒沙子,而是像身体中的一个细胞。亚里士多德有一句名言说,如果把人的一只手从他的身体分开,那只手就不是一只手了。公与私是相对而言的,都是从人和社会的关系说的。如果没有社会的组织,就无所谓公了。无所谓公也就无所谓私了。如果在自然界中,只有一个人,他的精神境界也就没有功利境界和道德境界之分了。

天地境界是就人和宇宙(特别是自然)的关系说的。人是自然的产物。还没有人的时候,就先有了自然。在人开始有点自觉的时候,人对于自然就有一种理解,持一种态度。原始社会的神话,就是这种理解和态度的反映。这种反映,也是一种精神境界的表现。神话进而为宗教。宗教是神话的系统化。它也代表人对于自然的理解,代表一种对于自然的态度。神话和宗教,其目的和作用,都在于说明人和自然的关系,使人知道在自然界中所处的地位,从其中可以得一个"安身立命之地"。

这也正是哲学的目的和作用。但是哲学认为,要达到这个目的,必先对于自然有一种更深一层的理解,持一种比较正确的态度。照"新理学"所讲的,对于"理"的认识,对于真际的认识,就是对自然的一种更深一层的理解。这就是说,从殊相认识寓于其中的共相,就是更深一层的认识。殊相是感觉可以认识的,共相是感觉所不能认识的。这并不是因为感觉的能力不够,而是由于感觉从本质上就不能认识共相。对于共相的认识,要靠"思"。感觉不能认识共相,思也不能认识殊相。这也不是思的能力不够,而是由于殊相在本质上不能为思所认识。感觉和思各有其对象,各有其作用。这一点,"新理学"着重地讲了。"新理学"又提到"纯思","纯思"就是纯粹的以共相为对象的思。

这样的思所构成的精神境界,《新原人》称为"天地境界"。所以称为天地境界,因为这种境界所牵涉到的是人与宇宙(特别是自然)的关系。一个完整的哲学体系,必须能够说明个人及其周围各方面的关系,如何处理好这些关系。如果都处理好了,那就是他的"安身立命之地"。《新原人》认为,天地境界是人的最高的"安身立命之地"。

我在30年代初期所写的《新对话》中引了一段文天祥的《正气歌》。歌词说:"天地有正气,杂然赋流形。下则为河岳,上则为日星。于人曰浩然,沛乎塞苍冥。……为严将军头,为嵇侍中血,为张睢阳齿,为颜常山舌。……是气所磅礴,凛烈万古存,当其贯日月,生死安足论。"这里所讲的也是共相和殊相的问题,他所举的那些实际的例是"忠"的殊相,他所说的"正气"是"忠"的共相。照他所说的,"忠"的殊相,都是"忠"的共相的表现。这样解释他所说的"正气",大概不是孟子所说的"浩然之气"的原来的意思,这也不必深考。我所要说的是忠的行为,本来是社会中的一种道德行为;可是照文天祥在这里所了解的,这些行为就不仅是社会中的道德行为,而且有了超社会的意义。如果一个人所做的都是道德的事,并且对于他所做的事,都有这样的了解,有这样的意义,他的境界,就是《新原人》所说的"天地境界"。"当其贯日月,生死安足论",这就是说,他已经与共相合一,进入到永恒了。永恒并不是没有生死而是超生死。超生死好像很难解,其实并没有什么难解,他是自觉他的行为,是"当其贯日月,生死安足论",既然"安足论",那就是超生死了。

张载的《西铭》说:"乾称父,坤称母;予兹藐焉,乃浑然中处。故天地之塞,吾其体;天地之帅,吾其性。民,吾同胞;物,吾与也。大君者,吾父母宗子;其大臣,宗子之家相也。尊高年所以长其长,慈孤弱所以幼其幼。圣,其合德;贤,其秀也。……富贵福泽,将厚吾之生也;贫贱忧戚,庸玉女于成也。存,吾顺事;没,吾宁也。"这篇的具有关键性的字眼是两个代名词:"吾"和"其"。"吾"是张载作为人类之一员,说他自己;"其"指乾坤,天地。这篇文章的头几句是全文的前提,代表一种对于宇宙的了解。从这个了解出发,就可见,作为人类的一员的"吾"所做的道德的或不道德的事,都与"其"有关,因此就有一种超社会的意义。从这个了解出发,也可见,作为人类一员的"吾"的遭遇的顺逆,幸不幸,也都有一种超社会的意义。从这种意义,《西铭》可以得出结论说:"存,吾顺事;没,吾宁也。"这就是人的"安身立命之地"。

张载的这篇文章,牵涉到有些哲学史的问题,这里都不必谈了。从哲学看,张载这篇文章的主要的意思,是说明道德的行为,可以有超社会的意义,用《新原人》的话说,是说明天地境界是个什么样子,什么是天地境界。程颢兄弟都很称赞这篇文章,他们说,有了这篇文章,可以省许多言语。省了什么言语呢?省了说明什么是天地境界的那些言语。

天地境界是从一个比社会更高的观点看人生。这个更高的观点是什么呢?《正气歌》称之为"天地",《西铭》称之为"乾坤",道学家一般称之为“天”。这些名词都各自有许多不同的歧义，所以“新理学”另外立了一个名词，叫“大全”。“大全”略如现在一般哲学中所说的宇宙。但是“宇宙”这个词现在被滥用了。例如说：宇宙飞船，这个“宇宙”显然是指物质的宇宙，哲学中所说的宇宙应该是逻辑性的。为了避免误解，还是“大全”这个名词比较好。

《新原人》特别注重讲“大全”，认为“大全”是对于自然和社会的一个总的概括。概括也是一种理解。有了这种理解，就可以对于自然和社会持一种正确的态度。《新原人》所说的“知天”、“事天”、“乐天”、“同天”就是这种态度。这些都不必再说了。现在只补充一点，大全就是宇宙，就是所有的东西的总名。可以说是最大一类的殊相的总名。这一大类的殊相之中所寓的共相是什么呢？就是“有”，就是“存在”。这一大类的殊相真是千差万别，可是它们也有一个共同之点，那就是它们都“存在”，都“有”。所以它们也称为“群有”。就是说，这一群都是有，除此之外，没有别的可以说的了。

“群有”就是一大群殊相，一大群具体的事物。寓于一大群殊相之中的就是“有”这个共相。“有”这个共相不可能是任何殊相，不可能是任何具体的事物，因为如果它是这种具体的事物，它就不可能是那种具体的事物了；它要是那种具体的事物，就不可能是这种具体的事物了。在理论上说，它可能是任何东西；在实际上说，它不可能是任何东西，它是不是任何东西的东西。可是实际上不可能有不是任何东西的东西，因此“有”又变成“无”了。在中国道家哲学的关于“有”、“无”问题的纠纷，大概是由此而起。如果把“有”了解为“群有”，“有”就是“群有”，“群有”是殊相，“有”这个共相就寓于这一群殊相之中，那就没有这样的纠纷了。不过照这样的了解，“有”这个共相就不是一个抽象的共相，而是一个具体的共相了。

《新原人》所讲的“大全”，不是“有”而是“群有”。《新理学》所讲的“理”都是抽象的共相。《新原人》所讲的“大全”是具体的共相,和《新理学》所讲的“理”是不同的。我在当时没有认识到这一点。“大全”是一个“名”。这个名的内涵是“有”。它的“外延”是“群有”。把它的内涵和外延统而言之,就是一个具体的共相。有了这个“名”,人就可以在思维中把握整个的宇宙,由此对于人和宇宙(特别是自然)的关系,有所了解,并对之持一种态度。这种理解和态度所构成的精神境界,就是《新原人》所说的“天地境界”。

这种的境界是有哲学的修养的人所得到的。哲学和宗教不同。这种不同有四点。第一,宗教是根据迷信或者是同迷信分不开的。原始社会中的神话,固然是迷信,一神论的宗教的上帝,也是迷信。哲学是尊重理智,反对迷信的。第二,宗教用的是形象思维。坐在灵霄宝殿上发号施令的玉皇大帝,固然是形象思维所幻想出来的;创造世界的上帝,也是形象思维所幻想出来的。哲学不用形象思维,而用理论思维。第三,宗教所幻想的世界模式是社会组织的反映,哲学所思考的世界模式是人类精神的创造。第四,信仰宗教的人的精神境界不高。它可能是功利境界,因为他往往是希望凭借对于上帝或诸神的信仰,以求得他们的保佑。有些人可能是随着大家作一些宗教的仪式,这些人的精神境界就是自然境界。由哲学所得到的境界是“天地境界”。

在人类进步的过程中,宗教和科学是对立的。因为宗教和迷信是分不开的,科学最反对的就是迷信。哲学和科学则是相互为用的。哲学的发展是凭借科学的。哲学不能解决科学的问题,但可以从科学中得到启发。科学也不能解决哲学的问题,它的启发可能帮助哲学解决问题,但是必须把它的思想转化为“反思”。总的说起来,科学可以增加人的积极知识,但不能提高人的境界。哲学可以提高人的境界,但不能增加人的积极知识。哲学和科学可以相互为用,而宗教和科学则不能相互为用。

在“天地境界”中的人,要做些什么特别的事呢?并不须要做什么特别的事。他的生活就是一般人的生活，他所做的事也就是一般人所做的事。不过这些日常的生活，这些一般的事，对于他有不同的意义。这些不同的意义，构成他的精神境界，天地境界。这个道理，借用《中庸》里边一句现成的话说，是"极高明而道中庸"。

在抗战快要结束的时候，当时的国立编译馆，说是要准备一套讲中国文化的稿子，向国外宣传，约我写一本简明的《中国哲学史》。我答应了，就用"极高明而道中庸"这句话作为线索，说明中国哲学的发展的趋势，企图以中国哲学史为例，证明上面所说的道理。写成以后，题名为《新原道》，副题是《中国哲学之精神》。在我正在写这部稿子的时候，有个英国朋友，牛津大学的讲师休斯（E. R. Hughes），从英国到昆明来了。他向我说，要找一部中国学者在抗战时期的稿子，由他翻译成英文，在英国出版。他是在牛津讲中国哲学的，看见我写的稿子，觉得很合适。我继续往下写，他跟着往下译，随写随译，到抗战胜利，我写完了，他也译完了。我带着稿子回北京，他也带着翻译的稿子回牛津去了。

这部稿子，送到当时的国立编译馆。他们请吴稚晖（敬恒）审查后，通知我说：吴稚晖说："写得倒是好，只是把事情说得太穿了。"我猜想他的意思大概是说，哲学总要披着神秘的外衣，带一点神秘性，叫人莫测高深。如果把它的神秘外衣揭穿了，它的威严就会受到损失，它的权威也会受到削弱。我想是有这种情况。道学家程颐的《周易传》写成以后，叫他的学生们看。有一个学生尹焞说，《序》文中说"体用一源，显微无间"，"莫太泄露天机否？"（《程氏外书》卷十二）意思就是说，是泄露了天机。道学家认为，理是"体"，是"微"；具体的事物是"用"，是"显"。所谓"显"、"微"，就是殊相和共相。道学家明确地说明了共相和殊相的分别，以及二者的关系，这是道学的贡献。所谓泄露天机，就是泄露了宇宙的秘密。其实宇宙有什么秘密呢？禅宗的语录记载说,《论语》中有句孔子的话:“吾无隐乎尔。”有一位禅师向一位官员解释这句话,怎么样说也说不清楚。后来他同那位官员在院子里坐,这位官员闻见桂花香,说:“桂花真香。”禅师就说:“吾无隐乎尔。”这位官员恍然省悟。他所悟到的,就是本来没有什么秘密。如果有秘密,那也是公开的秘密。既然本来没有什么秘密,也就没有什么可以泄露。程颐的那个学生却是泄露了一个秘密,那就是哲学的秘密。

《新原道》的最末的一章,题目是《新统》。这个题目暴露了我在当时的狂妄。它的意思是想说明“新理学”是“接着”道学讲的。它接着讲的方法并不是使道学更复杂,而是使道学更简单。《新统》说它只要四个基本概念:一个是“理”,一个是“气”,一个是“道体”,一个是“大全”。它认为,哲学的作用就是提高人的精神境界。为了达到这个目的,这四个基本概念也就够了。吴稚晖所说“说得太穿了”,大概就是指此而言。

我不同意吴稚晖的意见。我告诉编译馆说:“那就算了。你们再找人作你们需要的稿子,我的稿子我自己发表。”这部稿子就以《新原道》为题名,于1945年由商务印书馆出版。休斯带走的翻译稿,于1947年用《中国哲学之精神》为题名,在伦敦出版。以后重版了好几次,又在美国重版。编译馆的那一套丛书计划没有实现。

在《新原道》以后,我又写了一部书,题名为《新知言》,这部书是讲哲学的方法论的。在“新理学”中,有两个东西是不可思议、不可言说的。一个是“气”,一个是“大全”。在“新理学”中“气”是指一切事物的原始材料,如果对它加以思议、言说,所思所说的就不是那种原始材料了。“大全”是不可思议、不可言说的,如果对“大全”有所思议或言说,照逻辑学的层次论,这个作为思议、言说的对象的“大全”,就不包括这些思议、言说,因此也就不是“大全”了。在“新理学”中的四个基本概念中,就有两个是不可思议、不可言说的。所以,不可思议、不可言说,就成为哲学方法论中的重要问题了。《新知言》所讨论的就是这个问题。

写这部书还有一个直接的原因。它在当时是要说明“新理学”和维也纳学派的不同。当时有人说,“新理学”跟维也纳学派是相同的。我想起1933年我在英国,到剑桥大学去讲演,碰见了维特根斯坦(Ludwig Wittgenstein)。他请我到他住的地方去吃下午茶,颇觉意味相投。当时没有谈什么专门问题,但是谈得很投机。我觉得他也是对不可思议、不可言说的问题有兴趣。不过维也纳学派把哲学当成一种语言或科学方法论的问题,而我则认为它讲的是哲学。为要说明这个意思,就写了一点东西。

既然开始写了点东西,后来就扩大了,广泛讨论了哲学的方法论。哲学自己给自己制造了麻烦。它硬是要思议不可思议的东西,要言说不可言说的东西。这可怎么办呢?《新知言》说,有一种叫做负的方法。那就是,不说不可言说的东西是什么,而只说它不是什么。这就是佛学中所说的“想入非非”。“非非”,就是不是什么(非)而又不是不是什么(非非)。传统的中国画在画月亮的时候,不是画一个圆圈,而是画一大片云彩,在云彩中间,留一块空白。人们一看,就显出了一个月亮。这种画法叫“烘云托月”。它不是直接画一个圆圈,说那是月。而是画许多云彩把月亮烘托出来。哲学的负的方法,有这样的意义。

但是哲学是一种理论思维。既然是思维,对于不可思议的也必须思议,对于不可言说的也必须言说。所以正的方法也还是要用的。不过用了正的方法,同时要知道这种方法的缺点。用这种方法,同时又知道它不够,这就可以知道不可思议的为什么不可思议,不可言说的为什么不可言说。这就对于不可思议、不可言说的,有了更深一层的理解。正的方法是一种“媒介”,有了这种“媒介”,那些不可思议、不可言说的,也就更加显著了。

禅宗的语录记载一个故事。有一位禅师,有人问他什么是"心",什么是"道"。他不回答,只竖起一个大拇指。有一个小和尚学他这个办法,有人问话,也竖起一个大拇指。这位禅师看见,把那个小和尚的大拇指砍了。小和尚负痛就跑。这位禅师在后面叫了他一声。小和尚回头一看,那位禅师又竖起一个大拇指。这个小和尚就恍然省悟了。这个故事不知是真是假,大概也是说明,同是一种事,经过"媒介"与不经过"媒介",其意义会大不相同。黑格尔说:一个年轻人可以说与老年人相同的话,但老年人说这句话的时候,有他的一生的经验在里面。

《新知言》是我在抗战时期所写的最后一部书。它的《自序》中说:"承百代之流,而会乎当今之变,'新理学'继开之迹,于兹显矣。将返北平,留滞重庆,因取已钞成之稿,校阅付印。《新理学》之纯哲学的系统,将以《新理学》、《新原人》、《新原道》及此书,为其骨干。《新理学》脱稿于南渡途中,此书付印于北返道上。亦可纪也已。"这是我在1946年写的。现在回顾起来,确实是可以引为纪念,至少对于我个人说是如此。

1914年我在上海上学的时候,有一门课程是逻辑学。这门课不能使我完全懂得逻辑学的内容,但是使我对于逻辑发生了深厚的兴趣,由此进一步发生了对于哲学的兴趣。

我认为逻辑学是哲学的入门,至少对于西方哲学是如此。有些人认为形式逻辑没有什么可以学的,三段论法的推理谁不会?有人还认为形式逻辑和辩证逻辑是对立的。这些都是对于形式逻辑的误解。

无论如何,我对于哲学的兴趣是逻辑学引起的。以后我没有专门学逻辑学,但是我对于逻辑学的一知半解,帮助了我学哲学。

以逻辑学为入门的哲学，当然是西方哲学。但是我在北大当学生的三年，并没有真正接触到西方哲学。西方大哲学家的原著我一本也没有见到，更不用说阅读了，因为当时在北大图书馆，西方哲学的书很少。1919年我到哥伦比亚大学当研究生，这才比较有系统地读西方大哲学家的原著。中国哲学家的著作大都是因事见理，而西方哲学家的著作大都是就理论理。这就是说，中国哲学家的著作大都是从殊相讲到共相，从特殊讲到一般，从具体讲到抽象，西方哲学家的著作大都是从开始就讲一般，从共相到共相。习惯于读中国哲学家的著作，对于西方哲学家的著作，我开始是看不懂的。这个不懂，主要的不是文字上的问题，而是道理上的问题。主要的是不懂一般和特殊的区别，理论思维没有过关。对于像柏拉图所说的，具体的东西是可见而不可思，概念是可思而不可见，当时觉得很难懂。当时认为概念和具体的东西是并排放着的，不过有完全或不完全之分而已，为什么一者是可思而不可见，一者是可见而不可思呢？见和思又有什么区别呢？后来逐渐认识到，概念和具体的东西并不是一类的，而是属于两个世界的，所以并不是并排放着的。这里所说的两个世界是就逻辑上说的，不是就空间上说的。比如说，人们看见过一千棵树，由此得到树的概念。这个树的概念并不是第一千零一棵树，而是另外一回事。对于那一千棵具体的树的认识，是感性认识，它们是感觉的对象。树的概念是对于树的共相的认识，是理性认识，共相是理性认识的对象。由感性认识到理性认识是一个飞跃。真正认识到共相和殊相的区别以后，就可以体会这种飞跃的真实意义。在社会进化中，革命是一种飞跃。只有真正经过革命的人才能体会这个飞跃的真实意义。我猜想，禅宗所说的“悟”，大概也是一种飞跃吧。无论怎样，我认识到抽象和具体的分别以后，觉得眼界大开，心胸广阔。

在日常生活中，人们所常用的思维都是形象思维，所以对于形象思维比较容易了解，但对于理论思维的了解就比较困难了。一说到

"红"的概念或共相,就觉得有一个什么红的东西,完全是红的,没有一点杂色,认为所谓红的概念,就是如此,以为这就是进行理论思维。其实这不是理论思维,还是形象思维。"红"的概念或共相,并不是什么红的东西。就这个意义说,它并不红。一说到"运动"的概念或共相,人们就觉得它好像是个什么东西,运转得非常之快。其实,"运动"的概念或共相并不是什么具体东西,它并不能动。如果能了解"红"的概念或共相并不红,"动"的概念或共相并不动,"变"的概念或共相并不变,这才算是懂得概念和事物,共相和殊相的分别。

既认识了这个分别,又要超过这个分别。上面所讲的黑格尔所说的"具体的共相"就是超过了这个分别。"超过"也是一种飞跃。不过这个飞跃是困难的。《新理学》就没有"超过",到《新原人》才"超过"了,但我当时还没有自觉其"超过"。

懂得了柏拉图以后,我对于朱熹的了解也深入了,再加上当时我在哥伦比亚大学所听到的一些新实在论的议论,在我的思想中也逐渐形成了一些看法,这些看法就是"新理学"的基础。

有人说:我的"新理学"是"糅合"柏拉图、朱熹和新实在论而成的。"糅合"这两个字不妥。凡是一个哲学家,只要他的思想成为一个体系,就是他对自然、社会和人生有所理解和体会,以致形成一种见解。这些见解可能有正确或不正确,可能有完全或不完全,但都是他自己的。这些见解,可能有些与前人的相同或相似的地方,或者是得到前人的启发,因此把前人的言论作为思想资料来应用,但这并不是"糅合"。"糅合"好像一个拼盘,无论怎么样"糅",拼盘总是一个拼盘。前面引用过元好问的《论诗绝句》已经说明了这一点。

"新理学"虽不是临摹柏拉图和朱熹,却也犯了他们的错误:那就是"理在事先","理在事上"。现在我开始认识到,"理在事中"是正确的。我学哲学的历程,大概是从具体到抽象,又从抽象到具体。这就是上面所说的"超过"。不过最后这一步,我现在还是刚起步走。

上面所说的从具体到抽象，是《新理学》等书写作的准备条件。有条件而没有动力还是不行，还得有动力。上面所说的我对于哲学创作的兴趣是一种动力，但主要的动力还是抗战。我的两卷本《中国哲学史》的《自序》可以说明这一点。

《自序》说："此第二篇稿最后校改时，故都正在危急之中。身处其境，乃真知古人铜驼荆棘之语之悲也。值此存亡绝续之交，吾人重思吾先哲之思想，其感觉当如人疾痛时之见父母也。吾先哲之思想，有不必无错误者，然'为天地立心，为生民立命，为往圣继绝学，为万世开太平'，乃吾一切先哲著书立说之宗旨。无论其派别为何，而其言之字里行间，皆有此精神之浸漫，则善读者可觉而知也。'魂兮归来哀江南'，此书能为巫阳之下招欤？是所望也。"

《新原人》的《自序》也可以说明这一点。《自序》说："'为天地立心，为生民立命，为往圣继绝学，为万世开太平'，此哲学家所应自期许者也。况我国家民族，值贞元之会，当绝续之交，通天人之际，达古今之变，明内圣外王之道者，岂可不尽所欲言，以为我国家致太平，我亿兆安身立命之用乎？虽不能至，心向往之。非曰能之，愿学焉。此《新理学》、《新事论》、《新世训》及此书所由作也。……昔尝以《新理学》、《新事论》、《新世训》为《贞元三书》。近觉所欲言者甚多，不能以三书自限，亦不能以四书自限。世变方亟，所见日新，当随时尽所欲言，俟国家大业告成，然后汇此一时所作，总名之曰'贞元之际所著书"，以志艰危，且鸣盛世。"

所谓"贞元之际"，就是说，抗战时期是中华民族复兴的时期。当时我想，日本帝国主义侵略了中国大部分领土，把当时的中国政府和文化机关都赶到西南角上。历史上有过晋、宋、明三朝的南渡。南渡的人都没有能活着回来的。可是这次抗日战争，中国一定要胜利，中华民族一定要复兴，这次"南渡"的人一定要活着回来。这就叫

“贞下起元”。这个时期就叫“贞元之际”。

我在40年代虽然自命为接触了一点马克思主义,但是对于马克思主义的一个中心思想——阶级斗争——却是不懂,也不能接受。就我的阶级出身和当时的阶级立场说,这也是不足为怪的。我习惯于从民族的观点了解周围的事物。在抗战时期,本来是中、日两国的民族斗争占首要地位,这就更加强了我的民族观点。在这种思想的指导下,我认为中国过去的正统思想既然能够团结中华民族,使之成为伟大的民族,使中国成为全世界的泱泱大国,居于领先的地位,也必能帮助中华民族,渡过大难,恢复旧物,出现中兴。我当时的哲学思想,也接近于程、朱道学。在当时希望对于抗战有所贡献的人,只能用他所已经掌握的武器。我所掌握的武器,就是接近于程、朱道学的那套思想,于是就拿起来作为武器,搞了“接着讲”的那一套。

当时我也知道,程、朱道学也有许多缺点。但我认为,我不是“照着讲”而是“接着讲”的,在“接着讲”的时候,我认为他们的那些缺点,我都抛弃了;他们的那些优点,我都发展了。暂且不论我所认为是优点的是否真是优点,专就我的“发展”说,那是越发展越空,到后来就成为魏晋清谈了。

更重要的是,传统的统治思想,无论是“接着讲”的,或是“照着讲”的,都是对当时的统治集团有利的,所以也为他们所赞赏,为他们所利用。在40年代,我的每一部书一出来都受到当时的进步人士的批判。我当时对于这些批判,一概不理,也不答辩。我当时想,他们不懂,我同他们之间没有共同的语言。确实是没有共同的语言。这个道理我在解放后才搞清楚。

第七章 50 年代及以后

在解放以后，我也写了一些东西，其内容主要的是忏悔，首先是对我在40年代所写的那几本书的忏悔。并在忏悔中重新研究中国哲学史，开始写《中国哲学史新编》。但是在有些时候，也发表了一些不是忏悔的见解和主张。这些见解和主张刚一提出来，就受到了批判。其中比较大的有两次。一次是关于哲学遗产的继承问题，另一次是关于理论与实践的问题。

1957年1月8日《光明日报》发表了我的一篇文章，题目是《关于中国哲学遗产的继承问题》，原文摘要如下：

> 我们近几年来，在中国哲学史的教学研究中，对中国古代哲学似乎是否定的太多了一些。否定的多了，可继承的遗产也就少了。我觉得我们应该对中国的哲学思想，作更全面的了解。
>
> 在中国哲学史中，有些哲学命题，如果作全面了解，应该注意到这些命题的两方面的意义：一是抽象的意义，一是具体的意义。过去我个人，对中国哲学史中的有些哲学命题，差不多完全注意它们的抽象意义，这当然是不对的。近几年来，我才注意到这些命题的具体意义。当然，注意具体意义是对的，但是只注意具体意义就不对了。在了解哲学史中的某些哲学命题时，我们应该把它的具体意义放在第一位，因为，这是跟作这些命题的哲学家所处的具体社会情况有直接关系的。但是它的抽象意义也

应该注意,忽略了这一方面,也是不够全面。

什么是命题的抽象意义和具体意义呢?比如:《论语》中所说的"学而时习之,不亦说乎",从这句话的具体意义看,孔子叫人学的是诗、书、礼、乐等传统的东西。从这方面去了解,这句话对于现在就没有多大用处,不需要继承它,因为我们现在所学的不是这些东西。但是,如果从这句话的抽象意义看,这句话就是说:无论学什么东西,学了之后,都要及时的、经常的温习和实习,这就是很快乐的事。这样的了解,这句话到现在还是正确的,对我们现在还是有用的。可是,也不是所有命题都有这两方面的意义。有的话只有具体意义,抽象意义不多。如:《论语》说:"有朋自远方来,不亦乐乎。"有人把朋作"凤"字解,如果这样,它的抽象意义就不多了。

也许,有些命题的抽象意义,是后人加上去的。可是有些命题的抽象意义,确是本来有的。近来我们作了些把古代经典著作翻译成现代汉语的工作。在翻译的时候,我们就感觉到,如果只注意到一些命题的具体意义,翻出来就不正确。如《礼记》说:"大道之行也,天下为公。"这个天下应该怎样翻译呢?有人说应该译作"中国"。西方汉学家翻译中国经典的时候,多把天下翻成帝国,这是不对的。因为,先秦所谓中国是指中原,而天下则还包括"蛮貊"。如果把天下翻译成中国,也应该把天下为公译为今日之中国为公或帝国为公,这与原来的意思不完全相合。因为,就那个时候的人对于地理的知识说,他们的所谓天下,其范围不过是今日的中国,但是他们作这个命题时,他们的意义并不限于今日的中国。上面的翻译,都只注意到这个命题的具体意义。这个命题是有这个意义,可是它不止于此,它还有抽象意义。从抽象意义看,古人以为凡"天"以下的地方,都可以称为天下。《中庸》所说的"天之所复,地之所载,日月所照,霜露所坠”,就是天下这个名词的涵义。将来,如果发现别的星球上有人,并和地球上的人有交往,它上面的地方,虽不是地之所载,但天下的抽象意义仍然也可以包括它。这样意义的天下为公我们就要继承下来。

我们现在还谈一个问题,就是说,我们分别一个命题的抽象意义和具体意义的这个讲法,是否很特殊呢?其实并不特殊,许多哲学家向来都是这样作的。以研究黑格尔为例。马克思、恩格斯、列宁都认为黑格尔的思想有合理的内核,这就是他的辩证法思想。大家知道,黑格尔是个唯心主义者,黑格尔的辩证法是与他的唯心主义密切联系着的。他讲的发展,就是那个绝对观念的发展,由不自觉经过外在化而自觉,由为自到为他。这是绝对观念的发展。我们认为他的辩证法是合理内核,就是取其发展的抽象意义,而不是取其具体意义,就是说,取其发展而不取其绝对观念。

恩格斯在《费尔巴哈和德国古典哲学终结》一书中说,黑格尔的方法与其体系有矛盾,这也是就其方法的抽象意义说的,如就其具体意义说,并无矛盾。马克思说黑格尔是头脚倒置的,要把它扶正过来。这也就是要注意黑格尔的许多命题的抽象意义,不然是不能扶正的。

因此我们说,把过去哲学中的一些命题从两方面讲,分别其具体意义和抽象意义。许多哲学史家本来就是如此作的,不过我们现在要自觉地这样作。只有这样作,才可以看出哲学史中可以继承的思想还是很不少的。当然,假使过重于在抽象意义方面看,可继承的东西又太多了,甚至连君君臣臣也有人看作上级和下级的关系,这是不对的。如果过重于在具体意义方面看,那么可继承的东西就很少了。必须两方面都加以适当的注意,适当的照顾。这样,我们就可以对古代哲学思想有全面的了解。

上面的论证归结到另一个问题。哲学史中的某些哲学命题,我们若专注重于其抽象意义,它是不是对一切阶级都有用呢?要是这样,哲学史中的某些哲学思想,是不是就不是上层建筑呢?庄子早就提出了这个问题。在《庄子·胠箧》篇中说:"盗亦有道:夫妄意室中之藏,圣也。入先,勇也。出后,义也。知可否,智也。分均,仁也。五者不备,而能成大盗者,天下未之有也。由此观之,善人不得圣人之道不立,跖不得圣人之道不行。天下之善人少,而不善人多,则圣人之利天下也少,而害天下也多。……圣人不死,大盗不止。"在当时的统治阶级看,跖是一个大盗;在农民看来,他是农民起义的领袖。这一点我们现在不论。专就庄子这一段话讲,他的意思就是把仁义道德看成像刀枪等武器一样,谁都可以用,仁义道德可以为统治阶级服务,也可以为反抗阶级服务。他认为仁义道德就是一种组织力量,谁想组织起来,谁就用它,不用不行。谁用它,它就为谁服务。《庄子》的这段话,可以作为一个例,以说明哲学思想中,有为一切阶级服务的成分。这个问题,我大胆地提出来,作为进一步讨论的基础。

这篇文章的内容,后来被称为"抽象继承法"。这篇文章的有些提法,是不很妥当,但是其基本的主张,我现在认为还是可以成立的。

这篇文章之所以引起批判或者误解,首先是由于"抽象"这个词的严格的哲学意义没有先说清楚。人们一听到说"抽象",就有一种虚无缥缈、不可捉摸、没有确定意义的感觉,认为所谓"抽象"的东西,就是那一类的东西。跟这种东西相对的叫"具体","具体"是实实在在、有确定内容、有确切意义的东西。照着这样的意思理解抽象继承,就觉得所谓抽象继承是荒谬的,也是不可能的。要继承,总得继承一个实实在在、有确定内容、有确切意义的东西。一个虚无缥缈、不可捉摸、没有确定意义的东西,怎么可以继承呢?把我的主张名为“抽象继承法”,就是要利用人们对于抽象的这种混乱的理解,以说明我的主张的荒谬和不可能,这也是戴帽子的一种办法。

人们对于抽象和具体这两个词,有混乱的理解,但是对于一般和特殊这两个词的理解还是比较清楚的。可以简单地说,抽象的就是一般,具体的就是特殊。说抽象的是虚无缥缈,说它是“虚无”倒是可以说,因为一般寓于特殊之中,离开了特殊,一般就不存在;但是它并不“缥缈”。比如说“红”,这是个抽象的东西,离开了特殊的红的东西,例如红旗、红衣服之类,不可能有一个“红”独立存在。从这个意义上说,“红”是虚无的,但是它并不缥缈,如果它是缥缈,红旗、红衣服等特殊的红的东西,就不可能存在,说红旗、红衣服等也没有什么意义了。说抽象的不可捉摸,这倒是真的,因为它虽然寓于特殊之中,但并不是一个特殊的东西。只有特殊的东西才可以捉摸,但是不可捉摸的东西不一定就是没有。比如说,离开特殊的红的东西,没有一个独立的“红”,但是不能因此就说没有“红”。说抽象的没有确定的意义,这完全不能说,恰恰相反,只有抽象的才最有确定的意义,因为它本身就是那个意义。

因为我常讲抽象,张荫麟曾经给我说过一个笑话,说是柏拉图有一次派人到街上买面包,那个人空手回来,说没有“面包”,只有方面包,圆面包,长面包,没有光是“面包”的面包。柏拉图说,你就买一个长面包吧。那个人还是空着手回来,说没有“长面包”,只有黄的长面包,白的长面包,没有光是“长面包”的长面包。柏拉图说,你就买一个白的长面包吧。那个人还是空着手回来,说没有“白的长面包”,只有冷的长白面包,热的长白面包,没有光是“白的长面包”的白的长面包。这样,那个人跑来跑去,总是买不来面包。柏拉图于是饥饿而死。我说,我也听说过一个笑话,说是先生给学生讲《论语》,讲到“吾日三省吾身”,先生说,“吾”就是我呀。学生放学回家,他父亲叫他回讲,问他“吾”是什么意思,学生说“吾”是先生。父亲大怒,说"吾"是我！第二天去上学，先生又叫学生回讲，问"吾"是什么意思？学生说"吾"是我爸爸。先生没有办法叫学生明白，说"吾"是"我"。这个"我"是泛指，用哲学的话说，这个"我"是"抽象"的我，既不是他的先生，也不是他的爸爸。柏拉图对于他的仆人的愚笨，倒有法解决，他可以拉着他的仆人到面包房，指着一块面包说：就是它！可是先生对于这种愚笨的学生倒是很难对付。他无论找什么人，叫他告诉学生说，"吾"就是我，那个学生总还是想："吾"就是说话的那个人。我说的这个笑话，可以说明，人若没有一种抽象的能力，就连话也不能说，说话总要用一些有一般意义的名词，这些名词的来源就是抽象。

还有人说："毛主席、共产党提倡的是批判继承，你为什么讲抽象继承？这是标新立异，制造混乱。"其实，抽象继承和批判继承并没有冲突，也不相违背，它们说的是两回事。批判继承说的是继承要有所选择，于我有利的就继承，于我有害的就抛弃。这说的是继承的对象的问题，说的是继承什么的问题。抽象继承说的是怎样继承的问题。批判继承选择了继承的对象以后，就有个怎么样继承的问题，它讲的是继承的方法。这一点弄清楚了，便可知批判继承和抽象继承讲的都是大实话。人们向来都是这样做的，无论是国家、民族，或者是个人、家庭，它们所要继承的东西，向来都是它们认为是于它们有利的，如有不然，那也是由于它们判断错误，而不是由于它们的目的不同。没有那样愚笨的人专挑他们认为是于他有害的东西作为继承的对象。原来讲继承的人都是抽象继承，比如说，社会主义革命和社会主义建设，都要将马克思主义的放之四海而皆准的普遍原则与中国的实际相结合，这个继承就是抽象继承。马克思、恩格斯讲的话，主要是根据英国、法国、德国的实际讲的。列宁、斯大林讲的话主要是根据俄国的实际讲的。实际就不会是放之四海而皆准的普遍原则。普遍原则都是从实际中抽象来的，所以才能放之四海而皆准。

没有那样愚笨的人,主张把别的国家的实际也继承下来,那显然是不可能的。你能把中国人都变成白皮肤、蓝眼睛吗?那显然是不可能的。所以我说,批判继承和抽象继承是两句大实话,是向来人都是这样做的,其中没有什么奥妙的地方。

道理是这个样子。不过我以前的提法是有不妥当的地方。所以在1957年《哲学研究》第五期上又发表了《再论中国哲学遗产底继承问题》,但是只调换了一些名词,问题并没有得到实质性的解决。其实,把哲学的继承归结为对于某些命题的继承,这就不妥当。哲学上的继承应该说是对于体系的继承。一个体系,可以归结为一个或几个命题,但是,这些命题是不能离开体系的。离开了体系,那些命题就显得单薄、空虚,而且对它可以有不同的解释,容易作出误解。例如,荀子说"天行有常",这个命题是他的《天论》篇以至于他的整个唯物主义思想体系的总结。他的《天论》篇以及他整个的唯物主义思想体系,都是这个命题的论证。联系这些论证,这个命题就充实有力,而且不至于有误解。如果专就这个命题说,也可以了解为一个唯心主义的命题,因为"天"这个词,在中国哲学中,有很多不同的意义,可以了解为物质之天或自然之天,也可以了解为主宰之天或道德之天。说一个命题有抽象意义和具体意义,这也是不妥当的。因为一个哲学命题所说的,总是一般性的原理,是一个抽象的东西。所以一个哲学命题,应该只有抽象的意义。一个一般的原理,在它实现的时候,在它成为现实的存在的时候,总要寄托于一些具体的情况之中,一般寓于特殊之中。人们对于一个一般原理的了解,也可以因其所处的情况或所有的科学知识的不同而不同。例如,孔子说"学而时习之",他所说的"学",就是礼乐诗书,我们现在也说"学习",但是我们所学习的就不是礼乐诗书,而是科学和技术了。荀子说"天行有常",这个"行"包括日月的运行,我们现在也说"天行有常",但是我们所说的日月运行,就是地球绕太阳,而不是太阳绕地球了。这些不同,就是原来我所说的一个哲学命题的具体意义。其实严格地说,一个哲学命题不能有具体意义,它应该排斥具体意义。我原来所说的具体意义,实际上是一个哲学命题在实际情况中的应用,或是人们对于它的不同了解,这是一个哲学命题所要排斥的。我原来的提法的这些不妥之处,也是引起当时辩论的一个原因。因为这些提法本身就是不妥当的,所以在当时辩论之中,我也有些觉得难于自圆其说。

有人可以说,批判继承和抽象继承,从表面上看,固然可以说是不相矛盾,各有其用。但是这两种提法,在当时的情况下,也可涵蕴有一种潜在意义:批判继承在表面上看起来,似乎并没有说什么是应该继承的,什么是不应该继承的,但实际上已经说了,那就是毛主席所说的封建性的糟粕和人民性的精华,前者是应批判的,后者是应该继承的。而抽象继承,所涵蕴的潜在意义是认为,在社会中有些东西,例如道德,是可以为各阶级服务的。你所说的抽象,实际上是要抽掉哲学的阶级性,或至少也是抽掉道德的阶级性。

这两种提法所涵蕴的潜在意义,是都有的。不过我认为,这与抽象继承并没有关系。无论是继承什么,总得分别那个东西的一般性和特殊性,你只能把它的一般性继承下来,至于其特殊性是不必继承也不可能继承的。比如杜甫的诗说:"朱门酒肉臭,路有冻死骨。"(《自京赴奉先县咏怀五百字》)这两句诗我们都认为有人民性,应该继承,但是所要继承的就是为老百姓说话的这个人民性。杜甫写这两句诗是根据他从长安到奉先县路中所见的情况。你可以继承杜甫的诗的人民性,你不需要也不可能继承杜甫的走路,你不需要从西安往奉先县走一趟。你就走一趟,也未必就能作出有人民性的诗来。因为杜甫走这一趟路,和他的有人民性的诗的关系,是偶然的,只要他有同情人民的思想,他即使不走这趟路,他也能作出有人民性的诗来。如果他没有这种同情心,他就走一百趟,也是枉然徒劳。至于说我所提出的抽象继承,是不是有上边所说的那种潜在意义,我说有的。在那篇文章的最后一段就明明地讲出来了。不过我现在认为,那样的主张还是有道理的。不过在原来的文章中,所举的证据是不充分的,还可以再补充一些。

我在抗战末期,有一个讲演题目:《可变的道德与不可变的道德》。我用这个题目讲了很多次。可是总没有把它写下来,因为其基本原理在《新理学》第五章中已经说了。不过《新理学》所说的那一套思想,有一个前提,那就是柏拉图所说的"理念"或朱熹所说的"理"。那个前提就使《新理学》所说的那一套和唯物主义哲学对立起来。其实专就继承问题说,那个前提不是必要的,我们完全可以不要那个前提而专从逻辑方面讲。

譬如我们说,"人是动物"。在这个命题中,"人"这个名词的内涵,涵蕴"动物";也就是说,"人"这个概念,涵蕴"动物"这个概念;人性涵蕴动物性。这三种说法,说的是一回事。第一种说法是就言语这方面说的,也就是从逻辑这方面说的。第二种说法,是就人思想中的概念说的。第三种说法,是就客观实在这方面说的。在这三种说法中,客观实在这方面是基本;概念必须合乎客观实在,才不是胡想;言语也必须合乎客观实在,才不是瞎说。

人是动物,这个命题还说明一个道理,那就是,如果要是人,必须先是动物。是动物,是在人之先。这个在先,就叫逻辑的在先,它不是时间的在先,它与时间的先后毫无关系。这并不是说,他必须要今天是动物,明天进化为人。这是进化论的说法,是科学的说法,不是哲学的说法。用这种哲学方法讲宇宙,那就叫本体论,用时间先后的讲法讲宇宙,那就叫宇宙发生论或宇宙形成论。它不就是科学,但类似科学,因为它所用的方法也就是科学所用的方法。

因为人性中涵蕴有动物性,所以人性中有许多跟动物相同的性,这在生理学方面最为显著。人所要用的药物,可以先在动物身上做试验。人和动物在生理的欲望方面也有基本上相同之处,例如“饮食”、“男女”之类。“饮食”是用以维持动物本身生活所需要的,“男女”是用以传宗接代。人都有这种动物性。这是人和动物所同然的。但是人还有异于其他动物的,那就是“人之所以异于禽兽者”。人和禽兽,看见可吃的东西都想吃,但是人还要分别该吃不该吃,如果不该吃,虽可吃也不能吃。男女关系也不能乱搞。这些异于禽兽之处,才是真正的人性。真正的人性涵蕴动物性,动物性不涵蕴人性。所以人和动物有同有异,所同者是其动物性,所异者是其人性。

这一段话只是一个比喻的例子。我所要说的是在社会方面的一些相类似的道理。有“社会”,有“某种社会”。例如我们所常说的资本主义社会,社会主义社会,共产主义社会,都是某种社会。无论是哪一种社会,都是“社会”。如果要是某种社会,必须先是社会,这个先也是逻辑的在先,不是时间上的在先。某种社会涵蕴社会,可是社会不涵蕴某种社会。因为某种社会涵蕴社会,所以这种社会和那种社会虽然有所不同,但总都有同的地方,那就是社会所有的性质,也就是一切社会所共同有的性质,也就是一切社会所必须遵循的规律,无论其社会是哪一种社会。

毛泽东论战争,也是这样看问题的,也是用的这个方法。他说:

> 战争的规律——这是任何指导战争的人不能不研究和不能不解决的问题。
>
> 革命战争的规律——这是任何指导革命战争的人不能不研究和不能不解决的问题。
>
> 中国革命战争的规律——这是任何指导中国革命战争的人不能不研究和不能不解决的问题。
>
> 我们现在是从事战争,我们的战争是革命战争,我们的革命战争是在中国这个半殖民地的半封建的国度里进行的。因此,我们不但要研究一般战争的规律,还要研究特殊的革命战争的

规律,还要研究更加特殊的中国革命战争的规律。(《中国革命战争的战略问题》)

毛泽东在这里开宗明义就提出了三层涵蕴:第一层是战争,第二层是革命战争,第三层是中国革命战争,第三层涵蕴第二层,第二层涵蕴第一层,当然第三层也涵蕴第一层。

这是用我的话说的。在毛泽东的话里,他没有说涵蕴,他说的是发展。在上边所引的那一篇文章里,开宗明义第一节的题目是《战争规律是发展的》。这就是说,战争的规律发展为革命战争的规律,革命战争的规律发展为中国革命战争的规律。经过三个步骤,一步一步地发展。我说的是,经过三个层次,一层一层地涵蕴。这不仅是用字的不同,而是一个思想方法的不同。从语言方面说,毛泽东是从战争规律这个名词的外延说起,我从这个名词的内涵说起。从逻辑方面说,毛泽东是从战争规律这一类的事情的特殊说起,我是从这一类事情的一般说起。从客观实在说,毛泽东是从战争规律这个概念所及的特殊事情说起,我是从战争规律这个概念的内容说起。革命战争规律所具有的内容,比战争规律所具有的内容多了一点,所以说,从战争规律到革命战争规律,是一个发展。中国革命战争规律所具有的内容,比革命战争规律所具有的内容又多了一点,所以说,从革命战争规律到中国革命战争规律,又是一个发展。所以每经过一次发展,规律的内容就多一点,它所及的特殊就少一点。翻过来看,革命战争规律的内容,比中国革命战争规律的内容要少一点;战争规律的内容,比革命战争规律的内容又要少一点。这就是说,中国革命战争规律的内容,涵蕴革命战争规律的内容;革命战争规律的内容,涵蕴战争规律的内容。当然,中国革命战争规律的内容,也就涵蕴战争规律的内容。涵蕴的一般越多,其所及的特殊越少。这本来是一件事情的两个方面。在哲学的其他领域中,着重哪一方面,可能对于解决某一问题,有相当的影响。在讨论继承问题时,着重哪一方面,从哪一方面说起,没有什么影响。因为无论如何,都得承认某一类的事情,都有它的一定的规定性。譬如说战争吧,这一类的事情总有它的相同的规定性,不然的话,战争也可以称为和平或其他的事情了。革命战争总涵蕴有战争的规定性,不然的话,革命战争也可以称为革命的和平或其他事情了。中国革命战争总要涵蕴革命战争的规定性,不然的话,中国革命战争就可以称为中国革命和平或其他事情了。

战争的总的规定性是什么呢?毛泽东已经说了,是"从有私有财产和有阶级以来就开始了的,用以解决阶级和阶级、民族和民族、国家和国家、政治集团和政治集团之间,在一定发展阶段上的矛盾的一种最高的斗争形式"(同上)。这就是战争的定义。所谓定义的内容,就是一类事物所特有的规定性,以别于其他事物者。对于战争的这个定义,毛泽东还有更明确的说明。在《论持久战》中,有一段的题目是《战争的目的》。在这一段中,毛泽东说:"这里说的,是作为人类流血的政治的所谓战争,两军相杀的战争,它的根本目的是什么?战争的目的不是别的,就是'保存自己,消灭敌人'。"这是一切战争共有的目的。人类具有这样目的的行动就是战争,革命战争是如此,反革命战争也是如此;正义的战争是如此,非正义的战争也是如此。

怎样可以达到这个目的呢?这当然牵涉到社会的形势和武器上的革新等具体问题,但是有一个总的原则,那就是指导战争的人必须"知己知彼"。毛泽东说:"有一种人,明于知己,暗于知彼,又有一种人,明于知彼,暗于知己,他们都是不能解决战争规律的学习和使用的问题的。中国古代大军事家孙武子书上'知彼知己,百战不殆'这句话,是包括学习和使用两个阶段而说的,包括从认识客观实际中的发展规律,并按照这些规律去决定自己行动克服当前敌人而说的;我们不要看轻这句话。"(《中国革命战争的战略问题》)毛泽东的意思就是说，这两句话是可以继承的，按批判继承的观点说，在孙武子那部相当大的书里面，像沙里淘金一样，淘出了这两句话所说的规律，这是可以继承的精华。从抽象继承的观点说，这个规律既然是规律，它就是抽象的。这两句话，是什么人说的，是在什么时候和什么地方说的，都无关重要，它已经是从那些特殊的情况里抽出来了，这就叫抽象。说它是抽象，就是说，把它从原来所寓的特殊中抽出来，而加以单独的考虑，并不是说，它是虚无缥缈，若有若无。至于在"知己知彼"的时候，所知道的是些什么东西呢？那就因情况的不同而异。例如，在春秋战国时候，一个战争的指挥者所要知道的是敌我两方各有多少人马，多少弓箭；在现代，他所要知道的，是敌我两方各有多少兵员，多少坦克，以至多少原子弹。在我原来的文章中，说这是一个命题的具体意义，这个提法是不对的，应该说这是各时代的人对于一个规律的认识和了解，这也是属于特殊事物之类，但不能说是那个普遍命题的特殊意义。照这样说，批判继承和抽象继承并没有冲突，不但没有冲突，而且是互相补充、互相为用的。

当时，有一个反对抽象继承法的运动，这个运动的前线总指挥是陈伯达。他说："也有些人，他们倒不去搞许多烦琐的考证，却是在继承历史遗产、文化遗产的名义下，在玄虚中绕圈子，把古代加以现代化，把现代加以古代化。例如冯友兰先生曾经提出过所谓'抽象继承法'，在实质上就是这样。"(《批判的继承与新的探索》，见《红旗》1959 年 13 期)如果把古代人所讲的道理用现代的话讲出来，以使其内容更明显，意义更明确，就算是"把古代加以现代化，把现代加以古代化"，那么上边所引的毛泽东那段话，也就是把孙武子现代化，把他自己古代化了。问题在于"化"的对不对，在于"化"之中有没有歪曲夸张，而不在于"化"。如果不注意于前者，而仅注意于"化"，那就没有人敢讲历史了，因为讲历史，无论是什么史，都要对于古代的东西加以翻译解释，那就是说，都要有点"化"。

陈伯达在以下提出了许多问题,这些问题实在难以回答,因为他的思想相当混乱,叫人不知道他所问的究竟是什么。而他那一种提法,叫人有一种印象:你要是不能回答,那你就是承认错误。例如他说:"古今中外,哲学上两条路线的斗争和这种斗争的党派性,具有普遍性。难道哲学史上继承下来的这种两条路线的党派性的斗争,在现在是抽象的吗?在中国,比如说吧,从古代哲学史上一直继承下来的关于名实关系问题的斗争,这是抽象的吗?你所继承的,或者是存在决定思维的观念,实决定名的观念,于是你就成为唯物论者;或者是思维决定存在的观念,名决定实的观念,于是你就成为唯心论者。继承正确的东西是具体的,继承错误的东西也是具体的。怎样能说这些是什么'抽象继承'呢?"(同上)

这一段文章,思想混乱,很难给以肯定或否定的答复。因为你搞不清楚他问的究竟是什么。要想答复,必须先指出它的混乱之所在。混乱在什么地方呢?就在于它把"继承"跟"所继承"这两个不同的东西混而为一了。按继承说,凡是继承,都是具体的,因为确实有一个特殊的人在那里做继承这个特殊的事。可是他要继承什么呢?这是"所继承"的问题,他所要继承的是一个道理,一个规律,这些就不能是特殊,而只能是一般,也就是抽象的了。例如,陈伯达所举的古今中外哲学上两条路线的斗争,和这种斗争的党派性,既不是荀况和孟轲的那个斗争,也不是王充和董仲舒的那个斗争,陈伯达也承认具有普遍性,那就是说,它不是特殊的,而是一般的,也就是抽象的。如果用黑格尔的具体共相的说法,它就既是荀况和孟轲的斗争,也是王充和董仲舒的斗争。为什么也是呢?那是因为它们都有一种共同的性质,这种性质是一般的,也是抽象的。所以说关于这个问题的"所继承"是抽象的,抽象继承的根据就在于此。至于现在继承那个斗争,那当然是具体的,因为现在确实有特殊的人在那里作出这种特殊的行为。至于中国哲学史中,关于名实关系的斗争,也是这个样子。

确实有人在作这个斗争，陈伯达就是其中之一。这当然是具体的，不是抽象的。至于"所继承"呢，陈伯达也说，"你所继承的或者是存在决定思维的观念，实决定名的观念，于是你就成为唯物论者，或者是思维决定存在的观念，名决定实的观念，于是你就成为唯心论者。"他明确地承认，"所继承"的是一种观念，既然是观念，它就不是具体的、特殊的东西，而是一般的、抽象的东西。再附带说一句，在中国古代哲学史中，只有"名""实"这一类的名词，可没有"观念"、"唯物论"、"唯心论"这一类名词，陈伯达这样一解释，不正是"把古代加以现代化，把现代加以古代化"吗？

陈伯达说："从冯友兰先生原来的说法看来，具体只能在抽象中存在，只能通过抽象而存在。这就完全颠倒了。抽象变成主体，具体变成从属和派生的东西。于是，不论古今，任何哲学派别，任何阶级道德，似乎都要屈服在冯友兰所谓的'抽象意义'或'一般意义'之下。这样，也就可以方便地磨去唯物论和唯心论的界线，磨平这个阶级道德和那个阶级道德的界线。在这种所谓'抽象继承法'里面，倒真正有它的具体内容。是什么呢？那就是蕴藏着一种具体的复古主义，即企图经过某种形式保留中国历史上的唯心论体系，企图把中国封建时代统治阶级的一套道德都当作永恒不变的道德。"(同上)

我没有说过，具体只能在抽象中存在，只能通过抽象而存在。但我确实认为，任何具体都不能离开任何抽象而存在。请问，有什么具体的东西可以离开任何抽象而存在？可以不联系任何抽象而存在？一匹马之所以成为马，就是因为它有马的规定性，简称为马性。如果它没有马性，它能成为具体的马吗？一匹驴之所以能成为驴，就是因为它有驴的规定性，简称为驴性。如果它没有驴性，它能成为具体的驴吗？如果那样，它就是非驴非马了。有人说，非驴非马还可以成为骡子。即使成为骡子，它也得有骡子的规定性，简称为骡性。这就好像《西厢记》里莺莺所唱的："将来的酒共食，尝着似土和泥；便是土和泥,也有些土气息,泥滋味。”每一个具体的东西,都有成千上万的性质,那就是说,它不能离开这些抽象而存在,要联系这些抽象而存在。抽象寓于具体之中,一般寓于特殊之中。抽象和一般固然离不开它们所寓的具体和特殊而存在,具体和特殊也不能离开寓于它们之中的抽象和一般而存在。如果说,一个什么东西可以离开任何抽象和一般而存在,那就是说它没有任何规定性,那只有魏晋玄学家所说的那个“道”,才有这种资格。他们所说的“道”,是“无”,是“无名”,那就是说它没有任何规定性,所以它也就是不可言说、不可思议的了。你说它是个东西也不行,因为既是一个东西,也就有一个东西的规定性。这个“道”才真是唯心主义的创造。陈伯达所说的意思,如果逻辑地推下去,那才真“磨平了唯物论和唯心论的界线”。一般和特殊,具体和抽象,是互相依存的,谁也离不开谁。从逻辑这方面看,是这个样子。从本体论方面看,也是这个样子。如果说,在有一个什么时候,只有一般而没有特殊,只有抽象而没有具体,这固然是唯心论。但如果说在有一个什么时候,只有特殊而没有一般,只有具体而没有抽象,那也是唯心论。因为在客观上没有那个时候。说有那个时候,只是主观的创造。这个道理,列宁在《谈谈辩证法问题》一文中说得很清楚,他首先说:“个别一定与一般相联而存在”,接着说:“一般只能在个别中存在,只能通过个别而存在。”

陈伯达所说的“抽象继承法”的真正具体内容,倒是有一半对,有一半错。对的那一半是,我确实认为中国封建时代统治阶级的有些道德,从其抽象或一般的意义说是不变的道德。不对的那一半是,我没有说,也没有企图,把中国封建时代统治阶级的“一套”道德“都”当作不变的道德。这就如上边所引的毛泽东讲战争那一套理论,说“革命战争的规律”涵蕴“战争的规律”,或者说“战争的规律”发展为“革命战争的规律”,无论用哪一套说法,都不是说,任何人所讲的战争的“一套”规律“都”是不变的规律。说孙武子所讲的“知己知彼,百战不殆”,是战争的不变的规律,并不是说,要把现代的战争拉回到春秋战国时代,这里面没有复古主义的内容,说话的人也没有复古主义的企图。他只是说了两句大实话。孙武子说了两句大实话。说这两句话的是大实话的人,也只是说了一句大实话。

有人说,战争和道德不同,因为道德有阶级性,战争没有阶级性。说这样的话的人,大概是把战争的行为和战争的武器混为一谈了。战争的武器没有阶级性,但是使用这些武器以进行战争的人有阶级性。战争的武器是一种工具,什么阶级的人都可以用它。但是战争的行为是一种人的行为,人的行为总是有阶级性的,所以有革命的战争和反革命的战争,有正义的战争和非正义的战争。可是没有人说有革命的原子弹和反革命的原子弹,有正义的坦克和非正义的坦克。

道德是随着社会而有的。社会是人的组织,如果没有人就没有社会,如果没有社会,就没有道德。没有人说,唐山大地震是不道德的,因为那是一种自然的现象。它所引起的灾害是自然的灾害。但是我们说,如果预测到这次地震而不向群众报告,是不道德的。因为报告或不报告是一种社会现象。

社会有各种不同的组织,这就有各种不同的社会。比如封建社会,资本主义社会,社会主义社会,这就是不同的社会。但是它们都是“社会”。它们的组织不同,所以也有不同的道德。说不同的社会涵蕴社会,或者说社会发展为不同的社会,无论用哪种说法都可以,但是无论用哪种说法,都可以得到相同的结论,那就是有些道德是跟着社会来的,只要有社会,就得有那种道德,如果没有,社会就根本组织不起来,即使暂时组织起来,最后也要土崩瓦解。有些道德是跟着某种社会来的,只有这一种社会才需要的,如果不是这种社会,就不需要它。前者我称之为“不变的道德”,后者我称之为“可变的道德”。我的企图并不是要把封建时代统治阶级的“一套”道德“都”当作不变的道德,正好是相反,我的企图是要把中国封建时代统治阶级的一套道德,加以分析,看看哪些是随着封建社会而有,所以是可变的,哪些是随着社会而有,所以是不变的。所谓不变,也并不是专靠什么人说的,靠的是它本身的作用,谁要硬要变它,谁的社会就有土崩瓦解之虞,十年浩劫就给了我们一个例子。

1958年教育革命的时候,我在《光明日报》的《哲学》副刊上发表了一篇文章,题目是《树立一个对立面》,全文如下:

在全国大跃进的潮流里,哲学界发生了一些带有根本性的问题。搞了几十年的哲学的人,现在问:究竟什么是哲学?作了很久的哲学工作的人也在问:我们究竟是干什么的?北大的哲学系也在问:哲学系有没有存在的必要?哲学系究竟应该怎么办?究竟要培养出什么样的人?这个现象看起来好像是很奇怪。其实,这些问题,是从对于哲学的性质和任务的更进一步的思考中出来的,这是些真问题。这些问题的解决,是哲学工作跃进的前提。

我们的社会主义建设,是完全在马克思列宁主义的指导下进行的。各个部门的工作,都是马克思主义的体现。因此,处处都有哲学。

领导各部门的负责同志,特别是各级党组织的负责同志,都是哲学家。他们所写的文章和所作的报告,都是又红又专,充满了马克思列宁主义。他们的成就主要是从实践中得来的。坐在学校或研究所里面作哲学工作的人,是写不出来这样的文章的,可是他们的岗位正是哲学工作。这中间显然有个矛盾,这就是上面的问题所以发生的原因。

现在我就这些问题发表一点我个人的见解。可能我的思想还没有从一些清规戒律中解放出来,下面的意见可能是错误的,不过是为了展开辩论,总要树立对立面。我就树立一个对立面吧。

马克思列宁主义是理论和实践的统一。一个马克思主义者,一定是既能掌握理论,又能把理论运用到实际工作中的人。但是在我们的社会中,工作是分工的,因此,就有专搞或是多搞理论的人,也有专搞或多搞实际工作的人。这一点,我想大家是都承认的。

谈到理论工作,其中又有各种各样。譬如系统地钻研马列主义经典著作,掌握文献资料,联系自然科学和社会科学,分析概念和范畴等等,也是理论工作之一种。请注意:我并不是说理论工作就是这些,也不是说这些是理论工作中最重要的一部分。我只是说,这是理论工作的一种。我想这一点也是大家都承认的。

既然是有这一种的理论工作,就必然需要有一部分人做这样的工作,也必然有一些地方培养作这种工作的人。我认为在哲学研究所和综合大学哲学系工作的人就是这一种的人,综合大学哲学系就是培养这种人的地方。这种人我叫作理论工作者,或哲学工作者。

理论工作者和理论家,哲学工作者和哲学家,还有不同。理论家或哲学家,不一定就作理论工作或哲学工作,因此,他不一定是理论工作者或哲学工作者。我说是不一定是,当然也可能是。不过这说明其间有些不同。

有两个问题必须分别清楚。一个是关于一个人的学问和修养的问题,一个是关于一个人的工作岗位和职业的问题,不可把这两个问题混淆起来。

就一个人的学问和修养说,他必须是一个理论联系实际的人,如果他仅只读了一些经典著作,掌握了一些文献资料,懂得一些概念或范畴,而完全不能够解决实际问题,这种人不是我们所需要的。综合大学哲学系如果培养出这一种人,也就跟废品差不多。这是一个问题。

但是从社会上的职业分工说,我们又需要系统地钻研经典著作,掌握文献资料,联系科学,分析概念和范畴等等的人。担任这种工作的人,也必须是能够理论联系实际的人,但是他们的职业却是专搞或是多搞理论,多搞或是专搞上面所说的那种理论工作。

综合大学的哲学系就是培养这一种人的地方,综合大学跟其他的专科大学或学院不同,它所培养出来的主要的是理论方面的人才。当然在理论联系实际的精神指导之下,综合大学的学生也必然能做跟他所学的理论有关的实际工作。譬如说,在生物学系学昆虫学的人,必须能到农村去防治虫害。如果他不能防治虫害,那就是笑话。如果他不屑于防治虫害,那就是错误。但是他的主要任务还是学习昆虫学的理论。在哲学系的人也必须能到工厂里或是农村里做思想教育工作和理论宣传工作,如果他不能做,那也是笑话。如果他不屑于做,那也是错误。但是他的主要的任务,也还是系统地学习马克思列宁主义,钻研经典著作,掌握文献资料等等,为将来担任理论工作打下基础。

这并不是说,综合大学哲学系的学习不跟当前政策结合起来,我们的各级领导同志的言论或党的重大的政策,都是马克思列宁主义的体现,其中有些就是哲学著作,有些是重要文献资料。这都是应该首先学习的,不但学习,而且应该进行阐明和解释。

这也不是说,综合大学哲学系的教师和学生都应该照从前的样子老是呆在家里,不下乡下厂参加实际工作的锻炼。就一个人的学问修养说,这种实际锻炼是必须的。上面已经说过,关于一个人的学问或修养是一个问题,关于一个人的职业或工作岗位又是一个问题。我们培养学生一方面要照顾到他的学问和修养,一方面又要照顾他将来的职业和工作岗位。

有人说,像上面所说的理论工作者,需要并不很多,综合大学哲学系培养出来的那种人才恐怕将来没有事情可以做。我说这种看法是忽视了我们六亿人民的文化大跃进的形势。在这种形势之下,这种人才的需要,当然是不会像工程师那样多,但是也还是不少。需要这种人才的地方,不仅只综合大学。各地方的研究所、图书馆、出版社以及各级学校,都需要这样的人。

还有人说,这种人才应从研究生里边培养,不应该从本科学生中培养,这种看法我认为也是可以讨论的。这种人才的培养,是需要经过相当长的时间,如果不从本科培养起,有些知识作研究生时才从头学起,时间上就来不及。

又有人说,你这种说法,是重视理论工作,轻视实际工作。我也没有这个意思。我认为上面所说的这个看法是由于社会上的分工,只要是社会上所需要的工作,都是有价值的。反过来说,社会上不需要的工作,都是没有价值的。

又有人说,你的这种思想,还没有跳出老一套的圈子,是老一套的思想,你这种思想,是改良主义的。我说,这倒是可能的。在这篇文章开始的时候,我已经说过,我提出这些意见,为的是树立对立面,以便展开辩论。主观上我是赞成大跃进的,如果通过讨论提出来具体的革命的大跃进的办法,那就可以帮助我跳出老一套的圈子。

这是我在北大哲学系讨论教育革命的一个会上的发言。上边所说的那个前线总指挥陈伯达,在7月1日就提出了批判,登在7月16日出版的《红旗》上。他把我的话歪曲地归纳为一个公式:“理论——实际——理论”,认为这是与毛主席的《实践论》相对立的,应该把它倒过来,改为这样的公式:“实际——理论——实际”。

我当时并没有提出那样一个公式。就算是有那个公式吧,我也认为它并不与《实践论》相矛盾,相对立。

说到这里,我倒是想起来马克思在《资本论》中所提出的两个公式。马克思说:

> 商品流通的直接形式是 W—G—W,由商品转化为货币,再由货币转化为商品,为买而卖。但是在这个形式的旁边,还有第二个独特的不同的形式,G—W—G,由货币转为商品,再由商品转化为货币,为卖而买,在运动中通过后一种流通的货币,转化为资本,成了资本,并且按它的性质规定来说已经是资本。(《资本论》第1卷第4章第1节,人民出版社1963年版134页)

这两个公式从表面上看,是完全相矛盾、相对立的,可是实质上并不矛盾、对立。马克思在讲完了第一个公式之后,明白地说:"但是在这个形式的旁边,还有第二个独特的不同的形式",这就是说,第二个公式并不是第一个公式的对立面,而是在第一个公式的旁边,跟第一个公式相辅而行。这是因为,第一个公式和第二个公式所说的并不是一回事。在《资本论》这一段的上边一段,已经说:"当作货币的货币和当作资本的货币,首先只是由不同的流通形式来互相区别。"第一个公式之中的 G 和第二个公式之中的 G,是不同的。第一个公式之中的 G 指的是"当作货币的货币",第二个公式之中的 G 指的是"当作资本的货币"。第一个公式中的 G 说的是资本的起源,第二个公式中的 G 说的是资本运动的规律。所以马克思说:"在运动中通过后一种流通的货币,转化为资本,成了资本,并且按它的性质规定来说已经是资本"。

我并不是在这里讲政治经济学,我也没有资格讲政治经济学。我对于这两个公式的了解也不一定正确。我是想用这两个公式以说明,两个公式在表面上看似乎是矛盾、对立的,但实际上并不是如此,实际上是相辅而行的。

为了要批判我，陈伯达编造了两个公式。我说是编造，因为在《实践论》中，毛泽东并没有明确画出什么公式，我更没有画出什么公式。这两个公式，在表面上看好像是矛盾、对立的，其实它们并不矛盾、对立，而是相辅而行的，因为它们所说的并不是一回事。毛泽东在《实践论》中所要讲的是认识论，而我所要讲的是教育学，各有各的对象，各有各的范围。

毛泽东在《实践论》中所讲的认识论，还不同于西方资产阶级哲学家所讲的认识论，后者讲的是个人的认识，前者讲的是社会的认识，是人类认识的发展过程。《实践论》开头就说：

> 马克思以前的唯物论，离开人的社会性，离开人的历史发展，去观察认识问题，因此不能了解认识对社会实践的依赖关系，即认识对生产和阶级斗争的依赖关系。

这一段话，明确地说明了马克思主义的认识论，并不是把人作为自然的人，由此出发，去观察认识的过程，研究认识的性质；而是把人作为社会的人，从人的历史发展，去观察认识的过程，研究认识的性质。所以它实际上是跟着人的历史发展，去观察人的认识的发展。《实践论》又说：

> 马克思主义者认为人类社会生产的活动，是一步又一步地由低级向高级发展。因此，人们的认识，不论对于自然界方面，对于社会方面，也都是一步又一步地由低级向高级发展，即由浅入深，由片面到更多的方面。

这就是说，人们的认识，也是像人类社会生产活动一样，是一步又一步地由低级向高级发展的。这里所说的是"人们"，并不是说的"人"，那就是说，它所讲的认识不是作为自然的人的个人认识，而是作为社会的人的社会认识，也就是人类的认识。人类对于自然界和社会各方面的知识，都是这样一步一步地积累起来的。《实践论》在结尾中又说：

> 实践、认识、再实践、再认识,这种形式,循环往复以至无穷,而实践和认识之每一循环的内容,都比较地进到了高一级的程度。

由此可见,《实践论》所讲的认识,不是作为自然人的个人认识,而是作为社会人的社会认识。就一个自然人说,无论他的寿命有多长,总是有穷的。只有作为社会人的社会认识,人类的认识,才能以这种形式循环往复以至无穷。

这种循环往复,是人类认识发展的自然程序。这并不排斥一个"个人"的认识发展也可以经过这种程序。《实践论》中有许多地方讲了一个"个人",或一个团体、一个阶级、一个民族对于某些事物从无知到有知,从没有办法到有办法的发展过程。这些是人类认识发展的一些小环节,小环节的过程,和总的过程有类似之处,这也是不足为奇的。

不过这些过程,都是自然的过程,是根据人类历史的发展而自然如此的。在人类认识已经发展了成千上万年以后,人类是不是可以找出一些办法,以加速认识的发展,缩短认识的过程呢?是可以的,而且几千年都已经普遍地运用了一个办法。这就是教育。教育并不是跟人类认识发展的自然规律相矛盾的,而正是这个自然规律的应用。经过像《实践论》那样一讲,这个运用就更自觉了。从过去的人类认识的发展历史看,过去的人经过许多实践,发展成为理论,他们又用他们的理论,来指导他们的实践。那些实践又成为理论。这样的循环是无穷的。可是他们的生命是有穷的。他们需要接班人,这就像接力赛跑一样,接班人接过他们的火炬,继续前进。这个火炬就是他们的理论。无论什么知识,都是以理论的形式传递下来的。接过火炬继续往前跑的人,就不必跑以前的人所跑过的路程,他就是接着跑。教育就是把前人的知识,以理论的形式,传授给受教育的人。从教育的观点看,他们的认识,都是或者大部分是理论。从这个意义上说,他们都是从理论出发,事实就是这样。在我们所知道的教育体制中,除了小学之外,无论哪一级的学校,都是从理论出发。这样,对于这些受教育的人说,他们的认识发展就加速了。那也就是说,认识的过程缩短了。

举一个例说吧。照中国的传说,神农尝百草而得出一种理论,那就是有些草可以治病,哪一种草治哪一种病,这就是理论。后来学医的人,就从这些理论出发继续实践,继续发展这些理论。神农未必实有其人,可是李时珍确有其人,他确实尝过百草,作出《本草纲目》。这部书就是他的理论。在他尝百草以前,是不是读过在他以前的《神农本草》呢?他读过的。他既然读过,那么《神农本草》就是他的出发点。有些草药,《神农本草》已经讲得很清楚了,所以他就不必再尝了。这就加速了医学的发展,缩短了发展的过程。

《实践论》还说:

> 你要知道原子的组织同性质,你就得实行物理学和化学的实验,变革原子的情况。你要知道革命的理论和方法,你就得参加革命。一切真知都是从直接经验发源的,但人不能事事直接经验,事实上多数的知识都是间接经验的东西,这就是一切古代和外域的知识。

在现代物理学和化学知道原子的组织同性质以前,物理和化学是经过很长时间的发展的。其间也走过了曲折的道路。现在学现代物理学和化学的人,就不必重复那些路了,只须做个实验就可以了。但是对于普通的物理学和化学没有一般的知识的人,想做实验,也是不可能的。所以他还得从理论出发。学自然科学的人,必须先学一些基础理论。这就是说,他得从理论出发。“你要知道革命的理论和方法,你就得参加革命。”参加革命是必要的,但是仅只参加革命还是不够的。中国从孙中山起就闹革命,可是一直等到十月革命一声炮响,送来了马克思列宁主义,这才知道革命的理论和方法。而马克思主义也还有三个来源。

从这些情况看起来,陈伯达所编造的那两个公式,并不是矛盾、对立的,而是相辅而行的。

据陈伯达说我的公式是反唯物论的。为什么是反唯物论的呢?大概是因为他认为这个公式是同《实践论》的唯物论的公式矛盾、对立的。照上边所证明的,这个帽子也许不合适吧。他说,我要学生们做一个空头的对人民毫无用处的哲学家,要学生们还是从书斋里所冥想的所谓的理论中来,再回到书斋里所冥想的所谓理论中去。我承认我是认为要有在书斋中讲理论的理论家,但不认为在书斋中讲的理论就一定是冥想的。我不承认这些人就一定是空头的对人民毫无用处的。这一点在我的文章中已经说过了。我的大概的意思是说,人民的需要,是多方面的,是各种各样的,因此他们需要有各方面的人才,多种多样的人才,为他们服务,这就需要社会分工。他们需要有做实际工作的哲学家,也需要有坐在书斋里专搞理论的哲学家。前者并不是不搞理论,而是要用大部分的时间搞实际工作;后者不是不能搞实际工作,而是要用大部分时间搞理论。后者不是不能解决实际问题,而是要从理论上解决实际问题。

有人说过,哲学家和哲学教授是有区别的。哲学家是自己有一个思想体系,遇见什么问题有自己的看法,有自己的解决的办法。哲学教授是自己没有什么理论体系,自己没有什么解决办法,但是能够把哲学家的思想融会贯通,用自己的话把它准确地讲出来。我想,还有一类搞哲学的人,他们专研究哲学家的著作,对于这些著作作一些文字上的解释,或者翻译,这就是中国从前所谓章句训诂之学。"训"就是解释文字,分析概念范畴;"诂"就是翻译,就是把古人的话翻译成当时的话,就是以今译古,现在又多了一种任务,就是把外国话翻译成中国话,就是以中译外。这种人,可以称为哲学工作者,这种人所做的工作,虽然是无关宏旨,但也是不可少的。他们的这些工作,是一定要在书斋中做的,但不能说他们是空头的,更不能说他们的工作是对人民毫无用处的。我只是说,一个大学的哲学系对于这三种人都要培养。拿一个戏曲学校作为比喻吧。一个戏曲学校里边有学生,有教师,还有一些管理服装道具之类的人。学生之中,可能出来一些优秀的演员,但不一定将来都是优秀的演员,优秀的演员就像大文学家、大学问家,不是专靠学校培养就能出来的。还有教师,教师能教学生演戏,可是他自己未必能演。在大学的哲学系中,学生中可能出些哲学家,但是不一定。哲学教授就只是哲学教授,他们能教学生,但自己未必是哲学家。这不仅哲学系是如此,各系都是这样。历史系未必能够出司马迁,文学系未必能够出李白、杜甫。像这些特殊的人,都是可遇而不可求的。在一个剧团中,管理服装道具也是一种专门的知识。在一个戏曲学校中,也需要传授这种知识,培养这种人才。他们未必能演什么戏,但是要知道演什么戏要用什么道具;他们未必能演一个角色,但是他们要知道在什么戏中什么角色要穿什么服装。这些知识,看起来很琐碎,但是没有这些知识就不能演戏。这种人好像是无关重要,其实没有他们戏也是演不成的。就好像一架机器上的螺丝钉一样,螺丝钉虽小,但是没有它机器就不能开动。所以机械厂里也得制造螺丝钉。

可以说,我所谓的哲学工作者还是太少了。这种人才是要赶紧培养的。这种人的工作是要在书斋中进行的,不能说他们是空头的,更不能说他们是对人民毫无用处的。再声明一句:我并没有说大学的哲学系要把所有的学生都培养成这种人才,只是说也要培养一部分学生成为这种人才。

上边所说的是在50年代两场关于我的比较大的辩论。我把当时引起辩论的我的两篇文章也抄在上边,我并不是想要把这些文章重新发表,不过是想以它们为第一手的材料,以说明当时辩论的情况。我也附带说了一些我现在对于那些问题的意见,以见我当时的那些议论,也并非完全没有道理。陈伯达他们在当时给我戴的帽子,也不一定合适,至少可以说不是恰如其分。这也算是申辩吧。可是就是这一点申辩,在当时也是不能提出的。你要是提出,他们就给你再加上一顶帽子。

无论如何,我当时的工作,主要的还不在此。我当时的主要工作,还是写《中国哲学史新编》。这是我要用以说明中国的旧邦新命的一件大事。

总起来看,我在解放后所有的经历是很曲折的,所走的道路是很坎坷的。因之,在哲学和哲学史工作上也有曲折反复,这就是那些曲折和坎坷在学术思想上的反映。

清华有一个研究生,在清华研究院毕业后,1946 年由昆明往美国继续研究。他于 1972 年回国参观访问,问我的哲学思想改变的经过。我赠他一首诗,这首诗是我在 50、60 年代的经历的一个概括,诗曰:

去日南边望北云,
归时东国拜西邻。(其时日本田中首相访华)
若惊道术多迁变,
请向兴亡事里寻。

三 大学

第八章　北京大学

在十年动乱以前，北京大学校长陆平提出了一个办北京大学的方针：继承太学，学习苏联，参考英美。大动乱开始以后，他的这项方针受到批判，成为他的罪状之一。当时我也说过，北京大学的校史应该从汉朝的太学算起。不过，当时的批判，并没有涉及到我。

我所以认为北京大学校史应该从汉朝的太学算起，因为我看见，西方的有名的大学都有几百年的历史，而北京大学只有几十年的历史，这和中国的文明古国似乎很不相称。

现在讲北京大学历史一般是从清朝末年的京师大学堂算起，它是戊戌变法的产物。清朝的慈禧太后篡夺了政权以后，把光绪皇帝在变法的时候所行的新政都作废了，只有京师大学堂继续存在下来。这也可以说是戊戌变法留下来的纪念品吧。我跟着父亲在崇阳的时候，在他的签押房里看见过当时颁布的京师大学堂章程。用木板红字印的，有好几大本。当时我什么也不懂，只记得在分科之中有一科叫做经科。每一种经都有一个学门，例如"尚书门"、"毛诗门"等。在本科之外，还设有通儒院，大概相当于西方大学的研究院吧。

清朝的京师大学堂地位很高，由朝廷特派的管学大臣管理。管学大臣就是京师大学堂的校长。当时的管学大臣换了几次人，当我进北京大学的时候，学生中正传说管学大臣张百熙的事迹。他可以说是在蔡元培以前的对于北京大学有贡献的一位校长。据说，他当了管学大臣以后，就请吴汝纶为总教习。当时新式学校的教师都称为教习。总教习就是教习的领导。我不知道总教习的职务有什么明文规定,据我推测,他不相当于后来大学中的教务长,教务长的职务主要是管教务行政,而总教习的职务大概是管大学中的学术方面的事。用现在的话说,可能是分工负责学术研究方面的副校长,即管业务的副校长。

吴汝纶是当时著名的桐城派古文家,是当时所谓旧学中的一个权威,但也懂得一点当时所谓新学。严复所翻译的书,有几部都有他作的序。在当时他被认为是一个兼通新旧、融合中西的人物。他在直隶(今河北)做官,在地方上也办了些新式的学校。张百熙要请他当京师大学堂总教习,这就表明了他的办学方针。据说张百熙当了管学大臣以后,亲自到吴汝纶家里去请他出来,吴汝纶都不见。有一天,张百熙在大清早上,穿着管学大臣的公服,站在吴汝纶的卧房门外(有的说是跪在房门外),等吴汝纶起床相见。吴汝纶只好答应他的邀请,但是附带了一个条件,就是他要先到日本去考察几个月,回来后才能到任。张百熙答应了这个条件。吴汝纶从日本回来以后,不久就逝世了,没有来得及到北京大学到任。虽然没有到任,但是这个经过当时传为美谈。当时我们学生听了,也都很感动。感动的是:一方面,张百熙礼贤下士、为学校聘请名师的精神;一方面,吴汝纶对于职务负责、认真学习的精神。正是这种叫学生感动的精神,才是办学校的真正动力。

中华民国成立,京师大学堂改名为北京大学,以严复为第一任校长,不过为时不久,后来又换了些人。我于1915年进北大的时候,没有校长,由工科学长胡仁源兼代校长。当时的文科学长是夏锡祺。当时的学系称为“门”。各系没有设系主任,系务由学长直接主持。原来京师大学堂的经科已废,原来经科的课程,有些废止了,有些分配到文科各门中。文科有四个门,即中国哲学、中国文学、中国历史和英文四个学门。我入的是中国哲学门。在我们这个年级以前,还有一个年级。

在1915年9月初,我到北京大学参加开学典礼。由胡仁源主持会场,他作了一个简短的开幕词以后,当时的英文门教授辜鸿铭(汤生)也坐在主席台上,就站起来发言。我不知道这是预先安排好的,还是他自己临时冲动。他的发言很长,感情也很激动,主要的是骂当时的政府和一些社会上的新事物。他是从右的方面反对当时政府的。他说,现在做官的人,都是为了保持他们的饭碗。接着说,他们的饭碗,可跟咱们的饭碗不同,他们的饭碗大得很,里边可以装汽车、姨太太。又说,现在人做文章都不通,他们所用的名词就不通,譬如说"改良"吧,以前的人都说"从良",没有说"改良",你既然已经是"良"了,你还"改"什么?你要改"良"为"娼"吗?他大概讲了一个钟头,都是这一类的谩骂之辞。他讲了以后,也没有别人发言,就散会了。当时民国已经成立四年了,辜鸿铭还是带着辫子。开学了,他还是带着辫子来上课。我没有去旁听过他的课,只听到英文门的同学们说,他在堂上有的时候也乱发议论,拥护君主制度。有一次他说,现在社会大乱,主要的原因是没有君主。他说,比如说法律吧,你要说"法律"(说的时候小声),没有人害怕;你要说"王法"(大声,一拍桌子),大家就害怕了,少了那个"王"字就不行。总之,凡是封建的东西,他认为都是好的。我听有人说,辜鸿铭在一个地方辩论婚姻制度问题,他赞成一夫多妻制。他说,现在我们这个桌子上一个茶壶带四个茶杯,用着很方便;要是一个茶杯带四个茶壶,那就不像话了。他又说,你们说,西洋人是一夫一妻,不娶姨太太;其实他们每坐一次公共汽车就娶个姨太太。

当时中国文学门的名教授是黄侃(季刚)。在当时的文学界中,桐城派古文已经不行时了,代之而起的是章太炎一派的魏晋文(也可以称为"文选派",不过和真正的"文选派"还是不同,因为他们不作四六骈体)。黄侃自命为风流人物,玩世不恭,在当时及后来的北大学生中传说着他的逸闻逸事,我也不知道是真是假。比如说,他在北京,住在吴承仕(简斋)的一所房子中,他们都是章太炎的学生,本来是很好的朋友。后来不知怎么样闹翻了,吴承仕叫他搬家。黄侃在搬家的时候,爬到房子的梁上写了一行大字:"天下第一凶宅"。又比如说,他在堂上讲书,讲到一个要紧的地方,他就说:"这里有个秘密,专靠北大这几百块钱的薪水,我还不能讲,你们要叫我讲,得另外请我吃饭。"又比方说,黄侃有个学生,在"同和居"请客,他听见黄侃在隔壁一个房间说话,原来黄侃也在隔壁请客。这个学生就赶紧过去问好,不料黄侃就抓住他批评起来,批评越来越多,这个学生所请的客已经在隔壁房间到齐了,黄侃还不让这个学生走。这个学生心生一计,就把饭馆的人叫来交代说:"今天黄先生在这里请客,无论花多少钱都上在我的账上。"黄侃一听说,就对那个学生说:"好了,你就走吧。"

在我们中国哲学门里,有一位受同学们尊敬的教授,叫陈黼宸(介石),他给我们讲中国哲学史、诸子哲学,还在中国历史门讲中国通史。据说,他是继承浙江永嘉学派的人,讲历史为韩侂胄翻案。他说,到了南宋末年,一般人都忘记了君父之仇,只有韩侂胄还想到北伐,恢复失地。他讲的是温州那一带的土话,一般人都听不懂,连浙江人也听不懂。他就以笔代口,先把讲稿印出来,当时称为发讲义。他上课的时候,登上讲台,一言不发,就用粉笔在黑板上写,写得非常之快,学生们抄都来不及。下堂铃一响,他把粉笔一扔就走了。妙在他写的跟讲义上所写的,虽然大意相同,但是各成一套,不相重复,而且在下课铃响的时候,他恰好写到一个段落。最难得的,是他有一番诚恳之意,溢于颜色,学生感觉到,他虽不说话,却是诚心诚意地为学生讲课。真是像《庄子》所说的"目击而道存矣"的那种情况,说话倒成为多余的了。他的课我们上了一年,到 1916 年暑假后我再回到北大的时候,听说他已经病逝,同学们都很悲伤。

马叙伦(夷初)给我们开了一门课,叫"宋学"。上了一个学期,他因为反对袁世凯准备称帝,辞职回南方去了。临行时哲学门的学生开会送行,照了一张相片,他在相片上写了长篇题词(本书图片第三幅)。

文科学长夏锡祺不知在什么地方请了一位先生来接替马夷初。那时候,对于教师的考验,是看他能不能发讲义,以及讲义有什么内容。这位先生名不见经传,上课前又没发讲义,我们这班学生对他就有点怀疑了。过了好几天,才发出三页讲义。其中有一个命题是"水为万物之源"。我们这班同学一看,就说这不像一个现代的人所说的话。那时候我当班长,同班的叫我去找学长,说这位先生不行,请换人。学长说:"你们说他不行,总得有个证据呀。"我说他的讲义就是证据。学长说:"讲义怎样讲错了,也得有个理由。"我回到班里一说,同班们每个人都写出几条理由。他的讲义只有油印的三页,我们一下子就写了十几条理由,可以说把他的讲义批得体无完肤。我送给学长。学长一看,也无话可说,只问:"这都是你们自己写的吗?"我说是我们自己写的。学长说:"等我再看看,不过有一条:你们不许跟这位先生直接说什么话或有什么表示,事情由学校解决。"过了一两个星期,没有下文,只有当时的一个学监把我找去,对我说:"某某先生讲义上的错误,你们可以当堂和他辩论。"我说:"学长讲过,不许我们对他直接有所表示。"那位学监说:"彼一时此一时也。"我了解他的意思,大概是学校讽令他辞职,他不肯,所以就让学生直接对付他。等他下一次来上课的时候,我们每一个人都带了几本《宋元学案》,在堂上质问,原来他连《宋元学案》都没有见过。同学们哈哈大笑,他狼狈而去。

1916年底,蔡元培来北大担任校长。他是清朝的翰林,后来弃官不做,到德国去留学,通德文,翻译了一些书。用“兼通新旧,融合中西”这个标准说,他在学术界的地位是吴汝纶所不能比拟的。辛亥前后,他也奔走革命。孙中山担任临时大总统,在南京组织中华民国临时政府,蔡元培担任教育总长。孙中山让位后,蔡元培又担任南京临时参议院的代表,来北京催促袁世凯到南京就职。他的政治上的地位,也是很高的。他担任北京大学校长,社会上无论哪个方面,都认为是最合适的人选。他到校后,没有开会发表演说,也没有发表什么文告,宣传他的办学宗旨和方针。只发了一个布告,发表陈独秀为文科学长。就这几个字,学生们全明白了,什么话也用不着说了。

他从德国回来的时候,立了三个原则,以约束自己。这三个原则是:一不做官,二不纳妾,三不打麻将。当时称为“三不主义”。北京大学校长也是由政府任命,但他认为这是办教育,不是做官。其余两条,都是针对着当时社会上的腐化现象而发的,参看上面所说的辜鸿铭的言论,就可知了。

我在北大当学生的时候,只到蔡元培的校长室去过两次。那时我的弟弟景兰在北京大学预科上学,河南省政府招考留学生,他要往开封去应考,需要一张北京大学的肄业证明书。时间紧迫,照普通的手续,已经来不及了。我写了一封信,直接跑到校长室。校长室是单独一所房子,设在景山东街校舍的一个旧式院子里。门口也没有传达的人,我就推门进去,房子里中间挂了一个大幔子,我掀开幔子,看见蔡元培正坐在办公桌后面看文件。我走上去,他欠了一欠身,问有什么事。我把信交给他,他看了,笑笑说:“好哇,好哇,能够出去看看好哇。”我说:“那就请校长批几个字吧。”他提起笔来就写了两个字:“照发”。我拿着他的批示到文书科,看着他们办好证明书,我拿着证明书就走了。

那时候,章士钊(行严)在北大,给一年级讲逻辑。我去旁听过两次。他原来讲的并不是逻辑,而是中国哲学史——墨经。我有几个问题,写信给章士钊,请他解答。他回我一封信,叫我在某一天晚上到校长办公室等他。我按时到了校长室,他还没有到。我坐在幔子外边等他。又陆陆续续来了些人,像是要开什么会的样子。最后,章士钊到了,他那时候年纪还比较轻,穿的也很讲究,很有一点风神潇洒的样子。他看见我,同我说了几句话,也没有解答问题。我看要开会,就退出来了。

以后我一直没有看见过蔡元培,因为他也不经常露面。一直到1921年,我在纽约哥伦比亚大学的时候,他到美国访问,到了纽约。北大的同学组织了一个随从班子,轮流着陪同他到各地方去。有几天,我们常在一起。有一天,在旅馆里,每人都拿出一张纸,请他写字。我恰好有一把折扇,也请他写。他给每人都写了几句,各不相同。又一天晚上,在纽约的中国学生开会欢迎他,人到得很多。蔡元培一进会场,所有的人都不约而同地站起来了,好像有人在那里指挥一样。有一个久在北京教育界工作的留学生杨荫榆说:"我在中国教育界多年,还没有看见校长和学生间的关系这样好的。北大的学生向来自命甚高,可是见了老校长,这样地恭敬,我现在真是佩服蔡先生了。"

我在北京大学的时候,没有听过蔡元培的讲话,也没有看见他和哪个学生有私人接触。他所以得到学生们的爱戴,完全是人格的感召。道学家们讲究"气象",譬如说周敦颐的气象如"光风霁月"。又如程颐为程颢写的《行状》,说程颢"纯粹如精金,温润如良玉,宽而有制,和而不流。……视其色,其接物也如春阳之温;听其言,其入人也如时雨之润。胸怀洞然,彻视无间,测其蕴,则浩乎若沧溟之无际;极其德,美言盖不足以形容"(《河南程氏文集》卷十一)。这几句话,对于蔡元培完全适用。这绝不是夸张。我在第一次进到北大校长室的时候,觉得满屋子都是这种气象。

我有一个北大同学,在开封当了几十年中学校长。他对我说:

“别人都说中学难办，学生不讲理，最难对付。这话不对。其实学生是最通情达理的。当校长的只要能请来好教师，能够满足学生求知识的欲望，他们就满意了。什么问题都不会有。”他的这番话，确实是经验之谈。学校的任务，基本上是传授知识，大学尤其是如此。一个大学应该是各种学术权威集中的地方，只要是世界上已有的学问，不管它什么科，一个大学里面都应该有些权威学者，能够解答这种学科的问题。大学应该是国家的知识库，民族的智囊团。学校是一个“尚贤”的地方，谁有知识，谁就在某一范围内有发言权，他就应该受到尊重。《礼记·学记》说：“师严然后道尊”，所尊的是他讲的那门学问，并不是那某一个人。在现在的大学里，道就是马列主义、毛泽东思想，就是科学，这都是应该尊重的。谁讲得好，谁就应该受尊重。再重复一句，所尊的是道，并不是人。在十年动乱时期，人们把这句话误说为“师道尊严”，其实应该是说“师严道尊”。

张百熙、蔡元培深深懂得办教育的这个基本原则，他们接受了校长职务以后，第一件事情，就是为学生选择名师。他们也知道，当时的学术界中，谁是有代表性的人物。先把这些人物请来，他们会把别的人物都召集来。张百熙选中了吴汝纶。蔡元培选中了陈独秀。吴汝纶死得早了，没有表现出来他可能有的成绩。而陈独秀则是充分表现了的。

陈独秀到北大，专当学长，没有开课，也没有开过什么会，发表过什么演说，可以说没有和学生们正式见过面。只有一个故事，算是我们这一班同他有过接触。在我们毕业的时候，师生在一起照了一个相，老师们坐在前一排，学生们站在后边。陈独秀恰好和梁漱溟坐在一起。梁漱溟很谨慎，把脚收在椅子下面；陈独秀很豪放，把脚一直伸到梁漱溟的前面。（本书图片第四幅）相片出来以后，我们的班长孙本文给他送去了一张，他一看，说：“照得很好，就是梁先生的脚伸得太远一点。”孙本文说:“这是你的脚。”这可以说明陈独秀的气象是豪放。

附带再说两点。陈独秀的旧诗做得不错。邓以蛰(叔存)跟他是世交,曾经对我说,陈独秀作过几首游仙诗,其中有一联是:

九天珠玉盈怀袖,

万里仙音响佩环。

抗日战争时期,我在重庆碰见沈尹默,谈起书法。沈尹默说,还是在五四运动以前,陈独秀在他的一个朋友家里,看见沈尹默写的字,批评说:“这个人的字,其俗在骨,是无可救药的了。”沈尹默说,他听了这个批评以后,就更加发愤写字。从“其俗在骨”这四个字,可以看出陈独秀对于书法评论的标准,不在于用笔、用墨、布局等技术问题,而在于气韵的雅俗。如果气韵雅,虽然技术方面还有些问题,那是可以救药的。如果气韵俗,即使在技术方面没有问题,也不是好书法,而且这些弊病是不可救药的。书法的好坏,主要是在于气韵的雅俗。从“在骨”两个字,可以看出陈独秀评论书法,也不注重书法的形态,而注重形态所表现的那些东西。这是他对于书法理论的根本思想,也是他对于一切文艺理论的根本思想。这是他的美学思想。

以上所说的,大概就是在十年大动乱中所批判的所谓“智育第一”、“学术至上”吧。“学术至上”一经受到批判,就一变而为“学术至下”了。“知识越多越反动”,成了一条“规律”。很有些像在农村中,谁要富起来,谁就是资产阶级、修正主义。“越富越修”,也成了一条“规律”。当时有人在农村提倡“穷过渡”。在学校中所提倡的,可以说是“愚过渡”。好像非穷非愚,就不能过渡到共产主义。实践已经证明,这种极左思潮的危害性,是多么大了。

随着“学术至上”而受到批判的是“为学术而学术”。历史唯物主义者应该知道,“为学术而学术”这个口号在当时是针对什么而说的,它所针对的是“为做官而学术”。上面已经说过,在清末民初时代,人们还是把学校教育当成为变相的科举。哪一级的学校毕业,等于哪一级的科举功名,人们都有一个算盘。上学校为的是得文凭。得了哪一级学校的文凭,就等于得了哪一级的科举功名。学术成了一种做官向上爬的梯子。蔡元培的“三不主义”中,首先提出“不做官”,就是针对着这种思想而发的。他当了北大校长以后,虽然没有开会宣传“不做官”的原则,但从他的用人开课这些措施中间,学生们逐渐懂得了,原来北京大学毕业并不等于科举时代的进士;学术并不是做官向上爬的梯子,学术就是学术。为什么研究学术呢?一不是为做官,二不是为发财,为的是求真理,这就叫“为学术而学术”。学生们逐渐知道,古今中外在学术界有所贡献的人们,都是这样的人们。就中国的历史说,那些在学术界有所贡献的人们,都是在做官的余暇做学问的。他们都可以说是业余的学问家,学问的爱好者。虽然是业余,可是成功以后,他们的成绩也还是对于国家、人民和人类大有好处的。学问这种东西也很怪,你若是有所为而求它,大概是不能得到它。你若是无所为而求它,它倒是自己来了。作为业余的学术爱好者,为学术而学术尚且可以得到成绩,有所贡献。如果有人能够把为学术而学术作为本业,那他的成绩必定更好,贡献必定更大。我认为,从学术界方面说,社会主义的优越性之一就是,保证有一些人,在不求名、不求利而能生活的条件下,“为学术而学术”。大学就是这样的一种机构。它的作用,在社会主义的制度下,才能充分发挥出来。

在十年大动乱时期,还批判了所谓“教授治校”。这也是蔡元培到北大后所推行的措施之一。其目的也是调动教授们的积极性,叫他们在大学中有当家做主的主人翁之感。当时的具体办法之一,是民主选举教务长。照当时的制度,校长之下,有两个长:一个是总务长,管理学校的一般行政事务;一个是教务长,管理教学科研方面的事务。蔡元培规定,教务长由教授选举,每两年改选一次。我在北大的时候,以学生的地位,还不很了解所谓"教授治校"究竟是怎么个治法。后来到了清华,以教授的地位,才进一步了解所谓"教授治校"的精神。这一点以下再说。

教授之所以为教授,在于他在学术上有所贡献,在他本行中是个权威,并不在于他在政治上有什么主张。譬如辜鸿铭在民国已经成立了几年之后,还是带着辫子,穿着清朝衣冠,公开主张帝制,但是他的英文在当时说是水平很高的,他可以教英文,北大就请他教英文,在蔡元培到校以前就是事实。蔡元培到校,也没有改变这个事实,他还又加聘了一个反动人物,那就是刘师培(申叔)。刘师培出身于一个讲汉学的旧家,在清朝末年他在日本留学,说是留学,实际上是在东京讲中国学问。那时候,在东京这样的人不少,章太炎也是其中的一个。当时在东京,这样的人中,比较年轻的都以章太炎为师,刘师培却是独立讲学的。这样的人也都受孙中山的影响,大多数赞成同盟会。刘师培也是如此。袁世凯在计划篡国称帝的时候,为了制造舆论,办了一个"筹安会",宣传只有实行帝制才可以使中国转危为安。筹安会有六个发起人,当时被讥讽地称为"六君子"。在六人之中,学术界有两个知名人士,一个是严复,一个是刘师培。在袁世凯被推翻以后,这六个人都成了大反动派。就是在这个时候,蔡元培聘请刘师培为中国文学教授,开的课是中国中古文学史。我也去听过一次讲,当时觉得他的水平确实高,像个老教授的样子,虽然他当时还是中年。他上课既不带书,也不带卡片,随便谈起来,就头头是道。援引资料,都是随口背诵。当时学生都很佩服。他没有上几课,就病逝了。

这就是所谓"兼容并包"。在十年大动乱的时候,这也是一个批判的对象。所谓"兼容并包",在一个过渡时期,可能是为旧的东西保留地盘,也可能是为新的东西开辟道路。蔡元培的"兼容并包"在当时是为新的东西开辟道路的。因为他的“兼容并包”,固然是为辜鸿铭、刘师培之类的反动人物保留地盘,但更多的是为陈独秀、李大钊等革命人物开辟道路。毛泽东、邓中夏等也是顺着这条道路进入北大的。在他们的领导下,革命的道路越来越宽阔,革命的力量越来越壮大,终于导致了五四运动的高潮。

那个时候的北大,用一个褒义的名词说,是一个“自由王国”;用一个贬义的名词说,是一个“资产阶级自由化的王国”。在蔡元培到北大以前,各学门的功课表都订得很死。既然有一个死的功课表,就得拉着教师讲没有准备的课,甚至他不愿意讲的课。后来,选修课加多了,功课表就活了。学生各人有各人的功课表。说是选修课也不很恰当,因为这些课并不是有一个预订的表,然后拉着教师们去讲,而是让教师们说出他们的研究题目,就把这个题目作为一门课。对于教师们说,功课表真是活了。他所教的课,就是他的研究题目,他可以随时把他研究的新成就充实到课程的内容里去,也可以用在讲课时所发现的问题发展他的研究。讲课就是发表他的研究的机会,研究就是充实他的教学的内容。这样,他讲起来就觉得心情舒畅,不以讲课为负担;学生听起来也觉得生动活泼,不以听课为负担。这样,就把研究和教学统一起来了。说“统一”,还是多了两个字,其实它们本来就是一回事。有一位讲公羊春秋的老先生,崔适,他写了一部书,叫《春秋复始》,并且已经刻成木板,印成书了。蔡元培把他请来,给我们这一班开课,他不能有系统地讲今文经学,也不能有系统地讲公羊春秋,只能照着他的书讲他的研究成果。好,你就讲你的《春秋复始》吧。他上课,就抱着他的书,一个字一个字地念。我们当时的水平,也提不出什么问题。他就是那么诚诚恳恳地念,我们也恭恭敬敬地听。开什么课,这是教师的自由,至于这个课怎么讲,那更是他的自由了。你可以说韩侂胄好,我可以说韩侂胄坏,完全可以唱对台戏。戏可以唱对台戏,为什么学术上不可以对堂讲呢。至于学生们,那就更自由了。他可以上本系的课,也可以上别系的课。你上什么课,不上什么课,没人管;你上课不上课也没人管。只到考试的时候你去参加考试就行。如果你不打算要毕业证书,就不去参加考试,也没人管。学校对于校外群众也是公开的。学校四门大开,上课铃一响,谁愿意来听课,都可以到教室门口要一份讲义,进去坐下就听。发讲义的人,也不管你是谁,只要向他要,他就发,发完为止。当时有一种说法,说北大有三种学生,一种是正式学生,是经过入学考试进来的;一种是旁听生,虽然没有经过入学考试,可是办了旁听手续,得到许可的;还有一种是偷听生,既没有经过入学考试,也不办旁听手续,不要许可,自由来校听讲的。有些人在北大附近租了房子,长期住下当偷听生。

在这种情况下,旁听生和偷听生中可能有些是一本正经上课的,而正式生中有些人上课不上课就很随便。当时有一种说法,到八大胡同(当时北京妓院集中的地方)去的人,比较多的是两院一堂。两院指的是当时的国会众议院和参议院,一堂指的是北京大学(当时沿称大学堂)。北大的这种情况,从蔡元培到校后已经改得多了,但仍有其人。有些学生在不上课的时候,也并非全干坏事。顾颉刚告诉我说,他在北大当学生的时候,喜欢看戏。每天在上午第二节课下课的时候,他就走出校门,到大街上看各戏园贴出的海报。老北京的人把看戏说成"听"戏。在行的人,在戏园里,名演员一登场,他就闭上眼睛,用手指头轻轻地打着拍子,静听唱腔。只有不在行的人才睁开眼睛,看演员的扮相,看武打,看热闹。顾颉刚是既不听,也不看,他所感到兴趣的是戏中的故事。同是一个故事,许多戏种中都有,不过细节不同。看得多了,他发现一个规律:某一出戏,越是晚出,它演的那个故事就越详细,枝节越多,内容越丰富。故事就好像滚雪球一样,越滚越大。由此他想到,古史也有这种情况。故事是人编出来的,经过编的人的手越多,内容就越丰富。古史可能也有写历史的人编造的部分,经过写历史的人的手,就有添油加醋的地方,经的手越多,添油加醋的地方也越多。这是他的《古史辨》的基本思想,这个思想,是他从看戏中得来的。

照上边所说的,北大当时的情况,似乎是乱七八糟,学生的思想,应该是一片混乱,派别分歧,莫衷一是。其实并不是那个样子,像上边所说的,辜鸿铭、刘师培、黄侃等人的言论行动,同学们都传为笑谈。传说的人是当成笑话说的,听的人也是当成笑话听的,所谓"兼容并包"不过是为几个个人保留领薪水的地方,说不上保留他们的影响。除了他们的业务外,他们也没有什么影响之可言。为新事物开辟的道路,可是越来越宽阔,积极的影响越来越大。陈独秀当了文科学长以后,除了引进许多进步教授之外,还把他在上海办的《新青年》杂志搬到北京,成为北大进步教授发表言论的园地。学生们也写作了各种各样的文章,在校外报刊上发表。学生们还办了三个大型刊物,代表左、中、右三派。左派的刊物叫《新潮》,中派的刊物叫《国民》,右派的刊物叫《国故》。这些刊物都是由学生自己写稿、自己编辑、自己筹款印刷、自己发行,面向全国,影响全国。派别是有的,但是只有文斗,没有武斗。

上边所引的那位中学校长说,学生是通情达理的,不仅通情达理,就是在大是大非的问题上,他们的判断水平也是不能低估的。当时已经是五四运动的前夕,新文化运动将达到高潮,真是人才辈出,百花争艳,可以说是"汉之得人,于斯为盛"。

就是这些人,提出了民主与科学的口号。就是这些人,采取了外抗强敌、内除国贼的行动。在中国历史中,类似的行动,在太学生中是不乏先例的。这是中国古代太学的传统。五四运动继承并且发扬了这个传统。

第九章　清华大学

清华大学的成长，是中国近代学术独立自主的发展过程的标志。自从第一次鸦片战争以后，中国承认在历史向前发展的过程中，中国落后了，中国要赶上去。当时的口号是“以夷为师”，“师夷之长技以制夷”，所谓“夷”，指的是西方资本主义国家。当时还称它们为“夷”，这表示当时中国的自知之明还很不彻底。但是承认它们还有一技之长，可以学习，学会了它们的这些一技之长，才可以制服它们，这是在鸦片战争中，中国用鲜血得到的教训。接受一点教训，总比完全不接受好。

怎么个学习法呢？在同治年间，曾国藩和左宗棠都主张选派聪颖幼童到西方去留学，先学语言文字，后学科学技术。他们曾经派了一些人去。后来觉得，这个办法太浪费，西方的语言文字以及初步的科学知识，是可以在国内先学的。最好是在国内先办一些预备学校，给那些幼童们先打下基础，然后再到西方留学，直接入大学，可以缩短留学年限。后来又进一步，知道大学我们自己也是可以办的。与其派很多学生到西方去留学，不如请少数西方大学教授来帮助办中国自己的大学。这样，中国的大学教育，可以比较普及，而中国的科学技术也逐渐可以独立自主。这三个步骤，就是中国近代学术逐渐独立自主的过程。清华的校史就是这个过程的具体例证。

1908 年，美国政府和当时的中国政府（清朝政府）商定，由美国退还据说是庚子赔款中的多余部分给中国政府，由中国政府用此款派遣学生到美国留学。清朝政府于1909年设了一个"游美学务处",主管选派留美学生的事务。从1909年到1911年,通共考选了三批直接留美的学生。胡适、梅贻琦、赵元任都在这三批学生之中。这三批学生清华人都认为是清华校友,称为"史前期校友"。

学务处除了办理考选留学生事务以外,还附设了一个"肄业馆",其目的是让选取的学生在出国以前,先在这里补习一些功课。这个肄业馆,应该说是清华学校的前身。1911年正式成立清华学堂,成为正式的留学美国的预备学校,进入了向西方学习的第二步。

1911年春天,我到开封入中州公学中学部。入学后不久,事情刚刚安顿下来,就得到消息:北京成立了清华学堂,正式招收学生。有许多朋友劝我报名应试。我离开家到开封上学,我母亲就有恋恋不舍之意,听说我要考清华,毕业后还要远涉重洋,有几年不能回来,她更不同意了。我因为母亲不同意,又觉得自己年龄也超过了清华的规定,所以就没有报考。我的同班同学有几个报考了,他们年龄也都是超过规定的,可是他们也都被录取了。我失掉了进清华的机会,没有想到十七年后,于1928年随同罗家伦到清华,还加入了领导班子。当时的清华,正处在由留美预备学校改变为清华大学的过程中,在这个过程中,我也出了一点力。

罗家伦到清华,第一次开全校师生大会的时候,我完全不知道他要讲什么话。事后才知道,他在会上讲了他的教育方针,称为四大化:学术化,民主化,纪律化,军事化(关于四化的名称,有些记载不同,可能是传闻异辞)。在这四项之中,学术化的成绩最显著;民主化和纪律化的成绩平常;军事化没有成绩,彻底失败。

先说军事化,这个化的具体表现,是每天早上上早操,校长和教务长都穿军服,脚蹬马靴,脚后跟还有马刺子。当时的教务长是杨振声。有一次张彭春到清华作临时讲演,讲戏剧。张彭春在讲台上说:“你们的教务长写信叫我来讲,并且说‘你必定得答应,你若是不答应我,我就要不答应你了。’我一看信,可把我吓坏了,因为他是穿着军装的,若是一个穿军装的人不答应我,我可受不了!我没有办法,只有答应他了。”每天早晨六点钟上早操,学生们在开始的时候,还有一点兴趣,可是,夏天过后,白天越来越短,天气越来越冷,学生们来上操的就越来越少了。罗家伦下了一个命令,说是早操无故缺席,记小过一次。照校规:三次小过为一次大过,三次大过就开除学籍。下了这道命令,学生们还是消极抵制。后来连他自己也觉得行不通,就不了了之,早操于无形中取消了。这中间发生过两件事情。当时的学生沈有鼎,向来生活很随便,他经常不上早操,也不请假,积累下来,被记了八次小过,如果再有一次小过,他就要被开除学籍了,可是就在这个时候,早操无形取消了,他才得幸免,保留学籍,一直到毕业。还有一位学生张岱年,原来是北京师范大学附属中学的学生,1928 年附中毕业,因为成绩优异,可以免试直接升入师范大学。可是他慕清华之名,报考了清华,也被录取了。他就到清华报到入学,过了一两个星期,觉得早操受不了,幸而师范大学的入学期限还没有过,他就退出清华上师范大学去了。他不知道清华的早操终究是要废止的,一直等到他在师范大学毕业以后才又到清华当助教。

再说学术化。当时的清华,有许多不正常的情况:

一、清华受当时政府的外交部管辖,不受当时政府的教育部管辖。清朝末年,游美学务处在表面上还是由当时政府的外务部(外交部)和学部(教育部)会同管辖,但是实际上实权是在外务部,学部不过是挂名。到了民国北洋政府时期,教育部连名也不挂了,成为外交部的一个附属机关。清华学校成立后,它并不属于中国的教育系统之内。当时外国人所办的教会学校,名义上也还是中国教育系统以内的一个学校。清华学校则不然,它是一个不属于中国教育系统之内的教育机关。

二、在清华学校的校长之上,还有一个太上校长,叫董事会。美国驻中国的公使,也是董事之一,实际上就是董事长。

三、在学校内部教职员中,职员的地位高于教员;在国籍上说,外国教员高于中国教员;按学科说,洋文高于中文,洋课程高于土课程。这三项差别中,第二、第三项的差别,本来都是当时外国人所办的教会学校的一般情况;第一项差别则是清华所特有的。因为清华学校当时的职员有许多本来是外交部的官僚,他们的来头本来是比一般的教职员的来头大一点,他们掌握学校的实权,所以他们的地位也就高了。教职员的地位高低,表现在工资和生活待遇的高低上。清华远处北京郊外,当时还没有公共汽车等交通工具,所以教职员都住在清华园内。学校有教职员住宅出租。当时有四个住宅区:第一个住宅区叫“三所”(甲所、乙所、丙所),这是学校的三个巨头住的,校长住甲所,教务长住乙所,秘书长住丙所。这三所也就是他们的官邸,学校不向他们收房租(在我到清华的时候,只有甲所不收房租)。第二个住宅区是北院,住宅都是洋式,是外国教师的住宅,当时称为“美国地”(在我到清华的时候,还有这个称呼)。第三个住宅区是南院,有一部分是洋式,有一部分是中国式。第四个住宅区是西院,完全是中国式的房子。当时的习惯是,外国的教师住洋房,中国的教师住中国房。担任中文和中国学问的课程的教师,以及比较低级的职员,都住中国式的房子。学生们也轻视中文和中国学问的课程,上课时搞小动作,不听教师讲课。闻一多告诉我说,他那一班有一次上中文课,先生讲《项羽本纪》,有个学生不用心听讲,这本来是常事,可是这一次先生恼了,行使职权,罚这位同学出去。这个学生不服处分,靠在墙上不肯出去。先生更加恼怒,喝问:“你在那里干什么!”那位学生说:“我在这里作‘壁上观’。”搞得先生啼笑皆非。

四、因为有这些不正常的情况，学校中有许多本来不难解决的事情，也解决不了，一直在拖着。例如，把清华从留美预备学校改为正规大学，在校内早已决定，已经开始照正规大学的体制办了，学生已经分为旧制和新制两种。旧制的学生还是照留美预备学校的办法继续办下去，毕业后还是到美国留学；新制的学生上的是正规大学的课，毕业后不再送到美国留学，就称为清华大学毕业。可是这个改制，当时的外交部不予批准。清华还只能称为清华学校，新制的学生如果毕业，就成了没有清华大学的清华大学毕业生了。清华经过十几年的发展，校舍和设备都不够用。美国退还的赔款每年都用不完。余款由基金会保管，学校不能动用。于是就出现一种现象，一方面是急需用钱，一方面是有钱不能用。

这些不正常的情况，罗家伦到校以后，都急需解决。有些事情不需要与别处商量就可以解决的，马上就解决了。例如开放女禁的问题。清华那时候还不收女生，这个问题如果要跟有关部门商量，那就可能无休无止地讨论下去；不商量是可以马上就办的。于是就用不商量的办法，只需要在招生简章上加上四个字“男女兼收”就行了。当时就用这种快刀斩乱麻的办法，在招生简章上加上这四个字。另外腾出一所房子（古月堂）作为女生宿舍，事情就办了。在教职员的待遇上，也有办法。发出了一个通知，教员发新聘书，职员发新委任状，突出聘书和委任状的分别。在新聘书中，教员增加工资；在新委任状中减低职员的工资，特别减少大职员的工资，小职员的工资则未减少。这就提高了教员的地位。这个办法，教员固然拥护，职员也不反对，也有表示情愿自动减薪，只求能加委的。这些都是在校长职权范围内所能办的事情。有些事是校长的职权所不能办的，那就得大动干戈了。

这场干戈是清华反对半殖民地教育的一场严重的斗争。它的对象是清华基金会。斗争开始，还是用合法的形式，由清华校长向基金会申请动用基金四十万元，作为扩建校舍、添置设备之用。另外，由教授会通过一项决议，支持校长的申请。那时候，基金会正在南京开会。教授还推举我为代表，携带文件，到南京去当面陈述。那些正在开会的殖民主义者和旧外交部的那些官僚们，完全不了解时代的变化，不认识清华教授会这个不畏虎的初生牛犊，竟然诿称议案甚多，把清华的申请搁置，也不接见我这个代表。经据理力争，他们才允许我出席会议，但发言以十五分钟为限。我回来向教授会报告经过，到会的人都很愤慨。当即通过决议，向南京政府要求：(一)撤销清华董事会和基金会。(二)将清华纳入教育系统，归教育部管辖，外交部不得干预清华事务。(三)批准动用基金四十万元。(四)批准清华改制，正式成立清华大学。罗家伦携带这些文件亲自往南京交涉。过了不久，他就回来了。所有要求，一律照办。他还找着了当时行政院院长谭延闿，写了"国立清华大学"六个颜体大字，立即制成长牌，悬挂于校门，正式成立清华大学。清华自从招收新制学生以后，还没有成立各系。正式改制以后，各系都成立了。教授、学生各自归队。原来教哲学课的，只有金岳霖一个教授。成立哲学系以后，加聘邓以蛰和我为哲学系教授，我兼系主任。经过这次胜利以后，教授会的威望大为增高，实权也大为增大。原来称"职教员"，现改称"教职员"了。当时有一种议论，说清华有三种人物：神仙、老虎、狗。教授是神仙，学生是老虎，职员是狗。这话虽然有污蔑之意，也说明一部分的情况。

四十万元拿到以后，就落实扩建计划。第一批扩建有三个项目，一是扩建图书馆，使图书馆、阅览室的面积增加一倍。二是新建生物馆，三是新建气象台。新成立的系有气象学系，以当时著名科学家翁文灏为主任。气象台就是为他们新建的。

在这个时候，又发生一件事情。一个荷兰籍的外国教授，在教学生弹钢琴的时候，对一个女生有失礼的行动。学生向罗家伦报告了这个情况，罗家伦通知那个教授：立即停职，听候处理。当时校内有些怕事的人说：外国教授不同于中国教授，他们来的时候立有合同，合同的期限未满，不能由学校单方面解聘；如果改聘，恐怕引起国际交涉。多数教授认为，无论按什么道德标准说，那个教授都是不合格的；无论按哪国法律，他都是非法的；如果怕引起国际交涉，可以先给荷兰使馆通个气，打个招呼。于是就写了一封信，送给荷兰公使；一面通知那位教授，合同已经作废，限期离校。荷兰方面自知理亏，也没有提出异议。一场风波，就以这位教授离校而结束。这个经过，也打击了外国教师在清华的气焰，降低了他们的威风。

清华在事实上改制的时候，又设了一个研究院。先设国学门，所以又简称为国学研究院。它和游美预备学校的旧制班和大学的新制班鼎足而三。国学研究院的教授称为导师。当时只有四个导师：王国维、梁启超、赵元任、陈寅恪。吴宓担任行政事务，本来应该称为主任，不过他谦让未遑，自称为秘书。研究院共招过四届学生。在"国学"方面，培养出了一批人才。在 1928 年，罗家伦到清华的时候，王国维已去世，梁启超已因病离开清华，赵元任已到中央研究院历史语言研究所，只有陈寅恪一人尚在清华。后来的人难乎为继，研究院也就没有继续办了。不过有了国学研究院这段过程，国学也已恢复到相当地位，不再受人轻视了。

关于图书设备方面，当时规定，清华每年经费一百二十万元，其中百分之二十指定为图书仪器经费，不得挪用。这个规定一直实行下来，清华每年要添置价值二十四万元的图书仪器。这个数目每年分配到各系，也不是平均主义地分配，而是根据各系的需要，由评议会规定各系应得的数目，每年规定一次。每系得到的数目由系主任掌握，会计课凭系主任的签字付款。当时，清华成了一个买书的大主顾。琉璃厂的各书店都有专跑清华的伙计。图书馆和买中文书的各系每星期都有指定的时间接受样本，到时候图书馆门庭若市。除了书籍之外,历史系还收买档案。故宫收藏的明清两朝的档案,有时都当废纸卖了。历史系收买这些档案,一批就是几百斤至几千斤。

在梅贻琦时期,清华又设立了几个不属于各院的研究所,研究自然科学和技术方面的问题,这种研究所只设研究员,不招收学生,不在清华大学的教育系统之内。在1931年"九·一八"以后,华北形势日益紧急,清华预先在心理上和组织上作了准备,用这些研究所的名义在长沙岳麓山建筑校舍,作为分校。一部分的书籍仪器,也分批陆续南迁。这些措施后来虽未发挥预期的作用,但是为后来的长沙临时大学和在昆明的西南联合大学起了筹备的作用。

清华原来出版的《清华学报》,发表清华师生关于当时所谓"国学"的研究论文。后来又有《社会科学季刊》,发表关于社会科学方面的研究论文,又计划出版《清华大学丛书》,其第一种就是我的《中国哲学史》。又计划出《清华大学整理古籍丛刊》,其第一种就是许维遹的《吕氏春秋集释》。这部书的编辑、印刷、发行都是清华自己办理的。这些计划如果继续发展下去,就可以成为一个清华大学出版社。可惜不久就发生了对日抗战,这些计划都中断了。

学生会所主办的《清华周刊》,原来只报道清华内部的事情,讨论清华内部的问题。后来篇幅越来越大,也谈一些政治方面的问题,发扬民主,坚持抗战。在抗日战争前夕已成为一个面向全国的刊物,影响及于全国。

抗日战争时期,清华在昆明单独办理的业务中还有一项古籍整理的工作,在昆明东郊龙泉镇麦地村设了一个古籍整理组,由闻一多领导。到抗战胜利时,整理出来一部《管子》,名为《管子校释》。胜利后这部稿子带回北京,郭沫若看见了很感兴趣,他又在原稿中加入了很多材料和他自己的校注,改名为《管子集校》,用郭沫若、闻一多、许维遹三人的名义由科学出版社出版。出版时闻一多和许维遹都已经去世了。

当时有一个中心的思想:大学的主要工作,是传授和研究学术。学术的工作应当是大学的工作。围绕这个中心工作,要有资料,有工具(仪器就是工具,图书就是资料)。更需要有运用工具、使用资料的人,那就是教授。梅贻琦有句话说:"大学者,有大师之谓也。"有了大师,它就是大学。没有大师,就不成其为大学。他说:"一个学校,有先生上课,学生听课,这是主要的。为了上课听课,就必须有些教具以及桌椅之类。因此也需要有人管这些方面的事。一个学校的校长就是管这些事的人。"他又说过:"当校长就好像一个唱王帽戏的演员,他坐在那里好像是很重要,其实戏是别人唱的,他并没有很多的戏。"当时各学校教授的流动量很大,教授聘书的期限一般都是一年。聘书满期以后,学校和教授双方都可以自便。学校可以按自己的条件另聘教授,教授也可以按自己的条件另行应聘。当时清华聘请教授,有比较优越的条件,一是研究工作的条件比较好,有比较充足的图书仪器;二是生活待遇比较好,不欠发工资,住宅环境也比较好。有这些比较优越的条件,清华可以聘请比较有名的学者和科学家来当教授。清华不大喜欢请初出茅庐的人,往往是在一个教授在别的学校中研究已经有了成绩,教学已经有了经验之后,才聘请他。而有这些资格的人也往往愿意到清华来。北大也急起直追。在美国第二次退回庚子赔款,中国成立了中华文化教育基金董事会以后,北大向这个董事会请得了一笔经费,设立研究讲座。这种讲座,讲课比较少,研究时间比较多,用这种优越条件聘请了一些有名的人。这种学校争教授、教授选学校的情况,也促进了当时各大学的学术空气的发展。可是也有一些教授同他原来的学校有一种道义的关系,发扬主人翁的精神,无论如何不愿离开,这是又当别论了。还有一些个别的教授,当学校发聘书时期,先到别的某一学校表示愿来应聘,等到拿到此校聘书之后,又拿这个聘书要挟原来的学校,讨价还价,在如愿以偿以后,他又把某一学校的聘书退回去。这是极为个别的事,但也是有的。这些教授更是又当别论了。

所谓"教授治校",在清华得到了比较完整的形式。在罗家伦到校以前,清华本来有"评议会",由行政当局和教授会的代表组成。学校的规章制度必须由评议会通过,重要措施必须由评议会审议,才能执行。罗家伦尊重这个组织。当时他和教授会有异议的,是关于院长人选问题。清华设文、法、理、工四个学院,每院有一个院长。罗家伦主张,各院院长由校长就教授中聘任;教授会主张,由教授会选举。这是一个校长和教授会怎样分权的问题。因为院长不仅只负责管理本院的事务,还有出席学校的各种重要会议的权利,照清华后来的实践,后者尤其重要,因为各院的事情,主要是各系分办了。此项异议,经过商量,达成协议:每个院长由教授会在教授中选出二人为候选人,由校长就其中选定一人,加以聘任。任期二年,可以连任。校长、教务长、秘书长和四个院长组成校务会议,处理学校的经常事务。四个院长也出席评议会,为当然评议员。这样,就有了三级的会议。评议会好像是教授会的常务委员会。校务会议又好像是评议会的常务委员会。因为这三级会议还各有自己的职权,各有自己的名义。校务会议不能用评议会的名义办事,评议会也不能用教授会的名义办事。这种教授治校的形式,除了在西南联大时期没有评议会之外,一直存在到1948年底。

当时教授会经常讨论而始终没有完全解决的问题,是大学教育的目的问题。大学教育培养出来的是哪一种人才呢?是通才呢?还是专业人才呢?如果是通才,那就在课程设置方面要求学生们都学一点政治、文化、历史、社会,总名之曰人文科学。如果是专业人才,那就不必要有这样的要求了。这个分歧,用一种比较尖锐的提法,就是说,大学教育应该是培养"人",还是制造"机器"。这两种主张,各有理由,屡次会议都未能解决。后来,折中为大学一、二年级,以"通才”为主,三、四年级以专业为主。

说到纪律化,清华原来对于学生的纪律,比北大严得多了。清华学生在学习和生活方面都没有像当时北大学生那样自由散漫的样子。这些都不必谈。我所要谈的是行使民主的纪律。民主的主要精神是少数服从多数。在行使民主的过程中,对于某件事情,必然有许多不同的意见,究竟哪一种意见是多数人所赞成的,这就要开会决定。开会必须有一种议事规则。如果没有这种一定的规则,那就必然要出现发言盈庭,无所适从,会而不议,议而不决的情况。孙中山把议事规则作为民权初步,这是很有道理的。

清华原来的校风,很重视这个民权初步,无论教授和学生,凡是开大一点的会,都要照议事规则进行。我记得在一次教授会议中,有一位教授站起来对某一事作了滔滔不绝的长篇发言,发言以后,主持会场的人问:“你这是个提案吗?”那位发言的教授,因为初到清华,还不熟悉会议规则,就谦虚地说:“这不能算什么提案,我不过是发表我个人的意见。”主持会场的人说:“既然不是提案,现在会场上没有提案,散会。”原来照议事规则,会场上必须有个提案,然后对这个提案进行表决。凡是参加会议的人,任何人都能提提案。他的提案,可以是他自己的意见,也可以是他集中别人的意见。在会议中任何人都可以自由发言,任何人都可以集中别人的意见,但是任何人的集中,无论是什么人,都必须作为提案向会议提出来让大家讨论、表决,经过多数赞成以后,才能作为会议的议决案。这样的议决案才算是代表多数的意见,少数人自然就无计可施的了。这种规则是民权初步。因为只有照这个规则,人们才可以行使民权。

清华学生会在请罗家伦辞职的时候,第一次会议,这个议案没有通过。这在当时是很不平常的事情,在当时一般的情况下,学校中遇见这一类的事情学生往往总是一边倒,在群情激动之下,一哄就把议案通过了。可是,当时清华学生还是遵循议事规则进行的,赞成议案的或反对议案的都是有秩序地依次发言。这就是知道怎样行使民主,懂得了民权初步的意义。

在罗家伦所提的四化之中,学术化的成功最为显著,军事化的失败最为彻底,民主化和纪律化都是清华原有的校风,不过罗家伦能够扶持它们,让它们自由发展。

从五四运动时候起,在学生中,特别是大学学生中,抗日救亡的运动陆续发生,当时称为"学潮"。1919 年 5 月 4 日赵家楼事件就是当时的一个规模比较大的学潮。在学潮中,学校负行政责任的人和学生之间出现了尖锐的矛盾。这些负行政责任的人,是当时的政府任命的,他不可能公开地同学生站在一起。但是他们和学生们又是师生的关系,站在这个关系上,他们对于学生又有爱护的责任。况且学生的主张,也往往是他们所赞成的。在这种情况下,他们只可以采取中立的态度,虽不公开地同学生站在一起反对当时的政府当局,也不同政府当局站在一起暗中迫害学生,蔡元培当北大校长时采取的就是这样的态度。在赵家楼事件发生以后,一部分北大同学被军警逮捕。他一面派人设法营救,一面就宣布辞职,不辞而去了,仅只留下一句话:"杀君马者道旁儿"。后来学潮越来越多,范围越来越广,影响越来越大。北大、清华的校长所采取的基本上都是这种态度。我在清华,也是采取这种态度。当时,国民党军警特务所要迫害的学生,如果他们信得过我,就到我家里隐蔽,我尽力掩护,不管认识不认识,也从不问他们的姓名。

有一次,清华接到当时北京当局的一个学生名单,要清华把这些学生交出来。梅贻琦召集校务会议,讨论应付办法,决定是由教务处通知这些学生,叫他们小心在意,尽可能隐蔽起来。1936 年,有一次当时北京的当局派部队围住清华,要逮捕学生。刚吃罢晚饭,梅贻琦打电话叫我到他家去开会。我刚要出门,有两个学生要进来,我说:"好吧,请进来吧。"到了梅家以后,才知道大部分学生都聚在体育馆内,守着体育馆,军警正在准备攻打体育馆。梅贻琦说:"看情况随时都可能发生大事,校务会议的人都不要走,等着随时应付。"一面往城里各处打电话,请求援助。后来找着当时的市长秦德纯,他本是宋哲元的重要助手,答应去找宋哲元。等了一会儿,他打电话来,说已经下令军警撤退。果然不久,军警就撤退了。等我回到家来,学校里边已经静悄悄的,那两个学生也走了。叔明对我说,那两个学生坐在客厅里,在沙发上睡着了,发出很大的鼾声。她听见门外常有人来来往往,怕出危险,就把他们叫起来藏在后院厨房里。我也不知道那两个学生是谁。一直到解放以后,在一次会议的会场中,碰见姚依林同志,他提起这件事,并告诉我,其中的一个就是他。

在解放以后,常遇到一些当时在清华做地下党工作的学生,谈起当时的一些故事。有一个学生说,清华的体育馆游泳池的墙壁上,镶嵌了一排一排的格子,就像中药铺的药柜一样,每个格子的门上都有锁,每个学生都有一个开某一个格子的钥匙。去游泳的学生可以把随身的东西放在一个格子里面,可是并不是所有的学生都常去游泳,他们的格子常常空着。地下工作者知道哪些同学不常去游泳,就向他们把他们的钥匙借来,把秘密文件放在格子里,上了锁,地下工作者自己带走钥匙。这是个相当安全的地方。他说,有一次他从外边回到他宿舍的房间,刚一推开门,就看见一个生人坐在那里,他知道这是一个特务在等着他。他就把门又拉着关上,那个人上来用手拦着门不让他关,他用劲一拉,把那个人的手挤在门缝里。只听见"哎呀"一声,他转身就跑,在宿舍楼里转了几个弯子,觉得特务没有跟上来,他就大摇大摆地走出东校门,到清华园车站上火车,到了大同,下了车,换车到了太原。因为他家里有人认得阎锡山,不久他就当了阎锡山的机要秘书了。

在卢沟桥事变以前的几年,在进步派和反动派的反复斗争中,这一类的情况,是常有的事。如此斗争下去,一直到中日战争全面爆发。清华、北大、南开迁到长沙,后来又在昆明成立了西南联合大学。

北大和清华的成长,是中国社会脱离半封建半殖民地的地位的过程在教育界的反映。这两个学校,是中国现代比较有影响的学校。它们有一个共同目的,那就是为中华民族的解放而斗争,但其历史任务又有不同。北大的历史任务,主要的是打破封建主义的锁链。清华的任务,是推翻帝国主义的压迫。北大继承历代的太学,这是北大的光荣,也是它的包袱。蔡元培的三不主义,不仅表示自己的清高,也是反对封建主义的腐朽。这个斗争,归结为五四运动时期的"打倒孔家店"。清华因为用了美国退还的庚子赔款,长期受帝国主义的控制,废除了董事会,才获得独立自主的权利。这两个学校的不同历史任务,各有其历史根源。但它们都完成了它们的任务。

第十章　西南联合大学

抗日战争是中国社会中反帝反封斗争的高潮。这个战争和解放战争的胜利结束，标志着中国社会摆脱了半封建半殖民地地位，中华人民共和国成立了，中国人民站起来了。在这个过程中，北大、清华和南开联合起来，在战争的艰苦条件下，维持正规教育，发展五四传统。这就是西南联合大学的历史意义。

在长沙临时大学时期，没有校长，由三个学校的校长，组织常务委员会，共同主持校务。到了昆明以后，这个制度继续下去。常务委员会开会的时候，教务长、总务长和各学院院长列席。南开的校长张伯苓，不常在昆明，实际上只有两个校长在校。北大校长蒋梦麟负责对外，清华校长梅贻琦负责对内，处理日常事务。办事的职员也以清华的为多。梅贻琦说过，好比一个戏班，有一个班底子。联合大学的班底子是清华，北大、南开派出些名角共同演出。但是步骤都很协调，演出也很成功。当时还有一个西北联合大学，也是从北京迁去的几个学校联合起来而成的，设在陕西城固。但是它们内部经常有矛盾，闹别扭。蒋梦麟说，它们好比三个人穿两条裤子，互相牵扯，谁也走不动。当然这只是说有问题的一方面，而另一方面，西北联大也是很有成绩的。

三校有联合的部分，也有不联合的部分。本科学生和在本科担任课程的教师，以及在联合大学负责行政工作的人员，是联合的部分。本科学生都是联大的学生。担任课程的教师及行政人员有两重身份:一重是联大的人,接受联大的聘书和委任;另一重是原来三校的人,同时也接受原来学校的聘书和委任。原来从北京出来的人,当然都有这两重身份。但是如果不在联大任职,那就只有一重身份了。在昆明新聘请的人,如果是为教学的需要,那就只有联大的聘书,如果三校之中有一校认为这个人很好,那就给他另加一份聘书,表示将来三校分家的时候,可以继续聘请他一起回北京或天津。当时一般师生,对于最后胜利都有坚强的信心,都认为联大是暂时的,三校是永久的,而三校除了维持其原有的班子外,也都随时网罗人才,以为将来的补充。

当时,除了联大的总部外,三校各有其自己的办事处,自己设立一些机构,与联大无干。清华的办事处最大,自己设立的机构也比较多,主要的是那些原来办的研究所,有农业、航空、无线电、金属和国情普查等研究所,这些所都不招学生,与联大毫无关系。清华还有研究院,招收研究生,他们虽然也往联大听课,可是不算联大的学生。北大办有文科研究所,招收研究生,也与联大无关。

当时的联大,好像是一个旧社会中的大家庭,上边有老爷爷、老奶奶作为家长,下边又分成几个房头。每个房头都有自己的"私房"。他们的一般生活靠大家庭,但各房又各有自己的经营的事业。"官中"、"私房",并行不悖,互不干涉,各不相妨,真是像《中庸》所说的"小德川流,大德敦化,此天地之所以为大也"。

当时联大的学生,有的是跟着三校来的,有的是在昆明录取的,他们的家大部分是在日本占领区,他们不肯接受日本的统治,离开了父母家庭,经过许多艰险困难,来到了当时的大后方。他们都是有志之士,可是往往与家里信息不通,生活困难,就在昆明自谋生计,勤工俭学。教师也因为通货膨胀而生活困难。当时有人说,现在什么都值钱,就是钱不值钱。教师所得到的,就是这种越来越不值钱的钱。

他们大部分都是靠卖文或其他业余工作以补贴生活，也可以说是勤工俭教吧，但仍不够花。联大的部分教师，曾经组织了一个合作社，公开卖文卖字卖图章，我也列在卖字的之内。可是生意不佳，我卖字始终没有发市。

师生们同时还天天遭受日本空袭的威胁。虽然在这样的艰难危险的情况下，联大师生对于最后胜利的信心，始终没有动摇。这种信心，这种精神，在联大的校歌歌词中充分地表现出来，歌词说：

> 万里长征，辞却了、五朝宫阙。暂驻足，衡山湘水，又成离别。绝徼移栽桢干质，九州遍洒黎元血。尽笳吹、弦诵在山城，情弥切。　千秋耻，终当雪。中兴业，需人杰。便一成三户，壮怀难折。多难殷忧新国运，动心忍性希前哲。待驱除仇寇、复神京，还燕碣。

这首词是我作的，调寄《满江红》（参看本章附记）。

国民党对于高等院校的直接控制空前地加强了。1939 年就要求院长以上的教职员都必须加入国民党，并在联大公开设立国民党党部，称为区党部，在各学院设立区分部。这种公开地以党治校，在中国教育史上还是第一次。在学生中还公开设立了三民主义青年团分团部。出席联大常委会的人都是国民党党员，而且还要受区党部的“协助”。在学校还设有训导处，由训导长负责对学生进行“训导”。从表面上看来，联大成为国民党完全统治的学校了。其实并不尽然。据我所知，联大还是照三校原有的传统办事，联大没有因政治的原因聘请或解聘教授；没有因政治的原因录取或开除学生；没有因政治的原因干涉学术工作；所以在当时虽然有这些表面的措施，但社会上仍然认为联大是一个“民主堡垒”。这个民主，当然是资产阶级民主，但是在封建法西斯的统治下，维持资产阶级民主也不是容易的事。

三校有一个传统，就是“教授治校”。这个传统联大也继续和发扬了。其表现为教授会的权威。这种权威在学校正常的情况下，不显得有什么作用；但是遇到学校有对内或对外的大斗争的时候，这种权威就显出作用了。

1944 年国民党政府接受了美国的军事援助，征发高中和大学的学生从军，组成青年军。国民党政府的这个措施，如果是在抗战初期，学生们是会争先恐后报名参加的；可是在这个时候，学生们对于抗战最后胜利的信心虽然没有动摇，但是对于国民党政府的幻想已经破灭了，对于青年军的报名疑虑很多，观望不前。当时的教育部为各大学分配了名额，规定了指标。联大的常委会慌了，于是召开动员大会，请教授们向学生劝说。我的发言大意说，抗战已经进行了这几年了，以前国家、政府不征发高中以上的学生，实行免役，这是因为当时没有新式武器，还用不着有科技训练的人。现在美国送新式武器来了，正需要有科技训练的人去使用。如果有科技训练的青年不去从军，叫谁使用呢？这个仗以后怎么打呢？闻一多发言最突出，大意说，现在我们在政治上受压迫，说话也没有人听，这是因为我们手里没有枪。现在有人给我们送枪，这是一个最好的机会。不管怎么样，我们要先把枪接过来，拿在手里，谁要反对我们，我们就先向他下手。这次会开得很热烈。散会以后，我走出校门，看见有人正在那里贴大字报，反对报名从军。我心里很气愤，走上前去，把大字报撕了，并且说，我怀疑这张大字报是中国人写的。这次动员会开过以后，学生报名从军的多起来了，不过几天就超过了指标。

青年军成立了，蒋介石派霍揆彰到昆明主持训练。后来又把青年军开到印度，接受美国运来的武器，就地训练。到 1945 年日本就投降了，青年军并没有开到前线和日本作战。

日本投降以后，联大师生虽然实现了原来的信心和期望，但没有表现应有的欢乐,大家都看到,蒋介石一定要向解放区进攻,内战迫在眉睫。国民党政府的贪污无能,有加无已。有一件事情直接使联大师生感到痛心。当时从昆明到重庆的铁路已经通到曲靖,有一段正从联大旁边经过,常常有军队顺着铁路轨行走。师生们常常看见,经过的士兵都是面黄肌瘦,疲惫不堪,真正走不动了的就躺在路旁,军官们不但不救护,反而举鞭就打。真是像当时所说的:前线的士兵要啥无啥,后方的大官要啥有啥。这种情况使进步的师生更加愤怒,不怎么进步的师生也觉得寒心。

在这种情况下,联大中的政治空气越来越浓厚了。进步的学生们经常举行集会,请教授们讲演,评论时事,报告些不见于报刊的新闻。1945 年 11 月下旬,学生罢课反内战。25 日下午,我家里的人上街买菜回来说,也许有什么事,就要戒严了。果然当天晚上,联大学生在联大操场中举行时事晚会。正在开会的时候,就有军队在联大后面土山上放枪。联大及他校学生不为所动,仍然把会开完,但是都大为愤慨,加紧戒备。联大的校门紧闭,不准闲人进去。到了 12 月 1 日,我在家里,忽然听到联大新校舍内发出了两阵手榴弹爆炸的声音,看见吴晗匆匆地从他家里跑出来,对我说:"开火了!杀了人了!学校赶紧想办法。"吴晗同我所住的西仓坡联大家属宿舍,也有许多歪戴帽子、流氓打扮的人出出进进,显然是特务来威胁。后来又有人来说,新校舍墙内落了手榴弹,炸死了四个学生。事态更加扩大了。昆明全市的学校都罢课了。国民党的云南省政府出面"调停",学生提出的条件,如为四烈士出丧游行之类,省政府都答应了,而且有些已经办到了,最后只剩下一个条件,学生要求惩办昆明警备司令关麟征。云南省政府说,警备司令是中央任命的,不在省政府管辖之内,没有办法。后来又通过各种渠道,向重庆直接交涉,重庆暗示说,如果学生能先复课,可以考虑撤换关麟征。而学生则坚持,必须先撤换关麟征,才能复课。就在这个问题上卡住了,形成僵局。

关麟征请联大部分教授谈话,其中有我,有张奚若。谈话之中,张奚若和关麟征这两个陕西人发言最多。张奚若说,这个事件是警备司令部有预谋、有计划地挑起来的。关麟征说,是联大有预谋、有计划地挑起来的。最后关麟征说,不必辩论了,现在是以组织对组织、以暴力对暴力的时候,其他都不必说了。谈话没有任何结果,不欢而散。

在这种僵持的时候,傅斯年从重庆来了。在日本投降以后,北大校长蒋梦麟当重庆行政院秘书长去了。重庆派傅斯年为北大代理校长,他到昆明是来就职的,同时他也成了联大的常务委员。他秘密地向联大的部分教授说,这次罢课,蒋很怒,你们要叫学生赶紧结束,不然的话,蒋要派霍揆彰武力解散联大,把学生都编入青年军。我当时跟他开玩笑说:"你原来也是个学生头头,专门跟学校当局闹别扭。现在别扭闹到你头上来了,真是'请看剃头者,人亦剃其头'。"当时认为,问题的关键是撤换关麟征和学生复课这两件事孰先孰后的问题。重庆为顾全它的面子,坚持要学生先复课。学生为了贯彻他们的要求,坚持要先撤换关麟征。傅斯年根据重庆的意图,认为可以由教授会出面向学生作一个保证,于学生复课后十五天内调走关麟征。当时就召集教授会,由我和训导长查良钊联合提出一个议决案:学生先复课,教授会保证于复课后十五天内使关麟征去职。会中就这个议决案进行讨论,很是激烈,发言的人很多,甚至要发言的人必须先到主席台签名,由主席按顺序叫名发言。辩论的结果,议决案通过了,学生也接受了保证,复课了。果然在十五天内关麟征被调到东北当接收大员去了,昆明的警备司令换成了杜聿明。可是学生又向教授会质问:关麟征调到东北,这是升官,不是撤职。教授会说,我们保证的是使关去职,只要他去职就可以了,至于是升是降,我们并没有保证。有人提议再开教授会,但没有成为事实。

就我个人说,我在这次运动中当了两派调和人的角色,我自以为是挽救了联大,使其免于被解散之灾,为中国学术界保留一块自由园地,为“民主堡垒”留个余地。可是进步方面的人,认为我带头破坏运动。我很觉得灰心,觉得这种调和矛盾的角色很难当,本来想照顾两面,可是两面都不满意。料想复员以后,像“一二·一”这类运动还会很多。恰好这个时候,布德约我到美国去,继续和他合作翻译《中国哲学史》,我就乘此机会于 1946 年 9 月到美国去了,自以为可以脱离“是非之地”。

在这个时候,梅贻琦接到美国加州大学的一封信,说是他们想请一位能讲中国文学的人到他们那里去开课,请梅贻琦推荐一个人。梅贻琦想推荐闻一多去,向闻一多一说,他就拒绝了。他要留身于“是非之地”,继续斗争下去。这才是当时知识分子的正路。

我在美国住了一年多,又觉得像王粲《登楼赋》所说的:“虽信美而非吾土兮,大胡可以久留?”我于是在 1948 年全国解放的前夕,又从美国赶回来,又投身于“是非之地”。屈原在《离骚》的结尾说:“陟升皇之赫戏兮,忽临睨夫旧乡。仆夫悲余马怀兮,蜷局顾而不行。乱曰:已矣哉!国无人莫我知兮,又何怀乎故都!既莫足与为美政兮,吾将从彭咸之所居!”我理解屈原的心情,但我没有屈原那样悲观,因为我不久就看见了中国脱离半封建半殖民地的美政。

“一二·一”运动结束以后,联大在表面上平静无事了,其实它所受的内伤是很严重的,最严重的就是教授会从内部分裂了,它以后再不能在重大问题上有一致的态度和行动了。从五四运动以来多年养成的教授会的权威丧失殆尽了。原来三校所共有的“教授治校”的原则,至此已成为空洞的形式,没有生命力了。

1946 年上半年,三校忙于分家和准备北归的事,在有一次清华的校务会议上,梅贻琦说,我们在昆明呆了七八年,临走的时候总要留下一个纪念品吧。会上我就提议,留下一个有古典形式的纪念品。大家都说好,就推我筹备这件事情。我就筹备立一个完全合乎传统形式的纪念碑。严格地说,这座纪念碑并不是联大常委会正式决议建立的,而是作为在联大中的人为了纪念联大而建立的。碑文是我作的,碑文最后的铭词大部分用校歌的词句,可谓一稿二用。纪念碑的碑文如下:

中华民国三十四年九月九日,我国家受日本之降于南京。上距二十六年七月七日卢沟桥之变,为时八年;再上距二十年九月十八日沈阳之变,为时十四年;再上距清甲午之役,为时五十一年。举凡五十年间,日本所鲸吞蚕食于我国家者,至是悉备图籍献还。全胜之局,秦汉以来,所未有也。国立北京大学、国立清华大学,原设北平;私立南开大学,原设天津。自沈阳之变,我国家之威权逐渐南移,惟以文化力量,与日本争持于平津,此三校实为其中坚。二十六年,平津失守,三校奉命迁于湖南,合组为国立长沙临时大学,以三校校长蒋梦麟、梅贻琦、张伯苓为常务委员,主持校务,设法、理、工学院于长沙,文学院于南岳,于十一月一日开始上课。迨京沪失守,武汉震动,临时大学又奉命迁云南。师生徒步经贵州,于二十七年四月二十六日抵昆明。旋奉命改名为国立西南联合大学,设理、工学院于昆明,文、法学院于蒙自,于五月四日开始上课。一学期后,文、法学院亦迁昆明。二十七年,增设师范学院。二十九年,设分校于四川叙永,一学年后,并于本校。昆明本为后方名城,自日军入安南、陷缅甸,又成后方(当作"前方"——冯注)重镇。联合大学支持其间,先后毕业学生二千余人,从军旅者八百余人。河山既复,日月重光,联合大学之战时使命既成,奉命于三十五年五月四日结束。原有三校,即将返故居,复旧业。缅维八年支持之苦辛,与夫三校合作之协和,可纪念者,盖有四焉。我国家以世界之古国,居东亚之天府,本应绍汉唐之遗烈,作并世之先进。将来建国完成,必于世界历史,居独特之地位。盖并世列强,虽新而不古;希腊、罗马,有古而无今。惟我国家,亘古亘今,亦新亦旧,斯所谓"周虽旧邦,其命维新"者也。旷代之伟业,八年之抗战已开其规模,立其基础。今日之胜利,于我国家有旋乾转坤之功,而联合大学之使命,与抗战相终始。此其可纪念者一也。文人相轻,自古而然,昔人所言,今有同慨。三校有不同之历史,各异之学风,八年之久,合作无间。同无妨异,异不害同;五色交辉,相得益彰;八音合奏,终和且平。此其可纪念者二也。万物并育而不相害,道并行而不相悖,小德川流,大德敦化,此天地之所以为大。斯虽先民之恒言,实为民主之真谛。联合大学以其兼容并包之精神,转移社会一时之风气,内树学术自由之规模,外来"民主堡垒"之称号,违千夫之诺诺,作一士之谔谔。此其可纪念者三也。稽之往史,我民族若不能立足于中原,偏安江表,称曰南渡。南渡之人,未有能北返者:晋人南渡,其例一也;宋人南渡,其例二也;明人南渡,其例三也。"风景不殊",晋人之深悲;"还我河山",宋人之虚愿。吾人为第四次之南渡,乃能于不十年间,收恢复之全功。庾信不哀江南,杜甫喜收蓟北。此其可纪念者四也。联合大学初定校歌,其辞始叹南迁流离之苦辛,中颂师生不屈之壮志,终寄最后胜利之期望。校以今日之成功,历历不爽,若合符契。联合大学之终始,岂非一代之盛事,旷百世而难遇者哉!爰就歌辞,勒为碑铭,铭曰:痛南渡,辞宫阙。驻衡湘,又离别。更长征,经峣嵲。望中原,遍洒血。抵绝徼,继讲说。诗书丧,犹有舌。尽笳吹,情弥切。千秋耻,终已雪。见仇寇,如烟灭。起朔北,迄南越,视金瓯,已无缺。大一统,无倾折。中兴业,继往烈。维三校,兄弟列,为一体,如胶结,同艰难,共欢悦,联合竟，使命彻，神京复，还燕碣。以此石，象坚节，纪嘉庆，告来哲。

纪念碑按照传统的款式，署名“文学院院长冯友兰撰文，中国文学系教授闻一多篆额，中国文学系主任罗庸书丹”。碑的背面刻着从军的联大学生名单（本书图片第八幅）。

联大决定于1946年五四纪念日结束，纪念碑也于是日揭幕。那一天上午，先开联大的会，全体师生集合，由我朗诵纪念碑碑文，然后到新校舍后面小土山上为纪念碑揭幕。经历抗战八年的联大就此结束。

下午三校各自开会，算是分家，闻一多在清华的会上发言，有一段说：“大家都说清华有优良的传统，这不对，清华没有优良传统，有的是半封建半殖民地的教育传统。我受了这种传统的毒害，现在刚才有点觉醒。我向青年学习，学会了一件事，那就是心里想说什么，就说什么。比如我现在想说蒋介石是个混账王八蛋，我就说蒋介石是个混账王八蛋，他就是个混账王八蛋！”只隔了两个多月，闻一多就遇难了，他以他的一死把联大的“民主堡垒”的地位推到当时的最高峰，把当时的民主运动推到最高潮。就在这个最高潮中，联大结束了它的八年的历程。

附　记

1980年4月，清华举行校庆纪念会，清华校友返校的很多。同时也举行了西南联大校庆纪念会，由曾经参加联大的师生参加。在会中合唱联大校歌，情绪很热烈。当时有人提出这个校歌作者是谁的问题。

按说现在我是最有资格回答这个问题的人，因为1938年联大制定校歌校训的时候，设了一个委员会主持其事。我是五个会员之一，并且是主席。现在其他四人，闻一多、朱自清、罗庸、罗常培都不在了，只有我一个人还在，并且还没有失去记忆力。有人来问，我就凭我的记忆说是我作的。

校歌既然是我作的，那我就是当事人。既然是当事人，就失去了作证人的资格。所以这个问题还没有得到决定性的解决。大家都希望得到一种当时的记载作为决定性的证据。这种记载果然找到了，那就是朱自清先生长公子朱乔森所藏的他的父亲的日记。朱自清是当时委员会的五人之一，不能说他不知情。日记又是当时的记载，不能说有记忆上的错误。真是最靠得住的材料了。

日记中关于联大校歌的记载的有三条。

> 1938年10月30日
>
> 下午大学校歌委员会开会，我们接受罗庸先生的词，但不是曲。
>
> 1939年6月14日
>
> 下午开校歌委员会，听校歌演唱会，接受冯的歌和马的谱，但谱嫌单调，因此决定马、杨、沈负责修正。
>
> 1939年6月30日
>
> 大学校歌委员会下午开会，接受张清常先生的乐谱，三人喜欢张的歌词，大多数人接受其乐谱胜过其歌词，他们同意接受冯的歌词。

根据这三条记载，罗庸是有一首校歌的稿子，并且带有谱子，这首稿子曾一度为校歌委员会所接受。所以有人说联大校歌是罗庸作的，也是事出有因。此外还有冯（友兰）词、马（约翰）词及张（清常）词，但是校歌委员会最后决定用冯词。联大常务委员会根据校歌委员会的建议决定用冯词作为校歌。

校歌的谱子原来有三种，有沈（有鼎）谱、马（约翰）谱和张（清常）谱，校歌委员会先建议用沈谱，常委会据以公布。常委会先公布的是冯词沈谱，后来又改用冯词张谱。这就是后来在校内校外沿唱的西南联大校歌。

有人说:日记中只说冯词,何以知那个冯词就是《满江红》词呢?可能日记中所说的冯词不是《满江红》词,罗庸所作的是《满江红》词。这个可能是不可能的。因为如果校歌委员会所决定最后上报常委会的、常委会所据以公布的不是《满江红》词,《满江红》词怎么会成为联大的校歌呢?

根据朱自清的这三条日记,我认为关于联大校歌作者的问题,已经解决,话也就不必再多说了。

听说有人发表文章说,"怒发冲冠"那首《满江红》并不是岳飞作的。1981 年 10 月我在杭州过岳坟,心中有感,赋诗一首:

荷去犹闻荷叶香,
湖山终古护鄂王。
"冲冠""怒发"传歌久,
何事闲人道短长。

四 展望

第十一章　明　志

联大纪念碑碑文所说的可纪念的四点，有三点已经事过境迁，成为历史的陈迹了。只有“旧邦新命”这一点不但没有成为历史的陈迹，而且还是一个新时代的开端。对日抗战的胜利仅只是奠定了“旧邦新命”的基础。在这个基础之上，还有空前伟大的建筑物建立起来。这就是联大碑文中所说的“我国家以世界之古国，居东亚之天府，本应绍汉唐之遗烈，作并世之先进。将来建国完成，必于世界历史居独特之地位”。这不是历史的陈述，这是将来的伟业。我常以身为中国人而自豪，因为中国人既有辉煌的过去，又有伟大的将来。我们现在的工作，有“承先启后，继往开来”的意义。

所谓“旧邦”就是祖国，就是中华民族。所谓“新命”，就是建设社会主义。现在我们常说的社会主义祖国，就是“旧邦新命”的意义。

1982年夏季，我又到美国一次。于7月初先到夏威夷参加一个国际朱熹讨论会。会后到美国大陆匹兹堡我的大儿子钟辽家中住了一个多月。哥伦比亚大学通知我说，他们已经决定召集一个特别会议，在会中赠予我名誉文学博士学位，邀请我于9月初到纽约接受学位。我于9月9日同我的女儿钟璞、儿子钟辽夫妇到纽约，赠予学位仪式于10日下午举行，仪式后举行招待会，介绍参加会议的人与我相见。招待会后举行宴会，以为庆祝。在赠予学位的仪式中，我发表了一篇答词。在这篇答词中，我简单扼要地叙述了我过去在学术

界中所有的活动及其意义,并且说明了我在将来所希望要做的事情。这篇答词全文如下:

索尔云校长,狄百瑞教授,女士们,先生们:

我很感谢我的母校给予我的荣誉,我很高兴。我在1920年春进入哥伦比亚研究院,1923年夏通过了哲学博士学位的最终考试。由于我的博士论文当时还没有出版,我没有参加1923年授予学位仪式。我的博士学位是在1924年我已经回到中国以后正式授予的,所以未能亲自接受文凭。我在1923年、1924年未能得到的机会,我的母校今天给我补上了。

现在,在将近六十年之后,我又终于回到了哥伦比亚。我到此以后,感慨万端。我看到母校已经惊人地发展了;也看到校园犹是,人事全非。我的老师杜威教授、伍德布利奇教授、蒙太格教授都不在了,但是他们的音容,他们对我的教诲和帮助,我依然记忆犹新,历历在目。

我在这里当学生的时候,曾申请一项奖学金。为这件事我请求杜威教授写一封推荐信。他立即写了一封很长的信,信的最后一句说:"Mr. Fung is a student of real scholarly calibre"(冯君这个学生是一个真正学者的材料)。我没有得到这项奖学金,但是这句话使我获得鼓舞和信心。倘若杜威教授今天还在,看到这个学生还没有完全辜负他的赞许,也许会高兴吧。

六十年是个很长的旅程,我这个旅程充满了希望和失望,成功和失败,被人理解和被人误解,有时居然受到赞扬和往往受到谴责。对于许多人,尤其是海外人士,我似乎有点令人困惑不解。让我借这个机会说说我的旅程的性质,或许能澄清令人困惑不解的地方。

我生活在不同的文化矛盾冲突的时代。我所要回答的问题是如何理解这种矛盾冲突的性质;如何适当地处理这种冲突,解决这种矛盾;又如何在这种矛盾冲突中使自己与之相适应。

我第一次来到美国正值我国五四运动末期,这个运动是当时的不同的文化矛盾冲突的高潮。我是带着这些问题而来的,我开始认真地研究它们。为了解答这些问题,我的思想发展有三个阶段。在第一阶段,我用地理区域来解释文化差别,就是说,文化差别是东方、西方的差别。在第二阶段,我用历史时代来解释文化差别。就是说,文化差别是古代、近代的差别。在第三阶段,我用社会发展来解释文化差别,就是说,文化差别是社会类型的差别。

在1921年,我向哲学系讨论会提交一篇论文,题为《为什么中国没有科学》,后来发表在《国际伦理学杂志》上。我在这篇论文中主张文化的差别就是东方、西方的差别。这实际上是当时流行的见解。可是待我一深入研究哲学史,就发现这种流行的见解并不对。我发现,向来认为是东方哲学的东西在西方哲学史里也有,向来认为是西方哲学的东西在东方哲学史里也有。我发现人类有相同的本性,也有相同的人生问题。这个看法后来就成为我的博士论文的主要论题。我从中国哲学史和欧洲哲学史中选出实例,证明我的论点。这个论题及其例证就构成我的博士论文,于1924年出版,题为《人生理想之比较研究》。

这部书虽然否定了对于不同文化矛盾冲突的流行的解释,但是也没有提出新的解释来代替它。这种新的解释却蕴含在我后来的著作《中国哲学史》里。这部书也许是一部较有学术价值的著作,多谢布德教授的翻译,使它得以广泛流传。这部书没有按照传统的方法把历史划分为古代、中古、近代等三个时代,而代之以另一种分法,把中国哲学史划分为两个时代,即子学时代、经学时代,相当于西方哲学史中的古代、中古时代。这部书断言:严格地说,在中国还未曾有过近代哲学,但是一旦中国实现了近代化,就会有近代中国哲学。这个论断含蓄地指明,所谓东西文化的差别,实际上就是中古和近代的差别。

但是中古和近代这两个词的内容是什么呢?不久我开始认识到,中古和近代的差别实际上就是社会类型的差别。西方国家从社会的一种类型到另一种类型的转变,比东方国家早了一步。这一步的关键是产业革命。产业革命之前生产以家庭为本位。产业革命之后,由于采用了机器,生产社会化了,就是说,它规模扩大了,由很大的人群进行,而不是由分散的家庭进行。在40年代我写了六部书,其中有一部的副题是《中国到自由之路》。我在这部书中指出,这条路就是近代化,而近代化的主要内容就是产业革命。

在40年代,我开始不满足于做一个哲学史家,而要做一个哲学家。哲学史家讲的是别人就某些哲学问题所想的;哲学家讲的则是他自己就某些哲学问题所想的。在我的《中国哲学史》里,我说过,近代中国哲学正在创造之中。到40年代,我就努力使自己成为近代中国哲学的创作者之一。我开始认为,要解释不同文化的矛盾冲突,无论是用地理区域还是用历史时代都不如用社会类型来得令人满意,因为前两种解释不能指出解决的道路,而后一种解释正好指出了道路,即产业革命。

接着中国革命胜利了,革命带来了马克思主义的哲学。绝大多数中国人,包括知识分子,支持了革命,接受了马克思主义。人们深信,正是这场革命制止了帝国主义的侵略,推翻了军阀和地主的剥削和压迫,从半封建半殖民地的地位拯救出了中国,重新获得了中国的独立和自由。人们相信马克思主义是真理。

有人说这是以实用主义的态度对待真理。中国人民不接受这种责难。至于我本人,我不是完全的实用主义者,虽然约翰·杜威是我的老师。我不认为实用主义揭示了真理的实质,但是我认为实用主义提供了发现真理的一种方法。真理的实质是主观观念与客观事实相符合。但是人总是人,人怎样知道哪个观念是符合客观事实的呢?只有用实践和实验来检验。这是个公开的秘密。这个方法,所有的人在日常生活中都在使用。杜威教授的《怎样思想》一书中列举了大量实例来说明这一点。中国人民,包括知识分子,不过是使用了这种常识的方法罢了。

不管怎么说,在50年代,中国共产党的威信是很高的,这不仅在政治方面,更为重要的是也在道德方面。知识分子们,为革命的胜利所鼓舞,一齐努力,帮助建设新的社会主义社会。我自己的努力是修订我的《中国哲学史》。这个修订本只出版了头两册之后,我又感到修订得连我自己也不满意。我又着手修订修订本,但是在它即将付印之前,我发现这个修订修订本又必须重新再写。这一次,我完全从头开始重写。三十年已经过去了,就这样修订、重写,还没有出版定本。这样拖延,固然一方面是由于非我所能控制的原因,可是我必须说明,也是由于在许多论点上我还在踌躇,没有作出最后的决定。我一直在左右摇摆。踌躇摇摆是由于这实际上是一个如何解决不同的文化之间的矛盾冲突的问题。这个问题又进一步表现为如何继承精神遗产的问题,50年代中期我就提出这个问题,一时讨论得很热烈。

最简单的解决办法是简单地宣布:过去的哲学都是为剥削阶级服务的,因而毫无继承的价值。现在应当不管过去,只当它并不存在。现在应当从零开始,一切都要重新建立。这种观点显然在理论上过分简单化,在实践上也行不通。过去的存在是一个客观事实,任何主观的观点都无法抹杀它。持这种观点的人不懂得,现在是过去的继续和发展。高一级的社会类型取代了低一级的社会类型,正像汽船取代了划艇。汽船取代了划艇,但是它的制造和运行所依据的一般原理,却与划艇所依据的相同。划艇的经验和实验都是汽船的基础。在这个意义上,汽船是划艇的发展,这正是“发展”一词的真谛。发展过程是一种辩证的运动。用黑格尔的术语说,就是肯定,否定,否定之否定。换言之,就是正,反,合。这样的合,包括了正、反的一切精华。在这个意义上,现在应当包括过去的一切精华。这是解决不同的文化矛盾冲突的自然方式。这种解决应当是黑格尔称之为“奥伏赫变”的过程。这的确是一种很复杂的过程,是与简单化针锋相对的。

这就是我现在理解的历史发展的意义。本着这种理解,再来修订我的著作《中国哲学史》,我就不再踌躇摇摆了。

通观中国历史,每当国家完成统一,建立了强有力的中央政府,各族人民和睦相处的时候,随后就会出现一个新的包括自然、社会、个人生活各方面的广泛哲学体系,作为当时社会结构的理论基础和时代精神的内容,也是国家统一在人的思想中的反映。儒家、新儒家都是这样的哲学体系。中国今天也需要一个包括新文明各方面的广泛哲学体系,作为国家的指针。总的说来,我们已经有了马克思主义和毛泽东思想。马克思主义会变成中国的马克思主义,毛泽东思想还会发展。中国的马克思主义,这个名词有些人会觉得奇怪。其实它久已存在,这就是毛泽东思想。毛泽东思想的定义就是马克思主义普遍原理与中国革命实践的结合。既然与中国革命实践结合了,那就是“中国的”马克思主义,而不仅是“在中国的”马克思主义。这场革命的前几个阶段,这种结合做得很好。关于无产阶级领导农民武装暴动的理论,关于乡村包围城市的理论,都是这种结合的好例。以这些理论为基础的种种战略引导革命走向了胜利。只是在以后的几个阶段,这种结合就做得不那么好,后来更遭到“四人帮”这些阴谋家的严重歪曲,于是出现了极左政策,即所谓

“文化大革命”,其后果大家都很了解。最近几年拨乱反正,正在努力恢复这种结合。

马克思主义有三个来源,其一就是德国古典哲学。为现代中国服务的包括各方面的广泛哲学体系,会需要中国古典哲学作为它的来源之一吗?我看,它会需要的。我们应当为这个广泛的哲学体系准备材料,铺设道路。我的意思决不是从古典哲学家著作中寻章摘句,编成原始资料汇编。一个哲学体系不是一个拼凑的东西。哲学是一个活东西。你可以用预制的部件拼凑成一部机器,但是不能拼凑成一个活东西,连一个小小的昆虫或一片草叶这样的活东西也拼凑不成。你只能向活东西供给营养,让它自己吸取营养。在目前情况下,我感到,我的《中国哲学史新编》有一项新的任务。它应当不仅是过去的历史的叙述,而且是未来的哲学的营养。

这个新的广泛的哲学体系出现了,不同的文化在中国的矛盾冲突也就解决了。当然还会有新的矛盾,但那是另一个问题。

这是一个终结。以前的调节不同文化的种种努力都不过是一个开始。我们现在的努力虽不是终结的开始,但它可以是开始的终结。

我经常想起儒家经典《诗经》中的两句话:“周虽旧邦,其命维新。”就现在来说,中国就是旧邦而有新命,新命就是现代化。我的努力是保持旧邦的同一性和个性,而又同时促进实现新命。我有时强调这一面,有时强调另一面。右翼人士赞扬我保持旧邦同一性和个性的努力,而谴责我促进实现新命的努力。左翼人士欣赏我促进实现新命的努力,而谴责我保持旧邦同一性和个性的努力。我理解他们的道理,既接受赞扬,也接受谴责。赞扬和谴责可以彼此抵消。我按照自己的判断继续前进。

这就是我已经做的事和我希望我将要做的事。

话说回来,在这个仪式上,我深深感到,母校给予我的荣誉不单是个人荣誉。它象征着美国学术界对中华民族学术的赞赏。它象征着中美人民传统友好关系的继续发展。这种发展正是中国人民的共同愿望。

我谢谢诸位。(原稿用英文,涂又光译)

我还做了一首诗:

一别贞江六十春,
问江可认再来人?
智山慧海传真火,
愿随前薪作后薪。

贞江就是哥伦比亚大学西边的 Hudson River(胡适译为赫贞江)。《庄子·养生主》说:火的燃烧靠燃料。前边的燃料着完了,后边的燃料要赶紧续上去。这样火就可以继续传下去,不会熄灭。"火传也,不知其尽也。"人类几千年积累下来的智慧真是如山如海,像一团真火。这团真火要靠无穷无尽的燃料继续添上去,才能继续传下来。我感觉到,历来的哲学家、诗人、文学家、艺术家和学问家都是用他们的生命作为燃料以传这团真火。唐朝的诗人李贺年轻的时候做诗很苦。他的母亲说:"是儿将呕出心肝来。"其实何止李贺?历来的著作家,凡是有传世著作的,都是呕出心肝,用他们的生命来写作的。照我的经验,作一点带有创作性的东西,最容易觉得累。无论是写一篇文章或者写一幅字,都要集中全部精神才能做得出来。这些东西,可能无关宏旨,但都需要用全副的生命去做,至于传世之作那就更不用说了。李商隐有两句诗:"春蚕到死丝方尽,蜡炬成灰泪始干。"蚕是用它的生命来吐丝的,蜡是用它的生命来发光的。

我于 1946 年至 1948 年曾去美国一次,在各地方讲中国哲学史。这次再去美国,觉得心情与上次完全不同。原来西方的汉学家们,把中国文化当作一种死的东西来研究，把中国文化当作博物院中陈列的样品。我那时在西方讲中国哲学史，像是在博物院中作讲解员。讲来讲去觉得自己也成了博物院中的陈列品了，觉得有自卑感，心里很不舒服。这次我到美国，虽然讲的也是中国的东西，但是心情完全不同了。自卑感变成了自豪感，不舒服变成了舒服。中华民族的古老文化虽然已经过去了，但它也是将来中国新文化的一个来源，它不仅是过去的终点，也是将来的起点。将来中国的现代化成功，它将成为世界上最古也是最新的国家。这就增强了我的“旧邦新命”的信心。新旧接合，旧的就有了生命力，就不是博物馆中陈列的样品了；新的也就具有了中国自己的民族特色。新旧相续，源远流长，使古老的中华民族文化放出新的光彩。现在我更觉得这个展望并不是一种空想、幻想，而是一定要实现的，而且一定能实现的。

在振兴中华的伟大事业中，每一个中华民族的成员，都应该尽其力之所及做一点事。我所能做的事就是把中国古典哲学中的有永久价值的东西，阐发出来，以作为中国哲学发展的养料，看它是否可以作为中国哲学发展的一个来源。我认为中国古典哲学中有些部分，对于人类精神境界的提高，对于人生中的普遍问题的解决，是有所贡献的。这就有永久的价值。像这一类的阐述，我将在我的《中国哲学史新编》中陆续提出来。

这就是我为振兴中华所要做、所能做的事。这不是为中国哲学的发展定基调，也不是为中国哲学的发展预制部件。这是为中国哲学的发展提供营养品。

一个时代的哲学的建立，是需要时间的，往往需要几代人的时间，甚至几个世纪的时间。它是一个活的东西，活的东西的发展都是需要时间的。它的内容也是历史的产物，不是哪一个人或哪几个人随意确定的。马克思主义必定要与中国的具体实践相结合，成为中国的马克思主义；中华民族也会生出许许多多的人才，以完成这种事业。

江山代有才人出，

各领风骚数百年。

附录

冯友兰学术自传

冯友兰先生年谱简编

(1983年—1990年)

1983年(癸亥)　八十八岁

1　月

1日　钟璞、仲德推轮椅送先生看北大校园内之蔡元培、李大钊铜像,在蔡元培铜像前摄影。

2日　梅祖彦、刘自强夫妇来访。

5日　朱伯昆来访。

10日　上午服错药,午饭时突觉晕眩,口齿不清,四肢无力。医生主张送医院,先生坚决不去。

16日　晚澳籍华人陈兆华来访,西语系李赋宁亦来,先生回忆往事,说北大校长历来重师资,师资是学校之本。

23日　为重印两卷本《中国哲学史》事致函中华书局。　西安秦始皇兵马俑博物馆李鼎铉来信,请先生为该馆题词。

25日　得涂又光20日信。

27日　中华书局哲学编辑室来函,谓已决定重印《中国哲学史》。

28日　得夏威夷罗锦堂20日信。

是月　《我的读书经验》刊于《书林》1983 年第 1 期。此文略谓读书须精其选,解其言,知其意,明其理。

2　月

22 日　丹毒复发,体温高达 39.8℃,哲学系三名研究生及办公室小颜抬担架送先生上救护车,钟璞、仲德、小颜送先生往友谊医院。

25 日　夏威夷会议发言稿《宋明道学通论》刊于《哲学研究》1983 年第 2 期,此文略谓道学即新儒学是关于人的学问,其目的是要在人生的各种对立面中求得统一;道学讲公私之分、义利之辨,为己是不道德的,为他是道德的,自私完全克服就能得到最高幸福;"在新的历史条件下,公私之分、义利之辨仍然是判断人的行为的最高标准"。

是月　《论〈美的历程〉——致李泽厚》刊于《中国哲学》第 9 辑。此信认为《美的历程》既是一部美学史,也是一部美术史、文学史、哲学史、文化史,既把它们讲通了,也把它们讲活了;又认为不仅应给玄学平反,还应给道学平反,由玄学一转语便是道学,道学是人学,也是仁学,是"名教中自有乐地",教人于日用功课中达到这种境界,即"极高明而道中庸"的境界。

3　月

3 日　出院。

9 日　美国哥伦比亚大学寄来博士袍。

10 日　写成《〈三松堂学术文集〉自序》。

16 日　刘心武夫妇来访钟璞。饭间先生谈及两姻兄黄志煊、孙炳文与刘之祖父刘云门为至交。

26 日　仲德陪同往友谊医院检查。　《近作三首》刊于《光明日报·东风》。其一《参加国际朱熹会议有感》,其二《重返哥伦比亚大学》。其三为新作《题秦始皇兵马俑》,诗曰:"民不敢言而敢怒,秦关百二一时开。骊山兵马军容盛,可向咸阳救火来?"

4 月

10 日　住房大修,上午哲学系 80 级学生 10 名来帮助搬书柜及其他家具。

14 日　农民车恒茂来信,谓已收到寄赠之《新编》(即《中国哲学史新编》,下同)第一册。

18 日　得涂又光 15 日信。

24 日　清华大学校庆。应三十三届校友之邀,由钟璞陪同去清华参加活动。

是月　李耀仙来访,书《参加国际朱熹会议有感》条幅赠之。

5 月

6 日　胸骨附近发现肿块。上午钟璞陪同去友谊医院拍片检查。

9 日　美国宾夕法尼亚大学艾尔曼(Benjamin A. Elman)寄赠其所作 Yeu Jo-chu's debt to Sung and Ming Scholarship(《阎若璩受益于宋明之学》,刊于美国《清学会杂志》三卷 7 号 ,1977 年 11 月)。

12 日　下午由钟璞陪同往友谊医院看检查结果,已确诊为浆细胞骨髓瘤,恶性,但不知原发部位在何处。

14 日　寄钟辽信。

16 日　得卜德 4 日信。

18 日　言申夫来信,寄来《恒庐笔谈记异》初稿,问夏威夷会议概况。

19 日　得言申夫 17 日信。

6 月

1 日　丹毒复发，体温 39℃，住友谊医院治疗并继续检查肿瘤。

3 日　全国政协六届一次会议开幕。未出席，被选为主席团成员。

8 日　丹毒已愈，仍住院检查。　朱伯昆、李中华来探视，劝先生不再修改《新编》已出（先秦、两汉）、已写（魏晋—隋唐）部分，而直接从宋明道学写起，先生强调写不同于一般的哲学史，不是我注六经，而是六经注我，故必须从头写起。

15 日　得钟辽 3 日信。

16 日　得言申夫 15 日信。

17 日　全国政协选先生为常务委员。

24 日　友谊医院认为先生需进行放射治疗，已向北京医院院长吴蔚然交涉，决定转院继续治疗，但须经卫生部批准。钟璞向北大党委统战部提出转院申请。

28 日　上午由友谊医院往北京医院进行放射门诊治疗。

30 日　继续往北京医院进行放射门诊治疗。

7 月

1 日　继续往北京医院门诊治疗。请假回家取书、稿，午饭后回友谊医院。

2 日　北大党委统战部通知，卫生部批准先生往北京医院住院治疗。

4 日　上午由友谊医院转至北京医院，在门诊部等数小时后方住进病房。下午黄中孚来医院看望。

11 日　张岱年、李泽厚、黄中孚先后来医院探视，李与先生谈建立新哲学体系问题。

14日 得言申夫信。

15、16日 周伯达《冯友兰与他的哲学》刊于台湾《中央日报》。

26日 钟璞获钟山文学奖,《钟山》编辑部送来奖品文房四宝。适逢钟璞生日,先生遂拟一联祝贺:“槐树旧街,传下三世文采;钟山新砚,送来六朝风流。”

是月 《我过去的工作和未来的展望——在哥伦比亚大学授予名誉文学博士学位仪式上的发言》(原为英文,涂又光中译)刊于《中国哲学史研究》1983年第3期。 得李耀仙信及《敬贺先生六十教龄纪念律诗》。 《哲学回忆录(一)》刊于日本《水黧》二七五期,吾妻重二译注。

8 月

1日 金春峰来探视。

3日 上午再次请假回家取书、稿,午后回医院。

7日 余景山来医院看望并合影①,说平生景仰先生与钱穆,其书房称“友(冯友兰)穆(钱穆)斋”,房内悬挂先生手书条幅。

9日 出院。

14日 发致王浩信,并寄赠《新编》第一册一本。 得钟辽7月31日信。

16日 上午往北京医院做B超检查。

18日 美籍华人李田意来访。

20日 冯宝兴来访。

9 月

4日 得孙儿冯岱美国来信。

---

① 余景山,西南联大学生,后定居加拿大,为加中友协理事。

8日　得王浩8月27日信。得李耀仙3日信。

中旬　《中州今古》编辑部谢钧祥、胡延益来访。

24日　致涂又光信。

30日　得中华书局哲学编辑室29日信。

是月　《哲学回忆录(二)》刊于日本《水篶》二七六期,吾妻重二译注。

10　月

1日　得涂又光9月29日信,当即复信。

8日　得涂又光4日信。

9日　中午在西四同和居为外孙女冯蓓赴美饯行。

12日　得包遵信11日信。

15日　得钟辽2日信。

19日　往友谊医院检查、取药。

26日　往友谊医院检查。

30日　写成《〈中国哲学史〉新序》。

月底　寄钟辽信。

是月　《魏晋之际关于名实、才性的辩论》刊于《中国哲学史研究》1983年第四期,是为《新编》第四册之两节。　钟兆鹏赠其所著《孔子研究》(中国社会科学出版社1983年4月出版)。此书书名由先生题写。《哲学回忆录(三)》刊于日本《水篶》二七七期,吾妻重二译注。

11　月

1日　出席北大汤用彤诞辰九十周年纪念会并发言,认为汤用彤研究魏晋玄学最突出的贡献是提出玄学的本体论问题,这是研究玄学的一把钥匙。

8日　得李鼎铉5日信。

20日　致涂又光信,谈出版《三松堂全集》事。

21日　往友谊医院检查、取药。

27日　得涂又光信,赞成开始出版《全集》(即《三松堂全集》,下同)。

是月　《哲学回忆录(四)》刊于日本《水篶》二七八期,吾妻重二译注。

12　月

4日　中午在颐宾楼举办寿宴,出席者除全家四代11人外,尚有朱伯昆、李中华及澳大利亚客人 Norma Martyn, Norma 赋诗一首,喻先生为大树。

5日　下午新加坡商务处来人送信,邀请先生访新,并请先生另推荐他人。

8日　得钟辽11月25日信。

9日　得迟叔昌1日信①。

10日　《〈三松堂自序〉之自序》刊于《读书》1983年第12期。得卜德1日信。

11日　得言申夫10日信。

23日　得陈克明22日信。得迟叔昌11月27日信。

24日　得陈克明23日信。

29日　得邱汉生28日信。

30日　下午北大哲学系为庆祝先生从事教学科研60周年、张岱年从事教学科研50周年,在勺园留学生楼举行茶话会,百余人出

---

① 迟叔昌,科幻小说作家,时任教日本庆应大学,并任 Sony 中日协作事业顾问。

席，其中有哲学界人士及先生的同事、友人、学生梅贻琦夫人、朱光潜、陈岱孙、江泽涵、褚圣麟、王宪钧、邓广铭、沈有鼎、任继愈、石峻、王明、丁伟志、王玖兴、张世英、熊伟、阴法鲁、朱德生及哥伦比亚大学教授钟启禄，北大校党委代理书记项子明、校长张龙翔等。黄枬森代表哲学系、张龙翔代表校方、赵访熊代表清华讲话，均赞扬先生教学、科研成就，张并说"冯先生早年放弃国外优越的物质生活，毅然从海外归来，为发展中华民族的文化，为人民做出了贡献"。先生致词略谓"米寿(88 岁)者应向茶寿(108 岁)迈进，金岳霖先生 88 岁时，我曾作对联准备送他，因为住院耽误了，其上联是'何止于米，相期以茶'，下联是'论高白马，道超青牛'。现在仍用其上联，改下联为'心怀四化，意寄三松'，用以自寿自勉，决心以有生之年写完七卷本《中国哲学史新编》"。

是　年

A Short History of Chinese Philosophy(《中国哲学简史》)塞尔维亚文译本在贝尔格莱德出版。

1984 年(甲子)　八十九岁

1　月

1 日　哲学系研究生来拜年。

4 日　下午孙长江来访。

11 日　得冯岱 1983 年 12 月 26 日信。得言申夫 10 日信。

15 日　写信，一致狄百瑞，一致新加坡东亚研究所。

19 日　下午李泽厚来访，留饭。

24 日　得王浩 16 日信。

29 日　得李戏鱼 27 日信。

下旬某日　《人民政协报》徐盈等来采访。

是月　与河南人民出版社就该社出版《三松堂全集》事进行磋商，先生指定钟璞为甲方联系人，有权处理《全集》全部事宜。谈话纪要由甲方之先生与钟璞、乙方之郭兆麟与王恩荣签字。

2　月

3 日　中共中央统战部来人看望先生，祝贺春节。

4 日　上午张岱年、冯让兰夫妇来拜年。下午任继愈、冯钟芸夫妇来拜年。致狄百瑞信。

7 日　下午汤一介、孙长江来拜年。

11 日　《中国日报》总编辑刘尊棋来信，请先生为《大英百科全书》提供贞元六书及《中国哲学小史》英译名，并问是否可来访。

15 日　美国学者 Dale Riepe 来访并赠其所编撰之 Asian Philosophy Today(《今日亚洲哲学》)，其扉页以英文题曰："赠冯友兰教授，以表赞赏与钦佩。"

17 日　晚钟启禄带一学生来访。

24 日　得狄百瑞 14 日信。

25 日　《哲学研究》刊出李中华所写报道《北京大学哲学系举行冯友兰先生从教六十周年、张岱年先生从教五十周年庆祝会》。

是月　《哲学回忆录(五)》刊于日本《水篙》二八一期，吾妻重二译注。

3　月

1 日　钟璞陪同往友谊医院检查。

12 日　中国大百科全书出版社简编组杜友良来信，请先生为

《简明不列颠百科全书》(中文版)提供贞元六书及哲学史著作英译名。

14日　致涂又光信,嘱将 A Short History of Chinese Philosophy(《中国哲学简史》)译成中文。

15日　得钟辽4日信。

16日　冯蓓来信,谓美籍华人陈一川仰慕先生,拟于数日后来访。

18日　冯岱自美国来电,报告已考取两所大学研究院。

21日　河南省开封市第五中学校志编写组来信,请先生提供与韩席卿合影照片以便复制。　得涂又光18日信,答应总纂《三松堂全集》,翻译 Short History。

27日　得高平叔26日信。

是月《中国文化研究集刊》第一辑由复旦大学出版社出版,内收先生《对于中国文化前途的展望》,其中说:"我所能做的事,就是把中国古典哲学中的有永久价值的东西,阐发出来,以作为中国哲学发展的养料,看它是否可以作为中国哲学发展的一个来源。"　河南省地方志编纂委员会聘先生为学术顾问,《中州今古》编辑部聘先生为顾问。　宋志明《新理学简论》刊于《研究生论文集刊》1984年第1期。　汤一介赠其所著《郭象与魏晋玄学》(湖北人民出版社1983年10月出版)。

4 月

4日　侄女钟芸来谈为沅君先生出版著作事。

5日　得涂又光2日信。

6日　为北京166中学(原贝满女中)题词。

9日　得美籍华人学者陈启云3月30日信。

13日　河南日报编辑部来信,要求为该报"中州名人治学谈"

撰稿。

14 日　往友谊医院检查。

16 日　继续往友谊医院检查。

17 日　楼宇烈来，建议先生带博士生，说李中华需担任党内工作，研究生可接替李做助手，同时写近现代哲学史博士论文。得陈克明 16 日信。

20 日　《春秋公羊学与中国封建社会》刊于《社会科学研究》84 年第二期，此文认为"董仲舒为当时的封建社会制定的封建社会的上层建筑，他的思想和行动，都是进步的"。

24 日　得涂又光 22 日信。

27 日　得郝逸今 24 日信。

30 日　香港吴容龙代郭湛波来看望先生。

是月　《佛教和佛教的主题——神不灭论》收入《燕园论学集(汤用彤先生九十诞辰纪念)》由北京大学出版社出版，全文包括四部分，即"慧远关于神不灭论的辩论"、"道生关于神不灭论的辩论"、"梁武帝关于神不灭论的辩论"、"其他关于神不灭论的辩论"。《哲学回忆录(六)》刊于日本《水篶》二八三期，吾妻重二译注。郭齐勇来拜谒。

5　月

7 日　得武汉大学哲学系唐明邦 5 日信。

中旬　高平叔来访。

20 日　全国政协六届二次会议开幕，先生未出席，但交一书面发言稿，表示"对于四化建设、祖国前途充满了希望和信心。四化必定成功，中华民族必然复兴，这是毫无疑义的"，认为目前"物质文明建设进步很快，精神文明建设相形见绌"，"我们的出版工作则是阻碍写作人才的积极性，使他们的潜力不能发挥。第一种阻碍是出版周期太长。第二种阻碍是作者的权利没有保障”,所以“还要有一个出版法以保护作者的权益”。(后刊于《政协会刊》1984 年第 3 期)

22 日　复唐明邦信,并寄去致《周易》学术讨论会代祝词。

23 日　得高平叔 22 日信。

26 日　致高平叔信。

30 日　得高平叔 29 日信。

下旬某日　《清华校友通讯》编辑部黄延复、周士渊来采访。采访中,先生说:“我就是遇到什么事都乐观的人。……现在我不仅对自己乐观,对我们国家、中华民族也乐观。……中国现代史有一个主流,那就是现代化。……现在的领导,是在认真干四化,我认为,这样就抓住了中国现代史的主流”。

是月　《哲学回忆录(七)》刊于日本《水篶》284 期,吾妻重二译注。

6　月

3 日　南京大学李书有来访。苏州民研会马汉民来访。

5 日　得顾毓琇 5 月 25 日信。

16 日　李戏鱼介绍郑州大学一人来了解有关嵇文甫材料。

18 日　美国教授 Dale Reipe 来访。

20 日　美国丛树城大学校长 Mackenzie 来信,报告冯岱毕业消息,并寄来毕业相片数张。

21 日　为蒲松龄纪念馆书一联:“鬼怪精灵,书中人物;嬉笑怒骂,笔底文章。”

27 日　复 Mackenzie 信,由钟璞代笔。

29 日　下午美国李克夫妇来访。

是月《中国哲学史新编》第二册(1983 年修订本)由人民出版社出版。此册论述先秦各家后期思想。宋志明《冯友兰“新形上学"评述》刊于《长春师院学报》1984 年第二期。 李之禹赠其父李嘉言所著《〈长江集〉新校》(上海古籍出版社 1983 年 11 月出版)①

7 月

6 日 得商务印书馆陈兆福 5 日信。

7 日 气管发炎,仲德陪同往友谊医院检查。商务印书馆陈兆福来信,请先生为其申请英国一项奖学金写推荐信。

11 日 得车恒茂 9 日信。

17 日 王一达、任均夫妇来访。

18 日 得涂又光 16 日信。

20 日 得涂又光 17 日信并 A Short History of Chinese Philosophy 中文译稿。

26 日 得钟辽信。

28 日 得李戏鱼 26 日信。

中旬某日 郑州大学教师李道雨、郑大美学研究室主任张涵先后来访。

是月 《中国哲学史》由中华书局据 1961 年新 1 版第二次重印。此次以 1983 年 10 月所写《新序》取代 1961 年《新序》,其中说:"二十多年过去了,中国社会又起了几次重大变化,进入了新的历史时期。到现在,那篇《新序》已经不新了,所以要另写一篇《新序》。……现在就是把这部书作为中国哲学史的史学史的一部史料而加印的,……既然是史料,那就对于它的内容不能有所改动。……其中的是非得失,自有用史料的人,或则严加褒贬,评功论过,或则作出鉴别,加以扬弃,……用不着我这个白头作者再说什么多余的话了。"

---

① 李嘉言,清华大学、西南联大学生,曾从闻一多研究唐诗。1967 年去世。

8　月

1 日　《中国哲学史》两卷本朝鲜文译本在南朝鲜出第 7 版。钟兆鹏赠其所撰《王充年谱》(齐鲁书社 1983 年出版)。

6 日　丹毒复发,下午去北大校医院检查。不肯住院。

8 日　山西省社会科学院与太原市委宣传部将于 8 月中旬联合举行傅山学术讨论会,先生因年老体衰不能出席,特写一"代祝词"寄往太原。

12 日　王一达、任均夫妇来访,谈亲戚近况。

14 日　三联书店送来《三松堂自序》校样,钟璞、仲德开始校阅。

15 日　致涂又光信,由钟璞代笔。

16 日　得郝逸今 12 日信。

20 日　《中国哲学史史料学》朝鲜文译本在韩国再版发行。

24 日　《三松堂自序》由钟璞、仲德校阅完毕,有多处改动。

25 日　得 23 日毋立业信。

28 日　上午张岱年、冯缵兰夫妇来访。李中华来。

29 日　下午任继愈来访。哲学系一女研究生来请先生推荐赴美留学。

31 日　下午北大来人为先生拍影片,拟用作校史资料。

9　月

15 日　《"过秦"与"恢汉"》刊于社科院研究生院学报《学习与思考》1984 年第 4 期,此即《新编》第二册绪论。

18 日　余景山来访,送来先生偕任夫人 60 年代游香山相片,系他人偷摄,余在香港一摄影展览会购得,保存至今。余拟每年捐赠加币一千元在北大哲学系设冯友兰哲学奖学金,并请先生为书"友穆斋"横匾,先生应允。

19 日　得河南省新蔡县县志总编室 15 日信。

22 日　得涂又光 19 日信。

25 日　傅山学术讨论会代祝词刊于《晋阳学刊》1984 年第五期。　将猎枪一支托李中华转交北大保卫部。　得言申夫 24 日信。

28 日　上午往民族文化宫出席中国哲学史学会为纪念孔子诞生 2535 周年举办之座谈会。座谈会由张岱年主持，与会者有任继愈、张恒寿、杨向奎、贺麟、陈元晖、邢贲思、李泽厚、丁伟志、罗国杰、毛运瑞等。先生发言，题为"中国古典哲学的意义"，略谓历史上有两个孔子，一是孔子其人，一是中国历史塑造的孔子形象，研究后者更有历史意义与现实意义；《周易》与孔子有关，是儒家主要理论之所在，而《周易》可称为宇宙代数学，其原则是"流行"与"对待"，加上"发展"，便可成为比较完整的辩证法的宇宙代数学；明于此，可使《周易》哲学容易了解，也可使中国革命理论带有中国的特点，使中国革命理论以中国古典哲学为其来源之一。

是月　为河南省美学学会成立题词："眼处心生句自神，暗中摸索总非真。画图临出秦川景，亲到长安有几人。元遗山论诗绝句语也，各种艺术俱适用。"

10　月

6 日　下午在室外散步时不慎摔跤，幸未伤筋骨。

上旬某日　与张岱年、李中华往医院看望金岳霖。

17 日　晚饭时谈起当局高物价政策，说这样一来，所谓社会主义优越性就无影无踪了。

21 日　见报载金岳霖逝世消息，当即赋诗一首。

28 日　得涂又光 26 日信。

是月　吕希晨、王育民著《中国现代哲学史》由吉林人民出版社出版，其第七章第二节为"冯友兰的新理学"，包括"超时空的新'理'

论”、“‘天地境界’的人生论”、“唯心主义的历史观”、“陈家康、杜国庠和胡绳对新理学的批评”四部分,认为“所谓新理学不过是宋明理学和实在主义在新的历史条件下的翻版而已”。

11 月

1日　往友谊医院检查,看内、外、皮、神经四科。返回途中在琉璃厂买笔、墨汁。

4日　暖气改由民工烧,室内太冷。

7日　堂侄钟睿自美国来北京举办画展,下午与友人孙瑛来看望。

中旬某日　刘鄂培来访并转交钱耕森30日信。

10日　全国政协开会学习中共中央关于经济体制改革决定,先生为此写书面发言稿,说改革是彻底的新民主主义革命,彻底的反封建。

14日　得钟辽4日信。

17日　堂侄钟华为看钟睿画展来京,住先生处。

18日　晚得冯岱长途电话,知其拟于明年回国探亲。

19日　下午与钟璞、仲德往美术馆看台湾六人(钟睿为其中之一)画展。

中旬某日　河南省唐河县县志总编室仝允甫、谭秉玺、王留常来访,请先生为《唐河县志》、《唐河史志》题名、题词。

20日　上午李泽厚来,谈文、史、哲。

24日　得言申夫23日信。

29日　傍晚钟芸来,受山东大学之托请先生撰文回忆沅君先生。

30日　李赋宁来访,赠西凤酒一瓶、诗一首,有“先生真是灵芝仙,太白金星降世间”之句。

是月　受文化书院众筹办人委托致函胡耀邦,建议成立中国文化书院。　寄涂又光信,嘱将 Why China Has no Science? 赶译成中文,收入《文集》。　美籍华人学者戴盛虞来访并与先生合影。

12　月

4 日　得卜德 11 月 24 日信。

6 日　张岱年来信介绍美国斯坦福大学哲学宗教系博士生殷鼎,并转来殷鼎 11 月 23 日来信,谓为研究先生哲学思想,拟于明年春夏之交来访。

8 日　得嵇道之信。

9 日　下午张岱年、冯缵兰夫妇来访。晚得钟辽长途电话。

11 日　复殷鼎来信,允其为研究先生哲学思想,前来请教有关问题。为余景山书"友穆斋"并寄出,又写信说明北大已同意设冯友兰哲学奖学金。　蒙培元赠其所著《理学的演变——从朱熹到王夫之戴震》(福建人民出版社 1984 年出版)。

14 日　为对台广播,下午北京市委来为先生录音。

16 日　上午在勺园出席中国文化书院发起人会议并发言,提出"要让中国文化冲出亚洲,走向世界"①。

17 日　外文出版社吴佟等来访。　得卜德信。

20 日　暖气烧不好,室内仅 10℃—12℃,只得向北大党委统战部反映,请设法解决。

25 日　朱伯崑《冯友兰著〈中国哲学小史〉(英文本)读后》刊于《哲学研究》1984 年第 12 期。此文评介《小史》(即 A Short History of Chinese Philosophy),认为从中可以看出作者哲学的兴趣显然比历史的兴趣更为浓厚,《小史》在国内出版的目的和意义在于为以马克思

① 据李中华《丰厚的遗产,永恒的纪念》,见《冯友兰先生纪念文集》。

主义观点总结中国传统哲学,将其本来面貌介绍给世界,提供了有益的经验教训。

月底　武汉大学硕士研究生田文军持萧萐父29日信来拜谒。田拟研究先生思想。

是月　《三松堂学术文集》(以下简称《文集》)由北大出版社出版。文集由李中华编辑,计收1949年前哲学论文75篇,其自序云:"我从1915年到北京大学中国哲学门当学生以后,一直到现在,六十多年间,写了几部书和不少的文章,所讨论的问题,笼统一点说,就是以哲学史为中心的东西文化问题。我生在一个不同文化的矛盾和斗争的时期,怎样理解这个矛盾,怎样处理这个斗争,以及我在这个矛盾斗争中何以自处,这一些的问题,是我所正面解决和回答的问题。问题的范围很广泛,问题的内容很复杂,我在这六十多年中,有的时候独创己见,有的时候随波逐流,独创己见则有得有失,随波逐流则忽左忽右。这个集子中所收集的文章,都是我走过的痕迹。……这些都是'迹',还有'所以迹'。……中国处在现在这个世界,有几千年的历史,可以说是一个'旧邦'。这个旧邦要适应新的环境,它就有一个新的任务,即在新的历史条件下,在这块古老的土地上建设新的物质文明和精神文明,这就是'新命'。……我上面所说的那些问题,都是围绕着这个主题而发生的。怎样实现'旧邦新命',我要作自己的贡献,这就是我的'所以迹'。有了这个'所以迹'作为精神上的支持,所以在'迹'上虽然有时路滑摔倒,但总还能爬起来继续前进。六十多年的路程就是这样走过来了。"《三松堂自序》(以下简称《自序》)由三联书店出版。北京市教育局、北京市教育工会颁发证书,表彰先生为教育事业工作三十年。李戏鱼来访。

是　年

金岳霖赠其所著《知识论》(商务印书馆1983年11月出版)。

约是年夏,胡耀邦赠荔枝。

1985年(乙丑) 九十岁

1 月

5 日　得王维庭3日信及其所著《墨辩集释》自序、略例、后序。

7 日　抄写人未来,写作中断。　煤厂不肯送煤,拟不烧大灶,改用煤气。钟璞向哲学系提出要一煤气罐,哲学系说需向党委统战部反映。统战部说只能开介绍信,需自己设法去北京市政府打通关节。

13 日　北大事务科答应给煤600斤,以解燃眉之急,但需自己找人找车去推。

15 日　得金春峰14日信。得王瑞钦12日信。

17 日　得 Van Meter Ames 6日信。

19 日　《孔丘,孔子,如何研究孔子》刊于《团结报》,内容与孔子纪念会发言《中国古典哲学的意义》相同。

20 日　王天立陪祁仪乡乡长王明珍、祁仪镇中学校长杜荣江、该校团支书潘自钦来看望先生,意在要先生为祁仪镇中学捐款。先生原也有此意。

24 日　下午会见祁仪来客。先生决定向祁仪捐款一万元,资助修建教学楼。晚发烧39℃。

25 日　已退烧,继续工作。

是月　河南新蔡县地方志编纂委员会聘先生为顾问。

2 月

3 日　得钟辽长途电话,知其3月初将回国为公司办展览。

4日　下午冯采来,说将赴美国讲中国文化思想,美方提议讲孔子、孙中山、毛泽东。先生提议加讲周恩来、邓小平。原北大中文系1957级学生张春生来信祝贺《新编》修订本第一册出版。

5日　李戏鱼来信,请先生为其所著《中国画论》作序。

9日　《中国建设》社邹霆来采访。

10日　河南美学会来人要求题词,遂为之书"游于逍遥,论以齐物;超乎象外,得其环中"。

11日　梅祖彤自英国来,中午同往勺园餐厅午餐。

12日　得郭齐勇10日信。

16日　教育部某主任代表部长来看望先生,祝贺春节。钟璞乘机提出为先生配备助手问题,请教育部协助解决。

18日　得原清华学生、现广州军区政治部党史办离休干部赵酬15日信。

19日　农历除夕。下午教育部副部长张文松来看望,送鲜花。晚照例全家团聚,四世同堂。

21日　张岱年、冯纕兰夫妇来拜年。

22日　下午任继愈、冯钟芸夫妇来拜年。　得新加坡东亚哲学研究所信,信中说先生为该所所写书法已收到并在该所图书馆展出,受到热烈赞赏。

23日　朱伯昆来拜年。

24日　王一达、任均夫妇来拜年。北大党委顾问项子明来看望。

是月　A Short History of Chinese Philosophy 中译本《中国哲学简史》由北京大学出版社出版,书前有出版说明:"《中国哲学简史》是冯友兰先生于1947年在美国宾夕法尼亚大学讲授中国哲学史的英文讲稿,后经整理,于1948年由麦克米伦公司出版。此书出版后,又有法文、意大利文和南斯拉夫文的译本出版,在欧美颇有影响。

此书过去没有中文本,现由著者的学生涂又光同志据英文本译为中文。"

3 月

2 日　钟辽为其公司举办产品展览来华,住西苑饭店。是日晚来家中看望。

5 日　上午往中央团校为中国文化书院举办之中国文化讲习班讲《中国文化的特质》。

6 日　经北京市某副市长批准,终于购得煤气罐一个。

8 日　《团结报》记者胡绍芳来采访。　吕叔湘来信,指出《自序》中记忆之误及错字。

9 日　晚在颐宾楼宴请钟辽所在公司经理 Manley 夫妇。

12 日　致范用信。

15 日　下午胡乔木来访,问先生写作情况,与钟璞谈哈代。钟璞于谈话时提及先生的助手问题始终未能解决,此后胡乔木曾三次致函北大,敦促解决这一问题。

16 日　《团结报》刊出胡绍芳《灯节访三老,元夕探〈元夕〉——夏承焘、王力、冯友兰三教授访问记》。

18 日　钟辽离京回美。得青海民族学院张振亚 3 月 14 日信。

19 日　李中华来问胡乔木来访情况,说党委要求汇报。

20 日　下午日本大阪外国语大学师生来访。

22 日　感冒,往医院检查,医生建议住院,先生坚决不住。

23 日　得殷鼎 14 日信。

24 日　为涂又光评职称写专家鉴定,由钟璞代笔。

月底　复殷鼎信,由其在斯坦福同学陈伟力带往美国。

是月　《中国哲学史新编》第三册(1984 年修订本)由人民出版社出版。该册论述两汉部分。

4 月

9 日　得江苏省沭阳县阴平乡平东村农民郭祖祥 4 日信。

上旬　任继愈推荐其硕士生张跃来随先生攻读博士学位,并担任助手。先是数月,任已建议先生带兼任助手之博士生。

13 日　河南省新郑县北站苑陵贸易公司周修业来信,信中追忆先生在昆明赈灾事迹。

15 日　发现心脏有二联律。往友谊医院住院检查。

17 日　为钟璞书一联:"高山流水诗千首,明月清风酒一船。"

19 日　光明日报社黎丁来探视并请签名——黎正征集 80 以上忘年文友签名。

25 日　《孔丘,孔子,如何研究孔子》转载于《新华文摘》1985 年第四期。

26 日　出院。

是月　《中国古典哲学的意义——在孔子纪念会上的发言》刊于《中国哲学史研究》1985 年第 2 期。Philosophy and Tradition—The Interpretation of China's Philosophic Past: Fung Yu-lan 1939—1949, by Michel C. Masson(马远程《冯友兰论中国哲学与传统》)由台湾光启社出版。其扉页有先生所署中文书名。

5 月

3 日　曹月堂《一部叙史明志的自传——介绍冯友兰〈三松堂自序〉》刊于《人民日报》。　陈兆福来函,代商务印书馆馆史组约先生为该馆 90 周年纪念撰文。函中提及 1982 年曾请先生为该馆 86 周年纪念撰文。

4 日　得王瑞嵚 4 月 28 日信。

6 日　北大党委统战部来人向先生宣读关于肉、蛋、蔬菜等副食品“调价”文件。 商务印书馆陈兆福来访。

17 日 为重修之黄鹤楼书一联：“大江流日夜，阅古楼踵事增华，历沧桑而弥显；双鹤唳晨昏，唤故国自强不息，凌云汉以高骞。”

18 日 陈兆福来信，指出《自序》之误。

中旬 何善周来访。

20 日 得陈兆福 19 日信。

30 日 石家庄史道钤来信，指出《自序》之误。信中自言抗战期间曾在西安听先生讲演，1946—1947 年曾在南开读书，与钟璞同学。

下旬 得安徽文学艺术研究所郭因 21 日信及其所著《审美试步》。

月底 将《自序》寄赠言申夫。

6 月

1 日 得河南省唐河县源潭高中政治教师冯振广 5 月 28 日信。

3 日 上午去友谊医院检查。

4 日 往唐河祁仪乡汇款一万元。

9 日《为新建黄鹤楼撰联》刊于《光明日报》。

10 日 中华孔子研究所成立，先生任名誉所长。是日赴北京孔庙出席中华孔子研究所成立大会暨学术讨论会并发言，讲《如何研究孔子之我见》，认为研究孔子形象首先要研究宋明道学，研究宋明道学就要讲义利之辨，这对今天有现实的指导意义，说明中国古典哲学是有中国特色的社会主义的来源之一，“这个来源它就要冒出，一旦冒出就有人用，有人接受，这是客观规律”；认为研究孔子与宋明道学应该用宋明书院的方法，不是增加知识，而是提高人的精神境界，“寻孔颜乐处，所乐何事”，说“我们可以试试看，好了就推广于社会，这对于四化建设大有帮助”。 在《北京大学“冯友兰奖学金”条例》上签字，签字者还有余景山及北大哲学系主任黄枬森。《条例》

第一条说“西南联大校友、加中友协理事余景山先生，为帮助北京大学哲学系提高和发展学术事业，鼓励哲学系学生努力学习，提出由他每年提供加币一千元作为奖学金，并提议此项奖学金定名为‘冯友兰奖学金’”。其第二条规定此项奖学金“奖给哲学系本科生二名，每名加币三百元；硕士研究生一名，奖加币四百元。……由 1985 年开始。每年 9 月评定得奖学生，并于同月颁发”。

13 日　冯岱回国度假探亲，其校长 Mackenzie 夫妇来华旅游，是日同机抵京。 匡亚明赠其所著《孔子评传》（齐鲁书社 1985 年出版）。

18 日　晚在丰泽园宴请 Mackenzie 夫妇。

21 日　唐河祁仪乡乡长王明珍、祁仪镇中学校长杜荣江来信，为捐款事，代表祁仪“干群和学校全体师生”向先生致谢。

24 日　发烧，住进友谊医院。

27 日　《光明日报》记者黎丁来探视，谈胡风坎坷遭遇。

28 日　得车恒茂 24 日信。

29 日　薛涌《耄耋之年撰新篇——访冯友兰》刊于《文汇读书周刊》。其中记先生之言曰：“过去那两本哲学史主要是认识过去，《新编》虽然也要认识过去，但并不把它作为重点。《新编》计划分七册，我已写到第四册，而重点在第七册，它是全书的中心和归结点，讲的是现代的问题，即什么是有中国特色的社会主义精神文明。前六册实际上都是第七册的准备和铺垫。马克思主义有三个来源，德国古典哲学是其中之一。中国特色的精神文明也应该把中国古典哲学作为来源之一，这是一定的。我这部书，就希望能阐述这个问题”。 社科院历史所陈智超来信，询问先生致其祖父陈垣两封信的有关情况。

30 日　香港关国煊来信，指出《自序》记忆之误。

下旬　李耀仙来访。

是月 《我研究中国哲学史的一点经验》收入中国青年出版社《怎样学习哲学》一书。此文认为学习、研究中国哲学史须做到三点:具体弄清一个哲学家的哲学体系,具体弄清得出某一结论的理论思维过程,具体弄清哲学家所提供的世界观。 李惠让《〈新理学〉哲学思想述评》刊于《学术研究丛刊》1985 年第 2 期。

7 月

2 日 冯岱离京赴美继续求学。 下午孙长江来医院探视,先生说资本主义是封建主义的天敌,中国因缺这一天敌,所以把封建主义搬过来了。

3 日 将《文集》寄赠涂又光。

4 日 下午周辅成携其研究生龚某来,感谢先生为该研究生出国写推荐信。

9 日 贺麟之研究生来拜见,指出《自序》中关于《哲学评论》年代及中国哲学会常任理事之记述有误。

12 日 出院。

14 日 《一个哲学家的反思——冯友兰先生近况》刊于《人民日报》(海外版)。

18 日 赠王一达、任均《自序》一本。

19 日 林阳《旧邦新命——访冯友兰教授》刊于《人民日报》海外版。其中记先生之言曰:"在实现现代化的过程中,我们怎样继承我们民族的优秀传统,这就是所谓的'旧邦新命'吧。……我的努力是保持旧邦的同一性和个性,而又同时促进实现新命。这就是我将要做的事。"

24 日 杜维明夫妇来访。杜认为中国将要走出一条值得其他各国仿效的路子,儒学将再次融化外来文化而得到新的发展,先生对此深表赞同。

25日　近代史研究所刘敬坤来信①,指出《自序》中的记载有误,并针对其中“在抗日战争进入相持阶段以后,蒋介石和重庆的一些人觉得重庆的那个小朝廷似乎也可以偏安下去”一段文字提出异议,认为当时国民政府是坚持抗战到底的中国唯一合法政府,《自序》所说有损中华民族的民族自尊心与自豪感,这说明“你老人家脑子装的仍然是那个他老人家的极左的大为有害的一大堆破烂”。

31日　郑州一青年来访,企图证明哲学是科学。

是月　李耀仙率研究生黄海德、赵载光来拜见,先生赠李《自序》一本。将《自序》寄赠黄秀玑。复香港关国煊信。

8　月

上旬　为香港书展题词。对外友协举办书画展览,来人借走先生为钟璞所书对联“高山流水诗千首,明月清风酒一船”。

10日　上午郭兰芳来采访并录音。

20日　郑仁在译《中国哲学史史料学》朝鲜文本《中国哲学史料集》在韩国再版。

23日　以《自序》赠赵萝蕤。

25日　《哲学研究》1985年第8期刊载动态:中国哲学史学会、中山大学、华南师大等联合发起之中国近现代哲学史讨论会5月18日至28日在广州召开,“许多代表指出,对于现代资产阶级哲学尤其要加强研究。以前由于受‘左’的思想影响,对某些思想家采取了全盘否定的态度,现在看来应重新加以考虑。中国现代资产阶级哲学的一些代表人物,如熊十力、冯友兰等,都提出了他们自已的思想体系。这些体系达到的理论思维的深度,完全可以和现代西方资产

① 刘敬坤,中共地下党员。1949年中央大学历史系毕业,任南京大学历史系讲师。1957年被打成极右派,劳改22年。1980年考入社科院近代史所。

阶级哲学相比”,“对学术也要进行具体的分析,有些要加以批判,有些则可以改造吸收”。

26日　得浦薛凤16日明信片。

29日　顾毓琇来信,指出《自序》记忆之误。

30日　因先生进浴盆困难,开始向校方交涉安装电热水器及淋浴设备。

31日　得黄秀玑21日信。

是月　李绍昆赠其所著《哲学·心理·教育》(台湾商务印书馆1984年出版)。

9　月

月初　中共上海市委宣传部思想研究室朱红、魏承思来采访,请先生谈对上海文化建设的意见。

2日　发烧,住进友谊医院。

4日　有关当局规定9月起不再向有煤气罐用户供应煤球,烧大灶已成问题。　下午中国画报社来人采访。

6日　得车恒茂8月30日信。

7日　得李耀仙2日信。

9日　下午出席北大首届教师节大会。　得殷鼎8月30日信。

10日　泰国清迈大学教授Roong Raung Boonyoros来访。

11日　孙长江来访,谈时局。

13日　广西艺术学院刘宇一来为先生画像。

18日　家宴,为孙女冯采赴美饯行。

19日　中共上海市委宣传部思想研究室编《思想研究内参》第三十一期刊出“上海城市文化发展战略研讨”之二十二《冯友兰教授建议:建设有中国特色的社会主义精神文明》。

中旬　中国孔子基金会来函,聘先生为该会副会长,并请出席

10月于曲阜举行之该会理事会。

20日　哲学系派陈来为先生做助手,是日起每周来一两次。

22日　致吴受琚信。得朱红、魏承思20日信及月初采访之谈话记录。

23日　上午孙长江、汤一介来访。下午李泽厚来访。《瞭望》半月刊记者来采访。

28日　北大校刊第四五一期"博士生导师简介"栏介绍"三松堂主人——冯友兰"云:"六十多年来,冯友兰教授为发展中国传统文化,建立新的哲学体系,培养人才做出了卓越的贡献。他的《中国哲学史》是我国第一部有系统的哲学史著作,曾被译成日、英、法等国文字,至今仍为学术界所重视"。

29日　北京图书馆哲学文献研究室焦树安来信,谓美国、西德等国七位学者来信要求提供先生著作目录,该馆社科参考组已编出初稿,请先生过目。

是月　《三松堂全集》第一卷由河南人民出版社出版,内收《三松堂自序》、《人生哲学》、《一种人生观》。《〈东风〉旧体诗词选》由光明日报出版社出版,内收先生1962年之《南行杂咏》8首、1983年之《近作三首》。

10　月

1日　为中央音乐学院教授蓝玉崧书一唐诗条幅:"七条弦上五更寒,此琴自古知音难。唯有河南房次律,始终识得董庭兰。"

6日　致函中国孔子基金会,谈对当前中西文化问题的看法,并表示不能应邀出席该会理事会。又致函该会会长匡亚明,说明不能担任副会长,只宜任名誉顾问。

10日　傅伟勋《大陆学者的哲学研究评论》刊于《中国论坛》廿一卷一期,其中论及先生之哲学研究。

27日　苏联哲学家布罗夫夫妇来访。

28日　下午北京市社科院《理论信息报》记者来采访。　致卜德一信。

29日　得哲学所离休干部燕鸣轩28日信。

是月　为刘鄂培书元遗山论诗绝句条幅。　得李耀仙信并诗《遥祝先生九十大寿》。　刘鄂培为先生刻闲章“敝帚自珍”二枚，其一阴文，其一阳文。

11　月

1日　《路要自己走，走到底》刊于《河南日报》“中州名人治学谈”专栏。

2日　下午中国文化书院汤一介、李中华来议庆祝先生九十寿辰事。

3日　下午黄中孚来访。

4日　上午刘鄂培来访，说有人工治疗仪可治白内障，建议试用。　以《自序》赠冯静兰。

6日　暖气未来，室内极冷，早搏次数增多。下午往友谊医院检查，发现三联律。为防万一，也为避寒，决定住院。

7日　《沅君幼年轶事》刊于《文史哲》1985年第6期。　得冯岱信。

13日　开始供暖①，出院。

15日　王恩荣《贯通中西，自成一家之言——〈三松堂全集〉评介》刊于《中州学刊》1985年第6期。

16日　郑州林丛龙等来为先生摄影、录音。

21日　钟璞打电话请梁漱溟出席先生寿宴，梁拒绝。

① 自1985年起燕南园统一供暖，室内较舒适。

22 日 兰州大学学生刘成有来信索取《新编》第一册。

25 日 梁漱溟 21 日来信,无上款,谓"尊处电话邀晤,……我却断然拒绝者,实以足下曾谄媚江青。……如承枉驾来我家,自当以礼接待交谈,倾吐衷怀"。

27 日 孔子基金会送来聘书,聘先生为该会名誉顾问。 河南人民出版社寄来《三松堂全集》第一卷,由于提供原件有误,书中将仲德手迹误作先生手迹印出。 以《自序》赠梁漱溟。

30 日 为先生寿庆,钟辽自美国归来。

是月 为香港中国书展拟一联:"百花灿烂争园地,四壁琳琅耀海天。" 中国书展(1985 · 香港)筹备委员会编《书人书事新话》出版,内收金春峰《访问冯友兰先生》,其中记先生之言,谓已出之《新编》三卷最突出之点是对于汉代哲学特别是春秋公羊学作了新的评价。 《一九三六年清华被围记事》收入政协北京市委员会文史资料研究委员会编《文史资料选编》二十六辑。

12 月

3 日 晚 6 时在全聚德烤鸭店海淀分店举行 90 寿宴,除全家四代外,与宴者尚有先生之弟媳仝珺,堂妹缳兰,妻妹任均全家,侄儿女钟芸等,哲学系中国哲学史教研室全体教师,北大党委统战部长葛淑英,哲学系主任黄枬森,哲学界人士贺麟、张岱年、任继愈、李泽厚、涂又光、陈克明、金春峰,老友陈岱孙、梅贻琦夫人、赵萝蕤、张冲夫人,以及助手张跃等。席间陈来献一寿联,经先生改定为"极高明,别共殊,觉解真际,心通天地有形外;道中庸,任自然,后得混沌,意在逍遥无尽中"。

4 日 上午 10 时在勺园举行先生 90 寿辰庆祝会,出席者有哲学系各负责人,中国哲学史教研室全体教师,其他哲学界人士贺麟、任继愈、沈有鼎、李泽厚、石峻、王宪钧、周礼全、辛冠洁、齐良骥、熊伟、孙长江、陈克明、涂又光、金春峰,日本学者户川芬郎,美籍南朝鲜学者宋政勋,苏联教授布罗夫,北大党委副书记张学书等。张学书、黄枬森讲话均肯定先生的爱国精神,说先生"将清华完整地交到人民手中","解放后有大转变,放弃了原有的哲学体系",并说"过去对抽象继承法的批判是不公正的"。贺麟、张岱年讲话则说先生真诚接受马克思主义,"是马克思主义正统派"。先生答谢时讲《新编》写作情况,涂又光对《全集》作了介绍。下午王力夫妇、江泽涵夫妇、张龙翔夫妇来祝贺。刘鄂培、羊涤生、钱耕森来访并与先生合影。晚张寄谦来访,谈西南联大纪念碑碑文标点问题。

6日 钟辽离京返美。复梁漱溟书,其文曰:"十一月廿一日来信,敬悉一切。前寄奉近出《三松堂自序》,回忆录之类也。如蒙阅览,观过知仁,有所谅解,则当趋谒,面聆教益,欢若平生,乃可贵耳。若心无谅解,胸有芥蒂,虽能以礼相待,亦觉意味索然,复何贵乎?来书竟无上款,窥其意,盖不欲有所称谓也。相待以礼,复如是乎?疾恶如仇之心有余,与人为善之心不足。忠恕之道,岂其然乎?譬犹嗟来之食,虽曰招致,意实拒之千里之外矣。'如何金石交,一旦更离伤',诗人诚慨乎其言之也。非敢有憾于左右,来书直率坦白,甚为感动,以为虽古之遗直不能过也。故亦不自隐其胸臆耳。实欲有一欢若平生之会,以为彼此暮年之一乐。区区之意,如此而已,言不尽意"。

13日 卜德来信,说收到《新编》第一至三册,又说《自序》不仅是先生个人生活的记录,而且是中国社会与政治变迁的重要记录。信中还推荐丹尼斯·梅尔英译《自序》。得梁漱溟11日信,其文曰:"芝生老同学如晤:倾收到十二月六日大函,敬悉一切。《三松堂自序》亦经收到并读过,甚愿把晤面谈,或即在尊寓午饭亦可,请先通电话联系,订好日期时间,其他如汽车等事,亦均由尊处准备是幸。"先生说"还是我去看他,不必麻烦他来",遂由钟璞电话联系此事,订20日星期五往访。 祁仪镇中学来信,说南阳地区教育局拟用专车送来石匾。当即命钟璞去信制止。

18日 外文出版社吴灿飞来信,请先生为《冯友兰英文著作集》写一自序。 梁漱溟来信,谓"星期五我须去政协开小组会,不克在家候教,希另订日期为便"。随即由钟璞通过电话与梁商定24日往访。

21日 下午上海美术出版社来为先生拍照。

24日 由钟璞陪同至木樨地访梁漱溟。先生与梁谈论"菩提"、"涅槃"。梁谈他年轻时既想出家与又有肉体要求的矛盾。钟璞向梁说明,梁上月21日信"谄媚江青"云云是不问事实的主观妄断,这种态度很要不得。梁以其所著《人心与人生》(三联书店香港分店1985年4月出版)相赠。

28日 得李戏鱼26日信并贺寿卡。得王维庭26日信。

31日 得周礼全29日信。得何善周24日信。

月底 马远程来信并寄赠其所著 Philosophy and Tradition-The Interpretation of China's Philosophic Past: Fung Yu-lan, 1939—1949(《冯友兰论中国传统哲学》)。

是月 得旧诗《赠涂又光》一首:"投笔豪情正少年,清华旧梦尚依然。无端冰雪侵霜鬓,别有风光又一天。"其跋云:"日月不居,忽届耄耋。又光当时清华少年,今亦垂垂老矣,为诗书以赠之。" 四维《读冯友兰的〈三松堂自序〉》刊于《读者良友》第三卷第6期。曹月堂《忆往思,述旧闻,怀古人,望来者——冯友兰教授著〈三松堂自序〉一书评介》刊于《瞭望》第29期。

是 年

为美籍华人李绍昆书一朱熹诗条幅:"半亩方塘一鉴开,天光云影共徘徊。问渠何得清如许,为有源头活水来。"

为南阳诸葛庐题一联："正气或为出师表，豪情聊寄梁甫吟。"为郑州黄河游览区题一联："长河九曲来天上，胜迹千古耀人间。"

1986年(丙寅)　九十一岁

1　月

5日　陈鼓应来访并赠其所著《庄子今注今译》、《老子注释及评介》。　得陈克明3日信。

6日　《怀念熊十力先生》刊于《光明日报》。此文认为熊十力像宋明道学家一样"泛滥于佛老者数十年，返求于六经而后得之"，而又返回佛学，清算了佛学中的一笔老账，澄清了佛学中的一个问题，认为"取镜之识亦是妄心"，即认为所谓识是个体之心，对于宇宙之心而言也是妄心，宇宙之心才是真心。这一论断就是《新唯识论》之所以为新之所在。

7日　为陈克明职称事致函哲学所学术委员会。

8日　下午4时看电视昆曲名曲欣赏节目，张继青《游园》，汪世瑜《拾画》，觉汪尤佳，唱演俱妙。　得言申夫信并祝寿诗4首。

10日　得卜德1985年12月11日信。

19日　高宣扬来访。

20日　发烧。为写作，不肯住院。

21日　上午住进友谊医院。

25日　《怀念金岳霖先生》刊于《哲学研究》1986年第1期。此文不同意金岳霖共相殊相问题的讨论"在中国过早夭折"之说，认为这一问题是贯穿中国哲学发展过程的一个根本问题，不过随时代的不同其表现形式有所不同；但赞成金岳霖所说在中国"逻辑、认识论的意识仍然不发达,几乎一直到现在",认为"金先生可以说是打破这种情况的第一个人。他是使认识论和逻辑学在现代中国发达起来的第一个人"。又认为金岳霖之风度颇似嵇康,"嵇康的风度是中国文化传统所说的'雅人深致'、'晋人风流'的具体表现。金先生是嵇康风度在现代的影子"。

27 日 出院。

是月 王永强《三松堂内话沧桑——访著名学者冯友兰教授》刊于《中国画报》1986 年第 1 期。 唐旬《愿随前薪作后薪——访问冯友兰教授》刊于北京出版社出版之《幸福家庭》。

2 月

2 日 中共中央统战部派人来看望。

4 日 中国老年历史研究会孔子研究所聘请先生为该所名誉所长。

5 日 得高宣扬 1 月 29 日信(寄自香港)。

8 日 农历除夕,四代团聚。

10 日 《关于中西文化问题的一点意见》刊于《瞭望》海外版 1986 年第六、七期合刊。此文认为"五四"时代人们注意的是我们要吸收西方文化中的哪些成分,现在人们注意的则是我们要继承中国旧文化中的哪些成分;认为中国古典哲学应该是社会主义精神文明的一个来源,有利于建设有中国特色的社会主义的现代化国家。陈克明陪日本女学者滕颖来访。 刘笑敢来,请先生推荐出国。

11 日 下午张岱年、冯缵兰夫妇及张立文来访。

19 日 得魏广州 11 日信。

20 日 郑仁在译《中国哲学史》朝鲜文本在韩国再版。

23 日 韩国釜山产业大学哲学教授宋兢燮来信并赠《中国哲学史》韩文译本一套,信中"表达我仰慕先生,渴望去中国之心"。

25日　汉学家、吴晗研究者马紫梅来访。

27日　得李戏鱼25日信。

是月　曹月堂《读〈三松堂自序〉》刊于《群言》1986年第2期。张立文赠其所著《宋明理学研究》(中国人民大学出版社1985年出版)。李戏鱼托冯憬远之子带来《百寿图》一幅。

3　月

3日　田文军来信,说“先生的《中国哲学史》才在近现代思想史上真正完成了以西学方法总结清理我们民族传统思想文化的历史任务;先生基于这样的工作,写成《贞元六书》,才使近现代史上的中国哲学真正形成,具备一个理论的系统”。

5日　是日朱光潜病故。

7日　下午钟璞陪同往燕南院66号朱光潜宅吊唁。去时步行,回时坐轮椅。

8日　华然《读冯友兰〈三松堂自序〉札记》刊于《书林》1986年第3期。此文认为《自序》以作者“亲身经历、亲眼所睹提供了很多中国近现代史和学术史的弥足珍贵的资料”,《自序》的特征是态度严肃坦诚,资料丰富翔实,治学实事求是。同期《书林》还刊有书摘《我在“文革”中所走的弯路》,系摘自《自序》。

16日　李泽厚有乔迁之喜,日前向先生求字。是日先生为之书一联:“西学为体,中学为用;刚日读史,柔日读经。”

17日　涂又光《冯友兰〈三松堂全集〉简介》刊于《光明日报》。此文对先生之学的总体作了肯定评价。

20日　南京大学学生中国文化研究会来信聘请先生为该会名誉顾问。

21日　钟璞陪同往友谊医院检查并取药。又往访王一达、任均。

24日　感冒，住进友谊医院。

25日　《一点感想》作为“孔子研究笔谈”刊于《孔子研究》创刊号。此文略谓五四时期谈中西文化，其重点是针对中国文化的消极方面进行批判，现在谈中西文化，其重点是要发现中国文化的积极方面，有所继承；认为对于中国古代文化不能专在书本上寻求，而要“心知其意”，根据此“意”去处理中国社会现在所遇到的问题。

是月　罗光《冯友兰的哲学思想》刊于《哲学与文化》十三卷3期。

4　月

1日　河南人民出版社副社长李社来来访，拟请先生出席为书展举行之座谈会，婉辞。

4日　发现胸骨隆起，做活检。

5日　冯宝兴来信，谈读《自序》感受，有诗记之。

6日　得言申夫信。

7日　活检结果已出，未发现癌细胞。

9日　出院。

10日　蔡元培研究会在北京大学成立，先生为该会发起人之一，并任该会顾问、第一批会员。

14日　得车恒茂8日信。

16日　河南人民出版社郭兆麟等来看望。

19日　得李戏鱼16日信。

20日　钟辽来电话问候。

22日　下午河南人民出版社编辑、《三松堂全集》责编王恩荣来访，谈有关《全集》出版事宜。

23日　山东大学哲学系刘大钧来信，请先生出席明年在该校举行之全国《周易》学术讨论会。

30 日　商务印书馆来函请先生为该馆成立 90 周年撰文。

是月　山西省孔子学术研究会聘先生为学术顾问。《裴頠〈崇有论〉校释》刊于《清华大学学报》哲学社会科学版创刊号。为《蔡元培画传》题词："吾师蔡校长，蔼然仁者，一代宗师。"郑州大学《嵇文甫文集》编辑组赠其所编《嵇文甫文集》（河南人民出版社 1985 年出版）。

5　月

2 日　河南画报社、南京师范大学分别来人为先生拍照。

4 日　北大校庆。上午任继愈、冯钟芸夫妇来访，张敬凤夫妇来访。下午李泽厚来畅谈。钟璞陪同往燕南园内 60 号王宅吊唁——王力于 3 日病故。去时步行，回时坐王宅轮椅。

10 日　《通论道学》刊于《中国社会科学》1986 年第 3 期。此文肯定名教就是自然，赞赏"孔颜乐处"及"人欲尽处，天理流行"的境界，认为道学是讲人的学问，可称为人学，道学对人类理智发展与幸福提高做出了贡献，认为道学"去人欲，存天理"，明公私之分、义利之辨的主张在今天仍然是判断人的行为的最高标准。

17 日　美籍华人李欧梵、刘年玲来访钟璞，请见先生。适王蒙夫妇、黄宗江夫妇亦来，相谈甚欢。此前王蒙来讯钟璞亦曾与先生交谈，先生甚嘉许之，谓"王锦第有子矣"。

18 日　下午美联社北京分社社长 Bradley 来访。傍晚刘鄂培陪陈金凤来，陈以生命信息治疗仪为先生治白内障。得涂又光 14 日信。

19 日　下午北大唐河籍学生二人来拜见。得荆三林 15 日信。

20 日　《诗二首》刊于《人民政协报》。其一《再题林屋山民馈米图》，"曾题山民馈米图，游梁旧事不模糊。沧桑有意留图在，更教白头又一书”。其二《赠言申夫先生》,“老来有幸读华章,咫尺京津道阻长。岂敢汪洋称不羁,或由恣肆悟无方。俱登米寿期茶寿,且把诗肠代酒肠。铁塔巍峨繁塔壮,当年应是共游梁”。

27 日　下午光明日报社记者戴晴来采访,谈话一小时。晚孙长江来访,谈上海文化战略会情况。

是月　《新编》修订本一、二册获北大首届科研成果荣誉奖。收到河南日报社荣誉证书——先生所写《路要自己走,走到底》被评为《河南日报》1985 年好新闻作品。

6　月

3 日　得陈兆福来信,说已有四个刊物五次摘录《自序》,其中三次集中于第三章。韩国郑仁在赠其所译《中国哲学史》、《中国哲学史史料学》(译名《中国哲学史料集》)朝鲜文本。

7 日　留美博士生殷鼎来访,翻箱倒柜找资料。

10 日　殷鼎带二人来拍电视。

11 日　上午去友谊医院检查。下午殷鼎又来找资料。

12 日　得车恒茂 9 日信。

14 日　朱德熙来信,索取《自序》。

22 日　中国哲学史学会聘请先生为该会第三届理事会学术顾问。

23 日　戴晴《是几时孟光接了梁鸿案——访冯友兰》作为“学者答问录”刊于《光明日报》。答问中,先生认为现在谈东西文化,立场、观点与五四时期根本不同,五四时期是找什么“西方长技”我们可学,这一问题已经基本解决,现在的问题是中国传统中有什么好的我们可以继承。又认为马克思主义在中国也要接上中国古典哲学,作为来源之一,才会成为中国的马克思主义,毛泽东思想就是将西方马克思主义与中国古典哲学接起来了。

月底　收到北大哲学系应届毕业生所赠纪念册，内有全体毕业生相片与赠言，推崇先生学术成就，祝先生健康长寿，为四年来未能见到先生而抱憾，“四年来没有见到哲学，也没有见到先生。”册前有题词：“以一身韧骨穿透人生烟云，将毕生智慧浇灌文明之花，以雄文四（七？）卷燃起晚年光辉，将桃李撒遍海角天涯。”先生愿见青年学子，钟璞曾向哲学系领导提出，未获安排。

是月　陈来《冯友兰先生的〈中国哲学史〉》刊于《书品》1986年第2期。此文认为较之胡适《中国哲学史大纲》，先生的《中国哲学史》“才堪称第一部用近代的哲学和历史方法整理中国哲学史的完整著作”；认为其中从新实在论角度所阐发的程朱理学的哲学见解相当深刻；又认为不但《中国哲学史》的基本结构、人物、条理为此后写中国哲学史的学者所继承，书中所提出的孔子的正名主义、墨子的功利主义、孟子的反功利主义、老子的楚人精神、法家的三种派别、王充的自然主义、《列子》中的纵欲主义，以及朱陆异同、朱王异同、佛教中的主观唯心论与客观唯心论等，也至今仍为学术界所吸取。

7　月

10日　李鼎铉来信，说先生为秦始皇兵马俑博物馆所写条幅已遗失，请重写一幅。

17日　得言申夫信。

中旬　得日本国立信州大学人文部中国近现代哲学史教师、副教授后藤延子函，略谓将为研究冯友兰哲学访华，住北大勺园，如有可能，拟于9月来拜见。又说“毛泽东思想称得上中国现代哲学的话，冯友兰哲学配称做中国近代哲学。……1949年中华人民共和国成立，冯友兰哲学被毛泽东思想赶过了，中国近代哲学的命运是政治上被断送了，但不是哲学上被断送了，毛泽东思想哲学上不完全胜过冯友兰哲学。因此，解放以后，虽然批评冯友兰哲学的运动一次又一次反复,冯友兰哲学没有被打倒了”。随信附有其自编之《冯友兰论文目录索引(1919—1949)》及吾妻重二所编先生1949年后文章系年目录各一份。

30日　下午殷鼎来录先生讲话。

31日　下午钟睿夫妇来。

下旬　连日与钟璞谈她写作中的长篇小说,讨论书名,回忆往事。

8　月

11日　下午《中国食品报》记者马金生来采访。

13日　钟芸携其女任远来。

15日　王保安、张培明、孟春《莫道桑榆晚,赤霞尚满天——访著名哲学家冯友兰教授》刊于《河南社联》1986年第四期。

25日　后藤延子来访。　刘宇一油画《冯友兰教授》刊于香港《大公报》。

是月　《全集》第四卷由河南人民出版社出版,内收《新理学》、《新事论》、《新世训》、《新原人》。　《文史知识》1986年第8期刊出陈悦之《冯友兰先生谈“道学”》,介绍《中国社会科学》所载《通论道学》一文。

9　月

7日　下午散步时忽然两腿无力,再走不动。

9日　上午觉晕眩,去友谊医院检查,等候许久才安排进病房,又无卫生间,只得回家。　下午张岱年来访,谈中庸,谈方励之。

11日　上午王恩荣来拜访先生,时先生视力已很弱,由钟璞扶持其手,为王恩荣所带书扉页题写格言一段。

18日　马金生《食无求饱,居无求安——访著名学者冯友兰》刊于《中国食品报》。

19日　得涂又光17日信。

21日　后藤延子来访,问《全集》出版情况,认为先生之哲学应与毛泽东思想并列,将来之中国哲学应取二者之长。　坐轮椅游圆明园。户外热,室内冷,回家后感冒,体温39℃。

22日　住进友谊医院。钟璞致函北大统战部,要求将先生医疗关系转至北京医院。

27日　出院。

29日　下午又发烧,立即再进医院治疗。

是月　《三松堂全集》第五卷由河南人民出版社出版,内收《新原道》、《新知言》、《南渡集》。《中国哲学史新编》第四册由人民出版社出版。其自序指出本册改写了两卷本《中国哲学史》之玄学、佛学部分,玄学部分认为玄学之主题"有"、"无"是"异名同谓",据此分析,可说明玄学发展之三个阶段;佛学部分认为佛学主题是主观唯心主义与客观唯心主义的斗争,以此为线索,可说明佛学发展之三个阶段。　荆三林赠其所著《中国生产工具发展史》(中国展望出版社1986年9月出版)。

10　月

月初　暴春霆来信,请书《再题林屋山民馈米图》诗并求转请其他名人为《馈米图》写题跋。

24日　经多次申请,北大修建处终于来安装电热水器及淋浴设备。

是月　方克立《要重视对现代新儒家的研究》刊于《天津社会科学》1986年第五期。此文认为对包括先生在内的新儒家,"要加强对它的研究,首先要了解它,……了解、研究得深入了,把它的本质暴露出来,告诉广大人民群众,人民群众自然会采取正确的取舍态度"。

11　月

3 日　北大开始供暖，先生出院。

7 日　《中国古典哲学与社会主义精神文明》刊于《群言》1986 年十一期。是为交《群言》编辑部 8 月 30 日“传统文化与现代化”座谈会之书面发言，强调“必须有一种哲学把上层建筑各个领域、各个方面贯穿起来才行。虽然我们有了马克思主义、毛泽东思想的指导，但是还得随历史的发展而发展，而在这个发展过程中，切不可忽视中国传统文化，尤其是中国古典哲学的影响”。

20 日　梅贻琦夫人及梅祖彬来访。

29 日　得卜德 19 日信。

12　月

3 日　晚举行家宴庆祝先生 91 寿辰，朱伯昆、张跃出席。下午北大党委副书记来看望，祝寿。李中华代表哲学系来看望、祝寿。得涂又光 1 日信。

6 日　上午电工、管子工来继续安装电热水器及淋浴设施，洗澡问题最终解决。

24 日　下午北大哲学系党总支统战委员李中华来讲学潮情况，听先生对学潮问题之意见。

29 日　复祁仪乡乡政府函，表示“我在北京大学工作，居住条件已有适当安排，不需用老家旧宅，该屋乡镇机关已使用多年，现在可继续使用，不必变动”。

月底　北大开始实行聘任制，先生收到校长丁石孙签发之聘书，聘先生为教授，任期由 1986 年 9 月至 1988 年 8 月。

是月　叶元章、徐通翰编《中国当代诗词选》由江苏文艺出版社出版，内收先生诗二首，其一《参加国际朱熹会议有感》，其二《题秦始皇兵马俑》。张岱年赠其所著《求真集》(湖南人民出版社 1985 年出版)。

是 年

北大历史系赠《翦伯赞学术纪念文集》(北京大学出版社 1986 年 3 月出版)。贺麟赠其所著《黑格尔哲学讲演集》(上海人民出版社 1986 年 7 月出版)。

1987 年(丁卯) 九十二岁

1 月

4 日 美国纽约州立大学教授 Dale 赠其所著 Objectivity and Subjectivism in The Philosophy of Science with Special Reference to India。

10 日 狄百瑞来信(1986 年 12 月 29 日发),其中说"欣悉《新编》第五册完成,而我连现已出版的第四册也未见到。如您所知,我对于道学极有兴趣,想必在第四、五册讨论它。对于您对道学的见解,我和我的研究生特感兴趣,若将此书见赠,我极为赞赏,并将以近作两件出版物回报"。

14 日 得外文出版社吴灿飞 13 日信。

16 日 唐旬为写教育家传记事来电话问有关问题。

17 日 下午李中华代表北大党委统战部来为先生单独传达中共中央 1987 年第一号文件(即邓小平就学潮问题对胡耀邦、赵紫阳等的讲话),并要先生谈听后感。先生所说略谓对学生不能"迎头痛击",而应加以疏导;根本的办法是从下次人大会议起实行竞选;但中国眼前不可能实行多党制，因为所谓民主党派受共产党领导，不能与共产党平起平坐，没有实力也没有人才参加竞选。

中旬某日　复狄百瑞信，略谓《新编》第四册已航空寄出，第五册印成后当立即寄赠。

24日　《新编》第五册完稿。

26日　任继愈、冯钟芸夫妇来拜早年。

30日　下午张岱年、冯缵兰夫妇来拜年。

是月　写成 Selected Philosophical Writings of Fung Yu-lan（《冯友兰英文著作集》）序言（英文）。　《商务印书馆九十年》一书由商务印书馆出版，内收先生之《商务印书馆和我是老伙伴——商务印书馆创立九十周年贺辞》。　乌恩溥《新理学的逻辑基础及其范畴体系》刊于《社会科学战线》1987年第1期。　刘梦义、陶德荣《中国当代哲学史稿（1949—1966）》由四川人民出版社出版。其第八章《对中国哲学史问题的新探索（上）》之《先秦哲学研究在论争中发展》一节关于孔子部分评述了先生对孔子的有关论述，第九章《对中国哲学史问题的新探索（下）》之《中国哲学史上六个理论问题的提出和论争》一节介绍了关于“抽象继承法”问题的论争，认为“由于很多哲学史工作者参加了这场讨论，观点又不一致，争论相当激烈。这场争论延续的时间很长。1962年以后转入思想斗争，到了“文化大革命”时期又转入大批判，严重影响了学术上正常讨论，因而其教训也是很深刻的”。该章第三节专论《冯友兰和他的〈中国哲学史新编〉》，认为从概念或思维出发，从概念或思维中推演出现实，是新理学的基本认识路线，这种哲学不过是拐弯抹角地证明，凡是存在的都是合理的，从而达到维护旧的封建制度的目的，新理学体系的特点“在于把封建地主阶级哲学与近代西方资产阶级哲学熔为一炉，用中国封建哲学的直觉主义补充西方哲学，又用西方新实在论哲学的逻辑与思想澄清、论证中国封建哲学的概念，主要是澄清、论证宋明程朱理学的观念。新理学这种哲学体系的出现,反映了中国封建地主阶级与大资产阶级逐渐合而为一的历史趋势,反映了半封建半殖民地哲学的特征。新理学是半封建半殖民地中国地主资产阶级意志的理论表现”。认为 1949 年后先生“对自己的新理学唯心主义作了自我批判”,这反映了他从唯心主义向唯物主义转化的历史过程”,《新编》“无论在内容上还是在思想上都比解放前那本《中国哲学史》前进了一大步”,是以马克思主义指导中国哲学史研究方面的“开拓性”专著;认为先生“所走过的理论创造的道路是许多从旧社会过来的旧哲学家走过的道路,只是其他人不如他的成就大罢了”。《河南画报》1987 年第 1 期刊出靳德行撰文、高陆甲摄影之《“三松”不老,晚晴生辉——记著名哲学家冯友兰教授》,其文认为先生“政治上态度鲜明,有一颗赤诚的爱国之心”,贞元六书“主要目的,总的动力就是抗战”,写《新编》则是“用最新的方法,最确凿的论据,注重写中国历史上的思潮及每一个思潮的中心,力图使之成为一部以中国哲学为中心而又对中国文化有所阐述的历史著作”。为清华大学 38 级同学录题词:“曾赏山茶八度花,犹欣南渡得还家。 再题册子一回顾,五十年间浪淘沙。右题清华第十级毕业册,距初已五十年矣。”

2 月

5 日　在家中出席民盟北大哲学系小组会议。

8 日　得王维庭六日信。

11 日　上影导演桑弧、演员张瑞芳来访,在三松堂前拍摄几个镜头。

12 日　得车恒茂信。

28 日　下午中华孔子基金会正副会长匡亚明、辛冠洁来访,先生与之谈《毛泽东与中国古典哲学》构思。

3 月

7 日　高平叔来信,说拟将先生 1943 年所作《跋〈蔡孑民先生传略〉》作为《跋〈蔡元培自写年谱〉》,印于《蔡元培自写年谱》之后,问先生是酌加改动抑或即按原文印出。

15 日　得余敦康 12 日信。

16 日　得刘正 15 日信。刘著有《周易发生学》,此信说刘将与其师美国太平洋大学哲学教授、国际易学会发起人之一赵自强一同来访。

是月　写成《毛泽东思想与中国古典哲学》。此文认为毛泽东思想的来源之一是中国古典哲学,毛在认识论,在一般与特殊关系问题上继承并发展了中国古典哲学,在辩证法问题上则离开了中国古典哲学“仇必和而解”的路线。认为在 1949 年后中国历史大转变时期,“毛泽东没有吸取秦始皇失败的教训”。又认为“有中国特色的社会主义的蓝图已经可约略地看到了,它将是以‘和’为中心的中国文化的继续和发展。这个继续和发展,将是中华民族在理论上和实践上对人类的大贡献”。

4 月

13 日　左侧口角歪斜,左眼不能闭合,说话、吃饭、喝水均感困难。住友谊医院治疗。

15 日　担心先生中风,全家紧张,钟璞放弃海南之行,仲德开始为编撰《冯友兰先生年谱》做准备。

16 日　北大党委副书记郝斌及统战干部来医院看望。　与仲德谈年谱,回忆幼年经历。

17 日　下午中共中央统战部来人看望。　与仲德谈年谱,回忆入北大前求学经过。

19 日　上午与仲德谈年谱，回忆两次结婚经过。　已确诊为面瘫，并非中风。

21 日　汤一介、孙长江、李中华、余敦康先后来医院看望。鉴于朱光潜、王力均在友谊医院去世，钟璞请北大党委统战部设法将先生医疗关系转至北京医院，无效。

22 日　王正仪来病房看望①。

23 日　张跃来探视。

24 日　经王正仪从内部交涉，医院开始为先生用针灸与理疗配合治疗面瘫。

5　月

1 日　与仲德、钟璞谈年谱，回忆随吴太夫人至武昌之确切时间。又谈起马嵬坡杨贵妃之死，认为此系政治事件，是众大臣迫使唐玄宗让位，玄宗太不明智，未能及早引退，牺牲了杨贵妃，到头来仍不得不让位。　傅伟勋《冯友兰的学思历程与生命坎坷》刊于台湾《当代》第十三期。此文认为先生之中国哲学史研究"成绩斐然"，对中国哲学史的现代化拓展，"极尽开导示范之功"，"在中国学术界是真正具有'哲学史家'资格的第一人"，但《中国哲学史》存在诸多不足，《中国哲学简史》、《新原道》则强过《中国哲学史》，是对它的修正与超越。认为先生 40 年代"表现了相当强烈的生命韧性，足以令人肃然起敬"，但《新理学》虽"充分表现他的抽象思辨才能，足证他是道地的哲学家，远非较重'实用'的胡适所可比拟"，却"未真正抓到儒释道三家为主的中国传统思想的'生命的学问'本质"，其逻辑分析法"对于中国哲学的重建课题而言，乃是一条死路"，《新原人》则"名

① 王正仪，中国医学科学院热带医学研究所副所长，与先生之友梁中华相熟。该研究所设在友谊医院内，时王正住院检查身体。

少反映出他对‘生命的学问’的自我体认。但……不够彻底”，“《新原人》与《新原道》当会继续发挥相当的启迪作用，《中哲史》与《新理学》则多半会变成历史博物馆的老古董无疑”。认为先生“在后文革时期，似乎稍有回到《贞元六书》的早年而有意重新肯认中国哲学传统的本根的倾向”，但“冯氏的学术生命止于文革之前，他已无法改变他的学术坎坷”，《新编》“就算能完成，也不可能有很大的贡献”。

3日　钟芸来探视。

5日　知孙儿冯岱已考入卡内基梅隆大学，攻读博士学位。

约6日　得泰国清迈大学教授 Roong Raung Boonyoros 4月29日信。

8日　金春峰来探视，说《新编》第五册已发稿，年底可出书。

10日　下午任继愈、冯钟芸夫妇来探视。　涂又光来京协助写《新编》第六册，下午亦来探视。

18日　出院。面瘫尚未痊愈，吃饭仍感困难，需继续打针、服药、带眼罩。

24日　张岱年来访。先生谈《新编》第六册“近代维新”部分构思，拟翻太平天国、曾国藩之案，认为洪秀全学西方中世纪神权主义，是倒退，曾反对神权，是进步。又谈《毛泽东思想与中国古典哲学》，认为应该自己怎样想就怎样写，不人云亦云，如不能出版，就藏之名山，“既然目前万马齐喑，我们也大可不必一马先奔”。张说曾国藩是军事家，毛泽东的后发制人即来自曾。先生还说，曾还是美学家。

27日前后　连日与涂又光谈曾国藩哲学思想，认为毛泽东—曾国藩—王夫之一脉相承。

29日　为北大哲学系应届毕业班题词：“博学之，审问之，慎思之，明辨之，笃行之，人一能之己百之，人十能之己千之。果能此道矣，虽愚必明，虽柔必强。”　美籍华人、唐河同乡张琼月来信，提及

"四十多年前的一天,在河南嵩县河南大学文学院的校院里,我们文学院的全体学生敬听老前辈的讲演,个个深受感动,而更感荣幸"。

31 日　建一《两副感人至深的挽联》刊于《北京晚报》。所说两副挽联之一是先生 1982 年为挽钟越所拟。钟辽来长途电话问候起居。

是月　《金岳霖学术思想研究》由四川人民出版社出版,内有先生为 1985 年金岳霖学术思想讨论会时题词"'理有固然,势无必至。'金先生善于用中国成语说哲学命题,此其一例也",有先生的纪念文章《怀念金岳霖先生》。

6　月

3 日　晚蒙培元来访。

7 日　张岱年带中共中央高级党校研究生范鹏来拜见先生。范拟为先生写评传,写成后将收入《中国现代思想家评传》一书。午饭后向仲德谈加入中国民主同盟经过。

14 日　金岳霖学术基金会成立,先生任顾问。

18 日　下午天津人民出版社来人谈出版现代社会科学家选集丛书事。

21 日　武汉地质学院北京研究生院冯景兰教授纪念文集筹备组来函约稿,谓为纪念景兰先生诞辰 90 周年,拟于明年 8 月出版纪念文集,请先生为之撰文。

22 日　晚 7 时半定居台湾之祁仪镇人李炳环夫妇及其在大陆之兄弟来访。李说在台祁仪镇人有一二十,唐河人有一千多。

25 日　Chinese Philosophy and a Future World Philosophy(《中国哲学与未来世界哲学》)经涂又光译成中文刊于《哲学研究》1987 年第 6 期。

27 日　晚饭时与钟璞、仲德、涂又光漫谈古典小说,认为一部

《红楼梦》可归结为苏轼所说“休言万事转头空，未转头时是梦”；又认为中国古典小说中《儿女英雄传》的技巧很高，十三妹出场不交代家门，乃中国小说中首见。

28日　上午应涂又光要求，与北大博士生陈国谦及一本科生谈新理学问题。

29日　下午外文出版社美国专家、《三松堂自序》英译者丹尼斯·梅尔来访，询问有关《自序》问题。梅尔谈起《中国哲学简史》在国外的影响，说他本人及许多同代人接触中国经典均始于阅读此书，此书已列入《韦氏二十世纪词典》摘引例句之名著书目。又说，70年代开始出版之第十五版（最新版）《大不列颠百科全书》已将此书及《中国哲学史》两卷本、英译《庄子》列入参考书目。

30日　下午海峡之声电台记者来采访。

是月　《通论道学》由朱士达英译刊于英文本《中国社会科学》1987年第2期。　王鉴平《冯友兰与新实在论——新理学逻辑分析法述评》刊于《社会科学研究》1987年第2期。此文认为新理学以新实在论的方法“辨名析理”，使新理学的概念分析比前人精细，整个体系前后一贯，比较严密，在形式上确实现代化了，“这对中国哲学近代化起了一定的积极作用”。　后藤延子《中国哲学界的现状与冯友兰哲学》刊于《日本的科学者》1987年6月号。此文认为冯友兰哲学与毛泽东哲学具有极大的亲近性、相似性，具有一胞双胎性质；二者都贯穿抵抗近代西方及当时日本侵略的强烈民族主义精神，所以又具有相互协作的一面；但二者解决中国近代问题的途径不同，故又具有相互角逐与竞争性质。认为先生一生的哲学课题是在推进近代化的过程中如何继承精神遗产，今天对传统文化的重新评价正成为议论的焦点，对先生的关心正日益高涨，而“对传统的回归，只要它对当前主要的资产阶级自由化的要求能起到抑制的作用，就将会受到欢迎容忍；但是一旦它诱发封建道德思想的复活，脱离了马克思主义的原则,同时阻挡经济发展的前途时,他恐怕还会被当作其黑后台而遭到批判,……而冯友兰的悲剧则将再一次成为中国人民的悲剧开幕的信号”。

7 月

3 日 上午去友谊医院检查眼睛,医嘱用胶片做湿房。

4 日 致卜德信。其中说,“你和李约瑟终于分开了。我猜想,你们的分歧大概在于中国古代的科技为什么没有发展为近代的科技这个问题上,这也是我最感兴趣的问题,我的学术工作就是在这个问题上开始的。现在我在这个问题上的意见和以前不同了,不过对于你们两家的理论也还是想知道一些”。又说:“《中国哲学史新编》第五册据说在今年 11 月份可以出版。下边还有两册,第六册近代维新,第七册现代革命。其中有许多极有政治敏感性的问题,我的看法和一般流行的看法不同,特别是在第七册中要讲毛泽东思想,那是最有敏感性的了。我决定不论一般的看法如何,我只照着自己的看法写。如果只照着一般的看法重述一遍,又何必多此一举呢?稿子写成以后,能否顺利出版,那就不可知了”。

7 日 《跋〈蔡元培自写年谱〉——蔡先生的人格与气象》刊于《群言》1987 年第 7 期。文前有高平叔附识;“这是冯友兰先生 45 年前的旧作。1943 年春,重庆商务印书馆出版我编写的《蔡孑民先生传略》后,冯先生写了一篇‘跋’,副标题是《蔡先生的人格与气象》。原拟于该书再版时印入,不久我离渝赴美,直至解放后归国,未及重印。现在,我编注《蔡元培自写年谱》,征得冯先生同意,将原来《传略》的‘跋’改为《自写年谱》的‘跋’,印于书后。他复信说,‘此文我已忘记,世人也未注意,埋没于故纸堆中有年矣。今蒙发掘出来,又得以蔡先生之余光流传于世,何幸如之。所作安排,我均同意,作为旧稿重印,已无需有所改动,即可付印。’”

10 日　厦门大学哲学系高令印来信，邀请先生出席厦门国际朱子学学术会议并参加主席团。

17 日　《中州书林》第 29 期刊出王恩荣所写报道《读者来信评赞〈三松堂全集〉》。

18 日　孙女雯棣自美国来京参加清华大学所办清华海外子弟暑期旅游参观团活动，今日到家。

是月　孔子基金会学术委员会编《近四十年来孔子研究论文集》由齐鲁书社出版，内收先生之《论孔子》、《关于孔子讨论中的一些方法论上的问题》。　李耀仙赠其所著《廖平与近代经学》(四川人民出版社 1987 年 3 月出版)。

8　月

4 日　为雯棣赋诗一首："超越言筌得真意，能赏李白送汪伦。吾家代代生才女，更出梅花四世新。"

6 日　寄钟辽信。

9 日　雯棣离京返美。

10 日　周礼全来访，说起两件事，一是 1949 年初清华有人为向军管会送锦旗发起募捐，先生与其他人一样只认捐五角，周以为不妥，先生才改为 20 元。一是院系调整前搞"三反"运动，批判先生，先生多次检查均未获通过，一次周陪金岳霖为此事来看先生，金与先生抱头痛哭。

16 日　晚 7 时半高平叔来访，说《蔡元培自写年谱》年内可出版，明年纪念"五四"将同时纪念蔡元培诞生 120 周年。

17 日　《光明日报》刊载张明华《中国现代哲学的几个问题》。此文报道 1987 年 6 月 24 至 28 日《中国哲学史研究》编辑部以"中国现代哲学的发展"为题举办之夏季学术讨论会概况，其中说有的论者认为新理学"是为当时的社会制度作形而上学的论证，起消极反动的作用”,新理学采用西方逻辑分析的方法对概念、命题进行抽象的分析,并没有对逻辑方法本身加以说明,就其内容的丰富性和体系的逻辑性而言,远不如30年代的辩证唯物论;有的论者则认为《新理学》将西方的新实在论与程朱学说融合起来,运用西方哲学的逻辑分析方法来发挥程朱理学的基本观点,其融合中西的特点更为显著。

中旬某日 郑州水利学校窦克武来访,请先生为纪念王拱璧题词。

23日 南京大学哲学系李书有来访,请先生为中国文化书院江南分院题词。

24日 浙江师范学院张爱琛来访。

25日 为《中国儒学辞典》题词:“为天地立心,为生民立命,为往圣继绝学,为万世开太平。此张横渠语,儒学之通义也。” 下午朱伯昆来,说《新编》第七册太敏感,在目前政治气候中以不写为宜。

写《江南文化书院题辞》,首言中国知识分子有直接干预政治的传统(以戊戌公车上书、“五四”运动为例),次引《诗经》“周虽旧邦,其命维新”之句,谓“‘旧邦’指源远流长的文化传统,‘新命’指现代化和建设社会主义。阐旧邦以辅新命,文化书院之作用其在斯矣”。

28日 晚刘鄂培来,请先生为中华孔子研究所第二届年会暨学术讨论会写贺信。

30日 上午任继愈来访,谈北京图书馆新馆情况,谈熊十力与马一孚,谈先生之年谱,又谈《红楼梦》及《红楼梦》电视连续剧。

31日 后藤延子来访。

是月 与涂又光讨论《全集》安排,决定将《四十年的回顾》等被迫批判自己、批判他人的著作放在《全集》最后,作为“闰编”。

9 月

2日 上午陈克明来访并转达陈荣捷的问候,说陈荣捷来华参加中华孔子基金会国际儒学讨论会曾路经北京。　午饭时谈起曾国藩,说曾与康有为的路线就是中国工业化、现代化的官商路线,孙中山与之不同,主张发展私人资本主义,现在邓小平搞改革,所有权国有,经营权私有,是将二者合一,但能否成功,尚难逆料。

5 日　晚宴请后藤延子,并请卞立强作陪。饭后谈如何研究冯友兰哲学。后藤所写《中国哲学界的现状与冯友兰哲学》之第四节已由卞立强译出。

7 日　得余景山信,知其即将来京。

8 日　广西艺术学院刘宇一来访,说福建电视台、南昌影视制作研究所拟聘先生为《聊斋》电视系列剧顾问,先生婉辞。

9 日　上午杜维明来访,谈曲阜国际儒学会议情况。

13 日　下午朱伯昆来谈对《新编》戴震等章之意见及国际儒学会情况。

14 日　张岱年及中共中央高级党校崔龙水陪韩国学者、檀国大学大学院待遇教授、退溪学研究院院长李家源与退溪学研究院理事长李东俊来访。二李及崔走后,张与先生谈出席国际儒学会情况,谈李泽厚在会上关于新儒家的发言及其新出版之《中国现代思想史论》,谈关锋与辛冠洁关于《古为今用》一文的官司,谈北大哲学系及中国哲学史教研室人事变动情况。先生请张看《新编》太平天国、曾国藩两章,征求意见。

17 日　张岱年来信,略谓《新编》太平天国、曾国藩两章"观点正确,见解新辟。论洪秀全只会学西方中世纪的宗教,切中要害。以曾国藩校印船山遗书证明其思想的转变,并引章太炎文章为据,确有说服力。曾氏实乃洋务派之先驱。惟章题'承先启后的中心人物','中心'二字似不甚妥,请再斟酌,或改为'关键'如何? 曾国藩一章似可以《论曾国藩》为题在《哲学研究》上先发表"。

18 日　上午往友谊医院门诊。　安徽大学钱耕森来信,谓所借英文本《中国哲学史》已邮寄奉还,拟再借英文本《中国哲学简史》。又说本学期拟讲现代哲学史冯友兰、金岳霖、熊十力部分。

19日　下午荆三林等四人来访并与先生合影。　为祝贺吴泽霖九十寿辰题词,由涂又光代书条幅:"苏东坡念奴娇词云大江东去,浪淘尽千古风流人物。清华旧友甚多,泽霖先生与余至今尚存,而九十之年忽焉已至,先生始满,余又过二,可谓天假以年矣。多活几年可以多经历一点世面,多懂得一点道理,此其可万幸者,泽霖先生以为如何?"

20日　新蔡县教育局来函,请先生以新蔡今是中学名誉董事长身份为《新蔡教育志》题词。　下午余景山来访。

21日　上午陈寅恪之女陈琉球来访。此前,其姊妹陈美延亦曾来访。　傍晚余景山来访。

23日　下午4时半余景山来,哲学系主任朱德生、副主任楼宇烈,中文系副系主任费振刚同来,谈余与两系获奖学生及其导师见面事。余说他家藏有先生墨宝四件。晚钟璞、仲德代先生在全聚德海淀分店宴请余,朱、楼、费作陪。　写致华中工学院院长信,肯定涂又光近年为先生所做工作,要求将涂目前为先生所做工作(协助写《新编》,编《全集》、《选集》)算入其工作量内。

24日　下午中山大学研究生邢益海来拜见,说其毕业论文拟从中西文化比较之背景、理性与信仰分离与整合之角度客观、公正地评价冯友兰哲学。　写成致济宁中华孔子研究所第二届年会暨学术讨论会贺信。　张跃为先生购得李泽厚《中国现代思想史论》。

25日　下午北京师范学院出版社段荣奎来谈出版《中国当代社会科学名家自选学术精华丛书》冯友兰卷事,要求年底交稿。　郑州水利学校窦克武来信,催请先生为纪念王拱璧题词。朱伯昆来访,拿走《新编》太平天国、曾国藩两章稿。

30日　上午孙长江、汤一介来访。北大党委副书记、统战部长葛淑英来看先生。　为衡阳师范专科学校学报王夫之专号题词“承先启后，继往开来”，由仲德代笔，先生签名。

下旬某日　浙江温州水心纪念馆胡一鸣来信，请为该馆题词。

是月　中共上海市委宣传部研究室主编《上海文化发展战略研究》由上海人民出版社出版，内收先生《建设有中国特色的社会主义精神文明》一文。　王鉴平《冯友兰哲学史方法论述评》刊于《华东师大学报》1987年第3期。

10　月

2日　下午王守常陪新加坡某大学两教师来访。

5日　上午11时黄秀玑来访，黄提及卜德在退休院生活情况，又说他1978年来华想见先生而未能如愿。　下午蔡元培研究会来人谈明年纪念蔡元培诞生120周年计划，请先生作为纪念活动发起人在倡议书上签名，还拟请先生为纪念蔡元培书画展写一条幅，说书画作品将向国外义卖，所得款项将用以建孑民纪念堂，刘海粟、刘开渠、启功等都说一定要请先生写。　晚余景山在全聚德分店宴请北大校长及哲学、中文、历史、经济、法律各院系负责人，钟璞、仲德应邀代表先生出席。

7日　下午金春峰来访。先生赠金《全集》第四、五卷。

11日　为纪念蔡元培诞生120周年，写成《我所认识的蔡校长孑民先生》。此文认为蔡元培是中国现代最大的教育家，是新文化运动主将，其教育大端有二，一为春风化雨，一为兼容并包。

12日　涂又光研究生栗志刚来拜见。栗拟研究先生思想。

15日　朱伯崑来，谈对太平天国、曾国藩两章意见，又拿走康有为章及《新编》第六册绪论。

17日　取回《新编》第五册校样，仲德开始校读。

18日　为张嘉谋《梅溪文钞》题写书名。

19 日　整理《冯友兰学术精华录》目录。

15—19 日　中华孔子研究所第二届年会暨学术讨论会在山东济宁召开，先生寄去贺信并《康有为公车上书书后》一文。此文内容与《江南文化书院题辞》相同。

21 日　晚贺麟博士生杨君游来，请先生参与发起组织国际文化书院，并任副会长。

22 日　下午金春峰来访，赠其所著《汉代思想史》(中国社会科学出版社 1987 年出版)，取走已校阅之《新编》第五册清样。

25 日　得李戏鱼信并《中国文化，原本与致用——〈周易〉管窥》一文。

28 日　北大党委统战部葛淑英来，请先生谈对中共十三大感想，先生所谈略谓提出“社会主义初级阶段”很重要，统一了“四个坚持”与“改革开放”，是中共历史上的第二个飞跃，第二次革命。

30 日　钟璞代先生打电话给梁漱溟，祝贺梁从事教育科研 70 周年，说明先生因年老体衰不能出席讨论会。

31 日　重阳节，敬老日。下午北大哲学系学生代表、北大学生会代表数人先后来拜见并赠送礼物，与先生合影。

11　月

5 日　上午李中华来看望。李正在新加坡研究，此次为参加梁漱溟讨论会归国。李说，李泽厚也在新，拟明年期满后即回国，因为“我在中国才有发言权”，方励之也如此说。先生说：“这话说对了，我当年不肯留在国外当白华，也是这个意思。”香港亚洲周报社来函，请先生为《亚洲周报》中文版写推荐文章，先生决定不写。

上旬　复李戏鱼信。

11 日　下午香港《明报》记者林湄来采访。答问中先生说，参加批林批孔是为响应毛泽东、中共中央号召。又说中国传统文化应继承的主要是"仁","仁"即人,人即"仁";应批判的是封建名教对人的束缚。

12日　下午刘鄂培来访,谈济宁会议情况。

13日　张岱年来信,信中转来山东大学哲学系所发国际周易学术讨论会请柬,并转达山大刘大钧请先生写贺信之意。安徽宿州四中史地教员王彩法来信,建议重印"贞元六书",并请先生善自珍摄,写成《新编》,"圆满此项大功大德"。台湾谷风出版社谢成忠经香港转来一信,说多年来虽有重重禁令,先生著作仍以各种方式在台地下流传,现台湾已解严,该社拟出版先生全部著作。

14日　下午朱伯昆来,取走《新编》谭嗣同章稿。

16日　下午清华党委办公室主任徐某、校史编委会孙敦恒等来为先生录像,并请先生谈罗家伦掌清华之功过。

18日　为冯景兰纪念文集写《回忆吾弟景兰的一幅中国画》。致涂又光一信,谈《新编》进展情况及谷风出版社来函内容。

19日　复谢成忠信,略谓在台出书事牵涉问题较多,须待一一解决后方能作出决定。

20日　致金春峰信,问对在台出版《新编》一事人民出版社有何意见,又问谷风出版社情况。

22日　上午王一达、任均夫妇来访。

25日　写成致《周易》学术讨论会贺信。

27日　下午中国文化书院魏婕等送来聘书,聘先生为中国文化研究年鉴编纂委员会顾问,并征求先生对编年鉴之意见。得车恒茂23日信。

28日　下午朱伯昆送还《新编》谭嗣同章稿。

29日　将致《周易》学术讨论会贺信连同李戏鱼信及论文交张岱年。

是月　写成《〈三松堂散文集〉自序》①。文中说“我的这个集子，是从文学的观点看我的作品，选其抒情或多少有抒情意味的，收在一起，以便观览。作为一个哲学家和哲学史家，我的作品大部分是说理之文，抒情之文不多，但也不是绝对没有”，其中特别提及《西南联合大学纪念碑》与《祭母文》，认为前者是“当行出色之作”。　中华孔子研究所编《孔子研究论文集》由教育科学出版社出版。该书书名由先生题写。书内收有先生《孔子论完全的人格》一文，认为在孔子看来，一个完全的道德品质，就是“礼”与“仁”的统一，一个完全的人格，就是这个统一的体现。又认为孔子虽然“仁”“礼”并称，但就一个完全的人格说，“仁”还是比较根本的，故孔子往往把“仁”作为完全人格的代名词。　杨慎之、黄丽镛编《魏源思想研究》由湖南人民出版社出版，内收先生《魏源——十九世纪中期的中国先进思想家》一文。　黄沛荣《大陆儒林传（一）——冯友兰》刊于台湾《国文天地》三卷6期。

12　月

1日　下午张岱年来访，谈“社会主义初级阶段”问题。先生说洪仁玕主张以商带工；曾国藩则搞以政带工，结果是以官代商；毛泽东也搞以政带工，归于失败；邓小平要商品经济而不要资本主义，但商品经济本由资本主义带动，这是规律，能否打破这一规律很难说，要看实践。张说，马克思分析剩余价值，完全否定资本家的作用，也不妥。南阳教育学院聂振弢等三人来访，请先生为《作文与指导》报题词。先生为之写“言之无文，行之不远。修辞立其诚”。

2日　下午北大党委副书记郝斌、统战部长葛淑英来看望，送生日蛋糕。

---

① 后《三松堂散文集》未出版。

3 日 《新编》获北京市首届哲学社会科学与政策研究优秀成果荣誉奖，颁奖会上午举行，张跃代表先生出席领奖。奖品为大端砚一方、新版《三希堂法帖》一套。 上午钟兆鹏来访，向先生祝贺生日并合影留念。

4 日 金春峰来信，谓经请示出版局、社领导，答复数点：谷风为台湾较大之民间出版社，出版大陆作者著作较多，可与该社签订合同；但一次只转让一部著作之使用权（不是出让版权），转让使用一般以不超过五年为宜；可以要求使用者尊重作者精神权利（如不变匿作者姓名，保护著作的完整性等），如作改动需经作者同意；版税率不宜要求过高，一般应在5%至10%之间。 卜德来信，祝贺生日。张岱年送来生日蛋糕。中国文化书院送来生日蛋糕。

5 日 中午钟芸来，说费孝通拟请先生及梁漱溟、李泽厚等与费同往香港讲传统文化与伦理，问先生能否参加，如因健康状况不能赴港，可否来家中录音录像，以便带往香港播放，如同意，费拟前来与先生详谈。

6 日 中午家宴祝贺先生92寿辰。除全家四代外，张岱年、冯缵兰夫妇及张跃亦出席。张岱年为先生带来中国现代哲学史首届全国学术讨论会请柬，请先生出席该会开幕式。

7 日 下午社科院马列所钟宏在、北大哲学系汤侠声来拜见。

8 日 致谢成忠函，据金春峰所说规定，提出将《新编》交谷风出版，要求将合同稿寄来。

11 日 钟璞代先生打电话给钟芸，请转告费孝通，因不能长时间讲话，先生不拟参加香港讲学活动。

14 日 往友谊医院检查眼睛。

17 日 写成致中国现代哲学史学术讨论会贺信。

19 日 下午应河南教育科学研究所之请，为王拱璧纪念文集题写书名。

24 日　涂又光来京出席中国现代哲学学术讨论会,是日晚来访。

27 日　何善周致钟璞一信,告知其妻病故,嘱勿告先生。又言及即将退休全力著书之计划。 辽宁大学哲学系新理学研究者赵德志持涂又光介绍信来拜谒。

30 日　涂又光于现代哲学讨论会后来住数日。

是月　《〈中国哲学史新编〉回顾及其他》(陈来整理之访问记)刊于三联书店出版之《文化:中国与世界》第三辑,其中明确认为义利之辨就是公私之分,"现在仍有人'见利忘义',说明还要提高人的精神境界,在这个时候,有人提出'义利之辨',这就是中国古典哲学将成为具有中国特色的社会主义精神文明的一个来源的征象。如果对这一类迹象因势利导,必将加速现在的精神文明建设,并使之更具有中国特色"。

是　年

金岳霖学术基金会赠金岳霖著《论道》(商务印书馆 1987 年 8 月出版)。

A Short History of Chinese Philosophy(《中国哲学简史》)西班牙文译本在墨西哥出版,译者唐·约瑟·尤特拉。

(日)岛田虔次赠其所著《论新儒家哲学——熊十力哲学》,此书第五章为《冯友兰的新理学》。

秦家懿 The Records of Ming Scholars(《明儒学案选译》)由夏威夷大学出版社出版,其中文书名由先生题写。

1988年(戊辰)　九十三岁

1　月

2日　感冒,住进友谊医院。

5日　涂又光回武昌。

8日　吴泽霖来信。

9日　向共青团上海市静安区委发一电:"敬贺蔡元培先生塑像落成。愿新文化运动民主与科学的精神日益光大,蔡先生蔼然仁者的气象永世长存。他的学生冯友兰。"

14日　上午出院。

16日　《我所认识的蔡孑民先生》刊于《人民日报》海外版。

20日　致函何善周,告以近况,并慰其丧妻之痛。　顾毓琇来信,内有其近作旧体诗二首。其一和程明道七律,附记云:"冯芝生兄近撰文《我所认识的蔡孑民先生》,赞誉为'极高明而道中庸',并引程明道七律诗,喜而和之。"　上午商务印书馆来人,说拟重印1949年前商务所印所出旧书,请先生推荐(包括先生自己的著作)。晚刘鄂培来请先生为《张岱年文集》作序。

21日　冯宝兴、王宝沂兄弟来看望。

24日　冯宝兴、王宝沂兄弟又来,为先生讲"社会主义初级阶段",讲国内经济改革形势及当前政策精神。　得王维庭23日信。

25日　谷风出版社主编金鸿文来信,谓该社同意付给版税10%以出版《新编》,并提出由该社出版《三松堂学术文集》。　唐旬寄来《中国现代教育家传》一本,内有其所写先生传记。

是月　《新编》第五册由人民出版社出版。此册论述宋明道学,其自序言及《新编》的特点,说"书不以人为纲,以时代思潮为纲;以说明时代思潮为主,不以罗列人名为贵。每一个时代思潮都有一个真正的哲学问题成为讨论的中心,哲学史以讲清楚这个问题为要,不以堆积资料为高。全书讲七个时代思潮:先秦诸子(分前后期),两汉经学,魏晋玄学,隋唐佛学,宋明道学(分前后期),近代变法,现代革命。……我希望能够比较完全做到的,是在哲学问题上比较完全地说明了一个时代思潮的来龙去脉。……这样的体裁对于所写的哲学史有提纲挈领、提要钩玄的作用"。 中国文化书院讲演录第一集《论中国传统文化》由三联书店出版,内收先生之《论中国传统文化的特质》,认为基督教文化重天,是天学;佛教多讲人死后之地狱轮回,是鬼学;中国文化重人,是人学。宋明道学尤其着重讲人,要人辨义利公私,提高境界,其方法则是"极高明而道中庸",此即中国传统文化的特质。 《中国哲学史研究》1988 年第 1 期出版,内有范鹏《新理学的理论框架及其意义》一文,认为新理学在本质上是一种人生哲学,它从中国传统哲学的现代化、现代西方哲学的中国化方面作出了有益的尝试,积累了经验教训,新理学体系中个别独创性思想值得进一步挖掘,如《新原人》之境界说、《新理学》之鬼神论等。 同期该刊又有"关于中国现代哲学的发展"笔谈专栏,其中张岱年认为在现代先生的哲学思想融合中西最为显著,先生"努力建立哲学体系,意在对于民族复兴有所裨益","追求真理,坚持对于真理的信仰,不愧为新时代的思想家",认为 1949 年后先生"放弃了自己以前的体系,接受了马克思主义哲学,这是值得赞扬的"。许全兴认为新理学"虽然有一个庞大的理论体系,但它是为现存的社会制度作形而上学的论证","不是教人改变现状,而是教人心甘情愿地去做奴才,起着消极的、反动的作用"。范学德认为先生的"四境界"说"会具有长久的价值"。 李维武《中国哲学史纲》出版,其《三、四十年代非马克思主义学者的哲学体系》一节论《冯友兰的〈新理学〉》,认为在“新理学”体系中,关于共相殊相关系的理论最有价值,人生境界说则残存封建伦理观念,可取之处甚少。

2 月

3 日　由钟璞代笔复金鸿文信,略谓版税 10% 系最低限度而非最高要求,请重新考虑,总之不应低于台湾惯常标准;我方请三联书店香港分店总编辑董秀玉为代表,签订合同等事可与董联系。　晚梅尔来访,谈译《自序》有关问题。

11 日　上午孙长江来访。台湾东海大学美国留学生唐涵诗来访,说他是以一种朝圣的心情而来。

12 日　陈鼓应陪台湾学者王晓波来访,王拟研究先生之哲学思想。

13 日　下午朱伯昆来访。　春节将届,任继愈、冯钟芸来拜早年。

14 日　致涂又光书。　得钱耕森 10 日信。

15 日　国家教委副主任杨海波、北大党委副书记兼副校长张学书来看望。张说,韩天石拟建东方文化书院,想问先生对此有何想法。　钱耕森来信,欲借《人生哲学》,说他指导的研究生正研究中国人生哲学,亟需参考此书。　山东大学吴忠民寄来《倾向继承·抽象继承·其他》一文,征求意见。吴自言其观点受“抽象继承法”启发而又与“抽象继承法”有所不同。

17 日　唐河县委党史办公室毛文善、朱庆长来函,说发现先生为革命做过工作,又读《自序》,一扫过去对先生的糊涂认识,拟写一文“从革命的角度阐述您走的道路”,但对某些史料尚有疑问,故写此信请先生予以澄清。

18 日　晚招宴梅尔。

19 日　张岱年、冯 缨兰夫妇来拜年。

24 日　荆三林来信，谓先生所题“浮戏山环翠峪”已刻于环翠峪入口处紫王崖壁上，每字一米见方，犹嫌小，拟重刻，放大一倍；所题“环翠山庄”已以石碑树于柏地池西北岸（均在郑州市郊）。致涂又光信。

3　月

6 日　殷鼎来信，谓正撰写《冯友兰与中国哲学——冯友兰与理性主义在中国的命运》、《冯友兰年谱》。又说受国际中国哲学会现任会长唐力权之托，邀请先生担任该会国际顾问，问是否同意。受邀者还有中国大陆梁漱溟、李泽厚、张岱年，英国李约瑟等。

9 日　卜德来信，说已收到先生所赠贺年卡及黄秀玑转交之赠书《新编》第三、四册。

11 日　发烧，住进友谊医院。

15 日　世界哲学创作学会来函邀请先生参加 1989 年 8 月在英国举行之第八届世界哲学会议。

19 日　梅尔来访，送《自序》部分英译稿。

21 日　在医院写《〈张岱年文集〉序》。

24 日　全国政协七届一次会议开幕，先生未出席，仍被选为主席团成员。

25 日　上午出院。

27 日　应黄延复之请为其所著《清华园风物志》题写书名。

31 日　《新编》第六册书稿由仲德校阅完毕，上午交人民出版社。

4　月

4 日　往友谊医院检查，知患带状疱疹。

11 日　全国政协选先生为常务委员。

20 日　台湾《文星》杂志采访编辑齐绚如、锦绣文化企业总编辑郭震唐来访。《文星》拟为先生出一专辑,锦绣拟为先生出书。

22日　陈来来看望。　青岛海洋湖沼学报路成铭来信,说1945年初曾在河南大学文学院听先生讲演,又曾在昆明请先生写一条幅。唐河侨务办公室来信,说先生老家房产折价7900元,问“手续咋办,房款谁领”。信中并有要先生捐献此款买轿车之意。谷风出版社金鸿文来访,谈出书事,并转交《中国论坛》张怀文来函。此函邀请先生为该刊撰文,并云:“虽然看过劳思光先生与牟宗三先生对您哲学史的不满评价,可是您的书依然是影响我最大的几本书之一。它不但启发了我对哲学的思索,更使中文系的我,深刻地考详‘周虽旧邦,其命维新’的意义,并仰慕您‘智山慧海传真火,愿随前薪作后薪’的豪情壮志。”

23日　殷鼎转来国际中国哲学会主席唐力权请先生担任国际顾问之正式邀请信。

27日　致唐河县侨务办公室一信,告以决定将房款捐赠唐河县图书馆。

29日　金鸿文来电话,说《新编》唯物史观太突出,不宜在台出版,合同作废。

是月　陈先初《评冯友兰的“新形上学”》刊于《中国哲学史研究》1988年第3期。此文分析《新理学》形上学的逻辑结构及“理”、“气”、“道体”、“大全”等范畴,认为其逻辑结构有很大的主观随意性,未脱离客观唯心主义范畴,在哲学本质上没有超出传统宋明理学而取得新进展。　王鉴平《冯友兰哲学思想研究》由四川人民出版社出版,其后记云:“这本小册子试图在古今中西冲撞与交融的背景下考察冯友兰先生的哲学思想,力求给予一个恰如其分的评价。”

5　月

1日　上午钟肇鹏来访。晚北京大学美国东部校友会会长、纽约大同服务公司董事长李辛之来访，说他1926—1927年在北京大学本科曾听先生中国哲学史课，1947年又曾在纽约见到先生。

4日　上午由张跃陪同往大讲堂出席北大校庆90周年大会。中午周礼全来访，留饭。

8日　北京电视台来为先生拍电视。马庆陪哲学系日本博士生小川隆、硕士生辛岛来拜见先生。小川赠其所作《敦煌本〈六祖坛经〉之成书》（驹泽大学研究院《佛教学研究会年报》二十号），说在日本先生的两卷本《中国哲学史》至今仍是中国哲学史学科必读书。

12日　下午2时顾毓琇夫妇及其二子来访，陈岱孙亦来。顾认为国内充满希望，21世纪中国定能成为世界强国。

13日　赠顾毓琇一马踏飞燕仿制品，并命钟璞代书数语："一樵兄所言21世纪中华鼓舞人心，天马行空，其象征也。"　下午教委、北大来为先生与日本留学生洼田忍、马里留学生特里奥雷谈话拍电视。电视片将作对外招生之用。　致涂又光书，告以曾国藩章已据仲德意见有所修改（强调曾搞洋务之目的在于维护名教），嘱涂将1982年狄百瑞在授予先生名誉学位仪式上的欢迎辞译成中文，并请写一文以供《文星》之用。

16日　去友谊医院修牙。

17日　应郭兰芳要求书一条幅，郭谓所书拟送香港展览，展后出售，所得款项供出版《张岱年文集》之用。

18日　为北大第一届读书节题词："读书以救国，民主与科学。愿此北大精神永世长存，日益发扬光大。"

20日　南斯拉夫劳动报记者卓美娜来采访，答问中先生说胡适对传统文化批判否定，先生自己则持同情欣赏态度。又说要有一个统一的思想指导全国人民，这思想就是毛泽东思想。

24日　上午印度尼赫鲁大学东亚学系主任杜德来访，答问中先生说毛泽东晚年背离马列，现在则是对毛的纠正。下午新加坡三一神学院院长钟志邦、东亚哲学研究所图书馆李金生来访，请先生谈对传统文化的看法。

25日　下午武汉大学哲学系王庆元来访，请先生回忆黄侃在北大情形。　北京大学学生会聘请先生为北大首届读书节顾问。

31日　上午10时江泽涵夫妇来访，与先生一起回忆幼时所读《龙文鞭影》，先生大背其《三字经》。　下午上海哲学社会科学院来人问对哲学创新的看法。

是月　台湾《文星》五月号刊出齐绚如《不凋的三松——哲学大儒冯友兰印象记》。　《全集》第二卷（《中国哲学史》上册）由河南人民出版社出版。

6　月

2日　王炎升来信，谓其父王少海与台异公为同年，两人均因弹劾李鸿章故仅得赐同进士出身，后其父曾应台异公之邀主讲唐河崇实书院。又说30年代先生曾为他书一条幅。

3日　全国政协七届常委会即将召开第二次会议，先生写信请假，并就北大硕士生柴庆丰被流氓打死一事写书面发言①，指出不能头痛医头，脚痛医脚，而应提高人的道德与精神修养，使思想不空虚、不单调、不僵化。又说中国文化遗产中有很多陶冶人思想感情的材料，应充分利用。

6日　北京机械工业管理学院机械系主任朱骥北陪其在台亲属、华正书局郭昌伟来访，郭赠先生《台静农书艺集》一册。应柴庆丰同学丁圣元要求，钟璞代先生书“人命关天，人才难得”。

---

①　6月2日，北大地球物理系硕士研究生柴庆丰被流氓打死，北大学生因此写大字报、游行、请愿，要求严惩凶手，追究事件产生之根源，并就种种社会弊病进行抗议、批判。

7日　下午台湾中国青年党中央执行委员、中国统一联盟监察委员、蓝灯文化事业股份有限公司董事长丁颖来访，自言经陈鼓应介绍而来，拟在台出版先生著作。

9日　衡阳县委办公室来信，告知先生为王船山故居湘西草堂所拟楹联"六经果开新生面，千古长留旧草堂"已采用。

11日　为叶文玲扇面书"明月"二字。

13日　《儒学发展的新阶段——道学》（张跃整理）刊于《文史知识》1988年第6期。

14日　下午美国南加州大学政治系教授陶慕廉（美国人）夫妇，南加州大学研究中心研究员、美国海峡两岸交流会会长李惠真（华裔）来访，陶说他讲中国哲学史多年，以两卷本《中国哲学史》为教材。答问时先生说中国历来注重天人合一，即通天人，合内外，李赠先生《李惠真通讯集》一本。

15日　致高平叔书，告以找出1921年蔡元培所题折扇，问题辞是否拟收入《蔡元培全集》。　刘德华（即刘世敏）《老哲学家的心愿——访北京大学教授冯友兰先生》刊于《光明日报》。

16日　上午闻一多长孙闻黎明来拜见，问闻一多1932年到清华任教之背景。

18日　陈来陪哥伦比亚大学哲学博士、现随狄百瑞读博士后之台湾青年学者朱荣贵来拜见。

20日　马凤荪开始为先生记录、抄写①。

24日　台湾中国时报文化组副主任莫昭平来采访，请先生谈读书经验及各历史时期青年学哲学的不同状况。因报载梁漱溟去世消息，莫又请先生就梁说几句话，先生说，"梁是中国现代哲学史重要人物，他也要发扬儒学，但文化观点与我有分歧，他主张村治，我主张

① 马凤荪，退休中学语文教员。

工业化”。

25日　涂又光《冯友兰新理学通论》刊于《哲学研究》1988年第6期。此文认为中国现代哲学史有两个基本主题,一是马克思主义哲学中国化,一是中国传统哲学现代化,二者相合就是中国哲学现代化;认为先生以贞元六书作中国传统哲学现代化的尝试,建立新理学体系,“在当时的非解放区,致力于中国传统哲学现代化的哲学家们的著作,以冯友兰的《新理学》具有最高程度的自觉性和最大规模的综合性。正是在这个意义上,冯友兰是中国传统哲学现代化在当时的主要代表人物”;认为新理学的表层特色是自觉性、综合性、通俗性,深层特色是超越性,通过经验而超越经验,通过理性而超越理性;认为新理学“经历一个自我完善过程。在这个过程中,陆续地克服《新理学》的两个弱点:(一)只用正的方法,未用负的方法;(二)只讲抽象的共相,未讲具体的共相,还有(三)只重共相,未重殊相,这个弱点尚未克服。……在《新理学》看来,……对于共性而言,个性可有可无。这与现代社会的民主要求显然不合”。

27日　收到中山大学哲学系硕士生邢益海毕业论文《民族精神的反思——冯友兰新论》打字油印本。

29日　李中华访问新加坡后来访。

是月　《冯友兰学术精华录》作为《中国当代社会科学名家自选学术精华丛书》第一辑之第一种由北京师范学院出版社出版,内收《在接受哥伦比亚大学授予名誉博士学位的仪式上的答词》,《康有为“公车上书”书后》,《新理学》之绪论及第一、二、三、五、七章,《新事论》之第一至四篇,《新原人》之自序及第一、三、七章,《新原道》之绪论及第一、四、八、九、十章,《新知言》之绪论及第一、五、六、九、十章,《自序》之第二部分“哲学”,《新编》之全书绪论,《中国哲学与未来世界哲学》、《宋明道学通论》。其自序云:“我的学术活动有两个方面,一是哲学,二是中国哲学史。我是以哲学为主,以中国哲学史为辅。这个集子所选的作品也是以哲学为限。……这个集子的头两篇是《哥伦比亚答词》和《康有为"公车上书"书后》。按其写作年代说,这两篇应该列在最后。所以列在最前面,因为在这两篇中,可以看出我一生中学术活动的经过及其方向,特别是第二篇的最后一句:'阐旧邦以辅新命',尤为概括。我又把这一句话作为一副对联的上联,下联是'极高明而道中庸'。上联说的是我的学术活动的方向,下联说的是我所希望达到的精神境界。我还打算把这副对联亲自写出来,悬于壁上,以为我的座右铭。" 陈先初《评冯友兰的"新形上学"》刊于《中国哲学史研究》1988 年第 2 期。武夷山朱熹研究中心聘请先生为顾问。

7 月

2 日 高平叔来信,说已托蔡元培研究会办公室主任王世儒前来为蔡元培书蓮拍照。又寄来其所作《蔡元培生平概述》、《蔡元培改革北京大学》、《蔡元培铜像碑文》。

5 日 张岱年来访,送来所作《热烈期望民族复兴的哲学家——我所认识的冯友兰先生》。

6 日 北京社会科学院哲学所副研究员洪汉鼎来访,并代表德国杜塞尔大学哲学系主任、诠释学哲学家 L. Geldsetzer 向先生索取《新编》。

7 日 下午陈占国陪慕尼黑大学研究生熊德兰(Theresia Petzoldt,女)来访。

9 日 贺麟博士生范进来信,寄来聘书,并汇报有关中国国际文化书院及国际文化系列丛书情况。 下午朱伯昆来访。

10 日 书二联。其一自勉,"阐旧邦以辅新命,极高明而道中庸";另一"璞女六十生辰书以勉之:百岁继风流,一脉文心传三世;四卷写沧桑,八年鸿爪纪双城"。 傍晚刘鄂培来请先生为紫阳书院题名题辞，担任顾问。

12 日　中央工艺美术学院萧惠祥(女)来为先生及钟璞画像。

16 日　由钟璞陪同往三里河看望仝珺。

21 日　下午梅祖杉、梅祖彦、梅祖芬、刘自强来访。

24 日　上午周礼全、张敬凤来访。晚王玖兴、王太庆来访。

28 日　上午陈鼓应、李黎来访。先生赠李黎及其夫婿薛人望《自序》一本。

29—31 日　中国文化书院雷音等来为先生录相，钟璞、张跃、梅尔亦参加。

是月　蔡尚思赠其所著《中国思想研究法》(湖南人民出版社 1988 年 4 月出版)。

8　月

6 日　陆侃如之弟陆晋如来信，要求将沅君先生骨灰由山东移至江苏海门，与陆侃如骨灰一起建墓树碑。　社科院哲学所助理研究员王葆玹赠其所著《正始玄学》。

11 日　为刘鄂培《青柏斋印谱》题写书名。　在《新编》第五册上签名，赠蔡尚思、狄百瑞。

12 日　复陆晋如信，说明沅君先生骨灰已入山东革命公墓，不必再迁，但可在江苏与陆侃如合建一衣冠冢。

13 日　为陈来命字“又新”并作《为陈来博士命字为“又新”说》。

15 日　为洛学与传统文化学术讨论会所写书面发言《“识仁”、“体认”和“为道”》刊于《中州学刊》1988 年第四期。此文认为“注重直观是中国哲学的一个特点，宋明道学尤其如此”，认为“‘为学’的目的是增加知识，‘为道’的目的是提高人的智慧，用我的话说，就是提高人的精神境界。如果用‘为学’的办法研究中国哲学，特别是宋明道学,那就失之远矣"。

21日 下午侯仁之陪熊秉明来访。

28日 陕西师范大学教育系学前专业教师刘华来信,说:"我爱人……一直很崇拜先生您及您的作品。……最近他因买不到您的《中国哲学史新编》而十分焦急。……我们俩跑遍了西安大小书店、书摊,结果有幸买到第二册和第五册,剩下的三册未买到,很是遗憾。他想给您写信,又怕打搅您。无奈,我只好背着他给您写信,望先生成全。我俩结婚两周年快要到了,我想如果我能将这三册书送给他,恐怕这是最好的礼物了。"

9 月

1日 下午陈鼓应陪同台湾蓝灯文化事业股份有限公司王汝安来访,商谈在该公司出版《新编》事宜。

5日 上午美国密宗黑教领袖林云来访,朱伯昆、陈鼓应同来。先生赠林《自序》一本。

7日 《以发扬儒学为己任,为同情农夫而执言——悼念梁漱溟先生》刊于《群言》1988年第9期。此文认为梁漱溟一生有两件事值得注重,一是以发扬儒学为己任,一是敢于犯颜直谏,批判中共农业政策。文中为梁撰一挽联:"钩玄决疑,百年尽瘁,以发扬儒学为己任;廷争面折,一代直声,为同情农夫而执言。"

9日 李戏鱼来信,请先生任河南易学研究会名誉会长,又请先生为济源市博物馆题名。

14日 复李戏鱼信,允任河南易学研究会名誉会长,并允为济源市博物馆题名。美国普林斯顿大学东亚研究系副教授周质平来信,谓为写冯友兰评传,要求12月中旬来北京访问先生。

16日 复周质平信,欢迎来访。 堂侄钟鲁由台来京治病,上午与其妻及钟潮来看望先生。 易学研究会聘请先生为名誉会长。

19日　下午陈来陪同日本学者吾妻重二来拜见，吾妻重二赠其所作《洪范与宋代思想》（日本《东洋思想与宗教》第三号，1986年6月出版）。与吾妻重二合影。

21日　上午钟兆鹏来访。　陈鼓应陪黎东方来访。　下午李真陪同前俄亥俄大学哲学系主任布洛克来访。　赠陈荣捷《新编》第五册一本，由钟璞寄出。

23日　侄钟豫由台来大陆探亲，上午来看望先生，仝珺及钟芸、钟潮同来。　复陕西师大教育系刘华信，并寄去《新编》三、四册。

28日　晚招待钟豫，钟芸、钟潮及任继愈作陪。

30日　下午哲学所范岱年陪波士顿大学科学哲学家科恩来访。

是月　《吴泽霖执教六十周年暨九十寿辰纪念文集》由湖北科学技术出版社出版，内有先生贺词。

10　月

8日　晚招待钟鲁夫妇，吴公平、冯钟泽夫妇作陪。

9日　吾妻重二来信并寄来与先生合影相片两张。

10日　得包遵信9日信。

13日　下午北大法律系两学生来请先生担任学生社团顾问。

22日　上午为南京书"红楼大观"，为济源市博物馆书馆名，为西南联大五十周年书旧作"曾赏山茶八度花"诗，又为马凤荪写一条幅。

24日　周质平来信，提出12月来访时拟向先生提出的问题。

26日　陈荣捷来信，谓《新编》第五册已收到，"哥伦比亚大学研讨班本年专研道学，借重于大著者特多"。

30日　范鹏为写冯友兰评传来访。

11　月

2日　下午4时日本国立京都教育大学教授、北大历史系招待研究员、《书论》杂志主编、日中书法交流史研究会会长杉村邦彦来访，赠其所作《访安徽邓石如遗迹》（刊于1988年7月出版之日本《书论》廿四号），并请先生写一条幅。

4日 高平叔来访。

11日 下午中共北京市委统战部一副部长来请先生谈对当局整顿经济的意见。

12日 上午为杉村邦彦书“静观自得”。

14日 下午北京语言学院意大利留学生5人来访，问有关中国哲学史问题，其中之一拟译《新编》。

18日 上午台湾夏潮联谊会执行委员、《五月评论》主笔、即将成立之劳动党核心干部王立峡来访。下午美籍华人、俄亥俄州托莱多大学教授冉伯恭来访。

19日 哲学系杨克明来，请先生为其访美写推荐信。

20日 感冒，住进友谊医院。

21日 钟辽为祝贺先生寿辰回国，午夜到京。

23日 唐河县图书馆发来贺电：“冯老：您为阐扬民族文化作出辉煌贡献，是学界泰斗，家乡的光荣。值您寿诞吉日，敬祝您健康长寿。”

28日 出院。

是月 王晓波《哲学与思想》在台湾东大图书股份有限公司出版，内有《论冯友兰学术思想的转变》一节，认为“冯友兰思想的转变，固然有其怯懦、投机之因素，但相对而言，不能不说是共产党对学术思想的高压政策之结果。……冯友兰的际遇，不但是他个人的悲剧，学术的悲哀，并且也是近代中国民族的悲剧”。

12 月

2日 范鹏《阐旧邦以辅新命，极高明而道中庸——三访冯友兰先生》刊于《人民日报》海外版。

12 日 《中国时报》刊出廖仁义所写访问记《冯友兰印象》。

13 日 北大电话室来安装外线电话(红卫兵拆走此电话至今已22 年,争取重装此电话也已 2 年)。

18 日 上午周质平来访。答问中先生说,生平最后悔的著作是《新世训》,因其境界低;最重要的著作是《新编》,学术观点应以此书为准。先生赠周《全集》第二卷,《新编》第三、四册。周赠先生《胡适与鲁迅》。

22 日 致涂又光书,谈《全集》稿酬问题及《新编》写作情况。寄冯岱信,谓"毕业后如不能即时回国,可以找个博士后的机会","关于婚姻问题,我认为应该找一个华裔,你应该想着将来总是要回国的"。

是 年

为庐山白鹿洞书院题门额"紫阳书院"。

韩国学者卞麟锡来访①。

1989 年(己巳) 九十四岁

1 月

1 日 上午刘鄂培来拜年,并请先生为武夷山朱熹学会成立会纪念文集题词。先生题曰:"致广大而尽精微,极高明而道中庸。"

6 日 下午共青团中央陈泰生等受中央电视台之托来为先生录

① 卞麟锡,文学博士,庆星大学校教授,釜山史学会会长。

音录像，拟供“五四老人谈五四”节目之用。

7日　得王维庭信并《岁暮书怀》诗。

9日　得李耀仙信并《过从冯友兰先生五十年大事略记》。

13日　上午文化部部长王蒙派文化部政策研究室赵士林来，说18日《群言》、《团结报》、《中国文化报》及文化部对台办公室将召开中国文化与中国统一学术讨论会，请先生谈对中国文化的基本估计，中国文化对中国统一的意义，对当前文化讨论的看法。赵自言是李泽厚的博士生，问是否有话需向李转达，先生便说，请李来一趟。下午李泽厚即来访，先生与之谈《新编》毛泽东章。

15日　涂又光《新理学的“理”论与方法》刊于《中州学刊》1989年第1期。

16日　上午唐河县图书馆馆长申光亚及唐河县侨办主任、南阳地区侨办主任来访。申光亚请钟璞代表先生出席该馆开馆典礼并剪彩。

18日　上午中共中央统战部知识分子局两处长来看望，赠七百元。陈来来。朱伯昆来。

20日　丹毒复发，住进友谊医院。南阳档案馆副馆长吕绮来征集资料。北京大学台湾研究会聘请先生为该会顾问。

21日　顾毓琇来信，寄来水调歌头词一首。当即复信，并抄寄七绝《重题清华十级毕业纪念册》。

23日　应北大学生台湾研究会之请在《北大十名教授向台湾学界知识界拜年书》上签名，签名之另九名教授为陈岱孙、季羡林、邓广铭、周一良、王铁崖、芮沐、张岱年、王瑶、吴组缃。为总结一生，特拟一联：“七卷论今古，六书纪贞元。”

25日　下午陈来来。

27日　中国新闻社摄影部主任赵伟来为先生拍照。西德黄蕴智来信问研读国学应读何书，先生于是日复信，介绍自己已出版的著作。

30日　上午国家教委副主任朱开轩等来拜年。　晚刘鄂培来请先生向中国改革与开放基金会推荐张岱年、谢韬主持之"中国传统文化与现代改革开放"课题。

是月　《新编》第六册由人民出版社出版。此册论述近代维新部分，其自序云，第六册"没有指出什么真正的哲学问题是这个时代思潮所讨论的中心"，因而"看起来好像是一部政治社会思想史"，这是因为这个时代发生了"东西文化全面斗争，其范围牵涉到每一个中国人的生活和思想，其结果关系到中华民族的生死存亡。……每一个大思想家同时也是一个政治社会活动家，他们都是一派政治社会活动的领袖，他们的思想和活动就是这个时代思潮的中心。要想在他们的思想和活动之外另找一个纯哲学的中心问题，那是不现实的，也是不可能的"。自序又强调为了"通过复杂繁乱的事实看出历史发展的线索和脉络，透过现象见本质"，必须对具体问题作具体分析，故第六册认为"中国维新时代的主题是向西方学习，进步的人们都向西方学习，但不能倒过来说，凡向西方学习的都是进步的人们。……洪秀全和太平天国所要学习而搬到中国来的是西方中世纪的神权政治，那正是西方的缺点。西方的近代化正是在和这个缺点的斗争中而生长出来的，……洪秀全和太平天国如果统一了全国，那就要使中国倒退几个世纪。……曾国藩……阻止了中国的倒退，这就是一个大贡献。……他也有大过，那就是他开创并推行了以政带工的方针政策。西方国家的近代化走的是以商带工的道路，这是一个国家从封建进入近代化的自然道路。曾国藩违反了这个自然道路，因而延缓了中国的近代化。"

2　月

4日　上午王学珍陪同中共政治局委员、国家教委主任李铁映来看望先生,李说先生一生献给教育事业,作出很大成绩,一生致力学术,丰富了人类精神宝库,是受人民尊敬的大教育家、大学问家。根据稿费《条例》规定致函河南人民出版社,不同意该社关于《全集》第二卷只付印数稿酬的意见。致函国家教委,为稿酬事提出申诉。

5 日　下午北大法律系李志敏来访并赠其所著《中国古代民法》。

10 日　致函中共中央统战部,为稿酬事提出申诉。下午张岱年、冯纕兰夫妇来拜年。以《全集》第一卷赠王学珍,《新编》第一至五册赠李铁映,请北大党委转交。

11 日　为《光明日报》书“日进光明”。

25 日　下午北大法律系一教授陪台湾国立政治大学三民主义研究所教授张亚来访。

是月　张岱年赠其所著《文化与哲学》(教育科学出版社 1988 年出版)。

3 月

2 日　钱耕森来信,请先生出席江南文化书院黄山分院主办之庄子学术讨论会或为会议写贺词。

3 日　下午波兰籍苏联学者、苏东亚研究所所长顾哲来访。顾哲拟为苏哲学百科全书“冯友兰”条目搜集资料,先生赠以《全集》第四、五卷及《自序》。

11 日　上午往友谊医院检查。

17 日　姜亮夫博士生傅剑平来函并寄来其博士论文《纵横家与中国文化》,请审阅。函中曰:“姜亮夫先生嘱咐学生,言姜师与冯先生相交甚欢,唯地处南北,人皆高寿,彼此憾无良机把晤。”

21 日　钟璞《对〈梁漱溟问答录〉中一段记述的订正》刊于《光明日报》。汪东林《梁漱溟问答录》(湖南人民出版社 1988 年 4 月出版)记梁漱溟之言(经汪提问),说他曾于批林批孔初期写信批评先生,“要他答复我何以这么做。不多久,他便在女儿的陪同下,悄悄地同我见面,叙述他的理由,包括他的苦衷。我依然坚持自己的观点,批评他的不对。……现在,这一切都已成了历史。我想某教授如今回过头来看看,应该说可以作出一个他自己满意、别人亦认为公正的答复了”。钟璞对此作了订正,指出梁1971年曾来访,此后“14年间,父亲与梁先生不曾见面,亦无联系”,故并无梁批林批孔初期批评先生之事,“事实是,梁写信给冯在1985年,冯梁相见也在1985年,所谈内容,无一句涉及批林批孔”,1985年底,“父亲收到梁先生一信,……大意是北大旧人现唯我二人存矣,应当会晤,只因足下曾谄媚江青,故我不愿来参加寿宴。如到我处来谈,则当以礼相待,倾吐衷怀。父亲读后并无愠色,倒是说这样直言,很难得的,命我寄去一本《三松堂自序》。……当时我认为应反驳‘谄媚江青’的指责,因为这是莫须有的事。父亲说一切过程《自序》中已写清楚,不必赘言。……在1985年12月24日,父亲携我乘北大汽车处的车,前往木樨地22楼,我想这一行动无需保密也无需登报,当然如果哪家报刊有兴趣,登一登也无妨。我们无需‘悄悄地’前往,也不曾‘悄悄地’前往。回忆起来,这次晤面谈到四个话题。关于所谓谄媚江青,父亲说,一切事实俱已写清,应该能明白,如有不明白处请提出来。并引了孔子见南子的故事,还有‘天厌之,天厌之’那两句话。看来梁先生读过《自序》后确已较明白,未再就此事发表任何意见。何以会有《问答录》中的说法,希望有‘一个他自己满意、别人亦认为公正的答复’,令人费解。事实就是事实,无所谓满意或不满意。若说要公正,对任何人都应公正。当时我本着‘童言无忌’的心理,对梁先生说了一番话,简记如下:‘梁先生来信中的指责,我作为一个后辈,很难过。因为我以为您不应该有这样的误会。父亲和江青的一切联系,都是当时组织上安排的。组织上三字的分量,量您是清楚的。江青处处代表毛主席,是谁给她这种身份、权利的?江青半夜跑到我家地震棚,来时院中一片欢呼"毛主席万岁",是谁让青年们这样喊的?居心叵测的女人和小人君临十亿人民的原因,现在大家都逐渐清楚了。父亲那时的诗文只与毛主席有关,而无别人!可以责备他太相信毛主席共产党,却不能责备他谄媚江青。我们习惯于责备某个人,为什么不研究一下中国知识分子所处的地位,尤其是解放以后的地位!……最根本的是,知识分子是改造对象!中国知识分子既无独立的地位,更无独立的人格,真是最深刻的悲哀!'……我们起身告辞,这时梁先生亲切地问我:'你母亲可好?代我问候。'我回禀道:'母亲已于1977年10月去世。当时大家都在"四人帮"倒台的欢乐中,而我母亲因父亲又被批判,医疗草率,心绪恶劣,是在万般牵挂中去世的。'梁先生喟然。"

25日　田文军《冯友兰的中西文化观》刊于《孔子研究》1989年第1期。此文认为先生的中西文化观指出文化是"总和体",中西文化的差异在于价值标准,中西文化的同一在于文化类型,中国文化发展的方向在于文化类型的转型,因而既不同于全盘西化论,又有别于保存国粹说,"对我们今天思考文化问题提供了一面历史的镜子"。

4　月

1日　函复钱耕森,说明不能出席庄子学术讨论会。随函寄去为庄子会议题词:"游于逍遥,论以齐物;超乎象外,得其环中。"台湾《当代》第三十五期出版,内有"最富争议的人物:冯友兰论"专辑,共载文四篇:刘述先《平心论冯友兰》,张岱年《我所认识的冯友兰》,陈来《从〈中国哲学史〉到〈中国哲学史新编〉》,涂又光《〈新理学〉:理论与方法》。刘文认为《中国哲学史》用新实在论了解程朱理学,不可能真正把握作为价值与存在之根源的"理",《新理学》把"理"、"气"、"道体"、"大全"讲成形式的观念,不可能把中国传统哲学最富于实存意义的智慧融摄好,更谈不上中西哲学的会合、新哲学的创造;认为"冯氏……的致命伤在于他有很强的'应帝王'的一面,……这一方面的习性到大陆易手以后,乃发出了极大的负面的作用";认为先生不在当代新儒家之列,因为"大陆易手之后,贺(麟)冯都已接受了马列思想,根本否定了他们以前的观点,对于海外新儒家思潮的发展更不是一个因素,当然不在考虑之列";同时又认为"在中国哲学史范围工作的海外学者仍不免感到汗颜,尽管在单篇论文的写作或某一特定范围之内的著述,早已超过了冯氏的成就,但终究并没有写出一部新的哲学史来代替旧有"。张文认为"哲学的任务就是追求真理、显扬真理。哲学家的最可贵的品质就是具有追求真理的热诚,敢于坚持真理,也敢于放弃成见而接受真理。冯友兰先生从宣扬'理在事先'、'理在事上'转而肯定'理在事中'的正确观点,表现了一个真正哲学家的诚恳的'慎思明辨'的态度和宽广的胸怀"。陈文评论《中国哲学史》,既不同意某些港台学者关于"此书不过是大量引经据典和被动式的注释,与西方学者哲学思辨的工夫相差太远"的看法,认为这种评论是不公允的,因为冯先生此书,正如书名所表示的,乃是一部哲学史著作,而不是哲学论著,……而且与写西洋哲学史不同,……用中文著写中国哲学史,必须引述经典的古汉语原文,尔后再加以说明阐释,这已是一条不成文之通例,不足为此类著述之病";也不同意大陆学界关于"用新实在论讲程朱理学"的批评,认为不管新实在论的解答正确或者不正确,冯先生由此入手,深造自得,才能使他'统之有宗'、'会之有元',在哲学上实有所见而自成一家,而程朱理学,在哲学上也确有与新实在论相通之处";又评论《新编》,认为与《中国哲学史》相比,有两点很突出,一是以一般与特殊的问题作为全书基本线索,一是把考察阐述中国哲学的精神境界作为基本着眼点,"冯先生认为,哲学的作用主要就是能够提高人的精神境界,中国哲学在这方面对人类文明有较大贡献,所以应当特别加以阐扬”;又介绍先生近年提出的“非常可怪之论”,认为“由此可见冯先生的哲学思维确乎未尝一日而中断。他的思想,一方面总是充分利用既有的一切形式,扣紧时代的课题,另一方面也从内容上作各种积极的转化”;又论先生之气象境界,认为“最近于程明道”,“明道与冯先生互相辉映”。涂文认为新理学的“理”论经过潜存说、摹本说、实现说诸阶段,其方法是包括正的方法与负的方法之逻辑分析方法,“若对冯氏新理学系统进行社会分析,便可见其对中国社会最有意义的两点:一点是论证中国的出路只有现代化,这又决定于生产力的现代化。另一点是建构一个天地境界,取代宗教,作为人的最高的精神境界。又可见其对中国社会深为不利的一点,就是重共相不重殊相,不利于个性的充分发展”。

5 日　北大校刊学术副刊第十期刊出魏剑、向东采访记《冯友兰教授认为中国落后并非由于文化,厌学责任不在于青年人》。

10 日　刘鄂培《早春访冯友兰教授》刊于《新观察》1989 年第 7 期。

12 日　华东师范大学青年教师、原冯契研究生杨国荣、陈卫平来访,问有关《新编》第七册问题并与先生合影。　高平叔来信,对《新编》蔡元培章提出意见。

13 日　南阳档案馆派专人送来先生烙画像。　洪汉鼎来信,转来西德 L. Geldsetzer 教授信,并索取《全集》第一卷。

16 日　下午侯仁之陪中共中央高级党校葛力来访。

17 日　复高平叔书。

20 日　华东师大教育学系教授瞿葆奎来函,请先生为《华东师大学报(教育科学版)》撰稿。

21 日　新华社摄影记者吕淑梅来为先生拍照,拟用于“五四老人寄语当代青年”。又要先生讲话劝学生不要闹事,先生所讲为应该继承“五四”精神。　钟璞打电话给孙长江,说明先生年老体衰不能参加胡耀邦追悼会,请代致吊唁之意。

27日　得高平叔25日信。

29日　钟璞代先生出席梅贻琦诞生一百周年纪念会暨梅贻琦铜像揭幕仪式并致辞,略谓"清华的历程就是中国学术独立自由的历程,这是中华民族中兴的头等大事,清华是一个典范,……这座铜像就是一个象征"。　下午香港无线电视台陈慧儿来采访,录音录像,拟于"五四"在香港播出。

30日　钟璞代先生为《晏阳初全集》题词:"志在平民,终生不渝"。

是月　双月刊《中国青运》1989年第2期刊出先生关于"五四"的谈话,列于"五四老人谈五四"专栏(实为陈泰生所写采访记)。

5　月

3日　美国A. B. C广播电台记者来为其"五四"节目采访,请先生谈"五四"的意义,录音录像。　复高平叔信。

4日　坐轮椅往北大西校门内出席西南联大纪念碑复制件落成典礼。

9日　《光明日报》刊出唐旬所写报道《北大校园立起复制的西南联大纪念碑,冯友兰回首往事,谈弘扬联大精神》,其末云:"冯友兰对记者说,西南联大之终始,岂非一代之盛事,旷百世而难遇者哉,今天,联大精神仍应弘扬之"。

10日　《建设新文化是这一代人的历史使命》刊于《中国文化书院学报(读书版)》"导师寄语"栏。　蒙培元陪同台湾淡江大学中文研究所所长、中文系主任龚鹏程及周志文来访。

12日　得李戏鱼9日信。

14日　在声援绝食学生之公开信上签名。

16日　北大青年教师组织老教授签名响应南京大学教师公开

信,要求罢免教委第一副主任何东昌,先生应邀签名。又在"北大十教授紧急呼吁书"上签名,要求政府满足学生要求,学生停止绝食。又在《中国知识界五·一六声明》上签名。 楼宇烈来访。晚林云来访。

17日 国家教委转来香港树仁学院"孔子与现代化"国际学术研讨会邀请函。

18日 上午台湾学者张敬由张寄谦陪同来访并赠其所著《明清传奇导论》。

19日 厉以宁等23名全国人大常委紧急建议人大常委会召开扩大会议,为学潮正名,要求政府对整个事件作出解释,并听取人大常委会的意见,先生签名响应。 《我与商务印书馆》(即《商务印书馆和我是老伙伴》)刊于香港《中报》。

20日 仲德代表先生出席张岱年从教、科研56周年祝贺会并致辞,称张"好学深思,心知其意;刚毅木讷,直道而行"。

26日 致函树仁学院院长钟期荣,说明因年老体衰,不能出席"孔子与现代化"国际研讨会。

30日 为涂又光研究生栗志刚谈《人生哲学》。

是月 《先妣吴太夫人行状》刊于《河南文史资料》。 为北大香港校友会题词"博学、审问、慎思、明辨、笃行"刊于《北京大学香港校友会成立纪念特刊》。

6 月

6日 为安全起见,转移至北苑桂芝、冯采处暂住。

10日 自北苑返回北大。

12日 得车恒茂3日信。

14日 在家中出席张跃博士论文答辩会。答辩委员会成员尚有张岱年、任继愈、朱伯昆、汤一介。与会者还有许抗生、陈来、张学智。

19日　武汉青年教师陈晓平来信，对《新理学在哲学中之地位及其方法》一文的某些论断提出质疑。

28日　马凤荪代先生为中国文化书院中外文化比较研究班结业题词。

7　月

3日　丹毒复发，往友谊医院检查，取药。

5日　为南阳题写"张衡大学"、"世界和平医学院"，由马凤荪代书。

12日　为南阳市博物馆题写"文存旧宛"，由马凤荪代书。

14日　武夷山朱熹研究中心寄来聘书，聘先生为顾问。

22日　曹日新、李真来访并与先生合影。曹赠其主编之 Asian Thought and Society, An International Review(《亚洲思想与社会(国际评论)》)十六卷四十号一本。

是月　《全集》第三卷由河南人民出版社出版，本册收《中国哲学史》下册。　冯契主编《中国近代哲学史》下册由上海人民出版社出版，其第三十一章为《冯友兰、贺麟的哲学思想》，论冯友兰部分包括"客观唯心主义的宇宙观"、"先验主义的方法论"、"唯心主义的认识论"三部分，认为新理学"和宋明道学是一脉相承的，所不同的是它以现代西方资产阶级哲学的观点，对宋明理学作了'新的'发挥和论述"。

8　月

16日　复陈晓平书，说"我那篇文章的提法确实有问题"。

19日　不能行走，开始以轮椅代步。　致涂又光信，信中说："《新编》第七册进行顺利，金先生和我自己的两章已脱稿，其中更多非常可怪之论，也许不能出版。果如此，我愿学船山。”

25日　写致孔子诞生2540周年纪念暨学术讨论会贺信。　又写致国家科委信，就实行院士制表态。　丹毒复发，住进北大校医院。

26日　南阳档案馆来人取走先生的著作10本、证书3件、相片16张及“阐旧邦以辅新命，极高明而道中庸”联。

30日　转住友谊医院。

是月　张恒寿赠其所著《中国社会与思想文化》（人民出版社1989年8月出版）。张岱年赠其所著《中国伦理思想研究》（上海人民出版社1989年5月出版）。

9　月

1日　南阳档案馆吕绮等取走毛泽东与先生握手相片。

5日　出院。

15日　丹毒未愈，往友谊医院检查。

23日　往友谊医院检查。

25日　为《中州学刊》创刊10周年题词。

25日　《对孔子所讲的“仁”的进一步理解和体会》刊于《孔子研究》1989年第3期。此文认为作为四德之一的“仁”是一种道德范畴伦理概念，对于它的讨论是伦理学范围之内的事；作为全德之名的“仁”是人生的一种精神境界，即指最高境界——天地境界，对于它的讨论是哲学范围之内的事。

30日　出现幻听、幻象，往友谊医院检查。　汤一介赠其所著《中国传统文化中的儒道释》（中国和平出版社1988年10月出版），此系中国文化书院《中国文化与文化中国丛书》之一，先生为该丛书顾问之一，其他顾问尚有张岱年、季羡林、梁漱溟。

是月　《洛学与传统文化》由求实出版社出版，内有先生之《致洛学与传统文化学术讨论会代祝词》。

10　月

6日　陈来陪韩国两学者来访。

7日　冯契赠其所著《中国近代哲学的革命进程》(上海人民出版社1989年8月出版)。此书第四章第六节为《冯友兰的"新理学"》,认为"用'中体西用'的方式,继承中国封建时代的唯心论传统中的'一般的'、'不变的'东西,给它施以西方新实在论和逻辑实证主义的洗礼,使之取得'新'面貌。这便是他'贞元之际所著书'的基本精神";认为"从整体上说,'新理学'的体系无疑是流产了,但逻辑分析对中国哲学的近代化是有作用的。正是由于严复、王国维到汤用彤、冯友兰等许多学者的分析研究,使得中国传统哲学的许多重要范畴的涵义清晰起来了";认为《新原人》的"人生境界"说强调理性精神和自觉原则,有积极意义、参考价值,但由于忽视社会实践,忽视自愿原则,要人们乐天安命,故而与强调独立人格、自由意志的进步思潮相违背,与"五四"启蒙思想唱反调。

9日　陈荣捷来访。

17日　下午羊涤生、刘桂生陪同西南联大老学生、香港树仁学院教授李定一夫妇来访。

是月　《全集》第七卷由河南人民出版社出版,内收《中国哲学史新编》试稿第一、二册。　吾妻重二赠其所著《冯友兰年谱·著述目录稿(1895—1931)》(载日本关西大学《中国文学会纪要》第十号)　中外名著大辞典编委会聘请先生为该会顾问。

11　月

8日　后藤延子来访,留饭。

10日　晚发心绞痛,以急救车送往友谊医院。

15 日　《中州学刊》1989 年第 6 期出版，是为该刊创刊 10 周年纪念专号，内有先生题词，又有郑家栋《冯友兰新理学再评价》。先生题词如下："中国文化之盛，古称三代。河南号称中州，为夏、商、周三代所在地。中国为世界古国旧邦，中州又古国旧邦中之古国旧邦也。《诗》云：'周虽旧邦，其命维新。'建设有中国特色的社会主义，即现代中国之新命也。中州为旧邦中之旧邦，对于四化建设，亦必将有甚大贡献，《中州学刊》在过去十年中，已'导夫先路'。我近有一联云：'阐旧邦以辅新命，极高明而道中庸。'谨录俚语，以当芹献。"

29 日　得卜德 19 日信。

是月　《全集》第六卷由河南人民出版社出版，内收《中国哲学简史》、《中国哲学史史料学》。

12　月

2 日　出院。

3 日　上午 11 时丁石孙、闻家驷、高天代表民盟中央，赵靖代表民盟北京市委及北大支部来祝贺寿辰，并送蛋糕，赠五福奉寿画幅，上书"五福奉寿。冯友兰哲学大师九十五寿辰"（系虚岁，编者注）。与家人谈文艺杂感，拟于《新编》完成后，陆续写出，汇集成书，题名"余生札记"。

4 日　中午家宴祝贺先生寿辰，张岱年夫妇出席。　李泽厚来电话祝寿，说本拟前来祝贺，想到北大出入不便，又怕给老先生带来麻烦，只得作罢。

是月　《纪念陈寅恪先生诞辰百年学术论文集》由北京大学出版社出版，内有先生之《怀念陈寅恪先生》。西南联大北京校友会聘先生继任该会名誉会长。

是 年

Chuang-Tzu(《庄子》内篇英译)由外文出版社出版。与1931年商务印书馆本相比,此版增加《中国哲学简史》第十章《道家的第三阶段》。

A Short History of Chinese Philosophy(《中国哲学简史》)西班牙文译本由外文出版社出版,译者 Wang Hongxwn、Fan Moxian。

1990年(庚午) 九十五岁

1 月

9日 因咳嗽、气喘住进友谊医院。 收到《中国现代哲学与文化思潮》(中国现代哲学史学会年会论文集)。此书收先生之《中国现代哲学史研究必须和现代历史相联系》,即先生提交年会之书面发言稿。书中还有涂又光《冯友兰新理学通论》、范鹏《冯友兰的境界说》。后者认为"冯友兰的境界说是中国现代哲学史上的一种重要的人生哲学理论。它是新理学哲学融合中西古今之哲学,创立民族哲学的尝试中比较成功的部分;也是冯友兰实践自己'极高明而道中庸'的哲学观,比较具体的表现;同时也是中国传统哲学在现代发扬光大的典型",认为对它既不能全盘否定,也不能全盘肯定,"而是要于否定中有肯定、于肯定中有否定,对其持一种客观的、科学的、公正的态度"。书中还有方克立《关于现代新儒家研究的几个问题》、郑家栋《现代新儒家与传统哲学现代化》,前者认为现代新儒家应以梁漱溟、张君励、熊十力、冯友兰、贺麟、钱穆、方东美、唐君毅、牟宗三、徐复观为重点,现代新儒家是中国现代资产阶级哲学中的主线或主潮;后者认为"与梁漱溟、熊十力相比,冯友兰在改造传统哲学方面迈出了一大步"。

10日 陈来《默默而观冯友兰》刊于《读书》1990年第1期。此文认为《新原人》论天地境界未如《新编》论玄学、道学境界透彻圆融,"这是由于四十年来,冯先生自己的精神境界与日俱进,屡经磨难而更臻于圆达,如元好问所谓'亲到长安'者",先生晚年哲学思维未尝一日而中断,每创新意,不落旧套,多"非常可怪论",又对"从容"、"自得"有真受用,为人宽裕温平、和易怡悦、从容自得,气象境界近于程明道,故其晚年学问修养可谓"所操益熟,所得益化"。

25日 对钟璞说:"庄子说,生为附赘县疣,死为决疣溃痈。孔子说,朝闻道,夕可死矣。张载说,存吾顺事,没吾宁也。只争取治好这一次的病,写完《新编》,以后就不必治了。"

2 月

6日 出院。

20日 哲学系冯友兰奖学金获得者博士生杨深、本科生冯刚、刁一俊来拜见并合影,赠福建木雕一件,上刻"室有六书春自韵,人如三松岁长青。"

21日 张岱年、冯让兰夫妇来访。

23日 下午社科院世界宗教所乐峰来访,说苏联科学院一研究生为撰写《冯友兰对中国传统哲学的解释与发展》想要先生的著作。先生赠以《全集》第四卷、《三松堂学术文集》及《新编》第二、三、四册各一本。

27日 新华社记者郑书福、黄威来为先生拍照,拟发往国外。先生谈两点:希望与台湾和平统一,问候友人。

28日 郭兰芳来访,问对于即将召开的民盟代表大会有何意见。

3 月

15 日　与仲德谈哲学与文学之同异，认为哲学是关于人的学问，与文学的区别只在一用形象思维，一用抽象思维。

22 日　出院。

25 日　傍晚唐稚松来访，先生与之谈《新编》最后一章内容。

26 日　下午陈来来访。

是月　拟 95 岁预寿联："二史释今古，六书纪贞元。"

4 月

月初　得台湾东吴大学夜间部中文系三年级学生陈贤婷 3 月 26 日信并其所撰《冯友兰之生平及研究资料目录》。

5 日　开始气功按摩治疗。

约 10 日　致苏联科学院远东研究所亚历山大·罗曼诺夫信。

21 日　致高平叔信。

27 日　台湾中央研究院吴大猷来信，邀请先生以第一届院士身份出席该院第十九次院士会议。

28 日　致高平叔信。

是月　郑家栋《现代新儒学概论》出版。其中将新儒家分为三代，梁漱溟、张君劢、熊十力为第一代，冯友兰、贺麟、钱穆为第二代，牟宗三、唐君毅、徐复观为第三代；认为第二代的基本特征是开放的胸怀，致力于寻求中西哲学、文化的结合点，儒学从书院到学院的转变；认为"围绕冯友兰的新理学展开的论争，是中国现代学术史上最有影响的公案之一"，"马克思主义者对新理学的批判，始终是与政治斗争的实际需要紧密相联的，所以也就不可能对新理学作出客观的评价"；认为新理学和金岳霖的《知识论》、张东荪的《多元认识论》都具有"体现了中国哲学由古代的朴素形态向近代的形上学形态的演变”的意义,“所不同的是,冯友兰是通过对中国传统哲学范畴的改造来实现这一点的”;认为“冯先生否认宇宙间存在着一个高高在上、君临一切的统一的‘天理’。这是他与程朱理学的一个重要区别。……可以说,冯友兰哲学在强调一般、共相的同时,仍然为个性的存在与发展留有某种余地。如此说来,在新理学这个似乎与‘五四’时期的启蒙精神相背谬的哲学体系中,我们仍然可以发现‘五四’时期启蒙精神的影响”;认为新理学中“理的内容是可变的”,“按照冯友兰的观点,程朱之所谓‘道’只能算作‘一种社会之理’,所以是可变的”,但新理学“把人类社会需要有道德等同于需要某种‘不变的’道德,从而也就终于没有能够完全避免程朱理学的‘权威主义、保守主义成分’”。

5 月

1 日 得高平叔信。

3 日 复高平叔信。

4 日 写成《纪念新文化运动》。此文认为新文化运动提出的民主与科学的原则“对我们现在的人们还是有用的”,认为民主“有一条基本原则:少数服从多数。……还要加上另方面的原则:多数容忍少数。……多数容忍少数只能使人民更加团结,国家更加统一,不会乱‘套’”。

18 日 下午梅祖彦夫妇陪一清华十级学生、台湾新竹清华大学教授洪同来访,张龙翔夫人刘有锵同来。

23 日 钟偶陪同唐河县图书馆馆长申光亚来访,报告已以先生所捐款购置书架等设备,并辟有“友兰书屋”。带来书屋照片,拟邀请钟璞代表先生出席该图书馆揭幕仪式。先生以百衲本廿四史一套(近千册)捐赠唐河县图书馆。 北大党委统战部来电话,说台湾邀请信附加条件过多,不友好,如回信应指出此点。

24日　得车恒茂19日信。

26日　便秘,住进中日友好医院。

30日　转成肺炎。

6　月

2日　在病床上仍关心《新编》,说全书总结该怎么办?张跃建议将八十一、八十二两章合并为一章,先生表示同意。

6日　下午季羡林、张岱年、朱伯昆、楼宇烈、陈来、许抗生、王守常、魏常海、郭兰芳来医院探视。

7日　上午陈鼓应夫妇来探视。

8日　出院。

9日　下午任继愈来访。

11日　下午朱伯昆来访。

15日　写毕《新编》第七册。钟璞、仲德开始校阅。

16日　复匡亚明书。　田文军《冯友兰与新理学》由台北远流出版,事业股份有限公司出版,是为高宣扬主编《人文科学丛书》之一。全书包括"冯友兰个性结构——新理学产生的主观机制"、"剧烈的中西文化冲突——新理学形成的时代场景"、"贯通中西、融会新旧——新理学形成的历史行程","新理学体系的内容和结构"四章,认为"理世界先于实际世界的观点,实际上是冯友兰割裂、混淆对事物共相的认识论分析和本体论的分析,从认识论的分析中推导出的一个错误的本体论结构。这一结论直接规定着他对于事物发生发展的理解,也规定着他对社会历史、文化建设、人生价值的理解"、"冯友兰理解的大化流行,从根本上讲就是理实现于气,事物体现事物之理的循环。冯氏肯定实际的事物处于大化流行之中,目的是要通过对实际事物的变化的考察,进一步论证不变之理,以变者肯定不变者,突出不变者,完善自己的共相说中关于事物的共相独立于事物的殊相,规定事物的性质和存在的理论”、“冯友兰在思考中国文化建设问题时,注意文化类型,对文化现象的共性有一定程度的认识和理解,在文化问题上提出了一些具有合理成分和积极因素的思想,有高于与他类似的学者的地方。他把文化的时代性、民族性联系在一起则体现了‘五四’时代成长起来的一代知识分子的民族自尊心、历史责任感和理性主义的精神”。认为“从总体上讲,‘五四’以来的哲学家中,胡适注重经验实证,熊十力注重直觉,冯友兰强调理性,代表了哲学方法上的几种认识类型。这几种认识类型,从一个环节上反映了中华民族理论思维发展进程中的一个阶段,体现了人类理性思维演进中的某些规律性。如果从历史与逻辑统一的角度来审视新理学方法,它当仍是我们民族思维方式演进中的一个环节,而不是多余的赘瘤”。书末附有《冯友兰学行编年》。

17 日　冯蓓寄来博士论文,其扉页说,感谢家庭给她的天赋,教她如何奋斗。

约 20 日　得亚历山大·罗曼诺夫 14 日信。

23 日　下午陈岱孙来访,赠《陈岱孙文集》上下册(北京大学出版社 1989 年 11 月出版)。

25 日　仲德代表先生参加向朱自清夫人陈竹隐遗体告别仪式。

26 日　梅祖彦送来《梅贻琦传稿》(赵赓飏著,台北邦信文化资讯公司 1989 年 12 月出版)。

7　月

6 日　上午陈来来谈对《新编》第七十九章意见。

15 日　二波兰学者来访,说波拟出版《中国哲学简史》。

16 日　将《新编》第七册稿交人民出版社。

19 日　为钟璞撰一寿联:“鲁殿灵光,赖家有守护神,岂止文心传三世;文坛秀气,知手持生花笔,莫将新编代双城。”

24日　苏联亚历山大·罗曼诺夫来拜见，说拟研究先生思想。先生赠《精华录》一本。

27日　傍晚刘鄂培陪同美国康州美田大学哲学系教授、国际中国哲学会执行长唐力权来访。

是月　写成《毛泽东诗词所表现的境界》。此文认为毛泽东诗词中有功利境界，也有天地境界、道德境界，"基本是功利境界，其余两种正是如《论语》中所说的'智及之，仁不能守之，虽得之，必失之'"。

8　月

1日　写《为蔡仲德教授命字"环中"说》。

2日　上午钟兆鹏来访并赠其所著《孔子研究》增订本（中国社会科学出版社1990年2月出版），先生与之谈《新编》与《中国哲学史》之异同。

4日　上午陈来陪同台湾政治大学文理学院院长王寿南及该校哲学系主任沈清松夫妇来访。

5日　上午陈来陪同台湾商务印书馆总经理张连生来访，谈出版《中国哲学史》问题。张带走一套《新编》。

14日　下午北大中文系严家炎、谢冕来请先生为北大中青年文库丛书写序，说可由钟璞代笔。

29日　钟璞代先生写《〈北京大学中青年学术文库〉序》。

30日　上午徐城北、叶稚珊夫妇来采访并照相。徐、叶走后先生回忆1949年徐盈来约稿事（徐城北为徐盈之子）。

是月　田文军《冯友兰新理学研究》由武汉出版社出版。此书前四章与《冯友兰与新理学》相同。第五章论"'辨名析理'——新理学的思维方式"，包括"新理学方法立论的双重根据"（哲学与人生，方法与哲学）、"新理学方法的二元结构"（正的方法——逻辑分析，负的方法——直觉体认)、“实用中的新理学方法”(从命题推导哲学范畴,以逻辑证明共相先于殊相,在意念中泯灭物我界限)、“新理学方法的思维特色”(融会的致思趋向,理性主义的实质)、“新理学方法的启示”。第六章为“人间自有真情在——冯友兰对新理学的反省和认同”,认为先生“对于新理学的认识,经过全面肯定和全面否定地批评之后,进入了正常的认同时期。”第七章为“新理学评估概览”。

9 月

2 日 往台北发一电,吊唁钱穆去世(钱于 8 月 30 日去世)。

13 日 南京大学中国思想家研究中心主任刘仲明、秘书朱维宁受匡亚明之托来访,请先生为 1991 年中国传统文化与 21 世纪国际学术讨论会写一论文。

15 日 张永义《新理学和它的方法——读〈新知言〉》刊于《中州学刊》1990 年第五期。此文认为《新知言》“割裂形上学与经验的关系,……导致了两个灾难性的后果”,一是“为了迎合体系的需要而忽视科学上的事实”,二是“由比较科学的理性主义转入神秘主义的非理性主义”;认为“中国哲学本来偏重直觉和笼统的整体把握,它近代化的必要途径是汲取西方哲学的分析精神,无疑冯友兰先生起初的路子走对了,他的自觉精神是值得后人纪念的,他对传统概念涵义的澄清,对逻辑推导和分析的重视,甚至体系的辉煌也曾使人振奋”,但“在人生观和形上学的接合点上他却很难被称为成功者,因为利用逻辑学的一些原理在观念领域中进行逻辑推演注定是要失败的”。《文汇读书周报》第 289 号刊出记者安迪所写报道《冯友兰九五高龄完成新著,〈中国哲学史新编〉七卷本年内出版》。

30 日 因呼吸道感染住进友谊医院。

10 月

1 日　下午昏睡。晚食粥一碗，说话多而含糊不清。饭后服药时大抖一次。

2 日　不能入睡，不断说话，仍听不清。医生决定用镇静剂，打维脑路通。

3 日　用镇静剂后又昏睡，不说也不吃。

4 日　已清醒。上午民盟中央高天、政协行政管理局副局长王振江(代表政协秘书长)及中国文化书院汤一介、魏常海、李中华、朱伯昆、许抗生、陈来、陈占国等先后来医院看望。下午北京大学党委王学珍、郝斌、葛淑英及哲学系朱德生来医院看望。亲属张岱年、王一达、任均、冯钟芸来看望。张跃来看望。

5 日　亲属王乔乔、王津津、王克明、刘黄先后来医院看望。

6 日　楼宇烈、赵正义、陈来来医院看望。

7 日　上午中国文化书院来家中拍电视。

是月　卞麟锡《到中国历史的现场去》由韩国斗南出版社出版，其第四章第一篇为《北京大学燕南园的冯友兰教授·与我们这个时代的硕学的会见》。

11 月

1 日　所住病房无暖气，先生患肺炎。

2 日　下午李泽厚、陈来来探视，先生说："中国哲学将来一定会大放光彩。要注意《周易》哲学。"

4 日　叶稚珊《三松堂寿翁》刊于《新民晚报》"十日谈"——"北大十教授"栏。

5 日　上午汤一介、李中华、王守常、陈占国、朱伯昆、庞朴、孙长江、梁从诚、雷音来家中讨论关于先生之电视片，一致决定先拍成文献纪录片、艺术片等以后再考虑。

6 日　张跃来医院看望。《新编》第七册清样已出，仲德开始校阅。

10 日　《余生札记(一)》刊于《读书》1990 年第十一期。此文谈对杜甫《丹青引》的理解与体会。

12 日　涂又光来探视。

15 日　涂又光来探视。仲德校阅《新编》第七册清样毕。人民出版社编辑王粤来取走清样。

18 日　吃饭时不能张嘴，进食困难。

19 日　钟璞、仲德与涂又光讨论《全集》后几卷编纂原则，决定论文与专著相同者，论文发表在前则收入《全集》，在后则不收；一般论文入正编，批判自己、批判他人而稍有理论意义者入闰编，被迫而写又无理论意义者不收；征集书信；年谱编入第十四卷。

21 日　情况较好，能进食。

22 日　钟华夫妇来探视。

24 日　病情加剧，吸氧。

25 日　插胃管，三次吸氧。

26 日　病危。晚 8 时许中共统战部某局副局长马隆来探视。北大哲学系正副系主任朱德生、楼宇烈来探视。北大副校长张学书来探视。涂又光来探视。20 时 45 分先生心脏停止跳动。时有钟璞、仲德及外孙女冯枚、冯珏在侧，环跪床前，悲泣弃养。

第二次校勘后记

《三松堂自序》(以下简称《自序》)是冯友兰先生的回忆录,是冯先生的自传。之所以名为"自序",则如冯先生自己所说,是"揆之旧例",继承古人著述的传统。他以司马迁、班固、王充为例说:"古之作者,于其主要著作完成之后,每别作一篇,述先世,叙经历,发凡例,明指意,附于书尾,……其意盖欲使后之读其书者,知其人,论其世,更易知其书短长之所在,得失之所由。传统体例,有足多者。"读者不难由此了解《自序》写作之旨趣。

但《自序》写于20世纪80年代初,此时《中国哲学史新编》的著述还刚刚开始,远未完成,而冯先生自己是将《新编》视为生平最重要著作,将《新编》的写作视为晚年的头等大事的。他为什么不等写成《新编》就写《自序》呢?

这是因为此时的冯先生正处于重大转折关头。在此之前的三十年中,他所做的事主要是"忏悔"(但也曾力争发表一些并非忏悔的见解与主张),在长期接受批判、自我批判、改造思想的过程中,他基本上失落了自我,作为一位思想自成体系的哲学家,却放弃独立思考,其教训是深刻的。冯先生在《自序》中真诚地解剖自己,总结教训,从而提出"修辞立其诚"的原则,决心今后"只写我自己……对于中国哲学和文化的理解和体会,不再依傍别人"(《新编·自序》)。在此之后,冯先生坚决抛开"文革"前已出版的两本《新编》，以八十余岁高龄从头开始撰写七卷本《新编》，且逐步做到不依傍别人，而作出自己的结论，故《新编》新见迭出，每与时论相违。他越写到后来越感到自由，写到最后一册、最后一章，更感到了"海阔天空我自飞"的大自由。可以说，冯先生的最后十年是实践"修辞立其诚"原则的十年，是独立思考的十年，冯先生重又充分显露了他作为思想自成体系的哲学家的本色。这就可见，《自序》的写作对冯先生具有重要意义，他通过这一写作实现了从失落自我到回归自我的转变。就此而言，《自序》又不同于古往今来的同类著作，它不是一般的自传或回忆录，它对于理解作者尤其具有重要意义。

冯先生又说，《自序》"非一书之序，乃余以前著作之总序也。世之知人论世、知我罪我者，以观览焉"。因此，对于评价冯友兰其人其书，《自序》是不可不读的。

不反省、不忏悔的民族是没有希望的。唯有经过深刻的反省与忏悔，我们才能真正告别过去，走向未来。"文化大革命"的出现是我们民族的奇耻大辱，其根源何在？整个民族都应该反省与忏悔，每一个过来人都应反省与忏悔，理应成为社会良心的知识分子尤其应该反省与忏悔。这是我们民族希望之所在。

就此而言，《自序》在中国无疑具有独特的价值。

《三松堂自序》曾于 1984 年 12 月由三联书店出版单行本（竖排），次年经校勘后收入《三松堂全集》第一卷，1996 年筹备出版《三松堂全集》第二版（拟于 1998 年底出版）时又作了第二次校勘。现即据第二次校勘，改由人民出版社重新出版单行本。

又，《三松堂自序》所述之时代，其下限为 1982 年。为使读者了解作者生前最后数年的状况，此次人民版于书后增加了附录《冯友兰先生 1983 年—1990 年年谱简编》。此外，书前照片及其说明文字也都有一些变化，以求能更好地反映冯先生的精神风貌与有关史实。

蔡仲德

1997年7月7日

再版后记

本次再版的《冯友兰学术自传》原题《三松堂自序》,1984 年由三联书店出版,1998 年由人民出版社重新校勘发行。时隔近十年,大师之风犹存,学术之魂常新,故我们征得作者家属的同意,征考原典,反复校正,对第二次校勘的《三松堂自序》再做修订,并新增了三幅作者当年工作学习的照片,很有纪念意义。

冯先生讲,“做一点带有创作性东西,最容易觉得累。无论是写一篇文章或写一幅字,都要集中全部精神才能做得出来。这些东西,可能无关宏旨,但都需要用全副的生命去做,至于传世之作那就更不用说了”。我们的工作,但求不负先生的宏旨。

编　者

2007 年 6 月

责任编辑:李之美
版式设计:顾杰珍

图书在版编目(CIP)数据

冯友兰学术自传/冯友兰著.
-北京:人民出版社,1998.11(2007.8 修订)
ISBN 978-7-01-002757-9

Ⅰ.冯… Ⅱ.冯… Ⅲ.冯友兰-文集 Ⅳ.B26

中国版本图书馆 CIP 数据核字(1998)第 03542 号

冯友兰学术自传

FENG YOULAN XUESHU ZIZHUAN

冯 友 兰 著

人民出版社 出版发行
(100706 北京朝阳门内大街 166 号)

北京新魏印刷厂印刷 新华书店经销

1998 年 11 月第 1 版 2007 年 8 月第 2 版
2007 年 8 月北京第 2 次印刷
开本:635 毫米×927 毫米 1/16 印张:27 插页:4
字数:328 千字 印数:5,001-10,000 册

ISBN 978-7-01-002757-9 定价:48.00 元

邮购地址 100706 北京朝阳门内大街 166 号
人民东方图书销售中心 电话 (010)65250042 65289539